AF608559

»Neugier war mein Job«
Landespolitik und Zeitgeschehen
in Pressebildern von Burghard Hüdig

Katalog zur Ausstellung des
Landesarchivs Baden-Württemberg,
Hauptstaatsarchiv Stuttgart

Bearbeitet von Albrecht Ernst, Thomas Fritz
und Maren Volk

Jan Thorbecke Verlag 2023

Kommissionsverlag: Jan Thorbecke Verlag in der Schwabenverlag AG, Ostfildern
www.thorbecke.de

Gestaltung: Katharina Schmid, adposit-design, Kirchheim Teck
Satz: satzwerkstatt Manfred Luz, Neubulach
Druck: Verlagsdruckerei Schmidt, Neustadt an der Aisch
ISBN 978-3-7995-2042-3

Inhalt

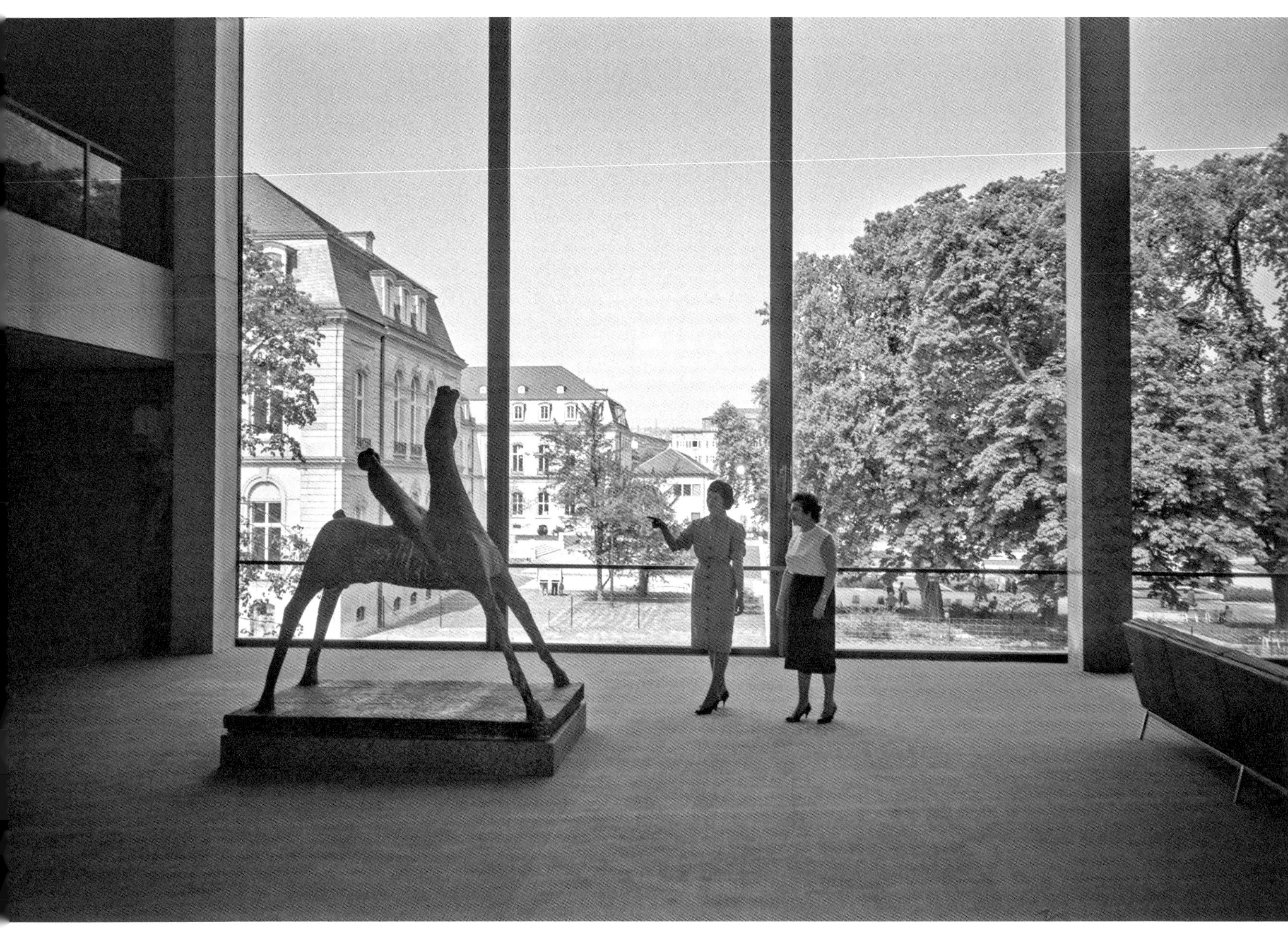

Blick aus der Lobby des Landtags auf das Neue Schloss. Im Vordergrund die Bronzeplastik „Il Miracolo" des Mailänder Bildhauers Marino Marini. 1961

Grußwort

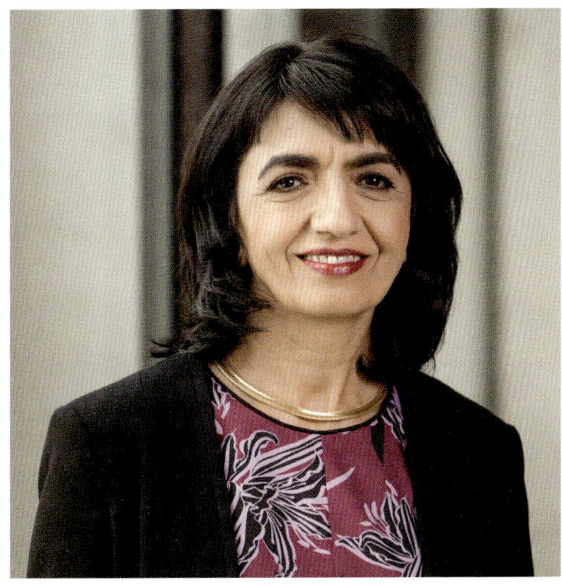

Liebe Leserinnen und Leser,

mit den gesammelten Fotografien von Burghard Hüdig halten Sie ein Stück Zeitgeschichte in den Händen. Hüdig wurde im Juni 1933 geboren, kurz nach Beginn der NS-Diktatur. Seine Karriere widmete er aber als Erwachsener der Demokratie, als talentierter und beharrlicher Bildjournalist.

Dicht am politischen und kulturellen Geschehen der jungen Bundesrepublik, lichtete Hüdig bedeutende Persönlichkeiten des demokratischen Deutschlands ab. Ob Konrad Adenauer, Willy Brandt, Helmut Kohl oder Richard von Weizsäcker: Sie alle standen vor Hüdigs Kamera. Aber der stellte den Fokus ebenso scharf auf die Umwelt- und Friedensbewegungen, die Deutschland ab den 60er Jahren prägten. Das Panorama seiner Motive reicht darüber hinaus von der englischen Königin Elisabeth II. bis hin zum namenlosen Obdachlosen, von internationalen Staatsgästen bis hin zu den sogenannten Gastarbeitern, die über die Jahrzehnte Deutschlands Wohlstand mit aufbauten.

Vor allem im neu entstandenen Bundesland Baden-Württemberg war Hüdig als begnadeter Beobachter unterwegs. Er dokumentierte die Spuren des Zweiten Weltkriegs in Stuttgart, aber auch den Wiederaufbau und die Fortentwicklung der Landeshauptstadt. 1961 begleitete er der Grundsteinlegung und Einweihung des neuen Landtagsgebäudes. Immer wieder gab Hüdig bei Plenarsitzungen wie auch feierlichen Anlässen Einblick in das Landesparlament, oder portraitierte parteiübergreifend die Abgeordneten. Als „Hoffotograf der Villa Reitzenstein" betitelt, begleitete er zudem mehrere Ministerpräsidenten bei ihren täglichen Terminen wie auch auf internationalen Delegationsreisen. Hüdig hatte einen Sinn für beides: die Macht der Bilder und die Bilder der Macht.

Heute steht der Landtag von Baden-Württemberg Besucherinnen und Besuchern offen, Plenardebatten werden live übertragen, der sanierte Plenarsaal ist transparent. All das war zu Beginn von Hüdigs Karriere nicht so. Mit seinen Bildern hat er mit dafür gesorgt, dass die junge parlamentarische Demokratie der Bundesrepublik Deutschland sich öffnete und der Öffentlichkeit Einblicke gewährte. Ihm gelangen selbst Schnappschüsse von Ereignissen, die hinter verschlossenen Türen stattfanden.

Ich wünsche Ihnen nun viel Vergnügen beim Blick hinter die Kulissen der frühen Landespolitik, bei der Lektüre der historischen Einordnungen, und vor allem beim Erleben von Burghard Hüdigs Momentaufnahmen der Zeitgeschichte.

Ihre
Muhterem Aras MdL
Präsidentin des Landtags von Baden-Württemberg

Grußwort

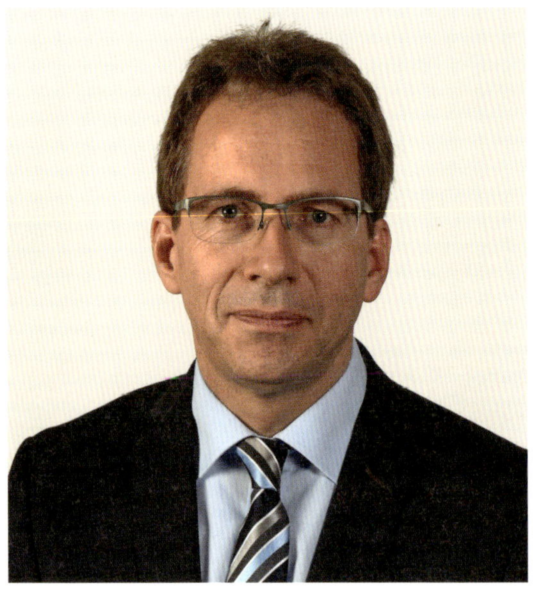

„Ein Bild sagt mehr als tausend Worte!" Diese sprichwörtlich überspitzte Metapher betont den Mehrwert visueller Medien gegenüber schriftlichen Informationen. Bilder besitzen demnach die Eigenschaft, Sachverhalte und Ereignisse anschaulicher und prägnanter wiederzugeben, als dies ein bloßer Text leisten könnte. Doch umgekehrt bleiben Fotografien und Zeichnungen stumm, wenn ihnen nachlesbare Metadaten fehlen, die vom Bildinhalt und den Entstehungsumständen berichten.

Zu den vorrangigen Aufgaben des Landesarchivs Baden-Württemberg gehört es, das rechtlich und historisch relevante Schriftgut der staatlichen Behörden zu sichern und der Forschung als Quelle neuer Erkenntnis zugänglich zu machen. Ergänzt wird diese Überlieferung um private Aufzeichnungen, um Foto- und Plakatsammlungen, die vertiefende Einblicke in die Geschichte gewähren und sie zusätzlich illustrieren. Während der zurückliegenden Jahre konnte das Landesarchiv mehrere namhafte Fotografennachlässe einwerben, deren ganz unterschiedliche Bildmotive sich einer regen Nachfrage erfreuen.

Dass es 2017 gelang, das umfangreiche, fast ein halbes Jahrhundert dokumentierende Werk des Fotoreporters Burghard Hüdig für das Hauptstaatsarchiv Stuttgart zu gewinnen, ist ein Glücksfall! Er ist der vermittelnden Initiative von Dr. Margot Goeller und Dr. Tobias Wöhrle vom Staatsministerium Baden-Württemberg zu danken, die den Kontakt zwischen Urheber und Archiv herstellten. Es kam dann freilich einer Kärrnerarbeit gleich, die mehr als 18.000 Negativtaschen mit ihren oft nur flüchtigen handschriftlichen Vermerken – gefördert durch die Stiftung Kulturgut Baden-Württemberg – zu erfassen und die insgesamt über 400.000 Aufnahmen komprimiert zu verzeichnen. Dabei war es unvermeidlich, hinter einer Vielzahl von Titelaufnahmen Fragezeichen stehen zu lassen, die durch nachträgliche Recherchen sukzessive getilgt werden sollen. In einem weiteren Schritt wurden sämtliche Negativstreifen digitalisiert und online im Bestand Q 2/50 verfügbar gemacht.

Das fotografische Oeuvre von Burghard Hüdig ist ein erstaunliches Kaleidoskop der südwestdeutschen Landespolitik wie auch des Stuttgarter Stadtgeschehens, die in all ihren Facetten greifbar werden. In den Bildern wird die Fülle gesellschaftlicher Themen erkennbar, die zwischen den 1950er und den frühen 2000er Jahren diskutiert wurden. Es versteht sich von selbst, dass in diesem Katalog nur eine kleine Auswahl aus Hüdigs beruflichem Schaffen gezeigt werden kann. Doch ich bin mir sicher, dass sie Neugier wecken wird, in diesem reichhaltigen Bestand auf Entdeckungstour zu gehen.

Für die gelungene Ausstellung und den Katalog danke ich dem Hauptstaatsarchiv Stuttgart und dem dortigen Projektteam unter Leitung von Dr. Albrecht Ernst und Dr. Thomas Fritz herzlich. Auch freue ich mich über die gewinnende Kooperation mit dem Landtag von Baden-Württemberg, sind doch Hüdigs Fotografien in ganz besonderer Weise ein Spiegel südwestdeutscher Demokratiegeschichte. Mögen sie die historische Forschung auch über die Grenzen Baden-Württembergs hinaus anregen und bereichern.

Professor Dr. Gerald Maier
Präsident des Landesarchivs Baden-Württemberg

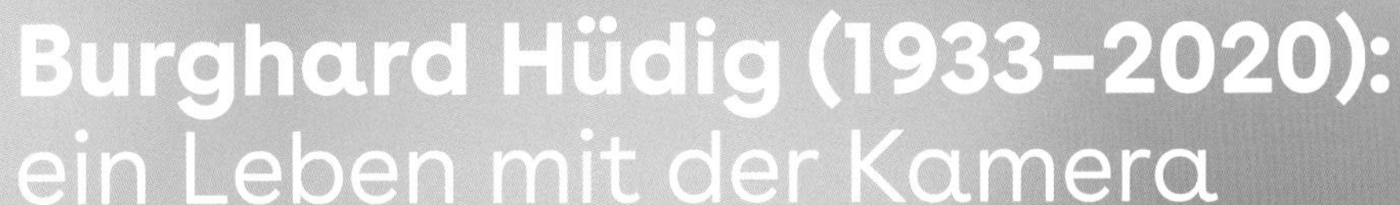

Burghard Hüdig (1933–2020): ein Leben mit der Kamera

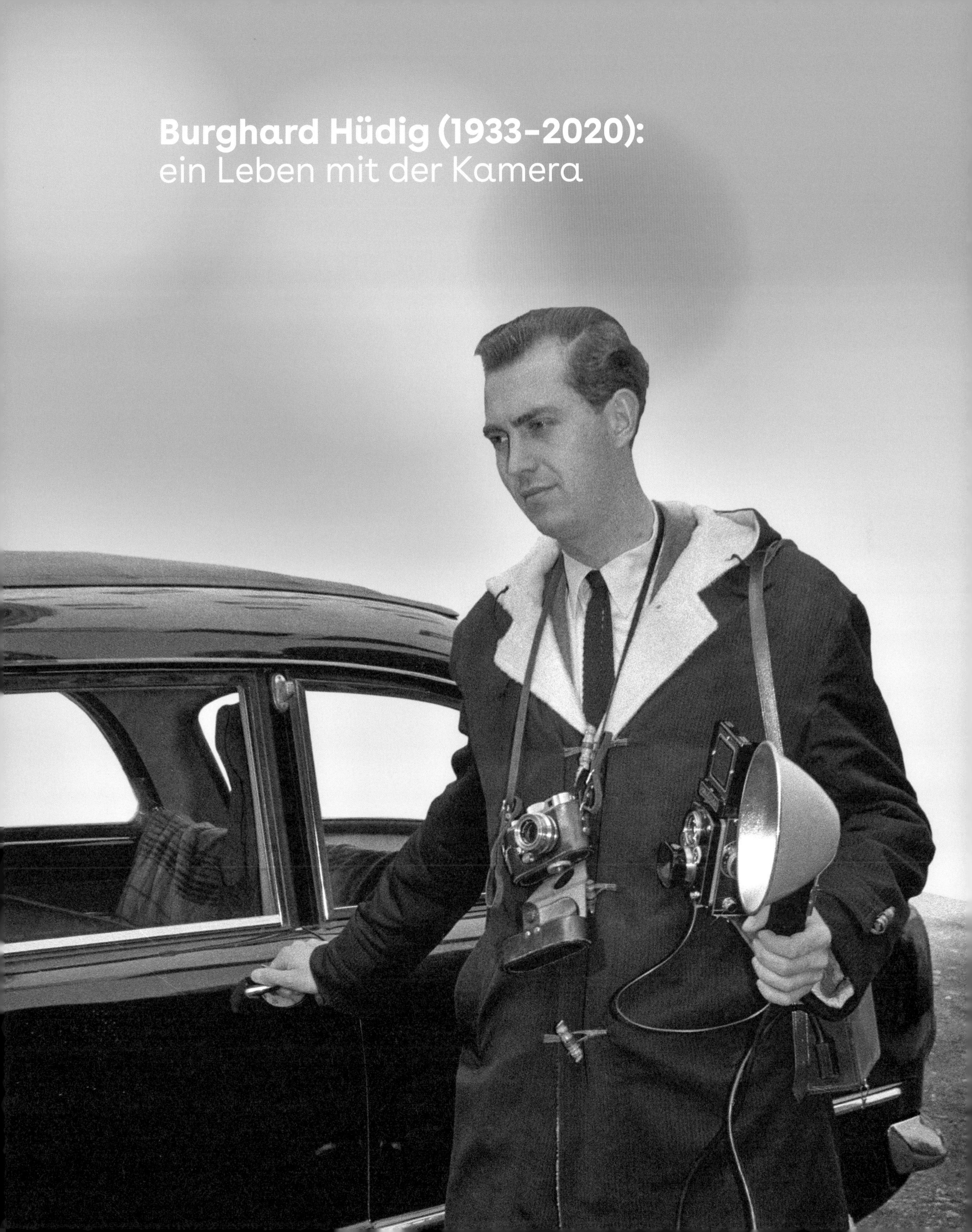

Im Rückblick auf sein Leben erzählte Burghard Hüdig selbstbewusst und stolz von zahllosen Begegnungen mit berühmten Persönlichkeiten. Aus unmittelbarer Nähe hatte er Staatenlenker und Wirtschaftsbosse, Schauspieler und Musiker, Sportler und Gelehrte erlebt und den Glanz der Schönen und Reichen mit der Kamera eingefangen. Bei alledem verlor er die Schattenseiten des Daseins nicht aus dem Blick. Sein fotojournalistisches Werk dokumentiert politische Proteste und gesellschaftliche Verwerfungen ebenso wie das Schicksal von Gastarbeitern und Wohnsitzlosen. Fast 50 Jahre lang hielt er Außergewöhnliches und Alltägliches, überraschende Ereignisse und Routinetermine auf Hunderttausenden von Fotonegativen fest. Dass Hüdig zum anerkannten *Hoffotografen* der baden-württembergischen Landesregierung avancierte, war ihm freilich nicht in die Wiege gelegt.

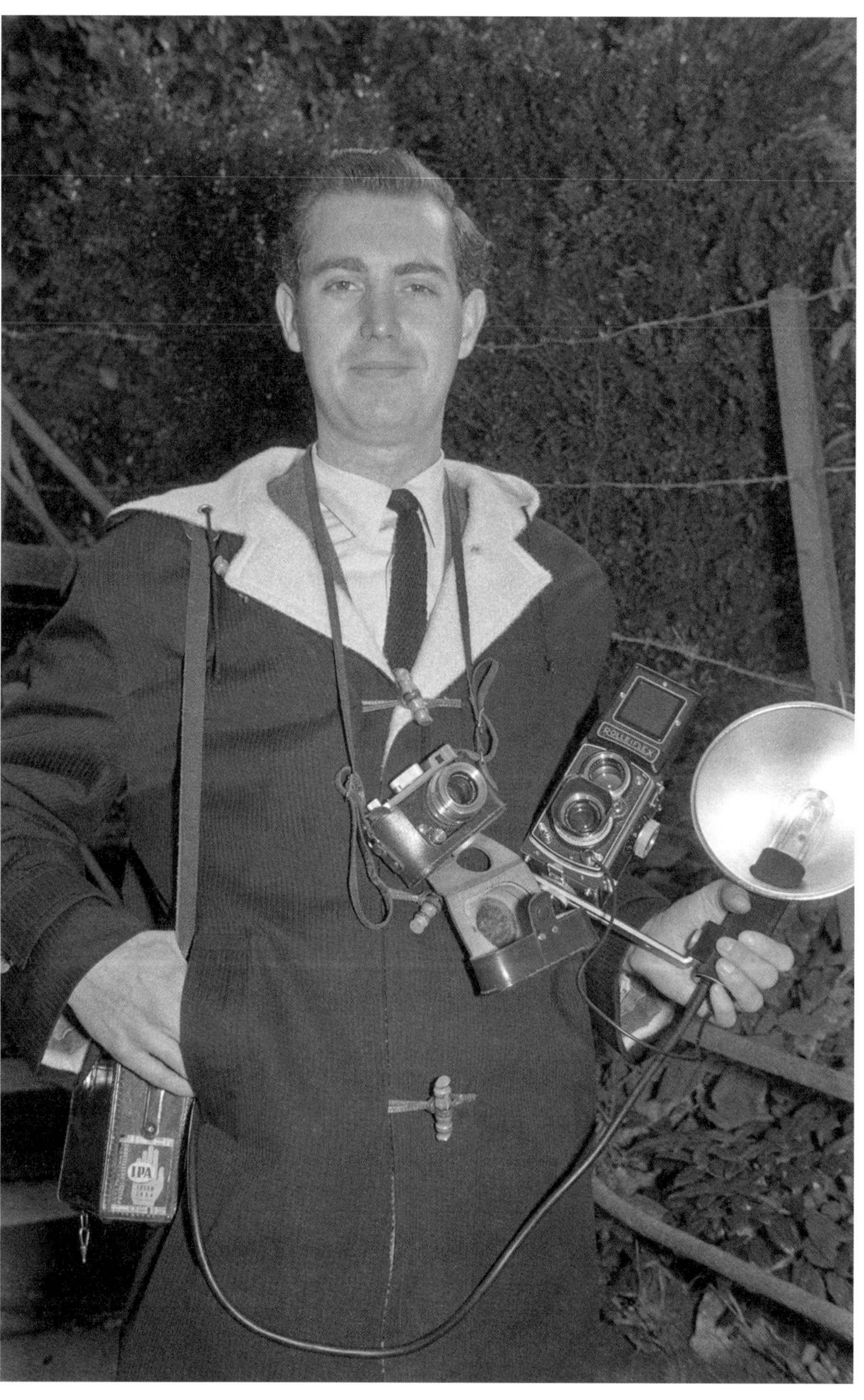

1 Der junge Burghard Hüdig als Fotograf beim Deutschen Volksblatt in Stuttgart. 1957

Am 4. Juni 1933 wurde Burghard Hüdig als Sohn der Eheleute Erich und Gertrud Hüdig in Essen geboren. Gemeinsam mit seinem älteren Bruder Hans-Erich, der als Soldat im Zweiten Weltkrieg ums Leben kam, wuchs er in einfachen, katholisch geprägten Verhältnissen auf. Seit 1939 besuchte er die Volksschule, wechselte dann an das städtische Humboldtgymnasium, um auf Wunsch der Eltern wenigstens die *Mittlere Reife* zu erreichen. Sein schon in jungen Jahren geäußertes Berufsziel, Fotoreporter zu werden, taten sie als *brotlose Kunst* ab. So ließ sich der *Sprössling* nolens volens darauf ein, eine kaufmännische Lehre zunächst in einem Zigarrengeschäft, später bei der Kruppschen Konsumanstalt in Essen zu absolvieren.

Schon als Teenager hatte Burghard Hüdig zu fotografieren begonnen. Als der mittlerweile 23-Jährige erfuhr, dass das *Deutsche Volksblatt*, eine in Stuttgart erscheinende katholische Tageszeitung, einen Pressefotografen suchte, gab es für ihn kein Halten mehr. Er fand das Wohlwollen des Verlegers, der ihm 1956 ein Volontariat und schließlich eine feste Anstellung ermöglichte. Für Hüdig war es eine neue Welt. Begegnungen mit der Jazz-Legende Louis Armstrong und dem Rock 'n' Roll-Pionier Bill Haley oder den Filmstars Peter van Eyck, Winnie Markus und Daliah Lavi beeindruckten ihn stark. Alles erschien ihm *wie im Traum*. Auch ein Zusammentreffen mit Bundeskanzler Konrad Adenauer, der den jungen Fotografen in der Villa des Unternehmers Hans Joachim Schmidtgen mit Handschlag begrüßte, blieb Hüdig zeitlebens in Erinnerung.

In Hüdigs frühen Fotografien spiegeln sich der Aufbauwille und das Lebensgefühl der jungen Bundesrepublik. Unentwegt war er bei Grundsteinlegungen, Richtfesten und Einweihungen zugegen, um die Fertigstellung von Kirchen und Schulen, von Verwaltungsgebäuden und Wohnsiedlungen, von Straßen und Schienenwegen mit der Kamera zu begleiten. Ein Symbol der Nachkriegsmoderne ist zweifellos der Stuttgarter Fernsehturm, der in Hüdigs Werk aus ganz unterschiedlichen Perspektiven aufscheint. Auch die Studios des Süddeutschen Rundfunks, die Aufzeichnung von Interviews und Fernsehshows waren ihm manchen Schnappschuss wert. Mehr aber noch suchte er ansprechende Motive in Filmtheatern und Zirkuszelten, in Konsumgüterausstellungen und Modenschauen, die in seiner beruflichen Frühphase überaus populär waren. Die ersten Selbstbedienungsläden hielt er ebenso im Bild fest wie die seit den 1950er Jahren aus dem Boden schießenden Milchbars, die im Zeitgeschmack als absolut chic galten. Doch auch vor Elendsquartieren und blutigen Kriminalfällen verschloss Hüdig die Augen nicht. Als unermüdlicher Bildreporter, der das Stuttgarter Stadtgeschehen in all seinen Facetten abbildete, war er regelmäßig im Neckarstadion und auf der Waldau präsent, wenn der VfB und die Kickers ihre Gäste empfingen. Auch berichtete er über andere Sportereignisse, so etwa die traditionsreichen Solitude-Rennen, die überregional Furore machten. In politischer Hinsicht erlebte Hüdig die Ludwigsburger Rede des französischen Staatspräsidenten Charles de Gaulle (1962) und den Staatsbesuch der britischen Königin Elizabeth II. in Stuttgart (1965) als Glanzlichter seines fotojournalistischen Wirkens.

Als das *Deutsche Volksblatt* 1965 mit dem 100. Jahrgang sein Erscheinen einstellte, entschied sich Hüdig für die berufliche Selbständigkeit. Für ihn war es ein Glücksfall, dass er damals von der Landesschau-Redaktion des Süddeutschen Rundfunks den Auftrag zur Lieferung von sogenannten

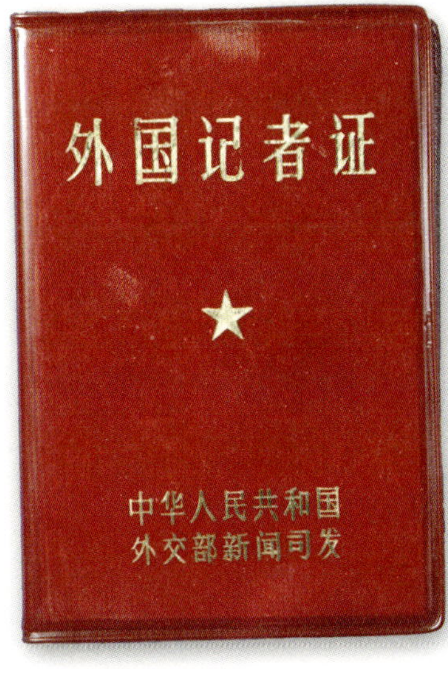

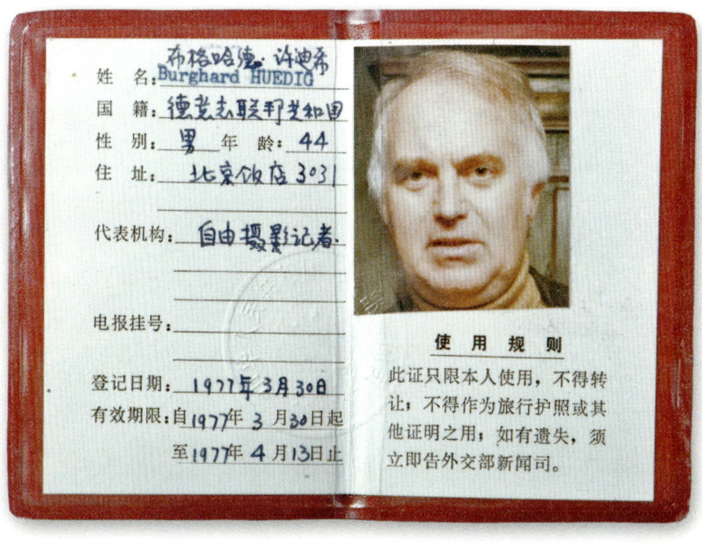

2 Chinesischer Presseausweis für Burghard Hüdig. Ausgestellt während der Reise des Ministerpräsidenten Hans Filbinger durch die Volksrepublik. März/April 1977

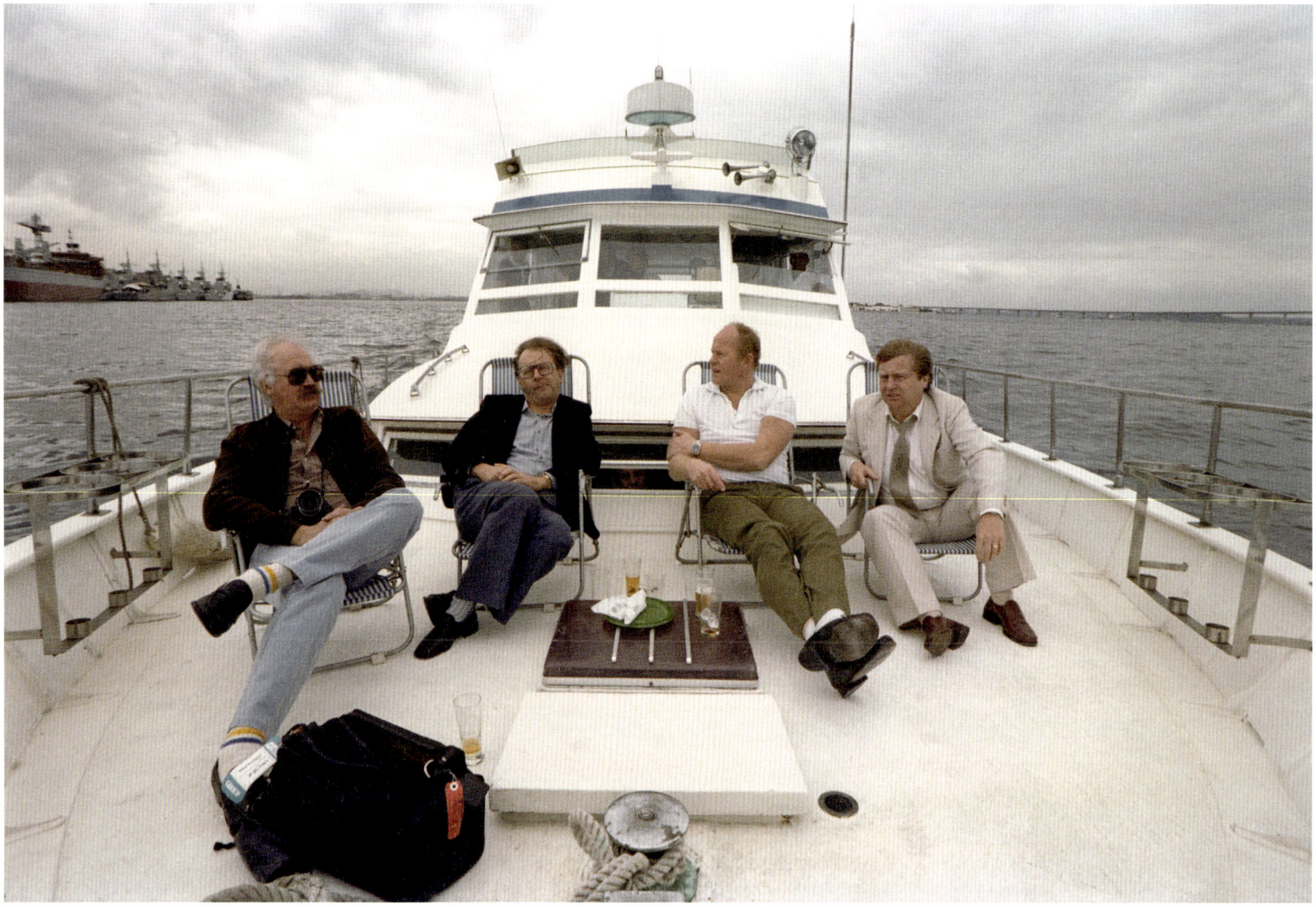

3 In vertrauter Männerrunde: Burghard Hüdig, Lothar Späth, N. N. und Matthias Kleinert bei einer Bootsfahrt in der Guanabara-Bucht bei Rio de Janeiro. Okt./Nov. 1980

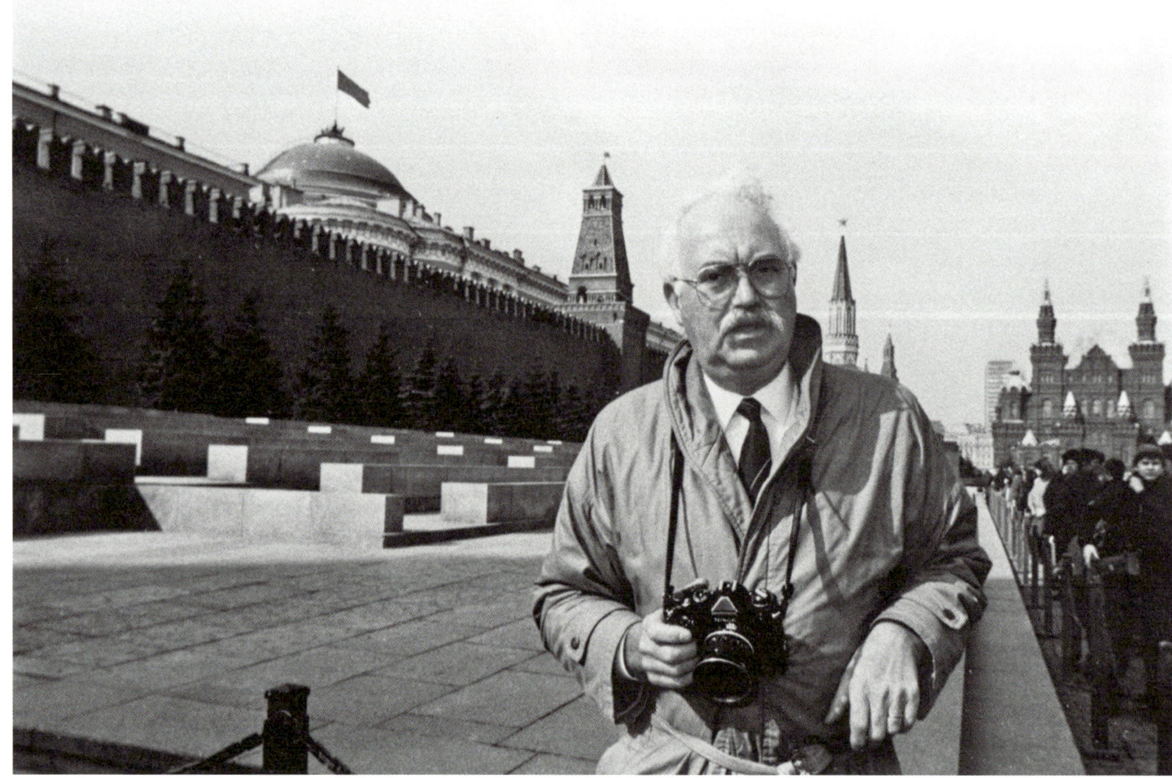

4 Burghard Hüdig auf dem Roten Platz in Moskau. Aufgenommen während der UdSSR-Reise des Bundesratspräsidenten Lothar Späth. März 1985

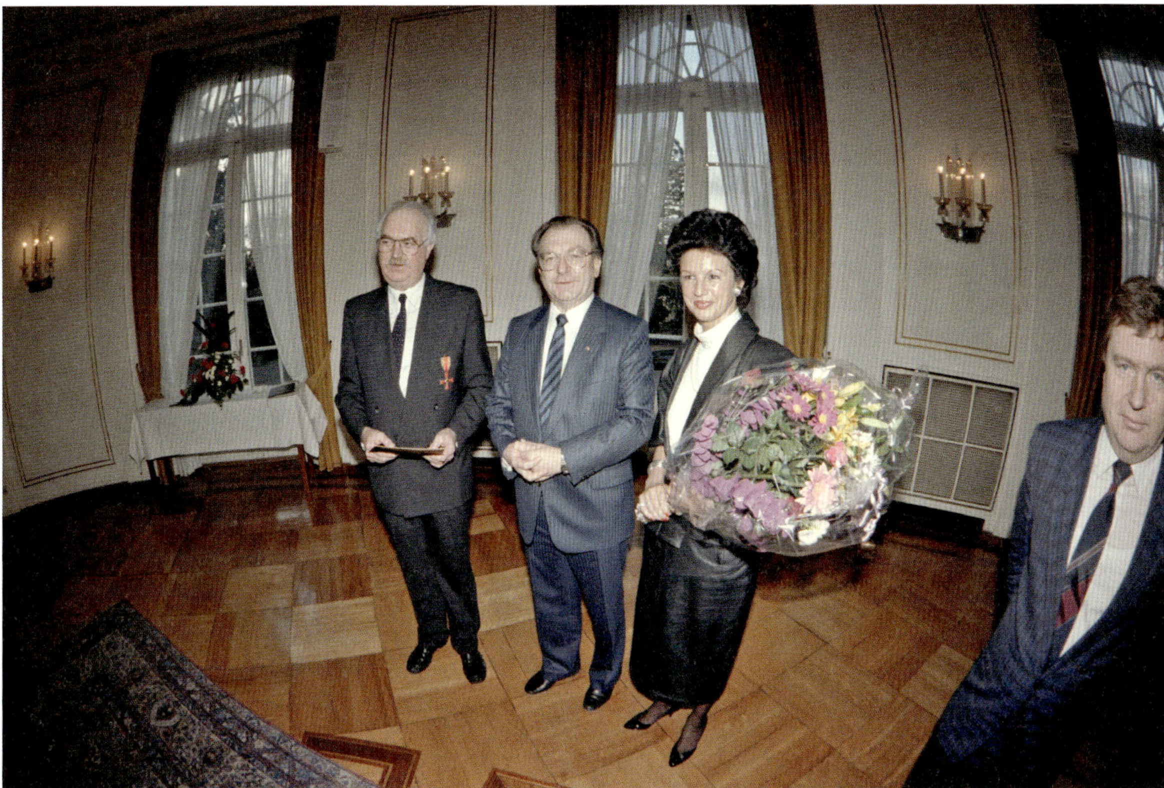

5 Burghard und Karin Hüdig im Runden Saal der Villa Reitzenstein anlässlich der Überreichung des Verdienstkreuzes am Bande des Verdienstordens der Bundesrepublik Deutschland durch Lothar Späth. Ganz rechts Staatssekretär Matthias Kleinert. Aufgenommen mit Fischaugenobjektiv. 16. Dezember 1986

Hintersetzern, den Hintergrundfotos für die abendliche Nachrichtensendung, erhielt. Die Zusammenarbeit sollte drei Jahrzehnte währen. Auch gelang es Hüdig, sich als offizieller Fotograf der Messe Stuttgart-Killesberg zu etablieren. In Tausenden von Aufnahmen dokumentierte er unzählige Messestände mit ihren im Laufe der Jahrzehnte sich wandelnden Produktangeboten.

Seine berufliche Erfüllung fand Burghard Hüdig in der fotografischen Begleitung der Landespolitik. Im Haus des Landtags von Baden-Württemberg, dessen feierlicher Einweihung er 1961 schon beigewohnt hatte, erlebte er spannende Wahlabende. Von der Besuchertribüne aus beobachtete er die Vereidigung von insgesamt zwölf Landesregierungen. Aufmerksam verfolgte er Plenardebatten und Ausschusssitzungen, deren gelegentliche Heftigkeit, so etwa in der Auseinandersetzung um die Gebiets- und Verwaltungsreform, er mit der Kamera einfing. Auch als sich der Landtag 1969 mit Stacheldraht vor Studentenprotesten schützte, war er vor Ort und hielt die gespenstische Situation in Bildern fest. Hüdig war es auch, der einen Großteil der Landtagsabgeordneten porträtierte – gleichgültig welcher politischen Couleur sie angehörten.

Eine geradezu emotionale Nähe verspürte er zu den in der Villa Reitzenstein residierenden Ministerpräsidenten, über die er manche Anekdote zu erzählen wusste. Überhaupt hatte es ihm einen unbändigen Spaß bereitet, sie für seine gewitzten, medienwirksamen Ideen zu gewinnen: Kurt Georg Kiesinger, nun bereits Bundeskanzler, schwimmt in einem oberschwäbischen See (1967), Hans Filbinger treibt Morgengymnastik vor dem Schloss Solitude (1967), Lothar Späth radelt mit chinesischen Pendlern durch Shanghai (1985), Erwin Teufel präsentiert den Smart *Dienstwagen* des Staatsministeriums (2001). Die exklusiven Bilder trugen zum wirtschaftlichen Erfolg ihres Urhebers bei und steigerten sein Renommee ungemein. Nicht nur in regionalen Zeitungen war Hüdig stark vertreten. Ihm gelang auch, seine Aufnahmen in den deutschlandweit erscheinenden Magazinen *Der Spiegel* und *Stern* zu platzieren. Überdies stand er mit international tätigen Presseagenturen in geschäftlichen Beziehungen. In Anerkennung seiner bildjournalistischen Verdienste berief ihn die Deutsche Gesellschaft für Photographie 1980 zu ihrem Mitglied.

Schon 1977 war Hüdig das Privileg zuteil geworden, im Gefolge des baden-württembergischen Ministerpräsidenten eine erste Reise nach China zu unternehmen, deren Impressionen er in dem Bildband *Mit Filbinger im Reich der Mitte* veröffentlichte. Gemeinsam mit dem Publizisten Klaus Mehnert ließ er beim Deutschen Bücherbund den Band *China heute* folgen, der ein breites Publikum

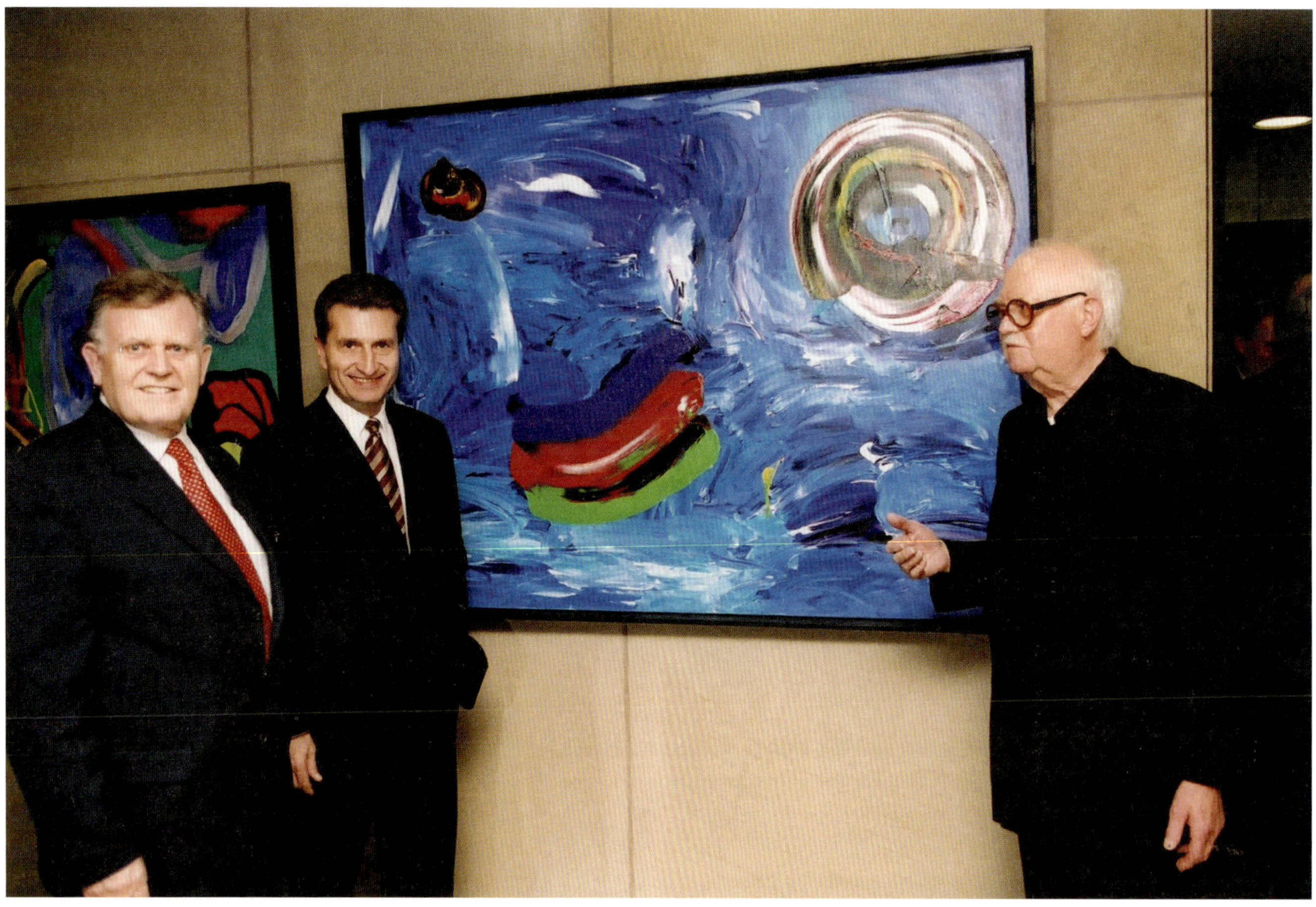

6 Prominente Kunstliebhaber: Ministerpräsident Erwin Teufel und der CDU-Fraktionsvorsitzende Günther H. Oettinger lassen sich im Haus der Abgeordneten von Hüdigs Gemälden beeindrucken. 2002

7 Ein Gemälde für den Bundestag. Rechtzeitig zum Parlamentsumzug von Bonn nach Berlin konnten Rudolf Seiters, Vizepräsident des Deutschen Bundestages, und Hans Jochen Henke MdB ein Bild Hüdigs, des „Magiers der Farben", entgegennehmen. 1999

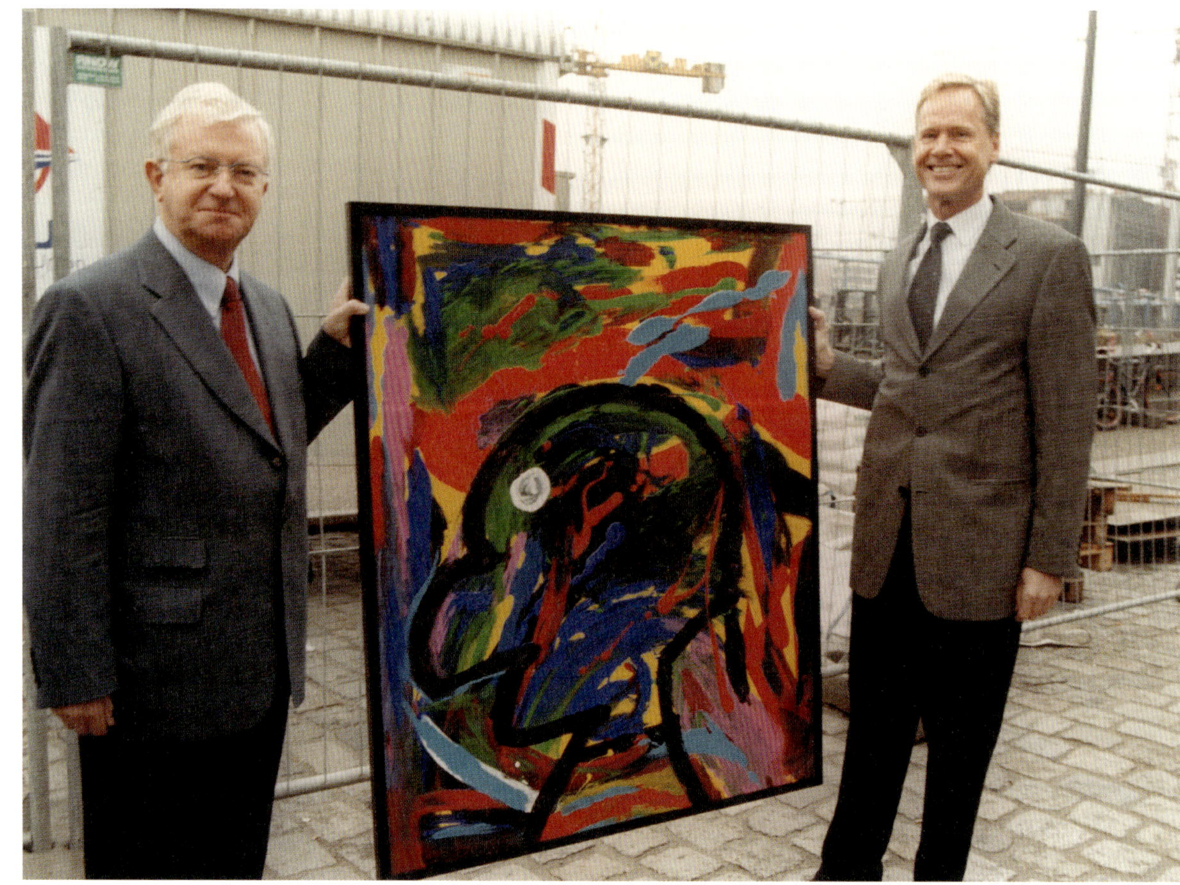

erreichte. Und dennoch war es nur eine Vorahnung dessen, was Hüdig mit Lothar Späths Regierungsantritt erwartete. An der Seite des umtriebigen Politikers jettete er in die fernsten Regionen der Erde. Drei weitere Male besuchte er die Volksrepublik China. Vom Roten Platz in Moskau bis zum World Trade Center in New York, von Japan bis nach Brasilien hielt Hüdigs Kamera fest, was wenige Tage später auf den Politik-, Wirtschafts- oder Kulturseiten deutscher Zeitungen abgedruckt wurde und Späths Image als welterfahrener Modernisierer festigte. Dem persönlichen Netzwerk des CDU-Politikers, seinen Weggefährten und Beratern wusste sich der in Anzug und Krawatte stets korrekt gekleidete Bildreporter eng verbunden. Lothar Späth war ihm nicht nur Förderer, sondern auch Freund.

Die Türen der Villa Reitzenstein standen dem *Hoffotografen* weit offen, wenn er die Ministerrunde am Kabinettstisch ablichtete oder Staatsbesuche in unvergessliche Momentaufnahmen verwandelte. Beim Eintrag ins Gästebuch der Landesregierung blickte er unzähligen Staatsoberhäuptern und Prominenten über die Schulter, unter ihnen Kaiser Haile Selassie von Äthiopien, König Carl XVI. Gustaf und Königin Silvia von Schweden, Rajiv Gandhi, Michail Gorbatschow, Boris Jelzin, Yassir Arafat, Mutter Teresa und der Dalai Lama. Im Terminkalender des Bildreporters waren die alljährlichen Empfänge für Sternsinger und Abordnungen der schwäbisch-alemannischen Narrenzünfte fest verankert.

Am 16. Dezember 1986 stand Burghard Hüdig selbst im Rampenlicht, als ihm Lothar Späth – auf Vorschlag des Stuttgarter Oberbürgermeisters Manfred Rommel – im Runden Saal der Villa Reitzenstein das vom Bundespräsidenten verliehene Verdienstkreuz am Bande überreichte. Aus Anlass seines 30-jährigen Berufsjubiläums würdigte er den Geehrten als *großartigen Interpreten* des Zeitgeschehens, dessen Werk sich durch *Einfühlsamkeit und Menschlichkeit* auszeichnete.

In Hüdigs Leben wechselten Phasen des beruflichen Erfolgs und des familiären Glücks mit schweren Krisen, die ihn aus der Bahn zu werfen drohten. Im Januar 1959 heiratete der junge Fotograf Rosmarie Rheiner, mit der er einen Bungalow in der Esslinger Königsallee bezog. Aus der Ehe gingen die beiden Töchter Bettina und Manuela hervor. Die überlieferten Privataufnahmen zeichnen ein heiteres, kurzweiliges Familiendasein, das Mitte der 1970er Jahre mit der Ehescheidung zerbrach. Nach einer zeitweisen, auch beruflichen Desorientierung fand Hüdig in der verwitweten Karin Kirsch geb. Göppinger, die er im Dezember 1981 heiratete, die Frau für sein *zweites Leben*. Die Trauzeugen waren Späths Büroleiter Hans Jochen Henke und Regierungssprecher Matthias Kleinert. Rasch profilierte sich Karin Hüdig als geschäftstüchtige *Managerin* ihres Mannes, die Foto- und Kunstausstellungen organisierte und den reichen Bildbestand zu vermarkten wusste.

Das 1971 in Untertürkheim erbaute Atrium-Haus der Eheleute Hüdig war über Jahre hinweg eine angesagte Adresse für rauschende Partys, die man im Freundeskreis feierte. Beim 60. Geburtstag des Hausherrn brach, so berichtete die Bild-Zeitung, der Geschenketisch unter der Last der Präsente zusammen. Unter den illustren Gästen hatte man Lothar Späth, auch Konrad Kujau und den SDR-Sportchef Gerhard Meier-Röhn gesichtet.

Im Juni 1999, mit nunmehr 66 Jahren, erklärte der passionierte Pressefotograf seinen Rückzug aus dem hektischen, kräftezehrenden Metier. Schon zu Beginn der 1990er Jahre hatte der Sammler moderner Kunst ein persönliches Faible für die Malerei entdeckt. Ermutigt von Lothar Späth und dem befreundeten Künstler Adam Lude Döring fand er zu einem eigenen abstrakten Malstil, den er als *Floating Art* bezeichnete. Mit expressiver Leidenschaft und ungezügeltem Temperament schuf er in einer zweiten Karriere großformatige Acryl-Gemälde, deren *Farben* geradezu *explodieren* und *jeden Rahmen zu sprengen scheinen.* Als der frühere Ministerpräsident und EU-Kommissar Günther H. Oettinger das Atelier in Untertürkheim besuchte, ließ er sich von der *farbenfrohen Energie* begeistern, die Hüdigs Werke ausstrahlen.

Am Ende seines Lebens war es Burghard Hüdig ein wichtiges Anliegen, sein fotografisches Vermächtnis dauerhaft zu erhalten und künftigen Generationen zugänglich zu machen. Dank der Vermittlung des Staatsministeriums Baden-Württemberg unterzeichnete er am 17. August 2017 den Vertrag, der die Übergabe des kompletten Bestandes von mehr als 400.000 Aufnahmen an das Hauptstaatsarchiv Stuttgart regelte. Ihr Urheber war kein Kunstfotograf im engeren Sinne. Er ist vielmehr als Pressefotograf zu charakterisieren, dessen Werk ein halbes Jahrhundert südwestdeutscher Zeitgeschichte von 1956 bis 2003 in einer unermesslichen Bandbreite spiegelt.

Burghard Hüdig starb am 17. Oktober 2020 im Alter von 87 Jahren. Er wurde auf dem Pragfriedhof in Stuttgart beigesetzt.

Albrecht Ernst

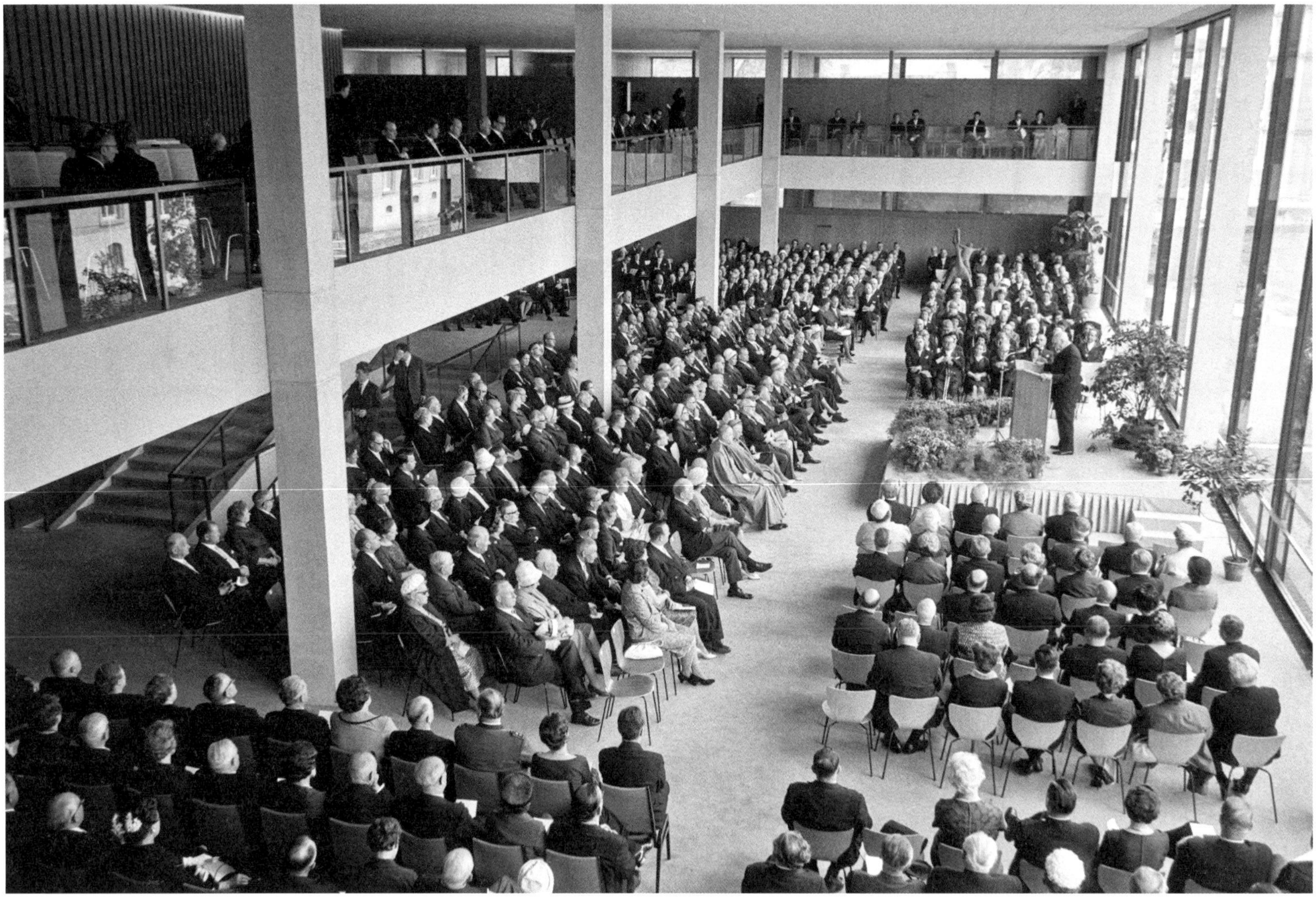

8 Zehn Jahre Baden-Württemberg. Der Festakt, zu dem sich über 1.000 Gäste im Landtag eingefunden hatten, war ein eindrucksvolles Bekenntnis zum jungen Südweststaat. 18. Mai 1962

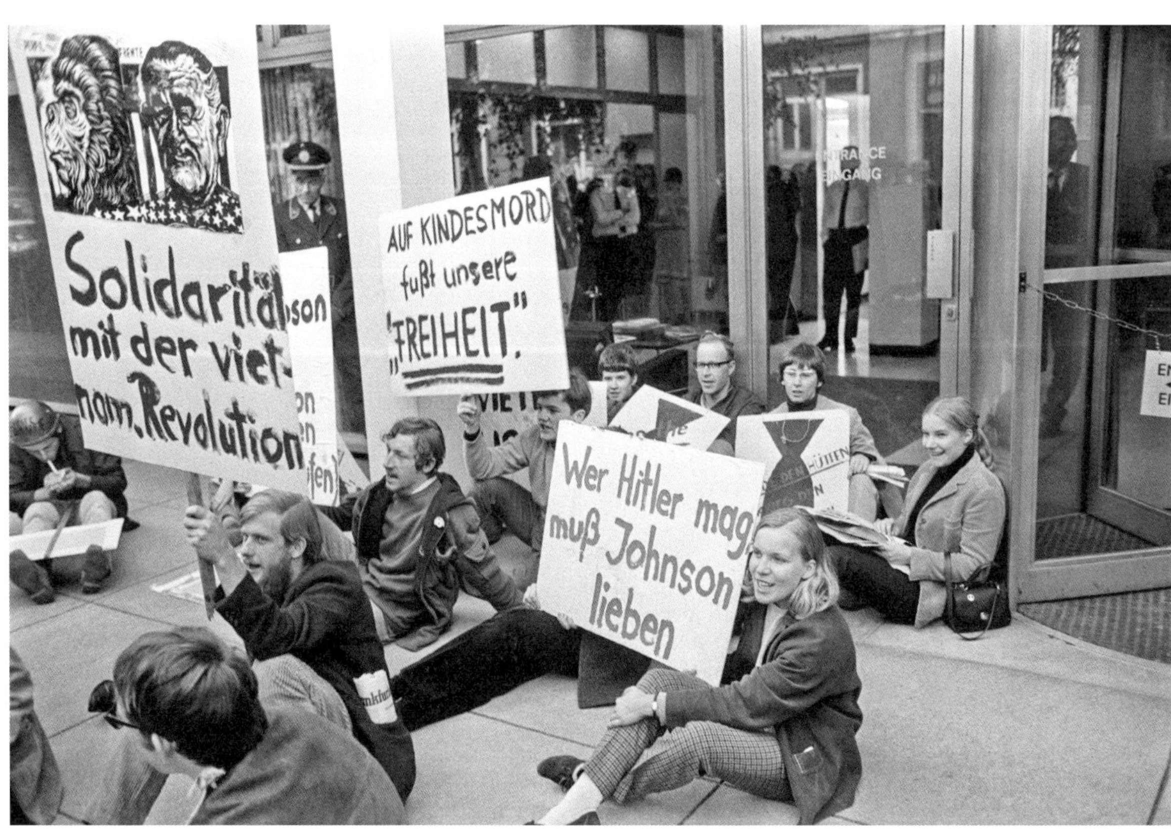

9 „Solidarität mit der vietnamesischen Revolution". Protestkundgebung vor dem US-Generalkonsulat in der Stuttgarter Urbanstraße gegen amerikanische Flächenbombardements in Vietnam. 20. Oktober 1967

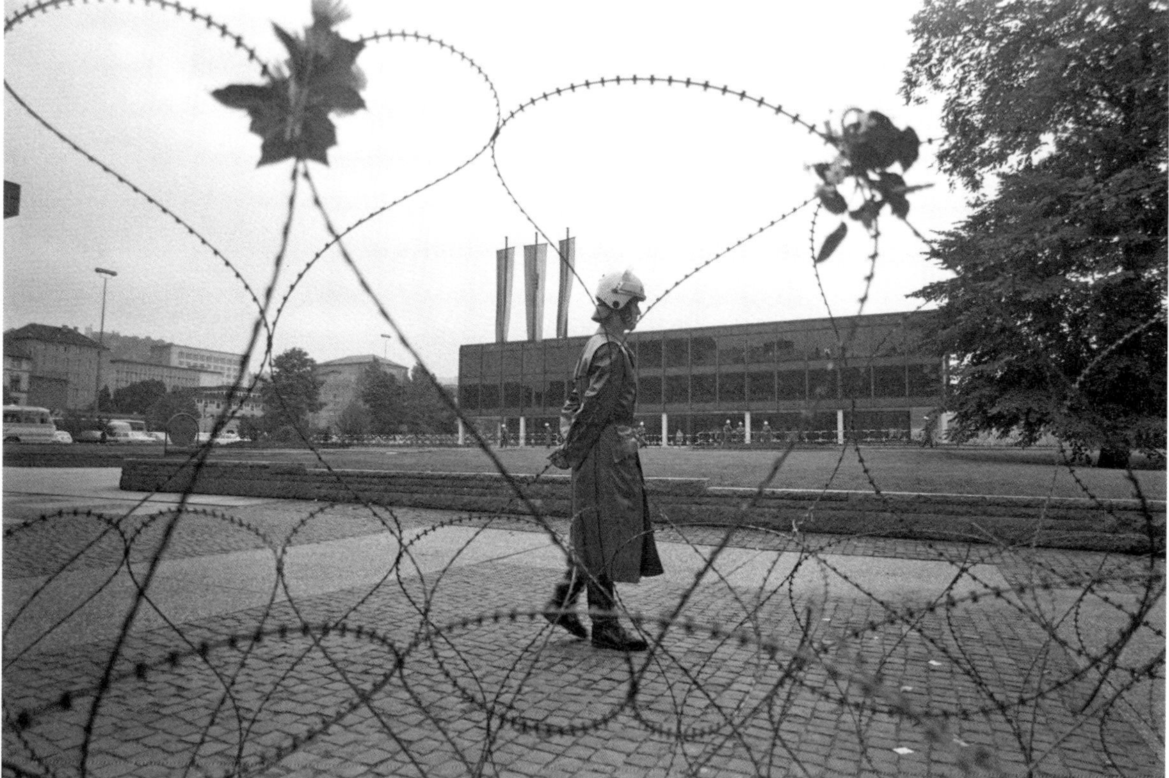

10 Mündige Bürger mit 18! Deutsche Jungdemokraten (DJD) führten in Bietigheim-Bissingen eine Unterschriftenaktion zur Senkung des aktiven Wahlalters von 21 auf 18 Jahre durch. Die bundesweite Initiative hatte bereits 1970 Erfolg. 3. Februar 1968

11 Stacheldraht rund um den Landtag. Während das Plenum tagt, schützen Polizisten die Bannmeile vor demonstrierenden Studenten. 26. Juni 1969

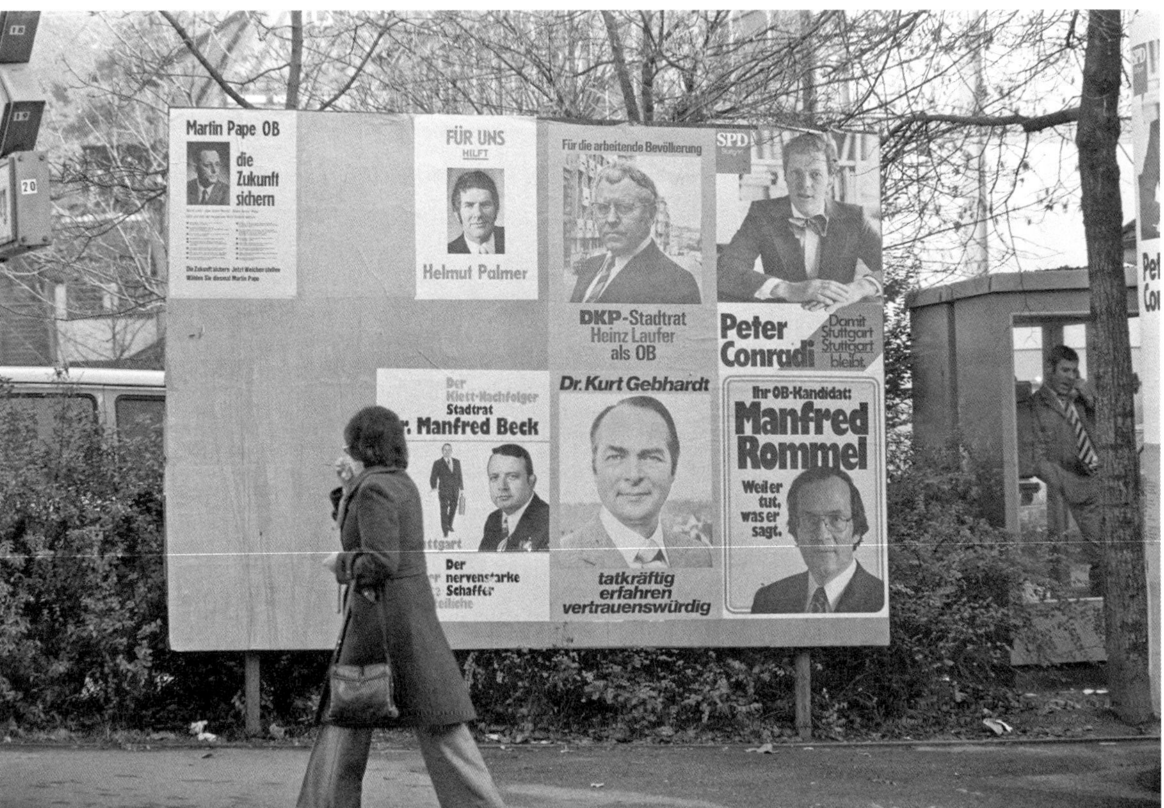

12 Unerwartete Oberbürgermeisterwahl in Stuttgart. Fast 30 Jahre lang hatte der parteilose Arnulf Klett an der Spitze der Landeshauptstadt gestanden. Sein plötzlicher Tod am 14. August 1974 war eine Zäsur. Fortan wollten es sich die im Gemeinderat vertretenen Parteien nicht mehr nehmen lassen, eigene Kandidaten zu nominieren. Insgesamt traten 14 Bewerber, darunter auch der „Remstalrebell" Helmut Palmer, zu den Wahlen an, aus denen schließlich Manfred Rommel als Sieger hervorging.
7. November 1974

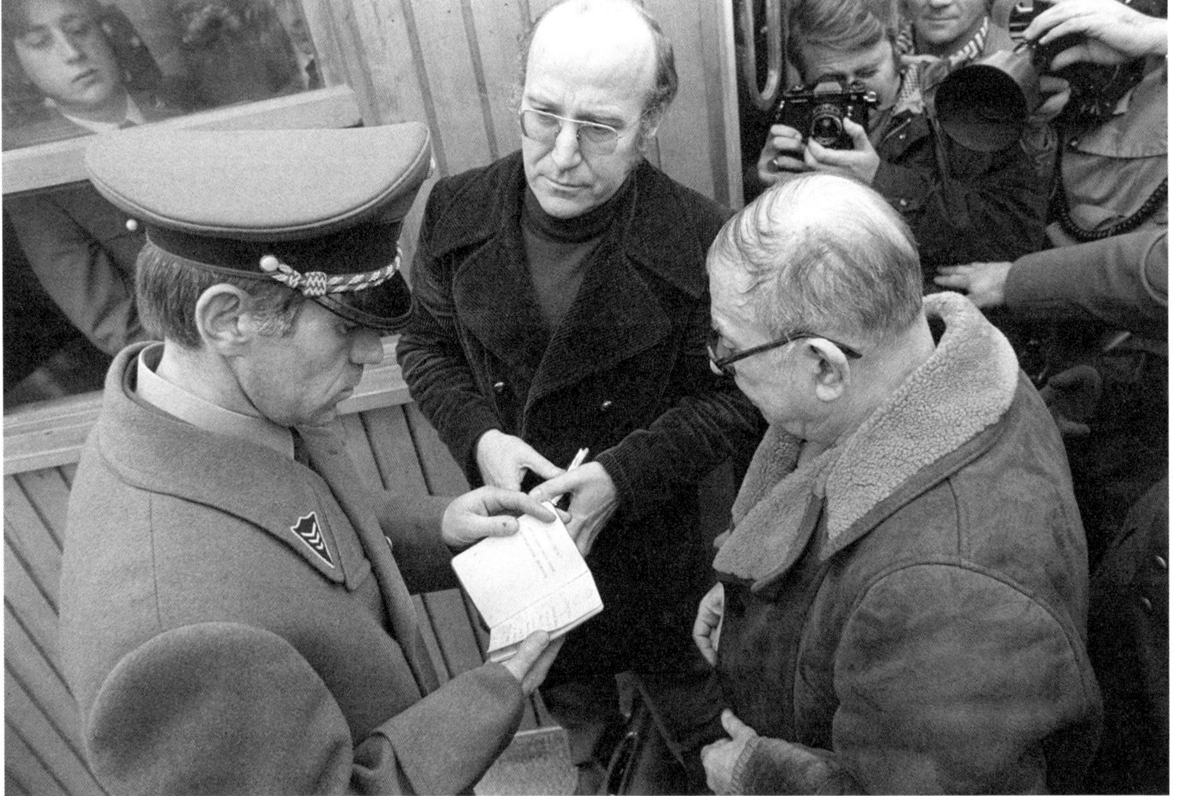

13 Umstrittener Besuch im Gefängnis. Begleitet von einem großen Medienecho reiste der französische Philosoph Jean-Paul Sartre gemeinsam mit dem Rechtsanwalt Klaus Croissant zur Justizvollzugsanstalt Stuttgart-Stammheim, um dem RAF-Terroristen Andreas Baader zu begegnen.
4. Dezember 1974

Der schwimmende Bundeskanzler

Aus einer Laune heraus stellte Arno F. Henseler, der Chef der SDR-Landesschau, im Hochsommer 1967 Burghard Hüdig auf eine Probe. Journalistisch herrschte saure Gurkenzeit. Bundeskanzler Kurt Georg Kiesinger verbrachte seinen Urlaub am Bodensee. Da meinte Henseler: *Wenn Du es schaffst, den Bundeskanzler im See schwimmend zu fotografieren, bist Du der Größte!*

Ohne lange zu zögern, fuhr Hüdig nach Kressbronn, um dort zu erfahren, dass Kiesinger im Gasthof „Rad" in Tettnang gerade zu Mittag esse. Eilends machte er sich auf den Weg. Vor dem Lokal stand ein Dorfpolizist mit seinem Fahrzeug, einem dunkelgrünen VW-Käfer. Begleitet von einem Freund und zwei Leibwächtern verließ Kiesinger kurz darauf das Restaurant. Gut gelaunt erblickte er den Reporter, der ihm aus seiner Zeit als Ministerpräsident bekannt war, und fragte: *Was macht denn der Hüdig hier?* Das ihm vorgetragene Ansinnen empfand er als Zumutung, er sei doch nicht Mao Tse-tung, der schwimmend den Jangtse durchquert hatte. Stattdessen lud er Hüdig ins Ferienhaus ein, um dort ein paar Aufnahmen zu machen. Das beharrliche Drängen hatte aber schließlich Erfolg. Kiesinger ließ sich für ein heimliches Fotoshooting im nahen Schleinsee erweichen.

Gegen 16 Uhr erschien der Kanzler im weißen Bademantel, von zwei Bodyguards flankiert. Während er ins Wasser stieg, gab ihm Hüdig die Anweisung, einige Male zur Kamera heranzuschwimmen, um möglichst günstige Einstellungen zu erzielen. Nach jeder Runde bat Kiesinger die Leibwächter um einen Kamm für sein silbergraues Haar. Er wollte ja gut aussehen. Zu guter Letzt war Kiesinger zufrieden und Hüdig überglücklich.

Von der nächsten Telefonzelle aus informierte er die Landesschau-Redaktion über seinen gelungenen Coup. Die Kollegen waren begeistert. Schon tags darauf wurde der schwimmende Bundeskanzler im Fernsehen ausgestrahlt. Derweil stand Hüdigs Telefon nicht mehr still. Deutschlandweit wollten Zeitungen und Magazine die sensationellen Fotos veröffentlichen, die das Ansehen ihres Urhebers enorm steigerten.

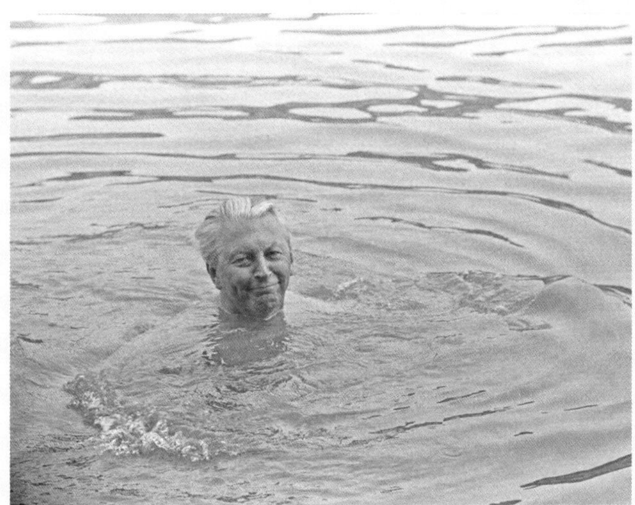

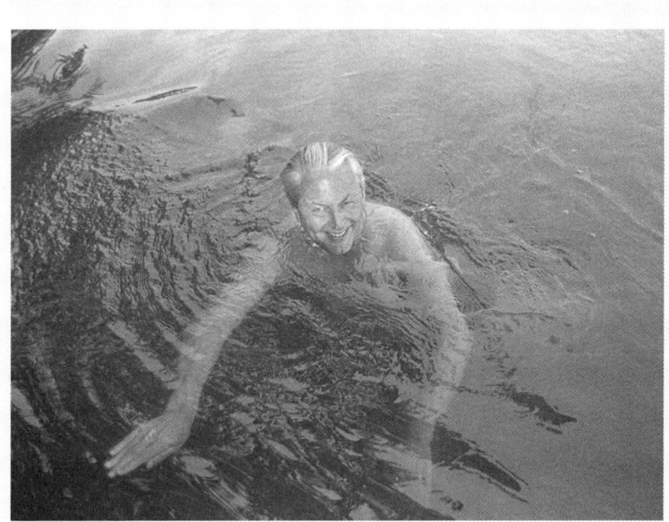

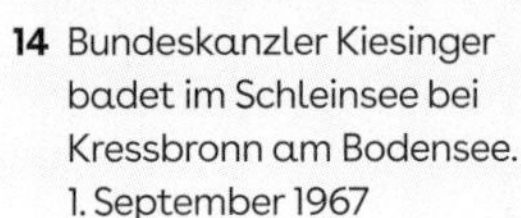

14 Bundeskanzler Kiesinger badet im Schleinsee bei Kressbronn am Bodensee. 1. September 1967

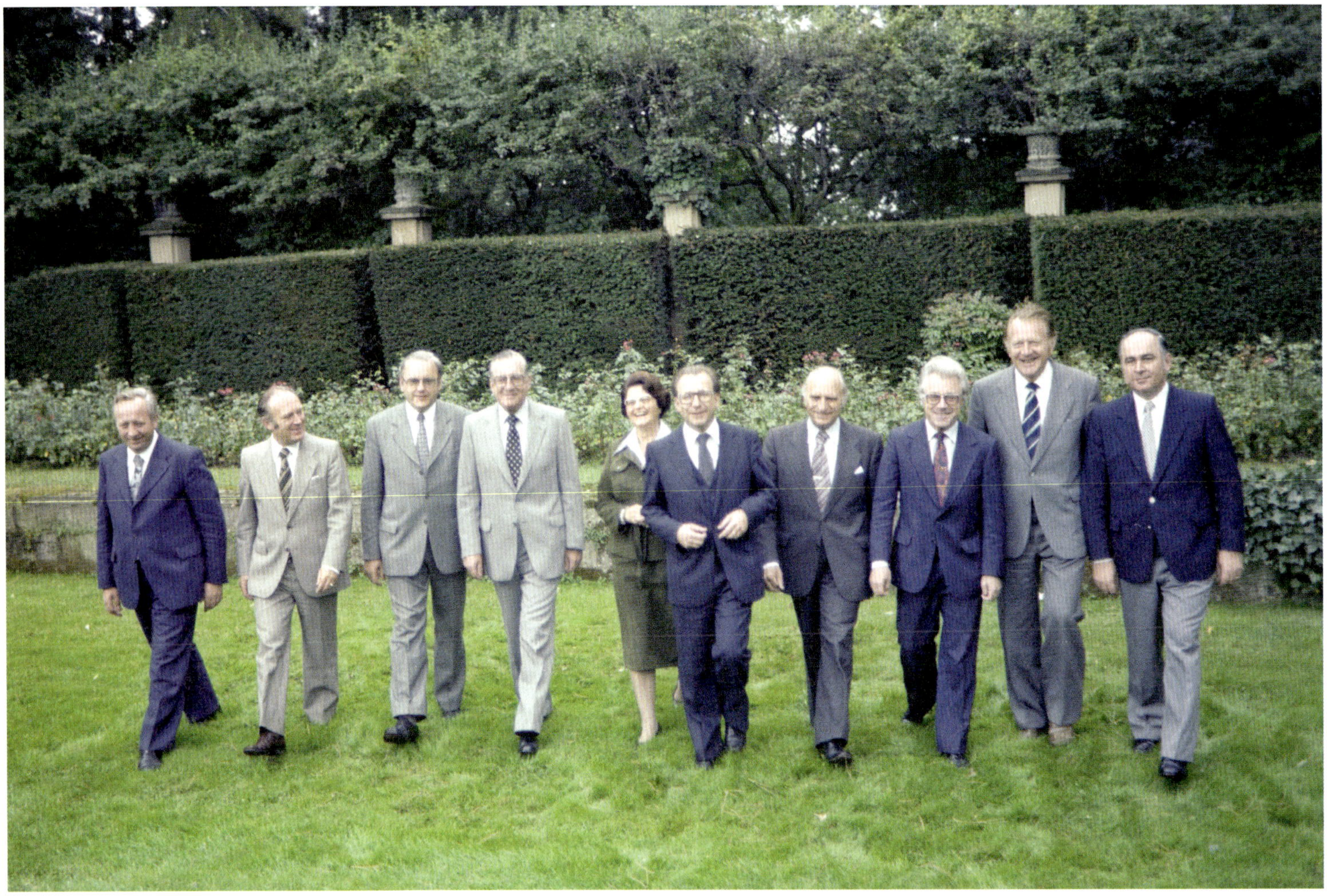

15 Dynamik in der Politik. Nicht stillstehend auf den Stufen einer Treppe, sondern in Bewegung ließ Lothar Späth die Mitglieder seines Kabinetts von Burghard Hüdig im Park der Villa Reitzenstein fotografieren.
V. l. n. r.: Gerhard Weiser, Heinz Eyrich, Roman Herzog, Eduard Adorno, Annemarie Griesinger, Lothar Späth, Robert Gleichauf, Rudolf Eberle, Helmut Engler, Guntram Palm.
12. September 1978

16 25-jähriges Verfassungsjubiläum im Haus des Landtags. Vier baden-württembergische Ministerpräsidenten: Kurt Georg Kiesinger, Lothar Späth, Hans Filbinger, Gebhard Müller.
11. November 1978

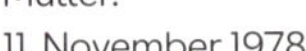

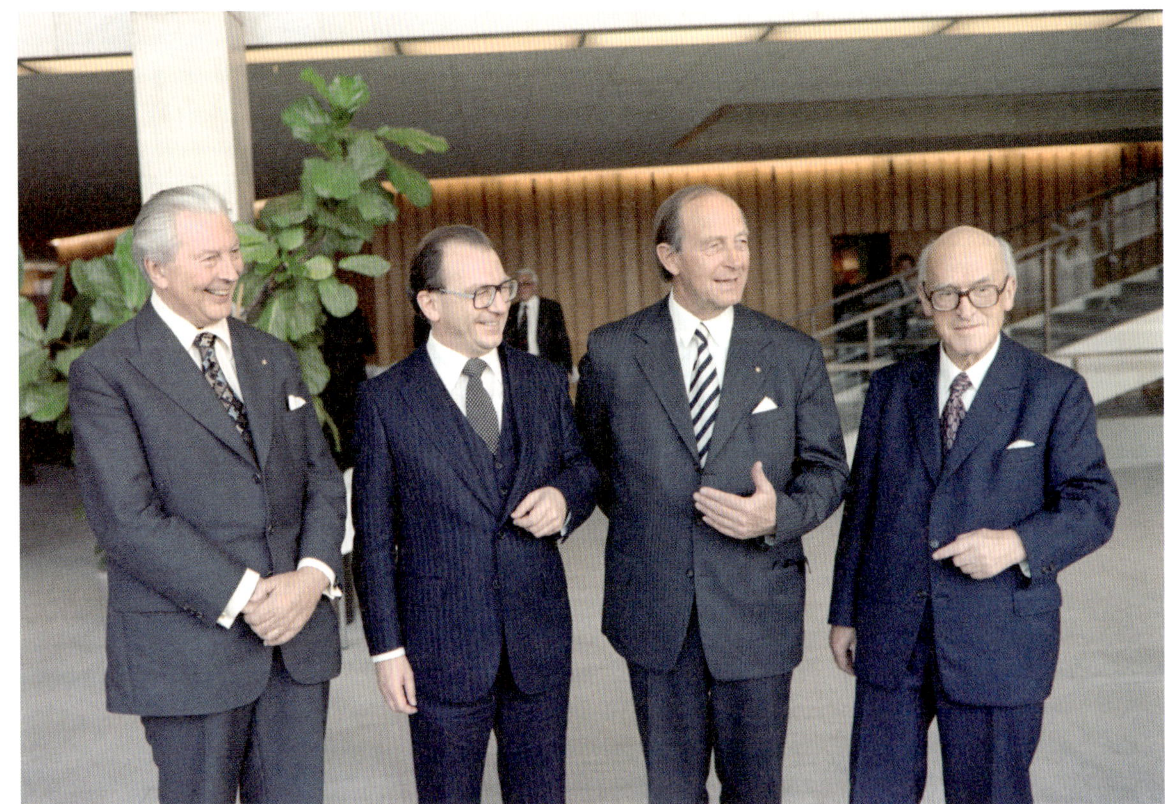

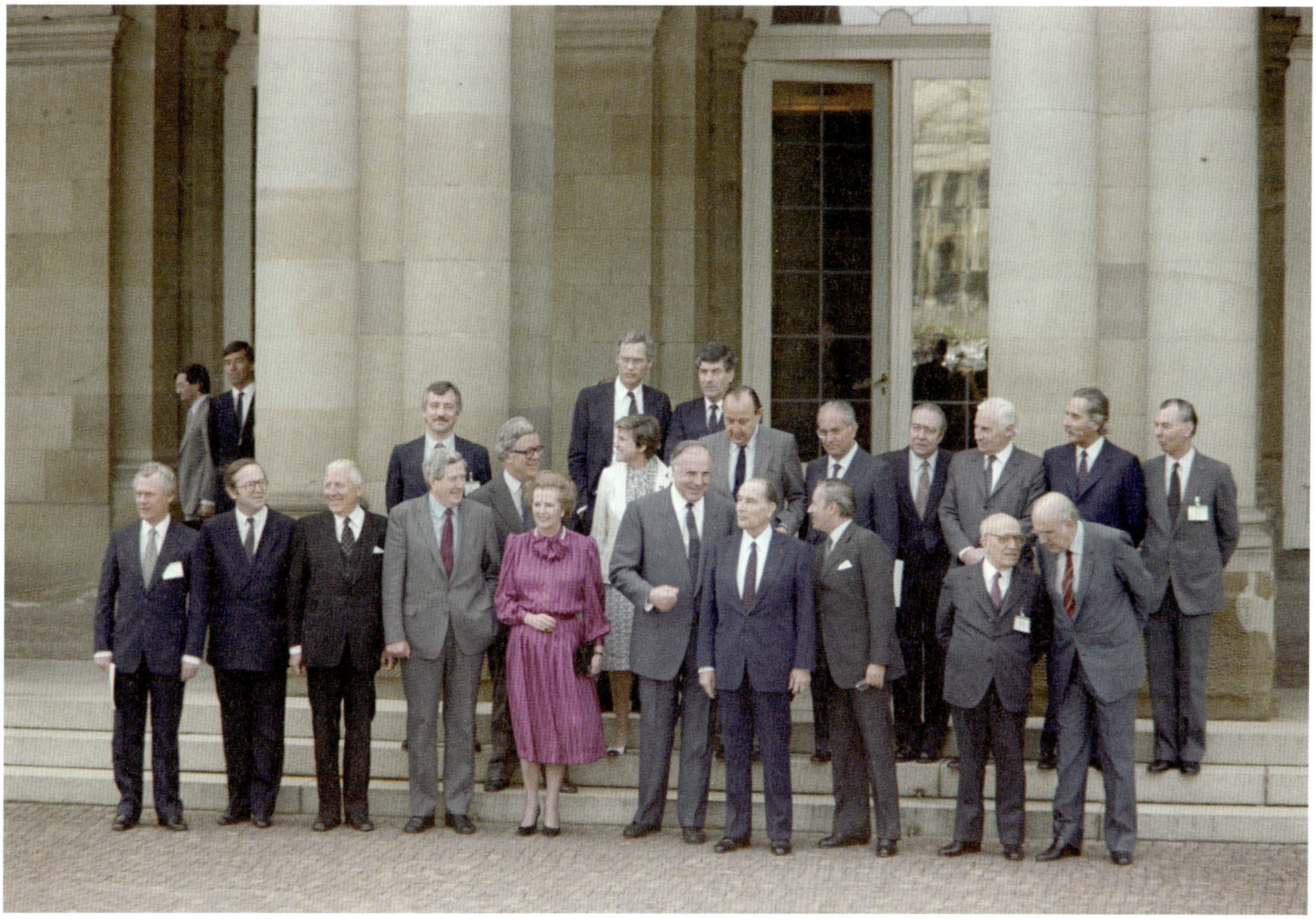

17 Gipfeltreffen des Europäischen Rats in Stuttgart. Die Staats- und Regierungschefs, darunter Helmut Kohl, François Mitterrand und Margaret Thatcher, verabschiedeten zwar eine „Feierliche Deklaration zur Europäischen Union", aber die beabsichtigte Reform der Gemeinschaft blieb unerledigt.
16.–19. Juni 1983

18 Junge Politikergeneration. Ministerpräsident Teufel ernennt Stefan Mappus zum politischen Staatssekretär im Ministerium für Umwelt und Verkehr. Im Hintergrund: Ulrich Goll, Peter Frankenberg, Thomas Schäuble, Christoph Palmer und Walter Döring.
13. Juni 2001

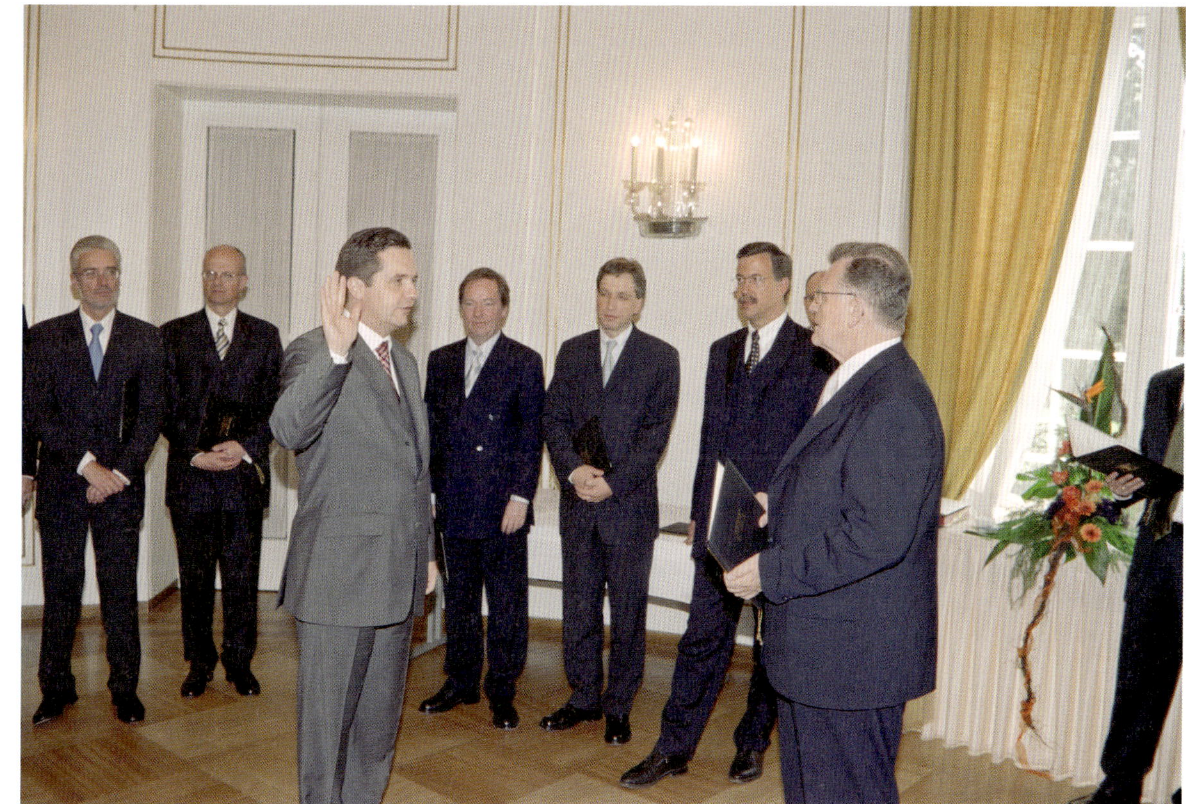

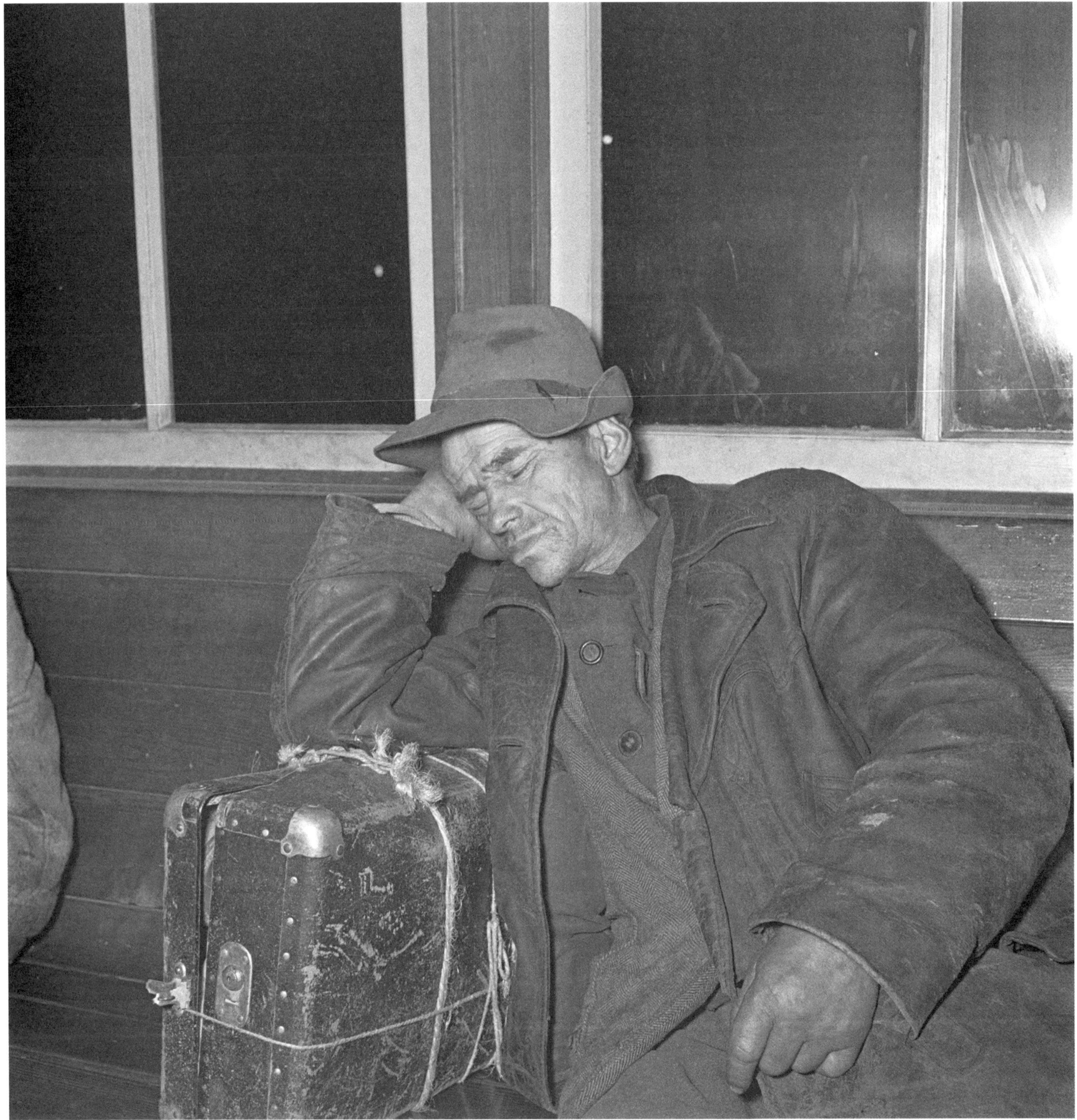

19 Schlafender Wohnsitzloser in Stuttgart. 3. September 1956

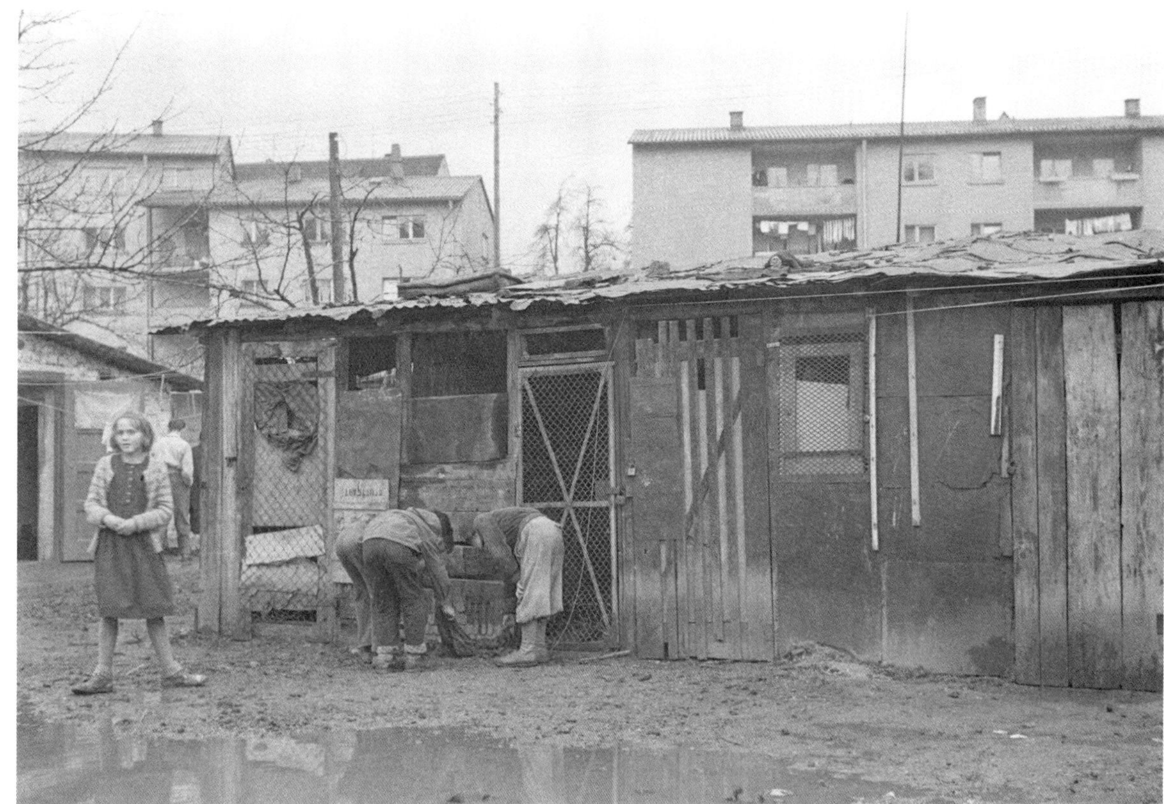

20 Im Wirtschaftswunderland: Anfang 1957 lebten in Stuttgart noch 430 Haushalte mit 1.948 Personen, darunter 772 Kindern, in Barackenbehausungen. Im Lager Seedamm in Zuffenhausen fristeten 35 Familien und einige Alleinstehende ein kümmerliches Dasein. Februar 1957

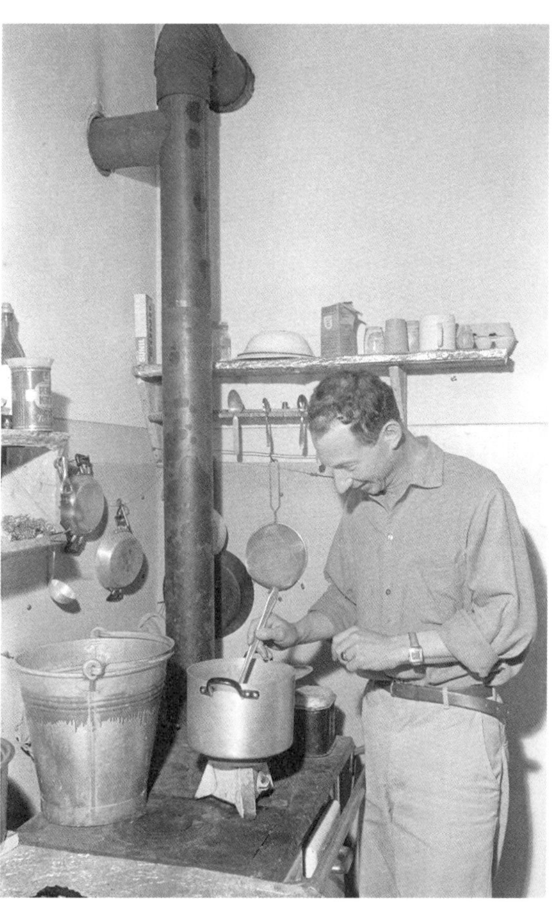

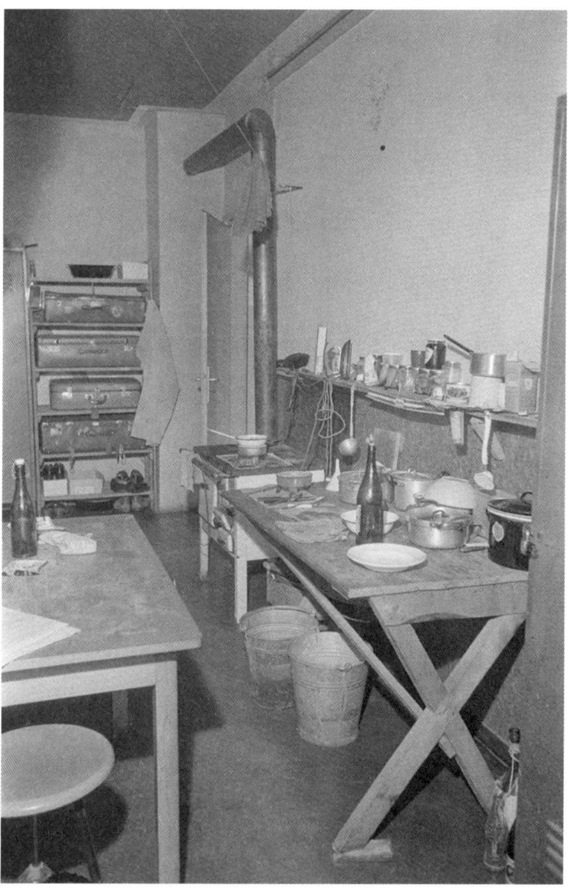

21 „Sie arbeiten für uns und hausen in Baracken". Die katastrophale Unterbringung ausländischer Arbeiter machte Burghard Hüdig zum Thema einer Reportage im „Deutschen Volksblatt". Er berichtete von 13.000 Italienern, die zumeist in den „großen Werkhallen der Weltfirmen Stuttgarts" beschäftigt waren, aber privat extrem schlechte Lebensbedingungen vorfanden. 1./3. September 1960

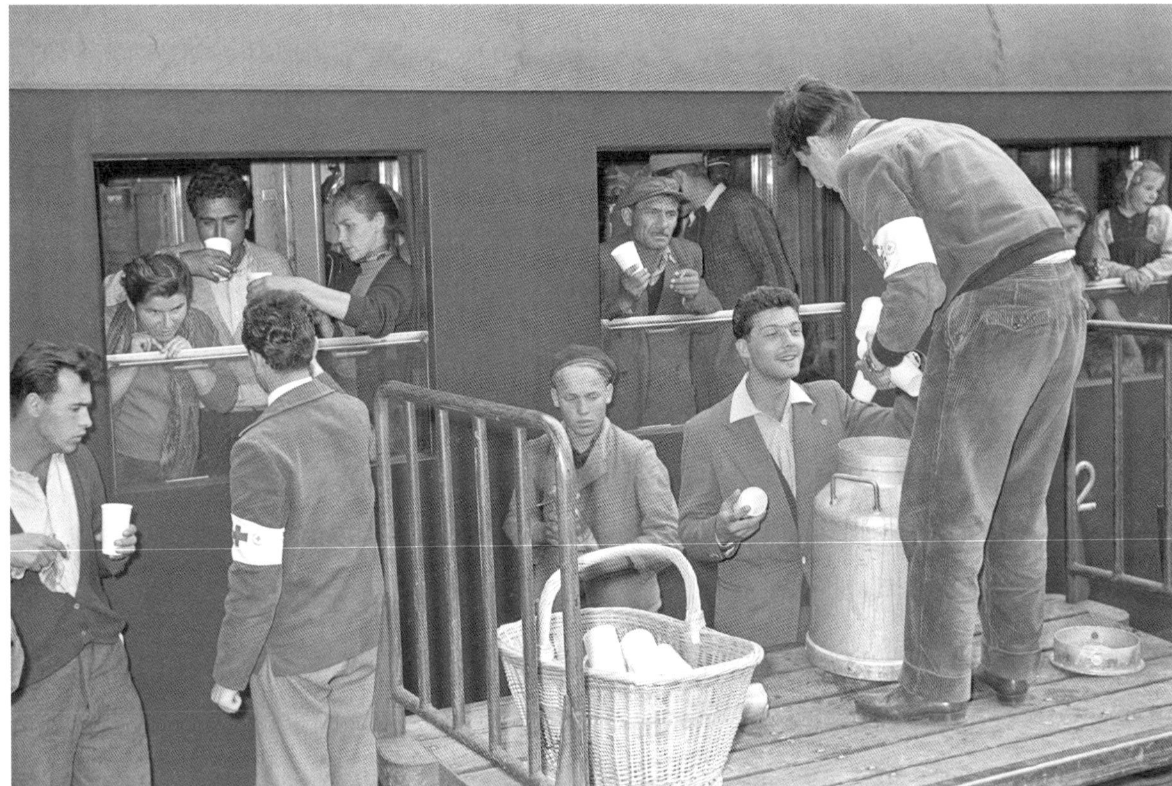

22 „Elendszug" in die Freiheit. Mit sämiger Erbsensuppe und Heißgetränken versorgen Rotkreuz-Mitarbeiter 497 ungarische Flüchtlinge, die zuletzt in einem jugoslawischen Internierungslager festgehalten worden waren und auf ihrer Fahrt nach Belgien im Stuttgarter Hauptbahnhof Station machen. 28. Mai 1957

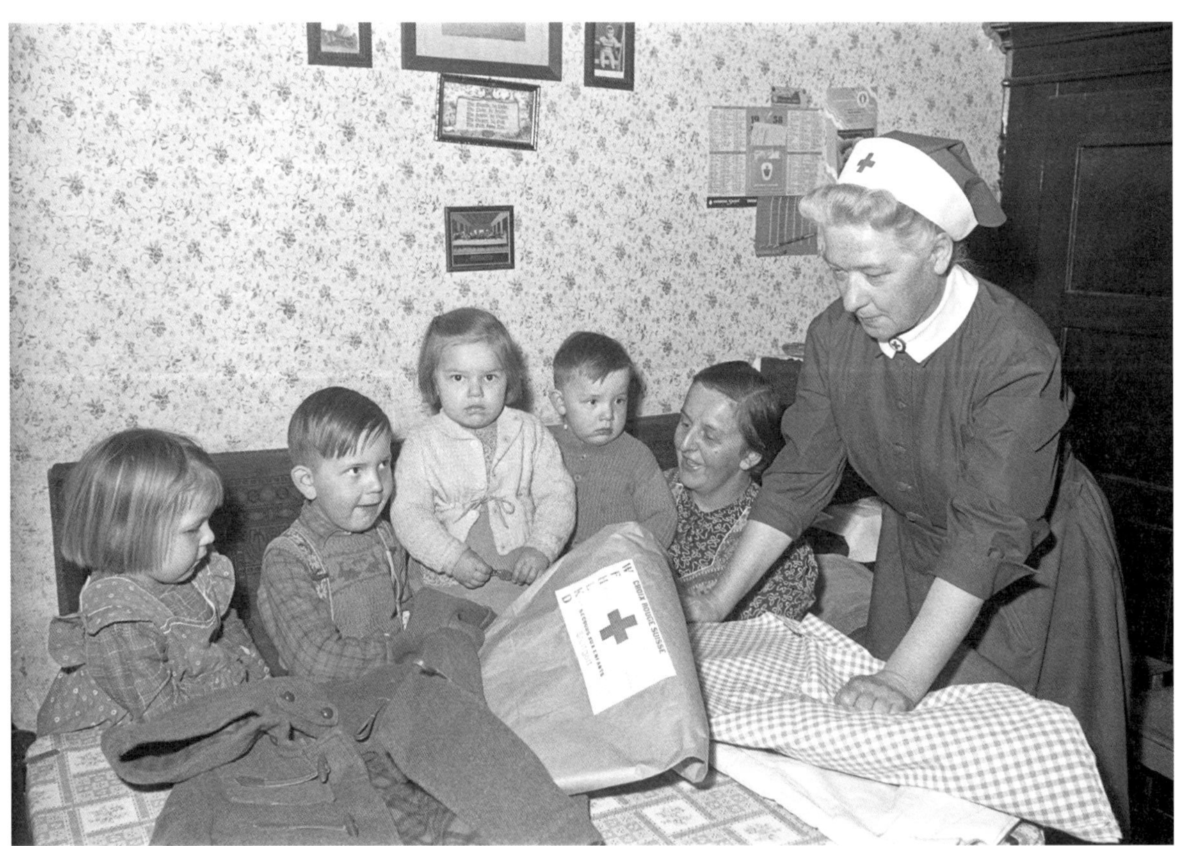

23 Kleiderspende des Deutschen Roten Kreuzes für Flüchtlingskinder. 15. April 1958

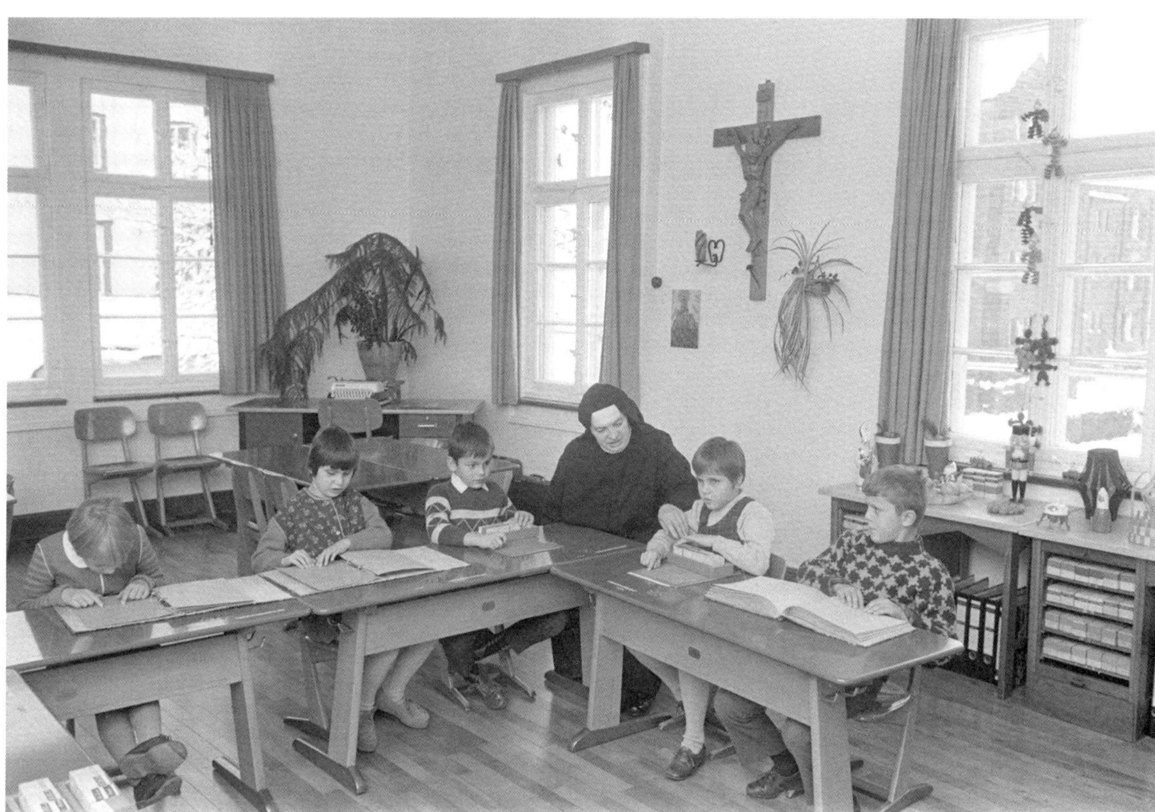

24 Unterricht In der Blindenschule des Franziskanerinnenklosters Heiligenbronn bei Schramberg.
8. Dezember 1969

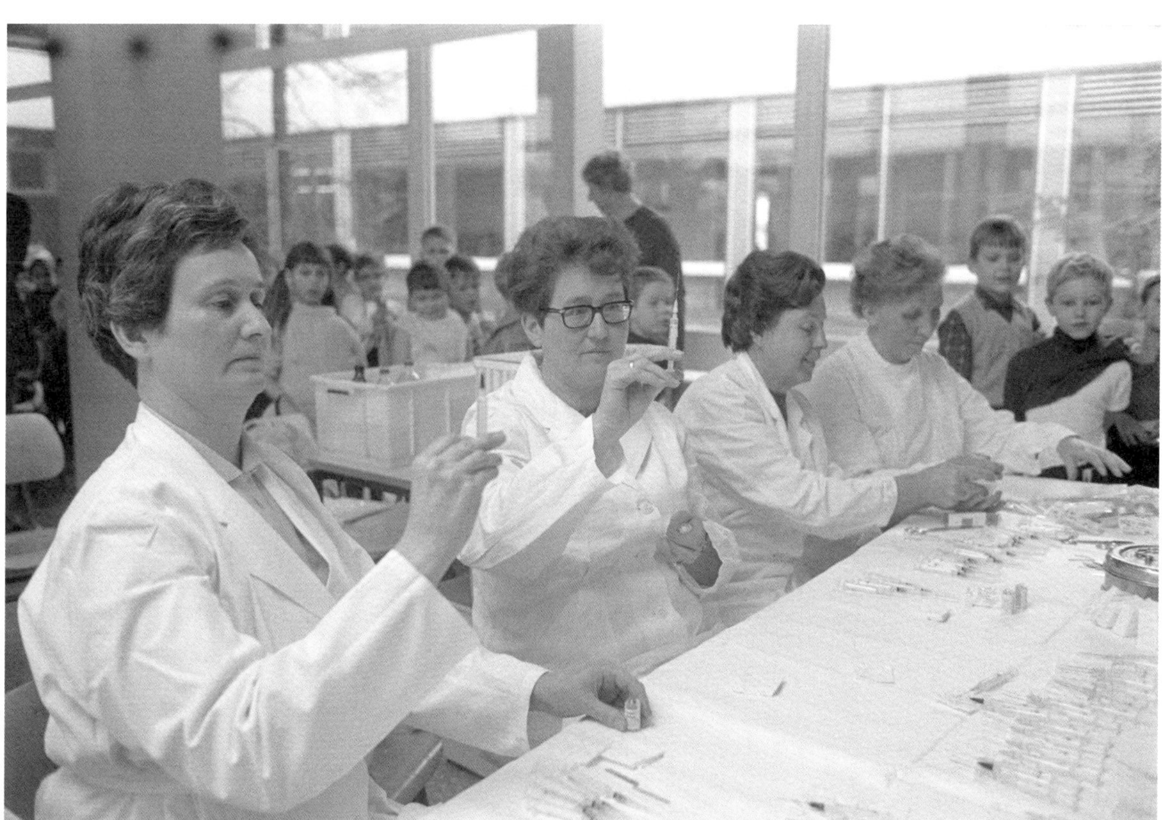

25 Ein Piks in den Oberarm: Im Hintergrund stehen Schulkinder bereit, um eine Schutzimpfung zu erhalten. Eine Impfpflicht gegen Pocken bestand in der Bundesrepublik Deutschland bis in die 1970er Jahre.
22. Januar 1969

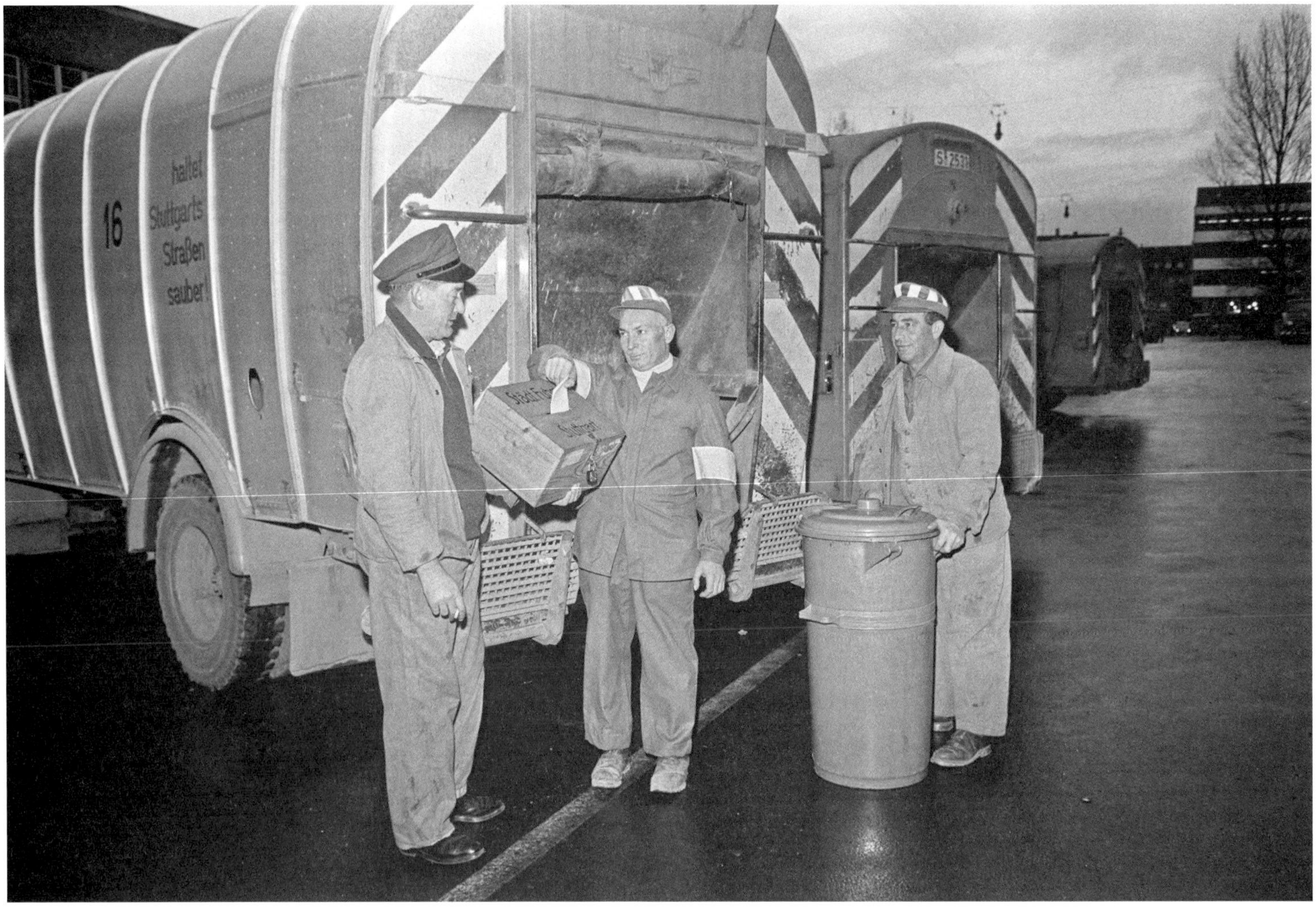

26 Arbeitskampf im öffentlichen Dienst: Urabstimmung der Gewerkschaft ÖTV unter Stuttgarter Müllwerkern.
9. November 1967

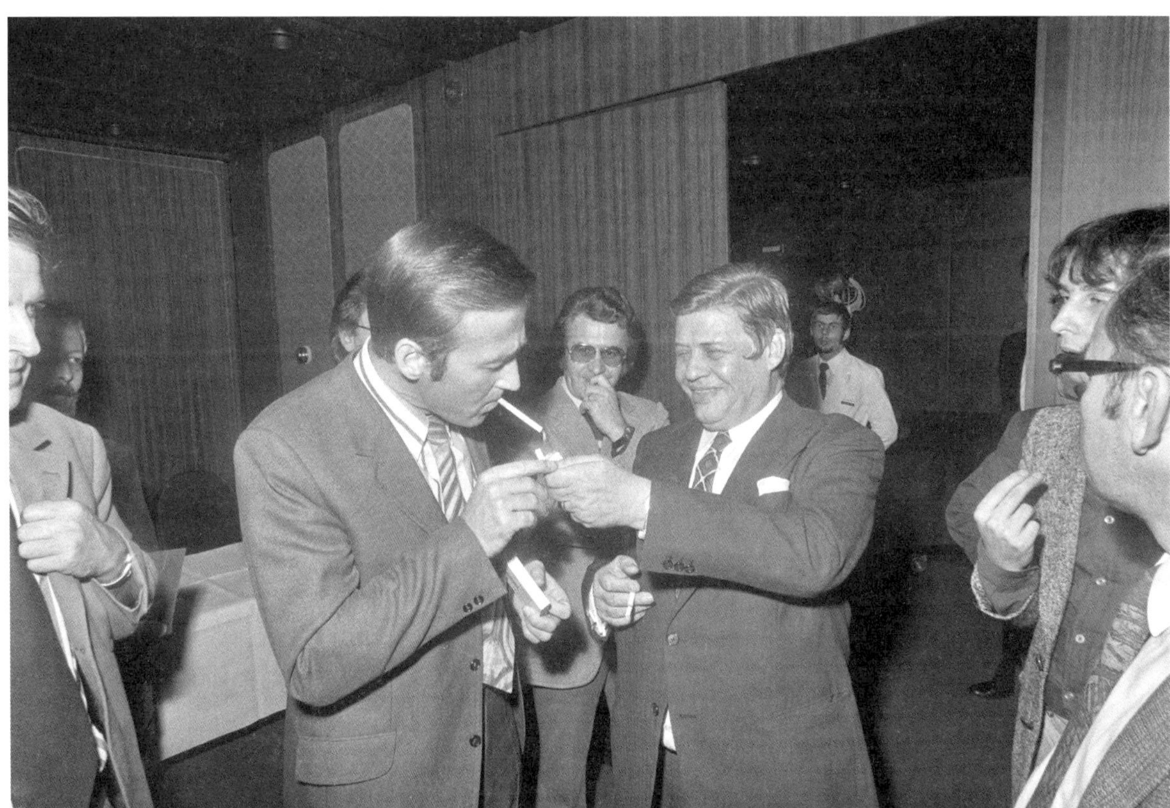

27 Einigung im Tarifstreit: Hanns Martin Schleyer (Vorsitzender des Verbandes der Metallindustrie Baden-Württemberg) und Franz Steinkühler (Bezirksleiter der IG Metall Baden-Württemberg) während einer Verhandlungspause.
20. Oktober 1973

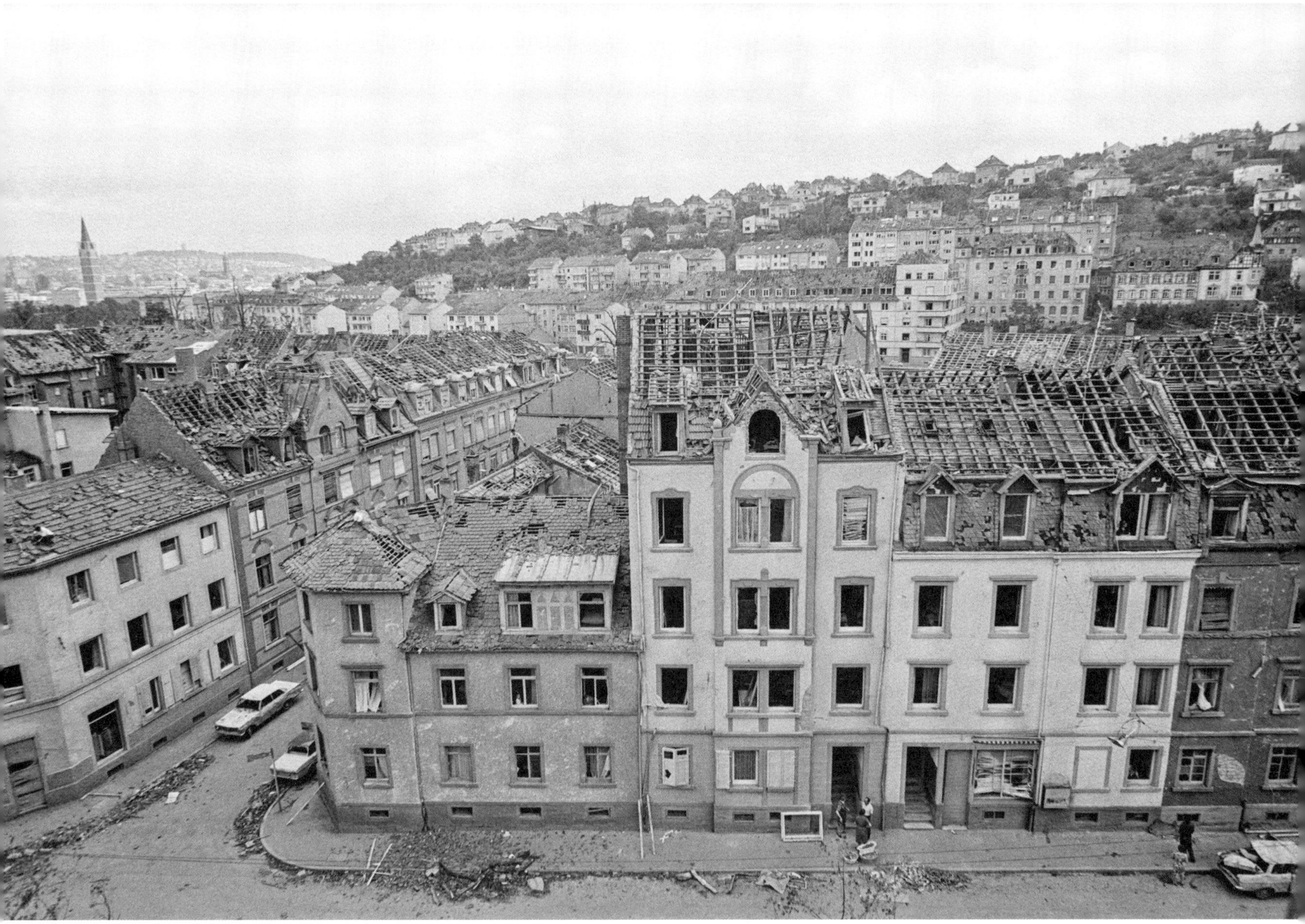

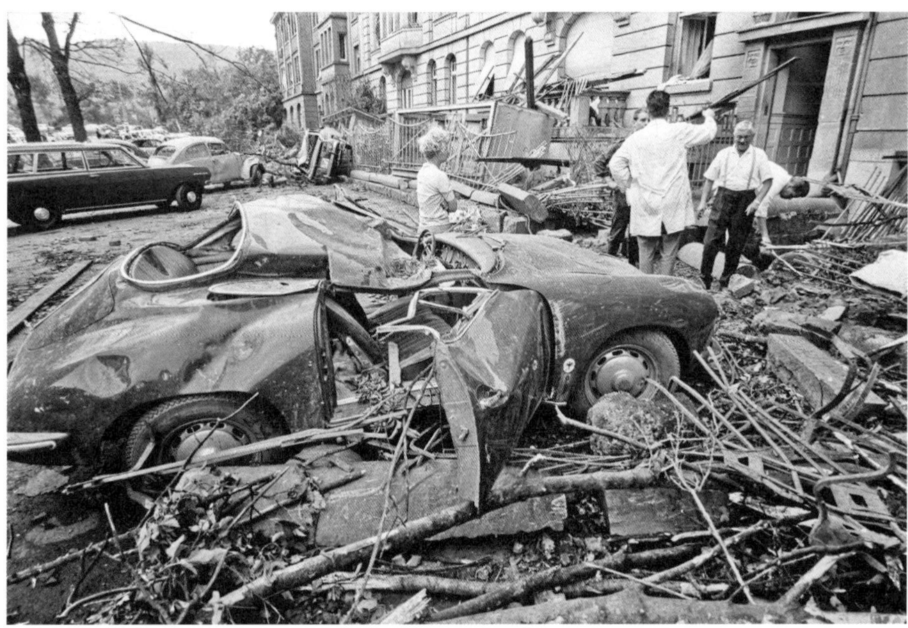

28 Tornado über Pforzheim: Am 10. Juli 1968 hinterließ einer der stärksten jemals in Deutschland gemessenen Wirbelstürme eine Schneise der Verwüstung. Mehr als 1.500 Häuser wurden schwer beschädigt, Hunderte Autos zermalmt, 200 Menschen verletzt, zwei getötet.
11. Juli 1968

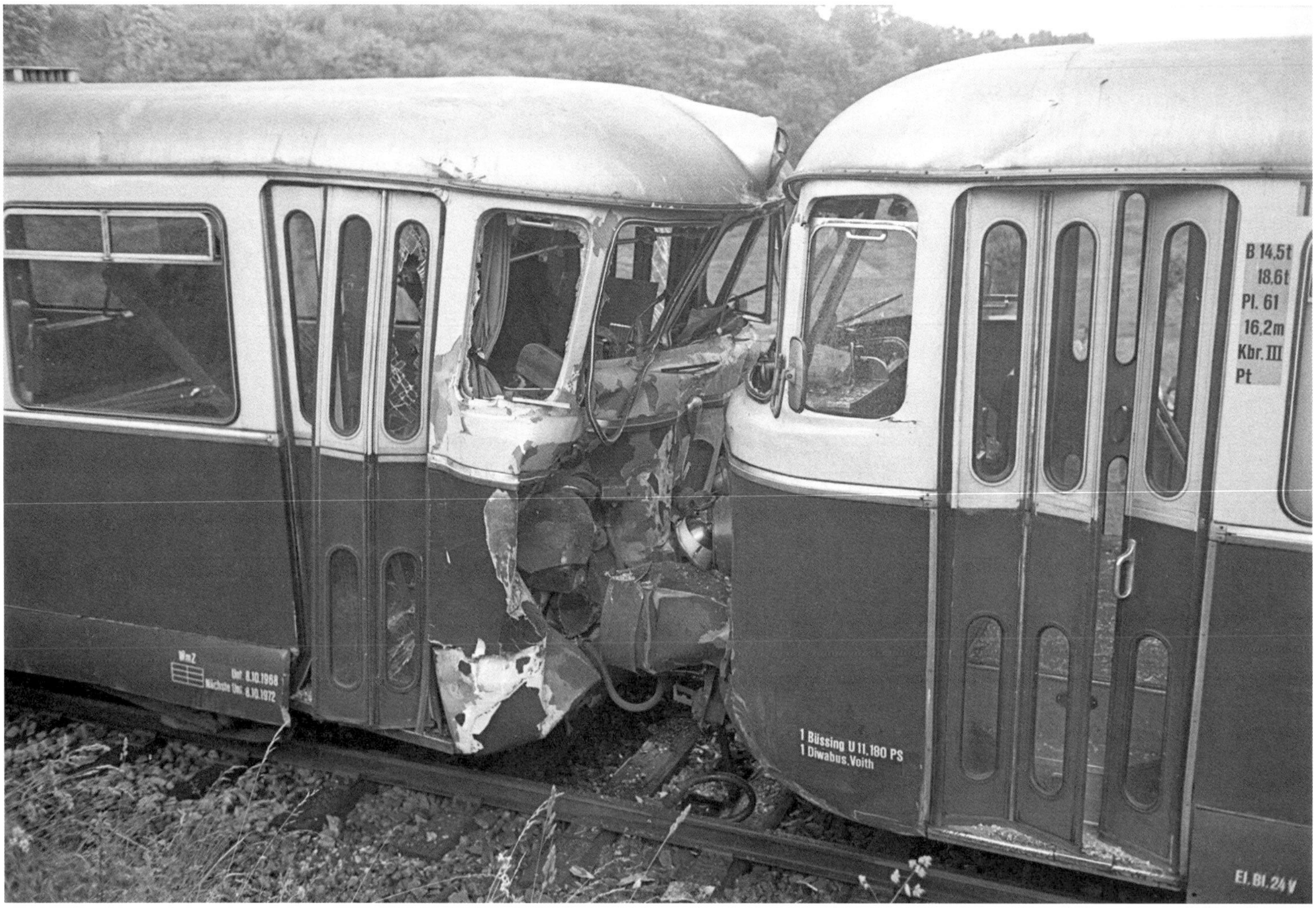

29 Schweres Zugunglück auf der Strohgäubahn. Am 24. Juni 1969 stießen zwei Personenzüge zwischen Schwieberdingen und Münchingen zusammen. Ein Toter und mehr als 40 Verletzte waren zu beklagen.

30 Moderne Speichertechnik im Rechenzentrum der Universität Stuttgart. 23. Juni 1969

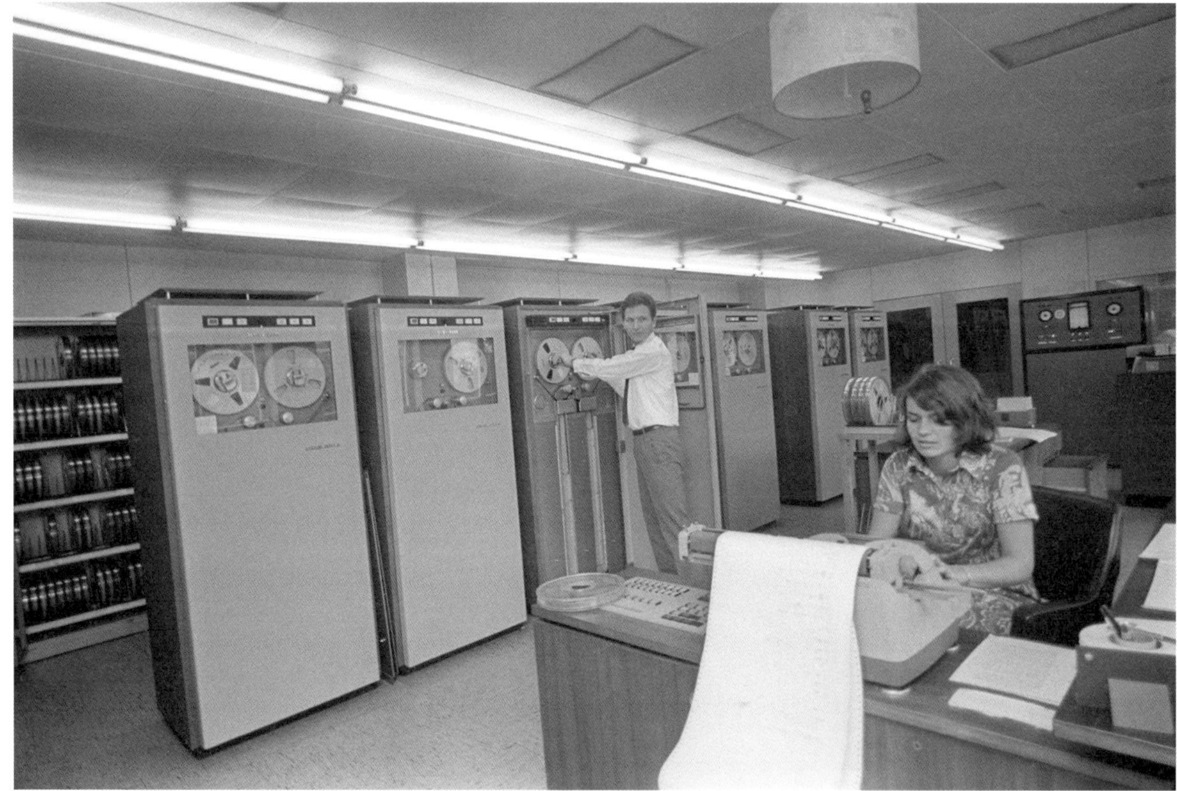

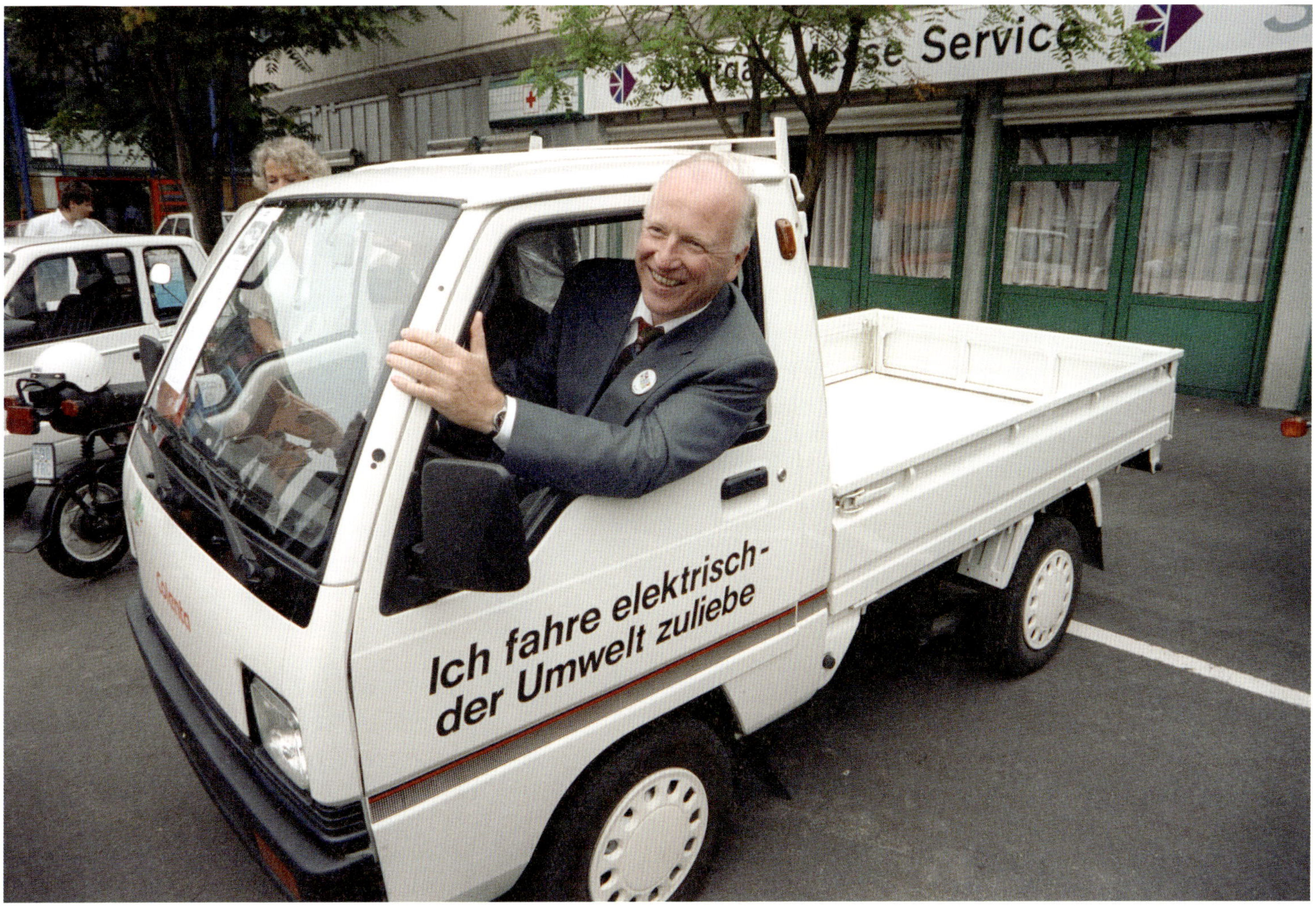

31 Ideenmarkt auf der Stuttgarter Messe: Baden-Württembergs Umweltminister Erwin Vetter (CDU) wirbt für Elektromobilität – „der Umwelt zuliebe". September 1991

32 Vorbildlicher Stadtflitzer. Schon 1999 ließ Ministerpräsident Erwin Teufel die Fahrzeug-Flotte der Landesregierung um einige wendige, spritsparende Smart City Coupés ergänzen. Als Beitrag zur Imagekampagne des Landes waren sie zeitweise mit dem Werbeaufdruck „Der Teufel steckt im Detail" beklebt. 29. November 2001

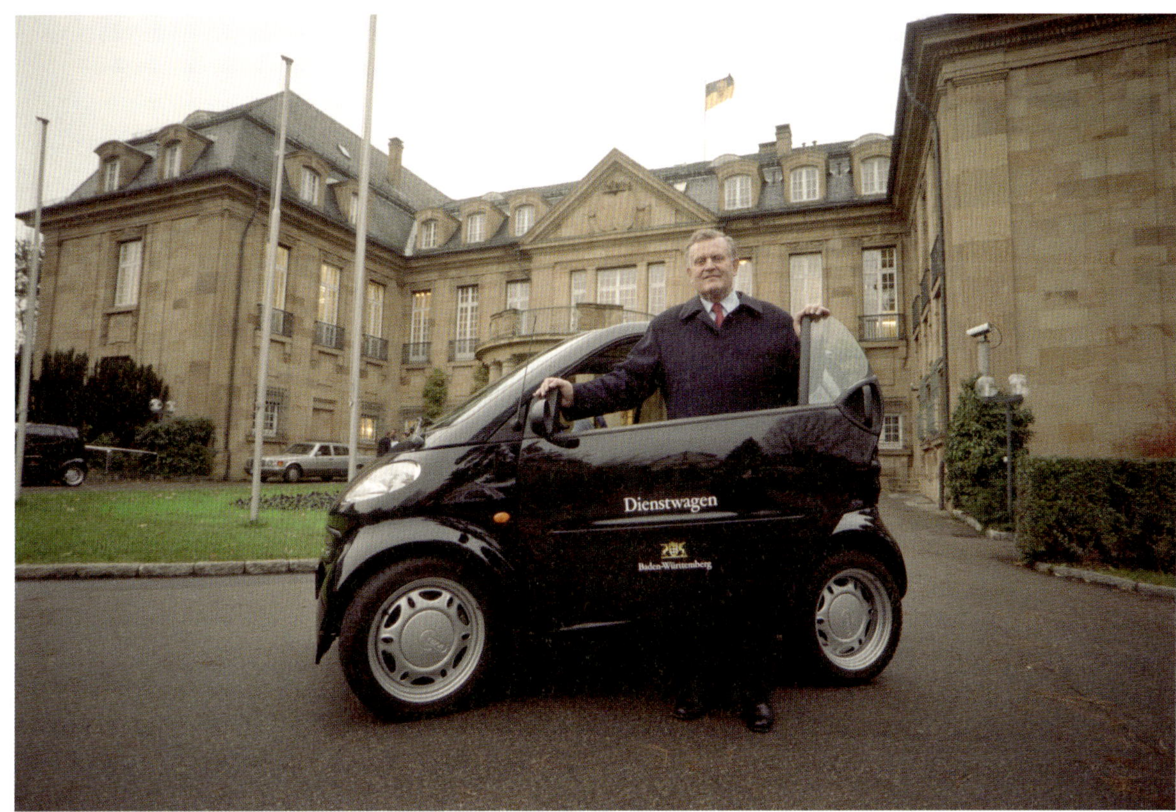

Prominente vor Hüdigs Kamera

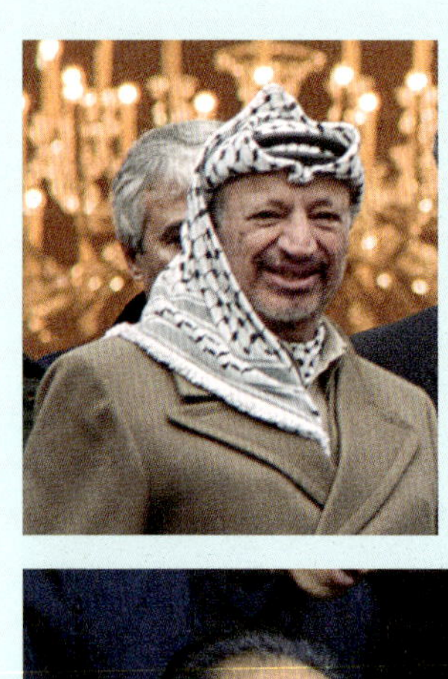
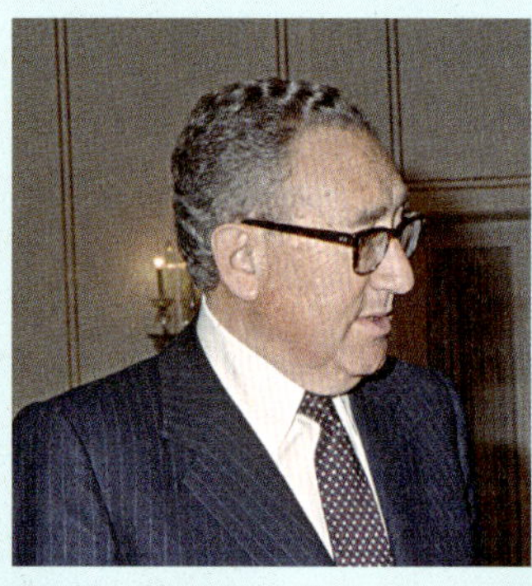
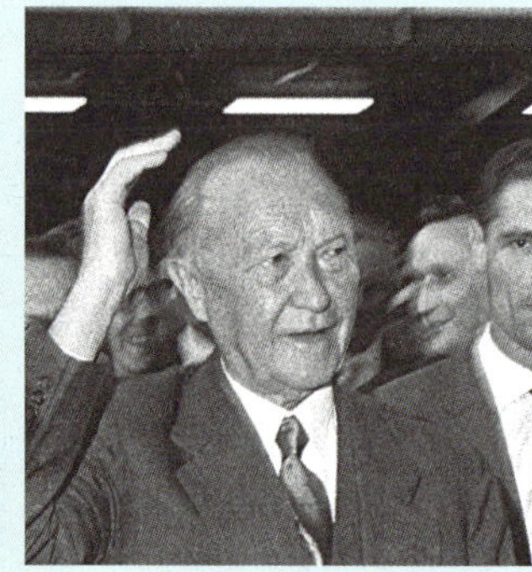
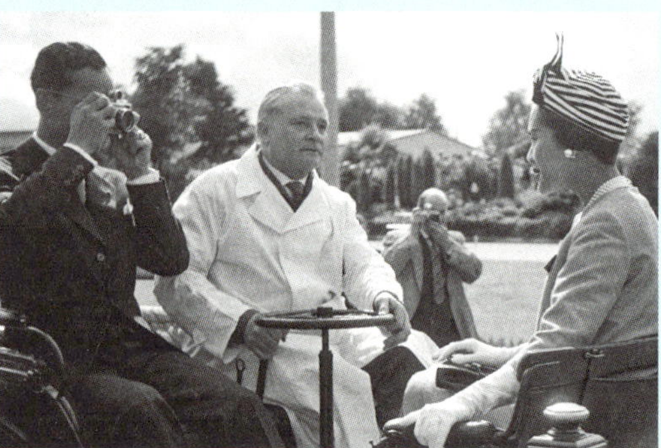
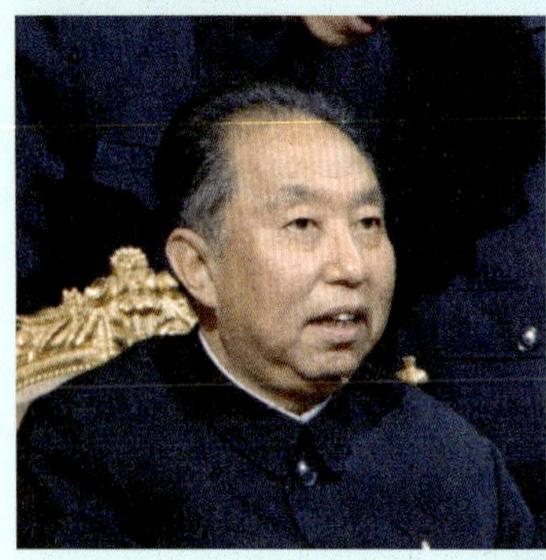
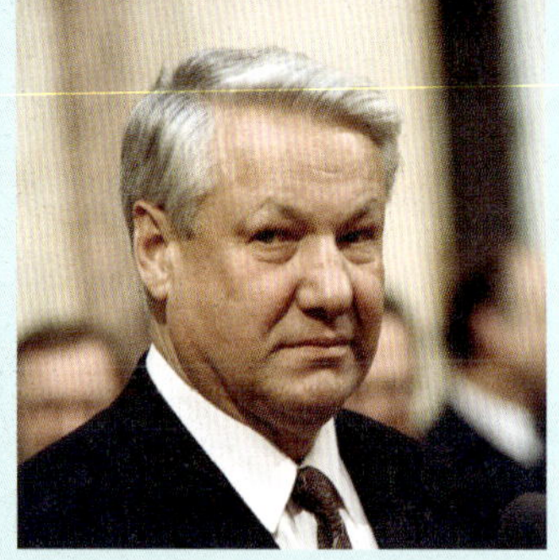
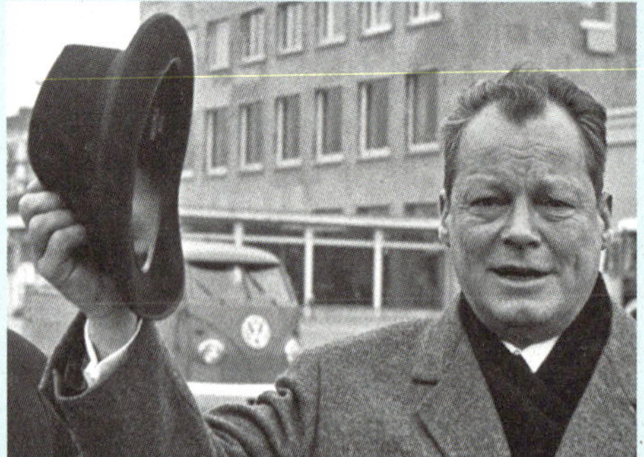
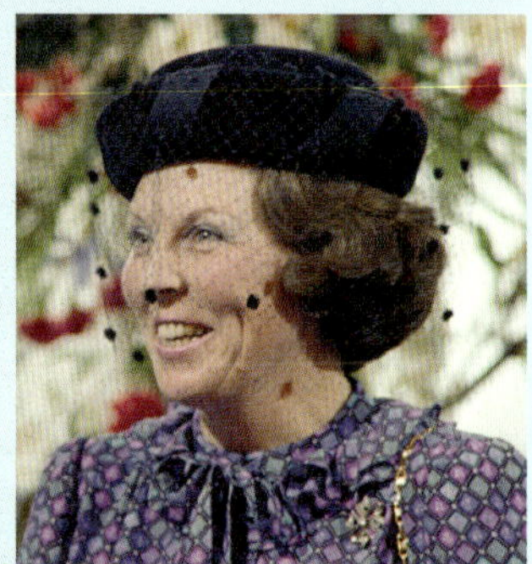
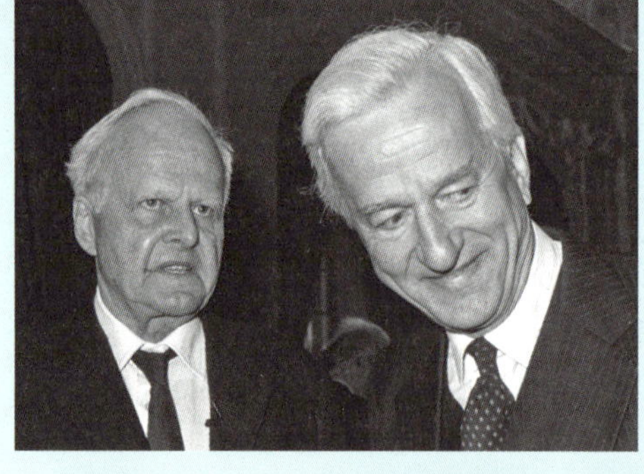
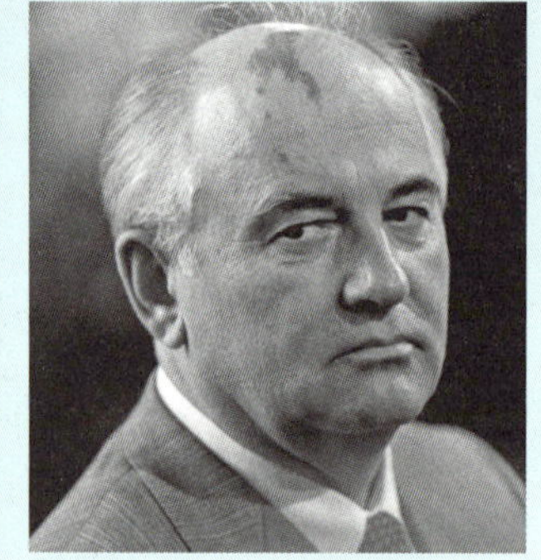
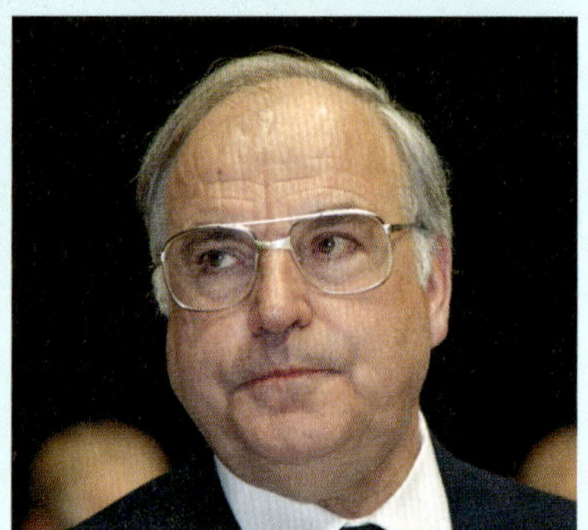
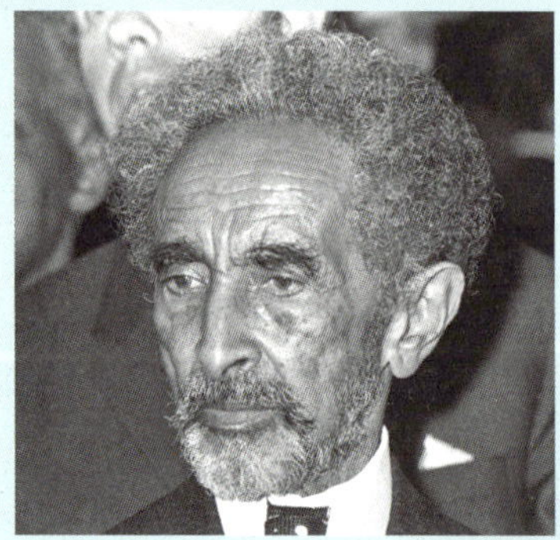
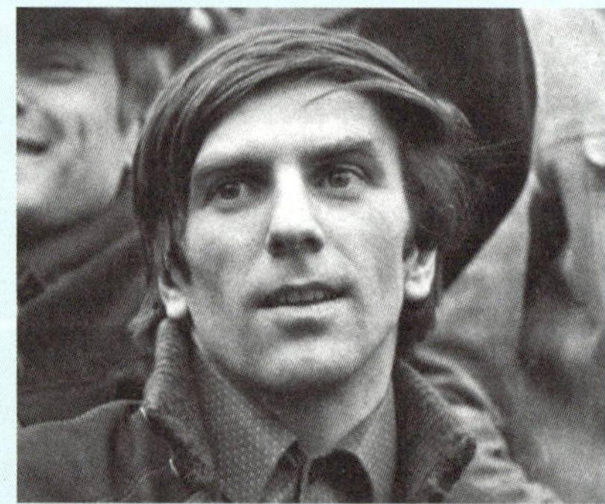
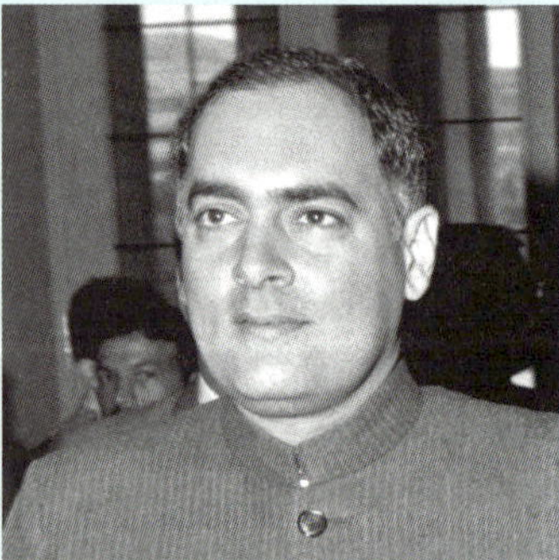
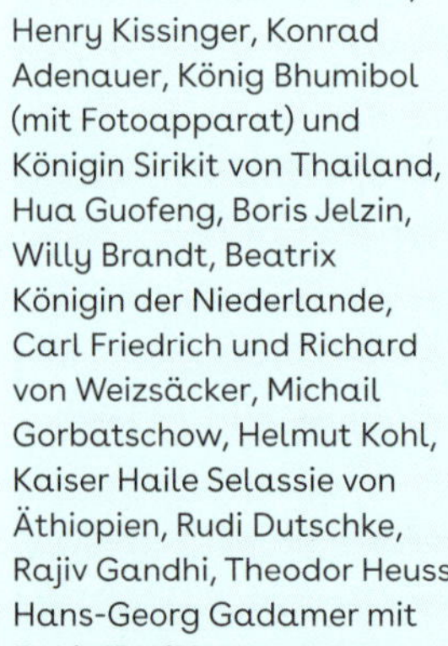
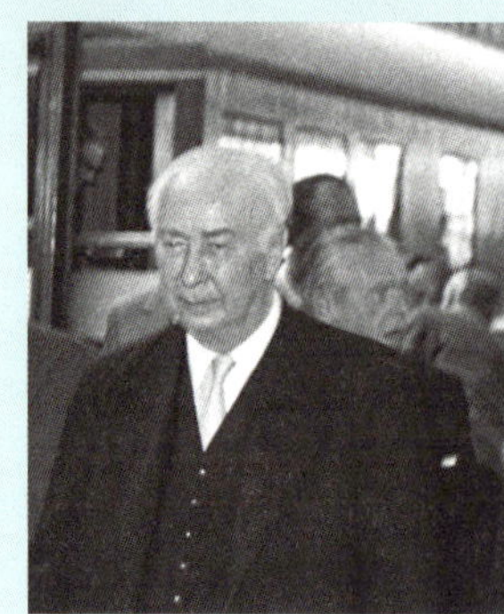
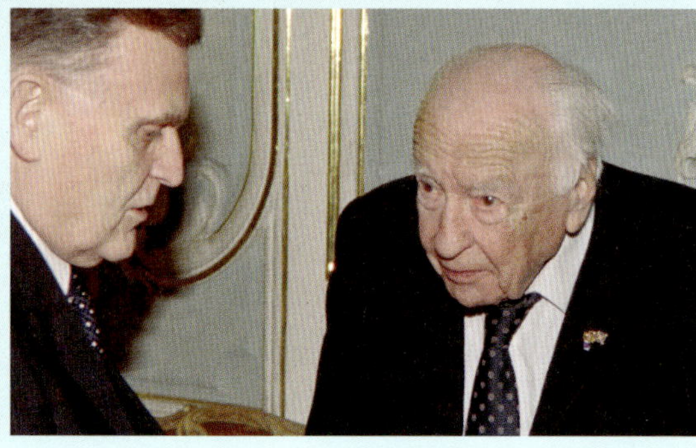

V. l. o. n. r. u.: Jassir Arafat, Henry Kissinger, Konrad Adenauer, König Bhumibol (mit Fotoapparat) und Königin Sirikit von Thailand, Hua Guofeng, Boris Jelzin, Willy Brandt, Beatrix Königin der Niederlande, Carl Friedrich und Richard von Weizsäcker, Michail Gorbatschow, Helmut Kohl, Kaiser Haile Selassie von Äthiopien, Rudi Dutschke, Rajiv Gandhi, Theodor Heuss, Hans-Georg Gadamer mit Erwin Teufel

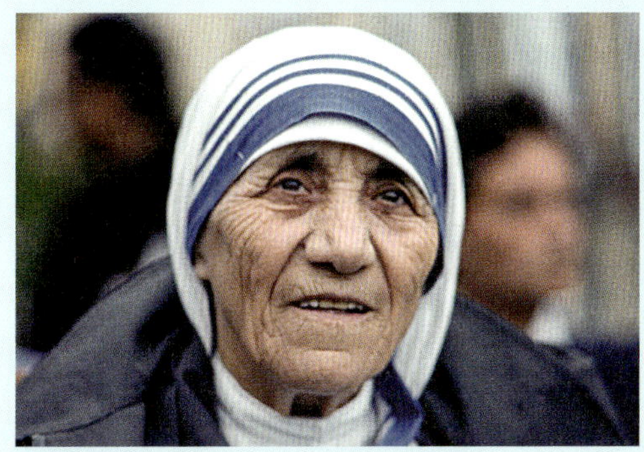
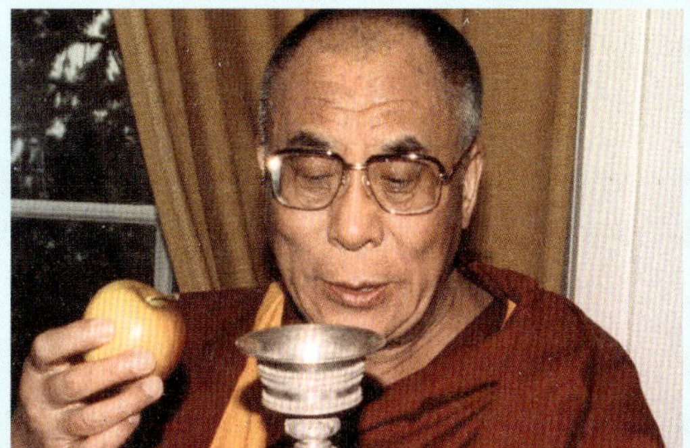
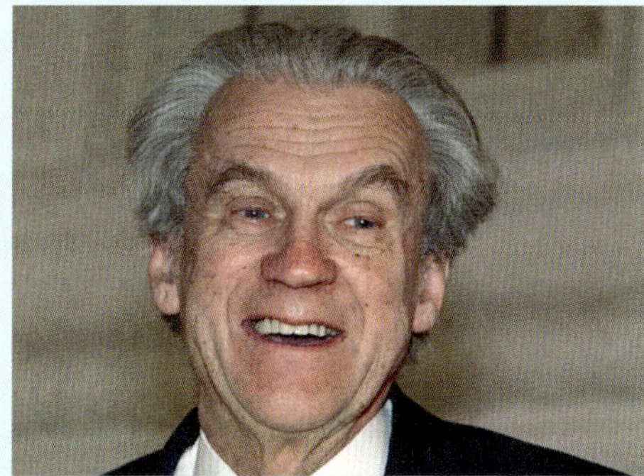
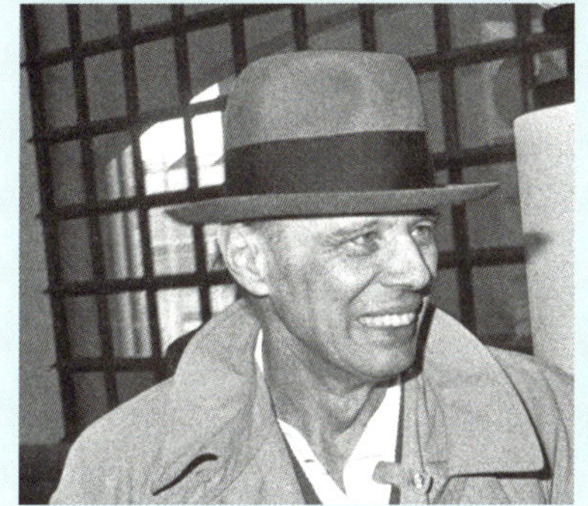
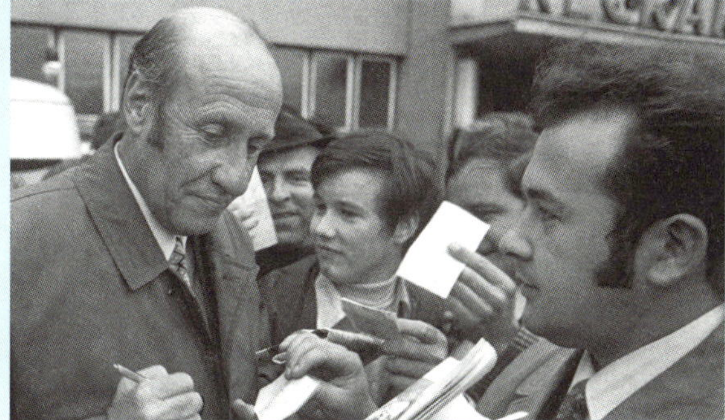
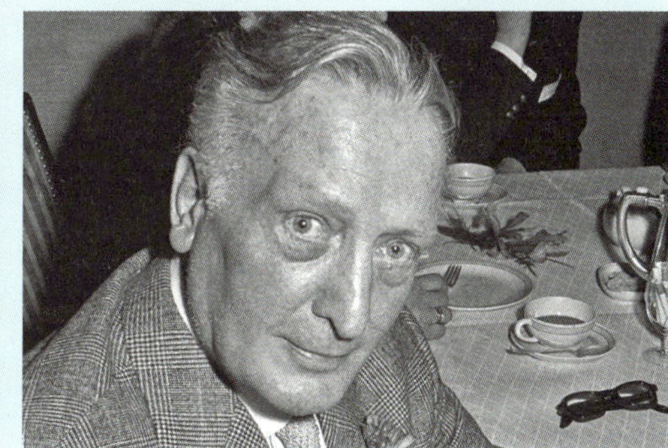
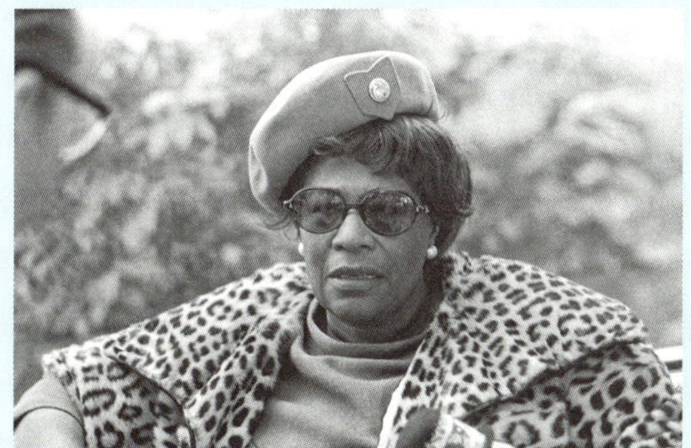
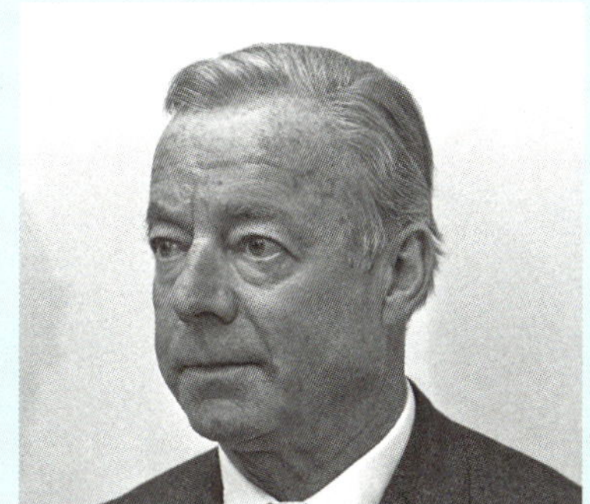
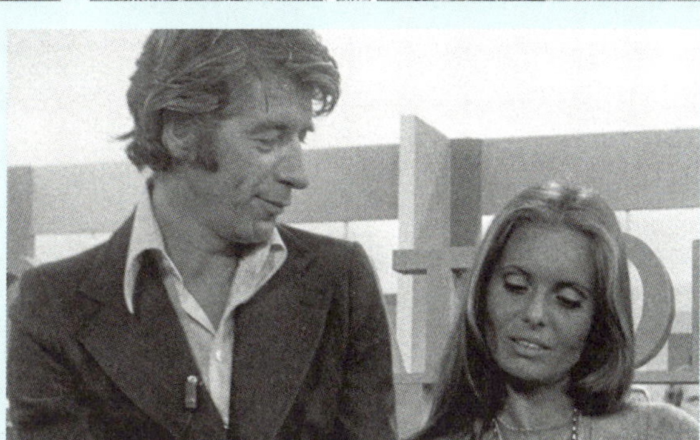
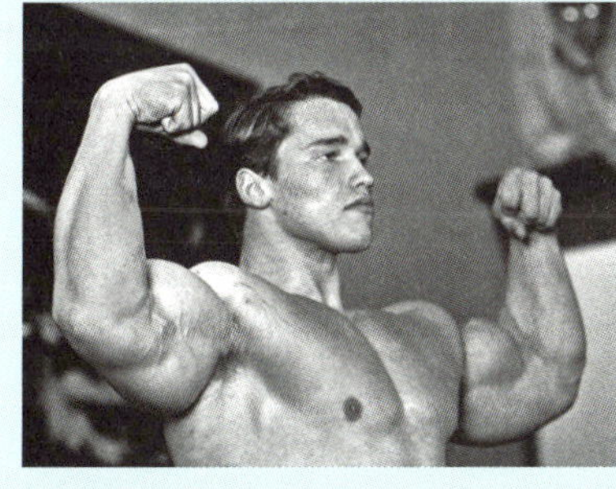
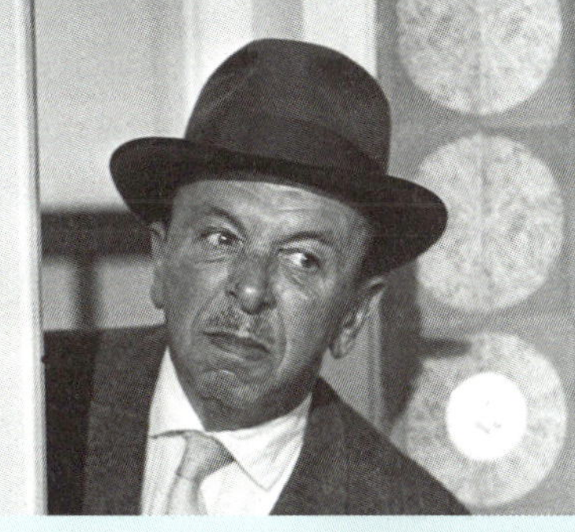
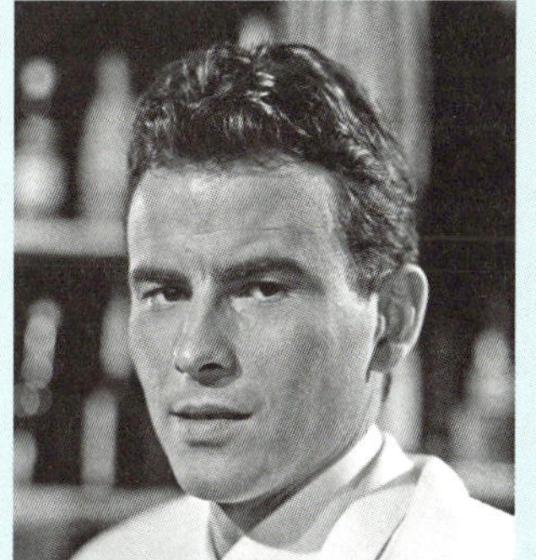
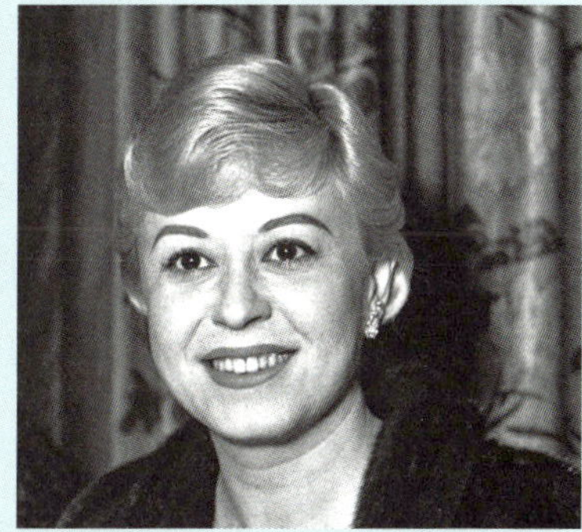
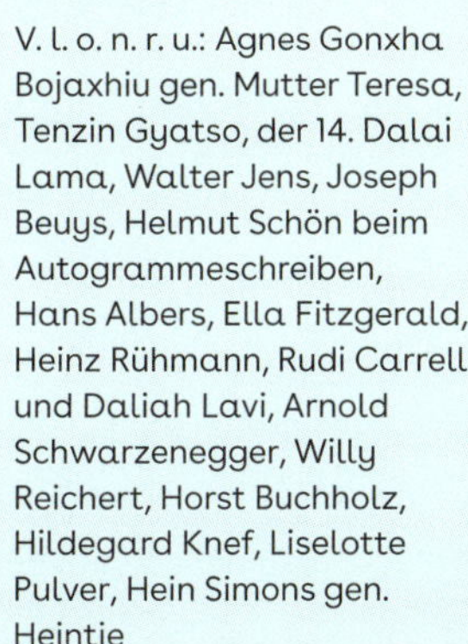
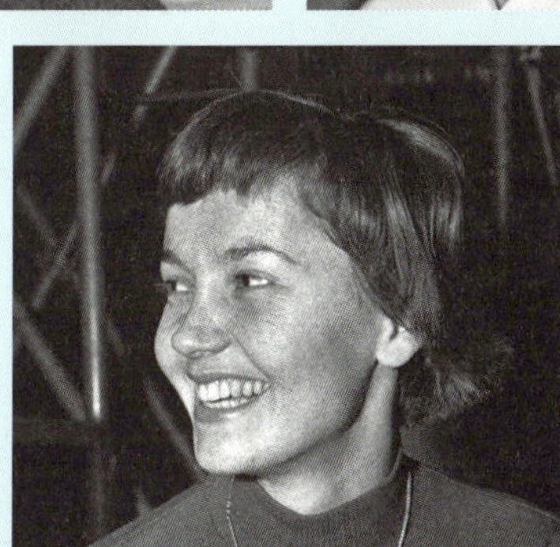
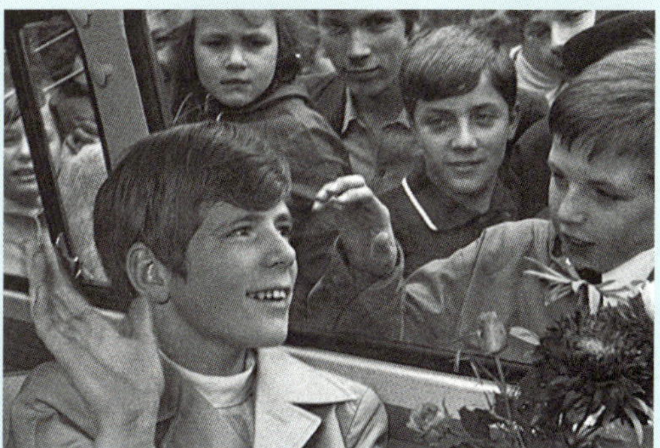

V. l. o. n. r. u.: Agnes Gonxha Bojaxhiu gen. Mutter Teresa, Tenzin Gyatso, der 14. Dalai Lama, Walter Jens, Joseph Beuys, Helmut Schön beim Autogrammeschreiben, Hans Albers, Ella Fitzgerald, Heinz Rühmann, Rudi Carrell und Daliah Lavi, Arnold Schwarzenegger, Willy Reichert, Horst Buchholz, Hildegard Knef, Liselotte Pulver, Hein Simons gen. Heintje

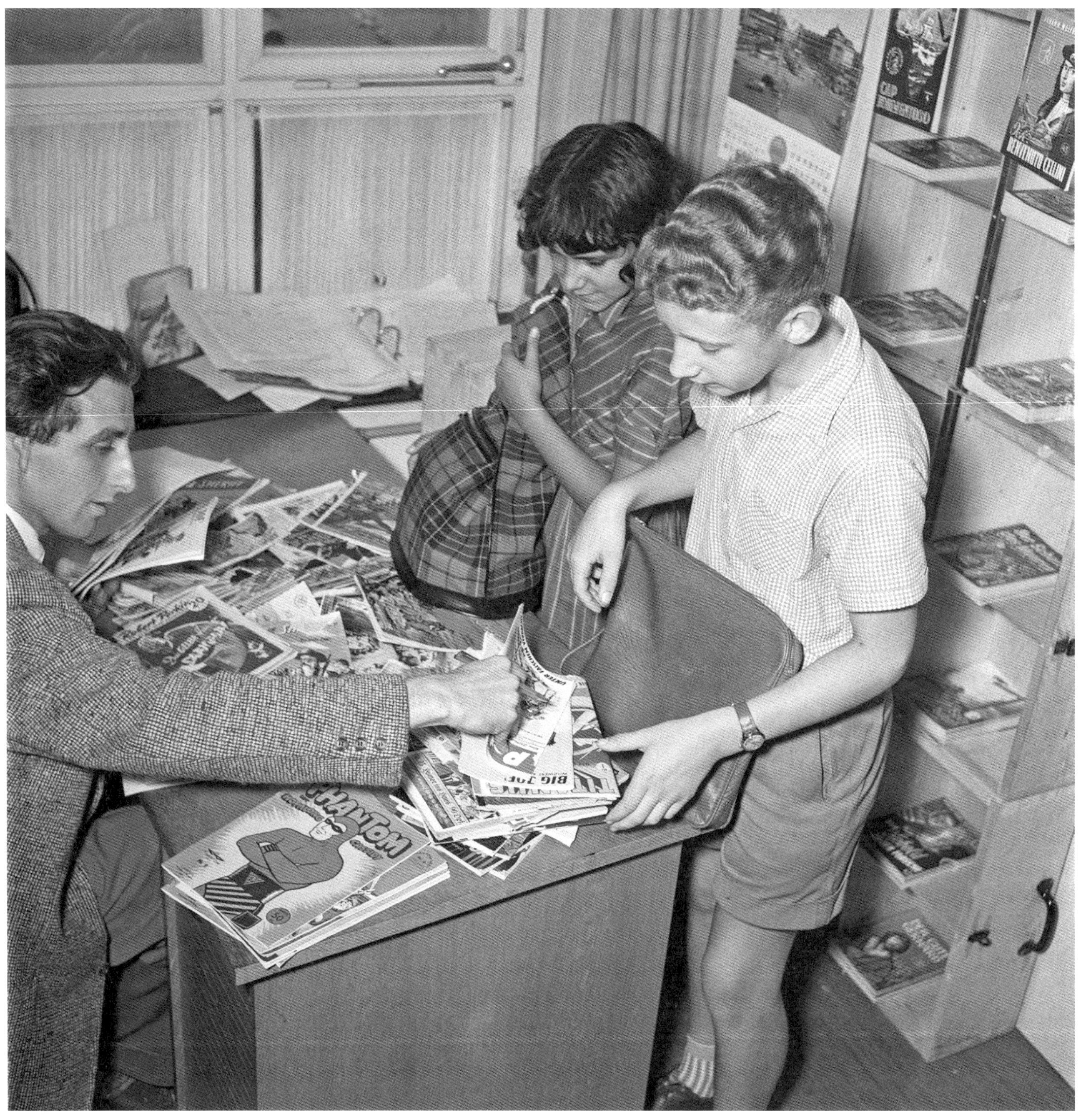

33 „Berge von gedrucktem Schmutz und Schund." Im Herbst 1956 startete der Stuttgarter Stadtjugendring eine Aktion, die junge Menschen ermuntern sollte, „die berüchtigten Schundhefte" gegen „gute Jugendliteratur" zu tauschen.
1. Oktober 1956

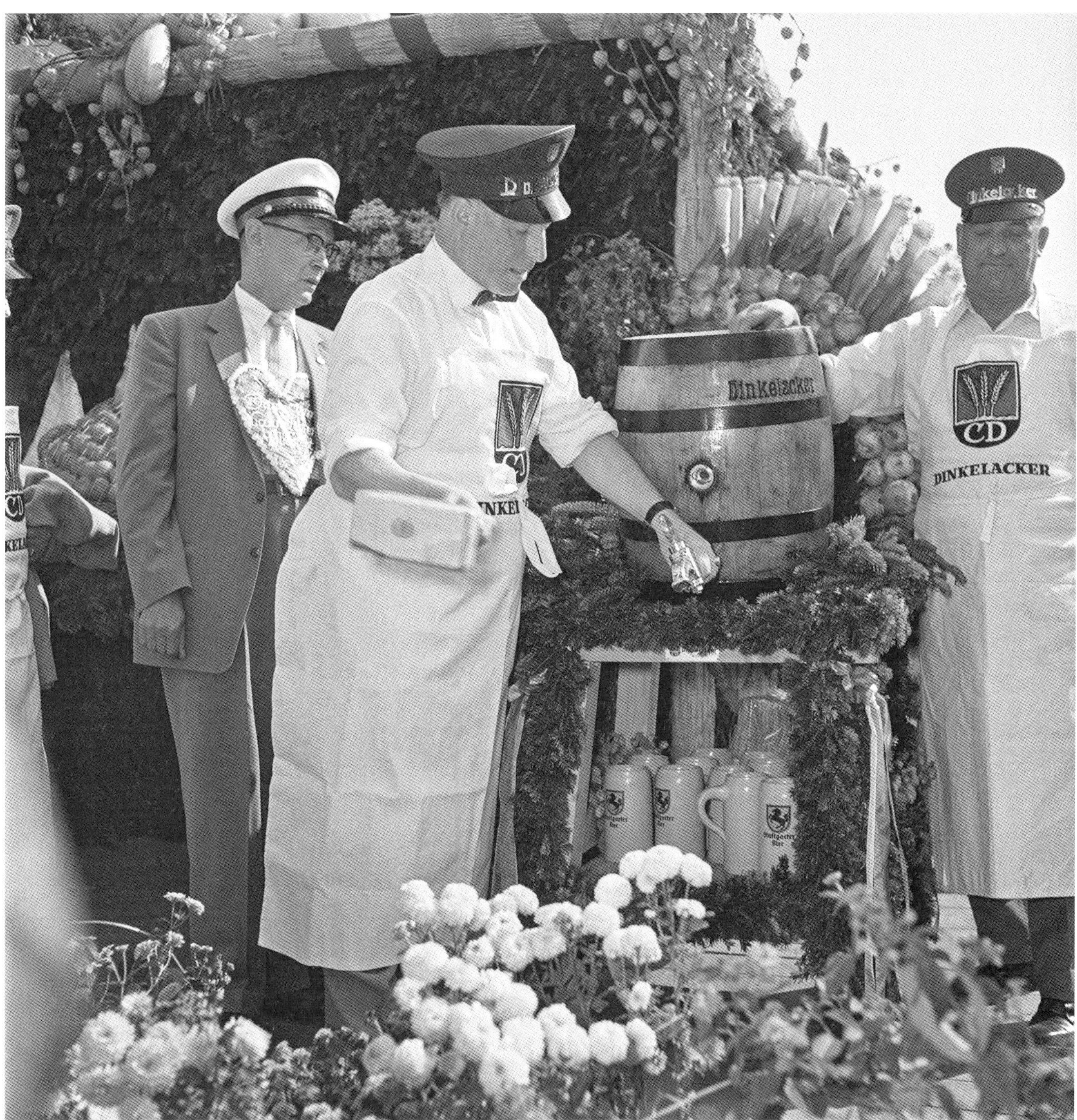

34 Eröffnung des 111. Cannstatter Volksfestes. Mit Schlegel, Brauermütze und -schürze vollzieht Stuttgarts Oberbürgermeister Arnulf Klett den Anstich des ersten Bierfasses. An seiner Seite Alain Poher, der Vorsitzende der französischen Bürgermeister-Vereinigung (links), und der Präsident des Chicagoer Schwaben-Vereins, Richard Scheerle.
22. September 1956

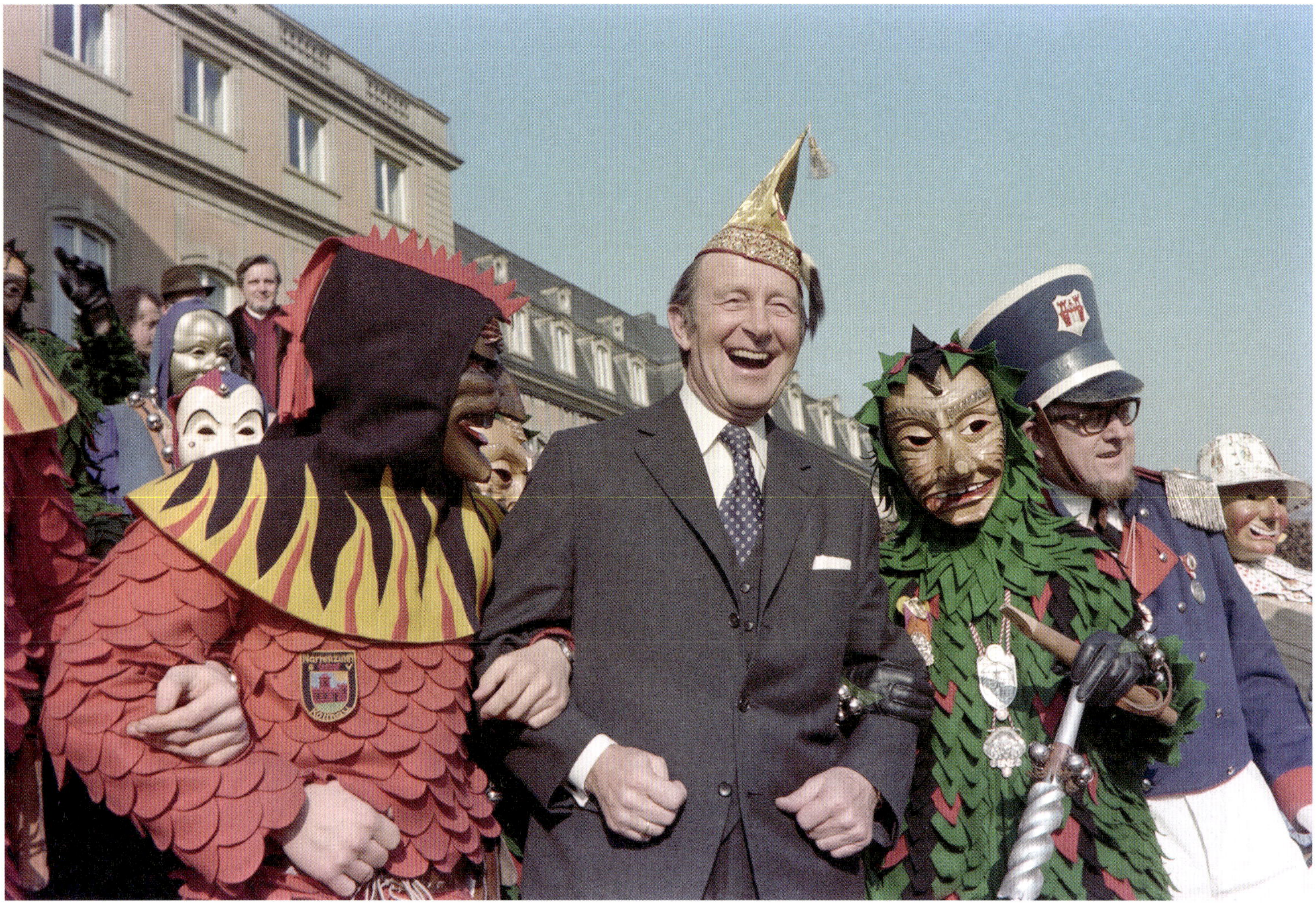

35 Narri, Narro! Ministerpräsident Hans Filbinger empfängt vor dem Neuen Schloss Abordnungen schwäbisch-alemannischer Narrenzünfte und südwestdeutscher Fastnachtsvereine.
Februar 1975

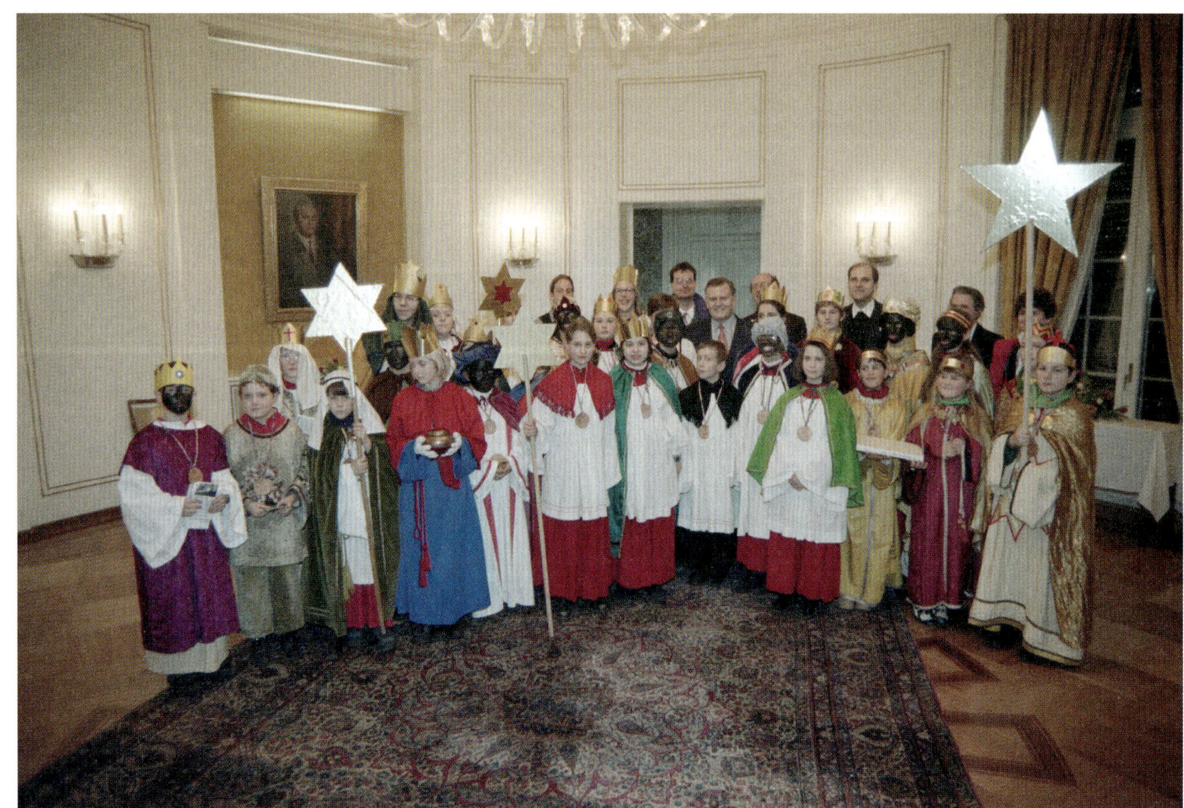

36 Der erste Termin im Jahreskalender der Landesregierung: Sternsinger zu Gast im Staatsministerium bei Ministerpräsident Erwin Teufel.
10. Januar 1996

Ganz nah dran:
Landespolitik im Blick

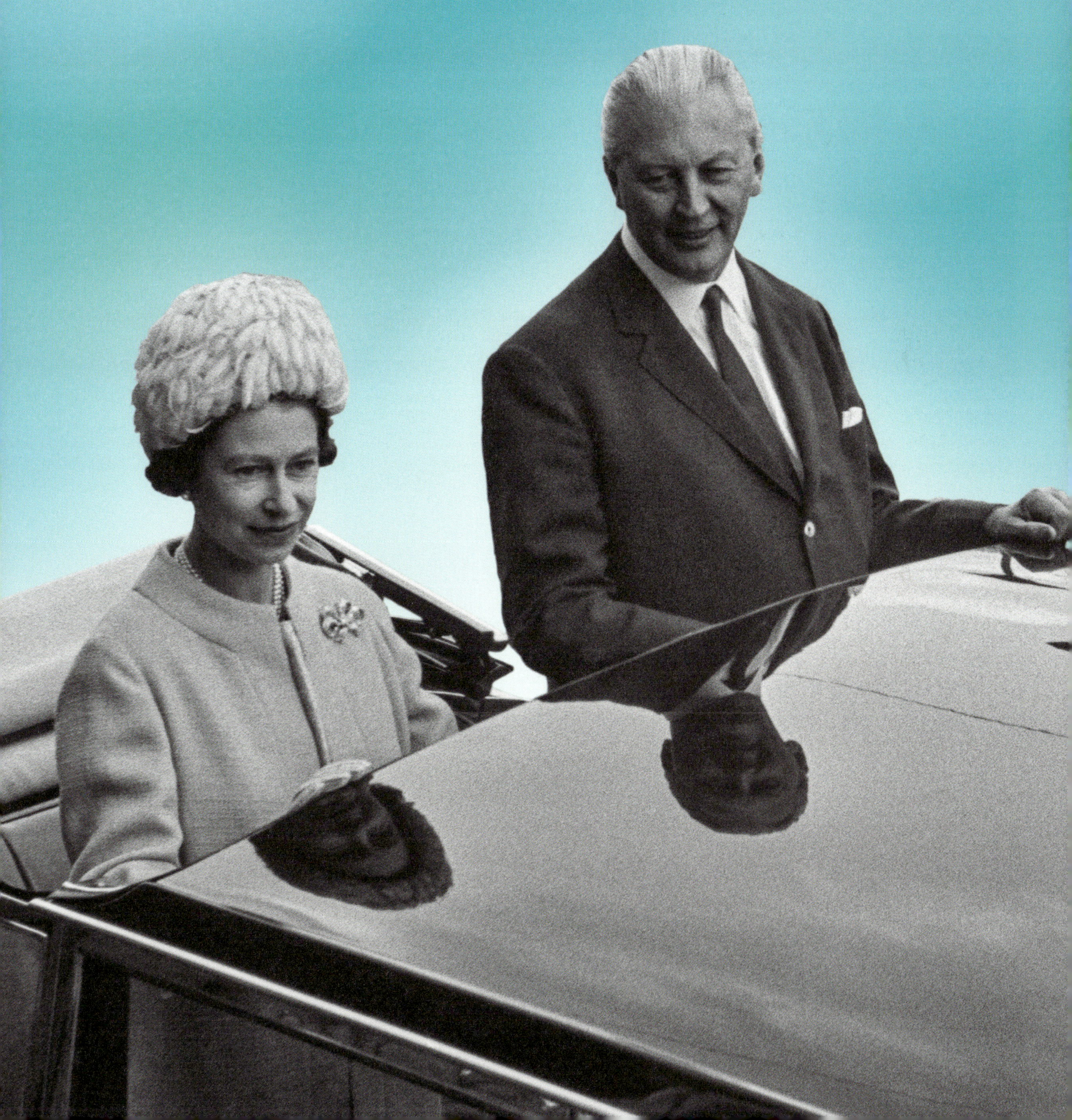

An der Wand seines Ateliers hatte Burghard Hüdig vier sorgsam gerahmte Fotografien hängen. Sie zeigen den unermüdlichen Fotoreporter gemeinsam mit den Ministerpräsidenten Kurt Georg Kiesinger, Hans Filbinger und Lothar Späth. Die handschriftlichen Widmungen der Landesväter auf den Passepartouts sind fast bis zur Unkenntlichkeit verblasst. Man sieht den nunmehrigen Bundeskanzler Kiesinger, der sich spazieren gehend mit Hüdig unterhält. Rückblickend erinnerte Ministerpräsident Filbinger *an viele Jahre guter gemeinsamer Arbeit*. Gleich zweimal war Lothar Späth in Hüdigs kleiner Bildergalerie vertreten: vor dem Buckingham-Palast in London (1980) und auf dem Roten Platz in Moskau (1985). In wohlgesinnten Worten charakterisierte er den befreundeten Korrespondenten als *Haus- und Hof-Bildbegleiter* der Landesregierung.

Schon als Fotograf des *Deutschen Volksblattes* hatte Hüdig das politische Landesgeschehen verfolgt, jedoch eher peripher. Beim Abschied des Landesparlamentes vom Eduard-Pfeiffer-Haus in der Stuttgarter Heusteigstraße war er ebenso zugegen gewesen wie bei der Grundsteinlegung und Einweihung des neuen Landtagsgebäudes (1961). Auch hatte er prominente Staatsempfänge hin und wieder auf Film gebannt. Nachdem er sich aber Mitte der 1960er Jahre als freier Bildjournalist selbständig gemacht hatte, entdeckte er die politische Fotografie zusehends als einen Schwerpunkt seines beruflichen Schaffens. Rasch knüpfte er Kontakte zur Villa Reitzenstein, dem baden-württembergischen Regierungssitz, und zum Landtag, wo Christdemokraten über ein halbes Jahrhundert hinweg das Sagen hatten. Die Wertschätzung, die ihm die Ministerpräsidenten entgegenbrachten und seine für sie geleisteten Dienste trugen ihm den Spitznamen *Hoffotograf der Villa Reitzenstein* ein. Sie öffneten ihm manche Tür und positionierten ihn in der Nähe der politischen Akteure. Fast fünf Jahrzehnte lang schuf Hüdig einen einzigartigen Bilderbogen des gesellschaftlichen Lebens in Südwestdeutschland.

In Hüdigs fotografischem Nachlass spiegelt sich ein breites Spektrum landes- und kommunalpolitischer Aktivitäten. Thematisch reicht es vom Wiederaufbau und der Neugestaltung kriegszerstörter

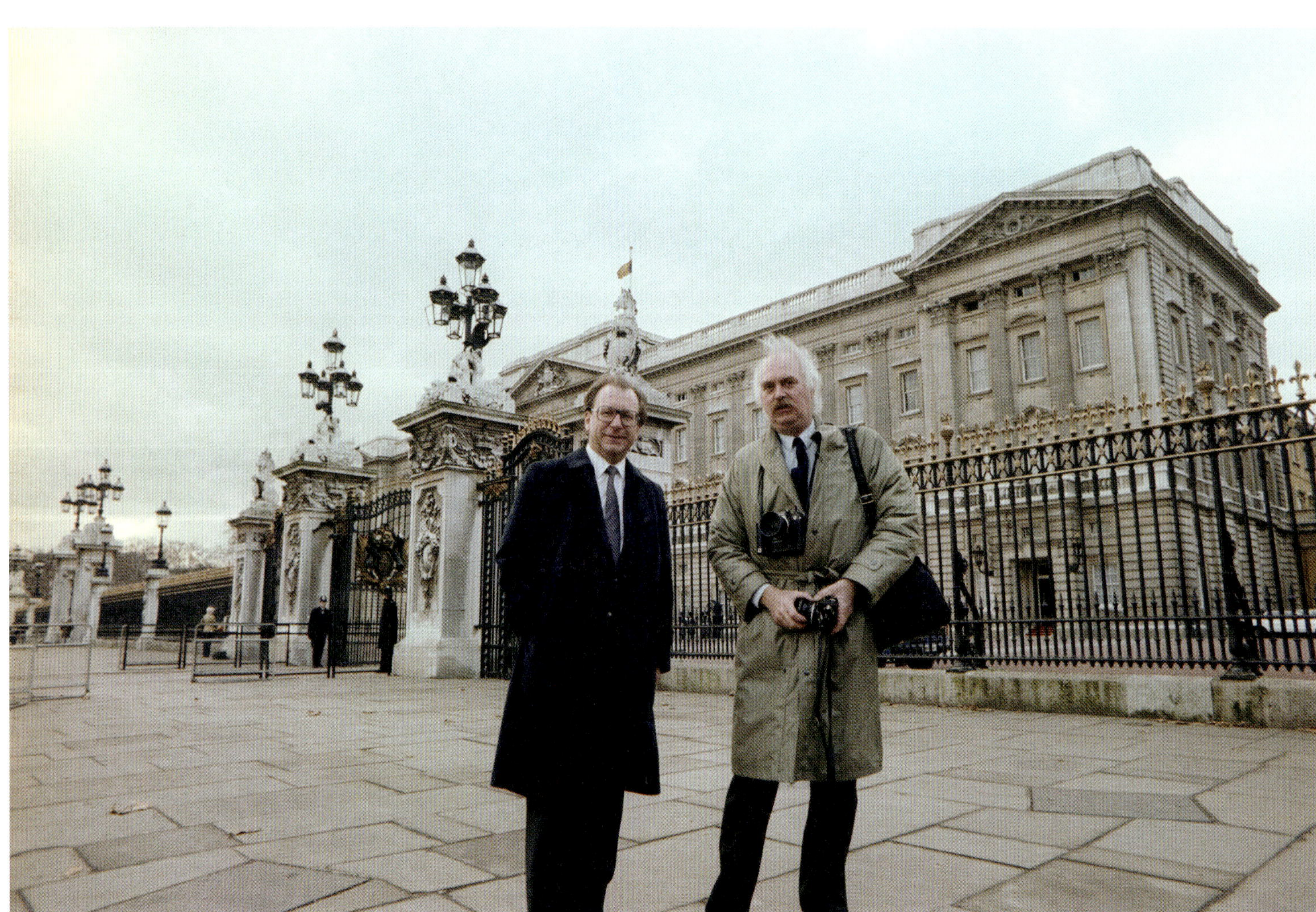

1 Ministerpräsident Lothar Späth mit seinem „Hoffotografen" und „Reisebegleiter" Burghard Hüdig vor dem Buckingham-Palast in London. 3. Dezember 1980

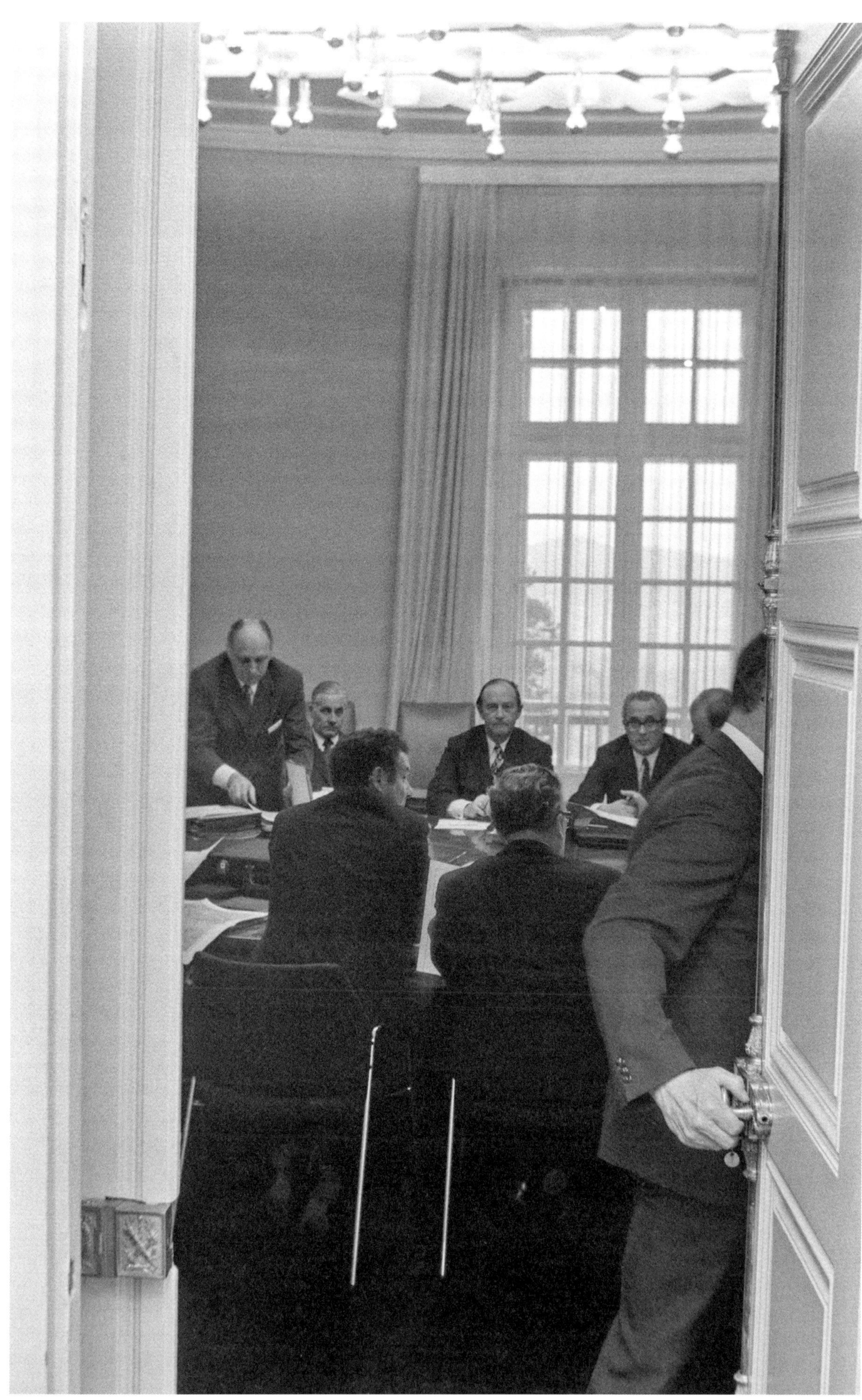

2 Hinter verschlossenen Türen: Koalitionsverhandlungen in der Villa Reitzenstein. 19. Januar 1971

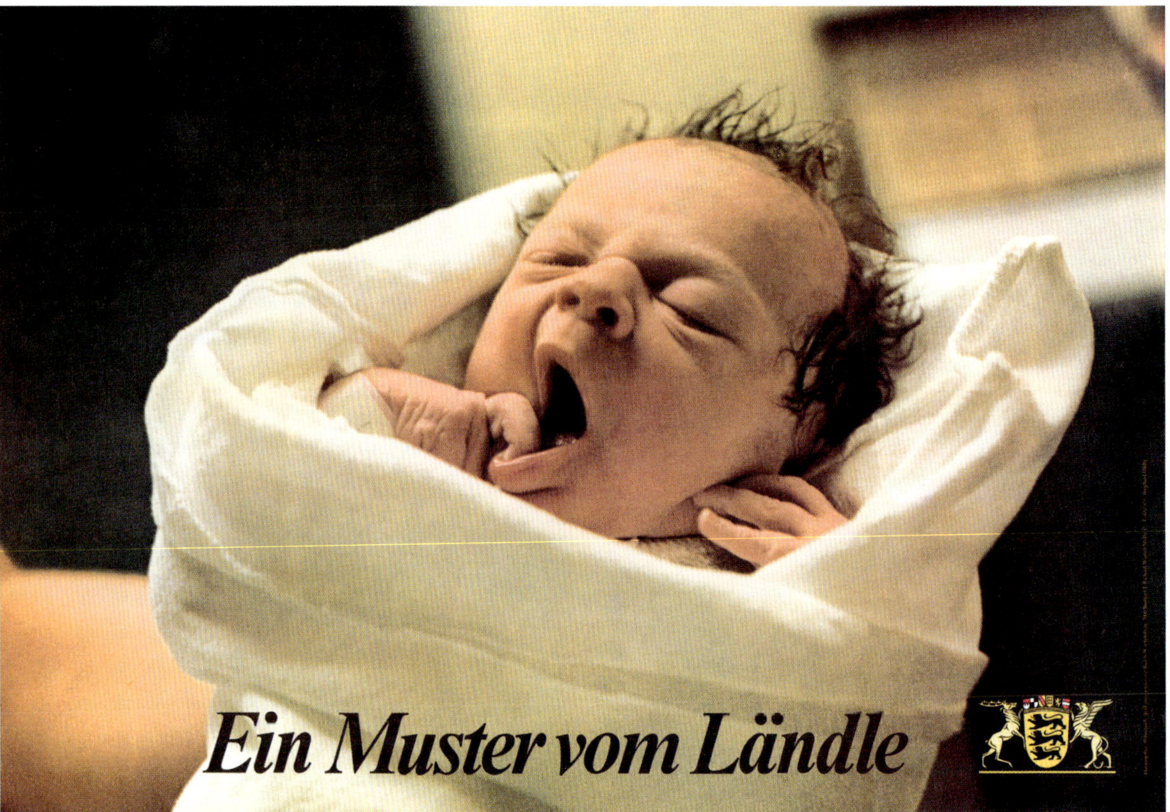

3 Werbekampagne des Landes Baden-Württemberg zum „Jahr des Kindes" mit Baby Grete, aufgenommen von Burghard Hüdig. 1980

Städte bis hin zu Fragen des Umweltschutzes und moderner Verkehrssysteme. Als gern gesehener Gast in der Villa Reitzenstein dokumentierte Hüdig das Wirken der Ministerpräsidenten Kurt Georg Kiesinger, Hans Filbinger, Lothar Späth und Erwin Teufel, die er bei Kabinettssitzungen und parlamentarischen Debatten, bei Reisen und Empfängen bildlich in Szene setzte. Er reüssierte mit Porträtaufnahmen der Mitglieder der Landesregierung, aber auch zahlreicher Landtagsabgeordneter, die in Pressemitteilungen, in gedruckten Grußworten oder im Handbuch des Landtags eine breite Verwendung fanden.

Hüdigs politische Fotografien sind ein Spiegelbild der Demokratie im deutschen Südwesten: Mit Kamera und Notizblock begab er sich auf Wahlkampftour mit den Ministerpräsidenten, beobachtete die Spitzenkandidaten der Parteien bei ihren Wahlauftritten, und fing während der Wahlnächte im Landtag angespannte, gelöste und enttäuschte Gesichter ein. Sein besonderes Augenmerk galt den siegreichen Ministerpräsidenten und ihren Familien, um dann schon wenige Wochen später Bilder von Koalitionsverhandlungen, von Regierungsumbildungen und der Vereidigung der Kabinettsmitglieder zu liefern.

Seiner Nähe zu den führenden Köpfen der Landespolitik war es zuzuschreiben, dass Hüdig immer wieder in die Villa Reitzenstein und in den Landtag gerufen wurde, um die unwiederbringlichen Momente von Staatsbesuchen, Ordensverleihungen, Kabinettssitzungen und feierlichen Empfängen in Schwarz-Weiß oder Farbe für die Nachwelt festzuhalten. Mitunter gelangen ihm auch verwegene Schnappschüsse, so etwa als er durch die für einen Augenblick geöffnete Tür eines Konferenzraums in der Villa Reitzenstein vertrauliche Koalitionsverhandlungen ins Visier nahm. Auf der Besuchertribüne des Plenarsaals im Landtag war Hüdig Beobachter stürmischer Debatten; auch die alltägliche Arbeit der Fach- und Untersuchungsausschüsse verfolgte er mit Neugier. Der öffentliche Umgang mit politischen Skandalen und Fehltritten war ihm nicht fremd. Er, der über etliche Jahre das erfolgreiche Agieren von Lothar Späth begleitet und sich in dessen Aura wohlgefühlt hatte, dokumentierte auch eine der dunkelsten Stunden in der politischen Laufbahn des Ministerpräsidenten, als er nach dem Bekanntwerden der sogenannten *Traumschiff-Affäre* – einer 1984 gemeinsam mit Helmut Lohr, dem Chef des Unternehmens Standard Elektrik Lorenz, unternommenen Urlaubsreise in die Ägäis – im Januar 1991 seinen Rücktritt erklären musste.

Indirekt war der Fotograf Burghard Hüdig am 31. Januar 1980 selbst Gegenstand einer Landtagsdebatte gewesen. Der SPD-Fraktionsvorsitzende Erhard Eppler hatte der Landesregierung vorgeworfen, mit den Haushaltsmitteln für Publikationen versteckte Wahlwerbung zu betreiben. In seiner Entgegnung holte Ministerpräsident Späth ein Poster hervor, das in hoher Auflage zum *Jahr des Kindes* verbreitet worden war und sich großer Beliebtheit erfreute. Es zeigte das Bild eines neugeborenen Babys und den Slogan *Ein Muster vom Ländle.* Süffisant bemerkte Späth: *Herr Kollege Eppler, wenn Sie dieses Plakat betrachten, dann werden Sie sehen, daß wir extra darauf geachtet haben, daß dieses Kind mir nicht ähnlicher sieht als Ihnen.* Laut Landtagsprotokoll reagierten die Abgeordneten mit *Lachen und großer Heiterkeit* sowie mit *anhaltendem starkem Beifall bei der CDU.* Der Urheber des Bildmotivs war Burghard Hüdig, der das Baby 20 Minuten nach der Geburt im Kreißsaal des Stuttgarter Robert-Bosch-Krankenhauses fotografiert hatte.

In seinen Aufnahmen manifestiert sich neben der ernsten auch die unterhaltsame Seite des politischen Lebens. Zu diesen mitunter feuchtfröhlichen Terminen gehörten etwa die Mitwirkung des Ministerpräsidenten an der Weinlese oder der Besuch von Mitgliedern der Landesregierung auf dem traditionsreichen Cannstatter Volksfest. Auch die intensive Begegnung von Politik und Sport wird in Hüdigs Werk sichtbar – bei Fußballspielen des VfB Stuttgart ebenso wie beim Empfang erfolgreicher baden-württembergischer Olympioniken in der Villa Reitzenstein. Eine lockere Stimmung herrschte im Sommer 1973 bei der Straßenbahnparty der Jungen Union Stuttgart, die dem Fotografen ebenso einige Aufnahmen wert war wie die offiziellen Parteitage der im Landtag vertretenen Parteien, die zumeist mit prominenter Unterstützung aus der Bundespolitik brillieren konnten.

Internationales Flair brachten zahllose Staatsgäste nach Baden-Württemberg, die Hüdig zumeist erfolgreich vor die Linse bekam. Auf ihrem ersten Deutschlandbesuch konnte Ministerpräsident Kurt Georg Kiesinger 1965 – 20 Jahre nach dem Ende des Zweiten Weltkrieges – Queen Elizabeth II. in Stuttgart willkommen heißen. Ihr Weg durch die

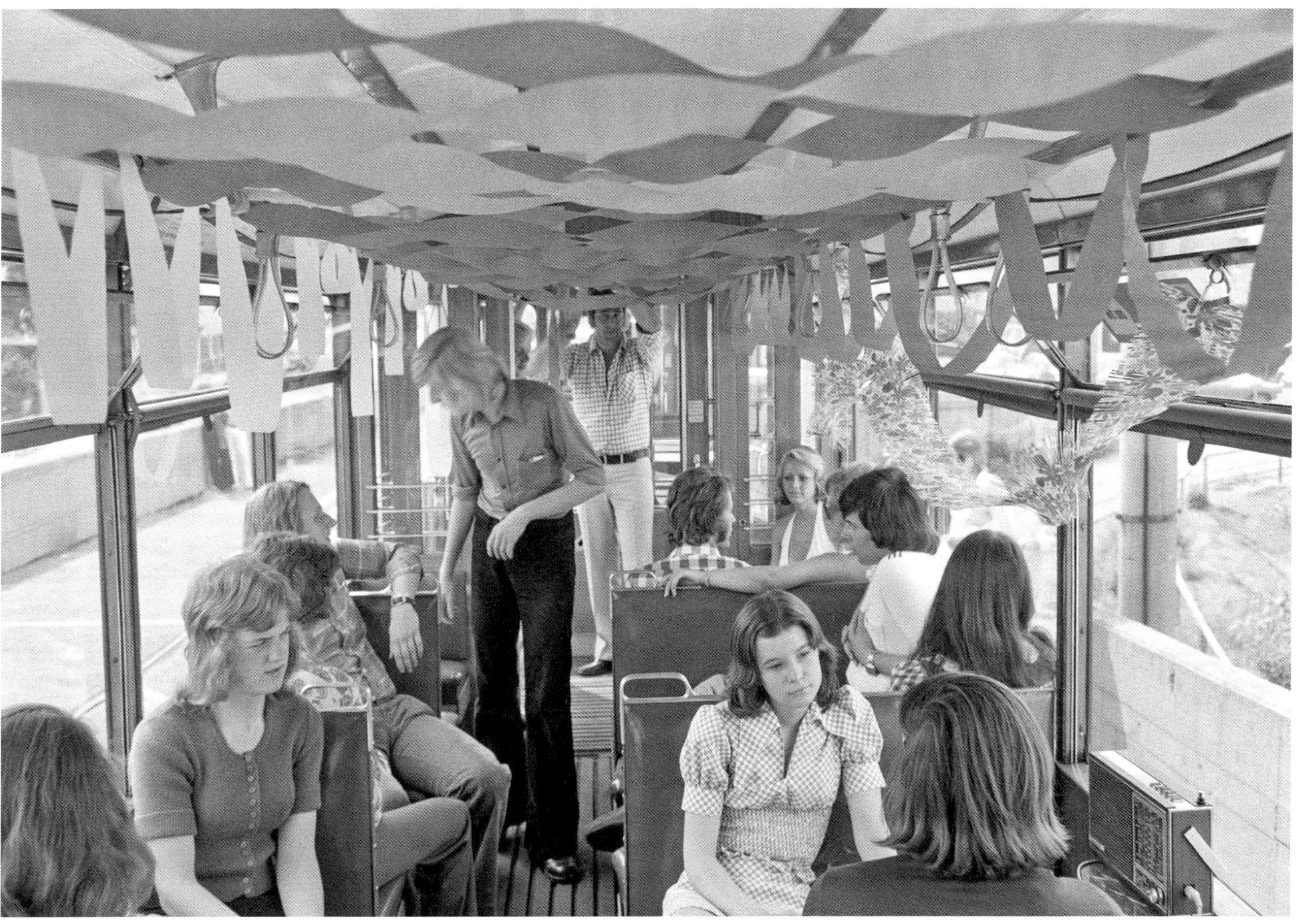

4 Straßenbahnparty der Jungen Union Stuttgart. 30. Juni 1973

Landeshauptstadt war gesäumt von jubelnden Menschenmassen, deren leidenschaftliche Begeisterung den damals geschossenen Bildern noch heute anzusehen ist. Ganz im Zeichen der Entspannungspolitik zog 1989 Michail Gorbatschow – von den Deutschen liebevoll *Gorbi* genannt –, der Generalsekretär des Zentralkomitees der Kommunistischen Partei der Sowjetunion, die Spalier stehenden Passanten in ihren Bann. Es gehörte zu Hüdigs Geschäft, sämtliche Programmpunkte eines solchen Besuchs „abzuklappern", um vielleicht doch noch ein spektakuläres Motiv exklusiv zu erhaschen. Selbst das *Damenprogramm,* das den mitreisenden Ehefrauen von Staatsoberhäuptern angeboten wurde, konnte einiges Interesse auf sich ziehen. So hatte man im Oktober 1972 in der Bibliothek, dem schönsten Raum der Villa Reitzenstein, eine exklusive Modenschau für die Gattinnen deutscher Regierungschefs organisiert, die anlässlich der Ministerpräsidentenkonferenz nach Stuttgart gekommen waren.

Die politischen Akteure von damals haben längst die öffentliche Bühne verlassen. Geblieben sind die repräsentativen Gebäude und Räumlichkeiten, die einst die Kulisse festlicher Empfänge und kontroverser Debatten bildeten. Unzählige Male fotografierte Hüdig das Haus des Landtags, das er zwischen 1958 und 1961 noch als Baustelle erlebt hatte, und die Villa Reitzenstein mit ihren Nebengebäuden – zu unterschiedlichen Tages- und Jahreszeiten. Auch bauliche Details, Gemälde und Skulpturen entgingen nicht seinem erfahrenen Blick. Die zentralen Bauwerke der Legislative und der Exekutive stehen als Symbol der wiedererstarkten Demokratie in Südwestdeutschland.

Es ist Burghard Hüdigs bleibendes Verdienst, die Landespolitik über Jahrzehnte hinweg intensiv begleitet und seine bildlichen Eindrücke für zukünftige Generationen gesichert zu haben. Er hinterließ eine umfassende fotografische Dokumentation zur baden-württembergischen Landes- und Zeitgeschichte, die ihresgleichen sucht.

Nina Fehrlen-Weiss

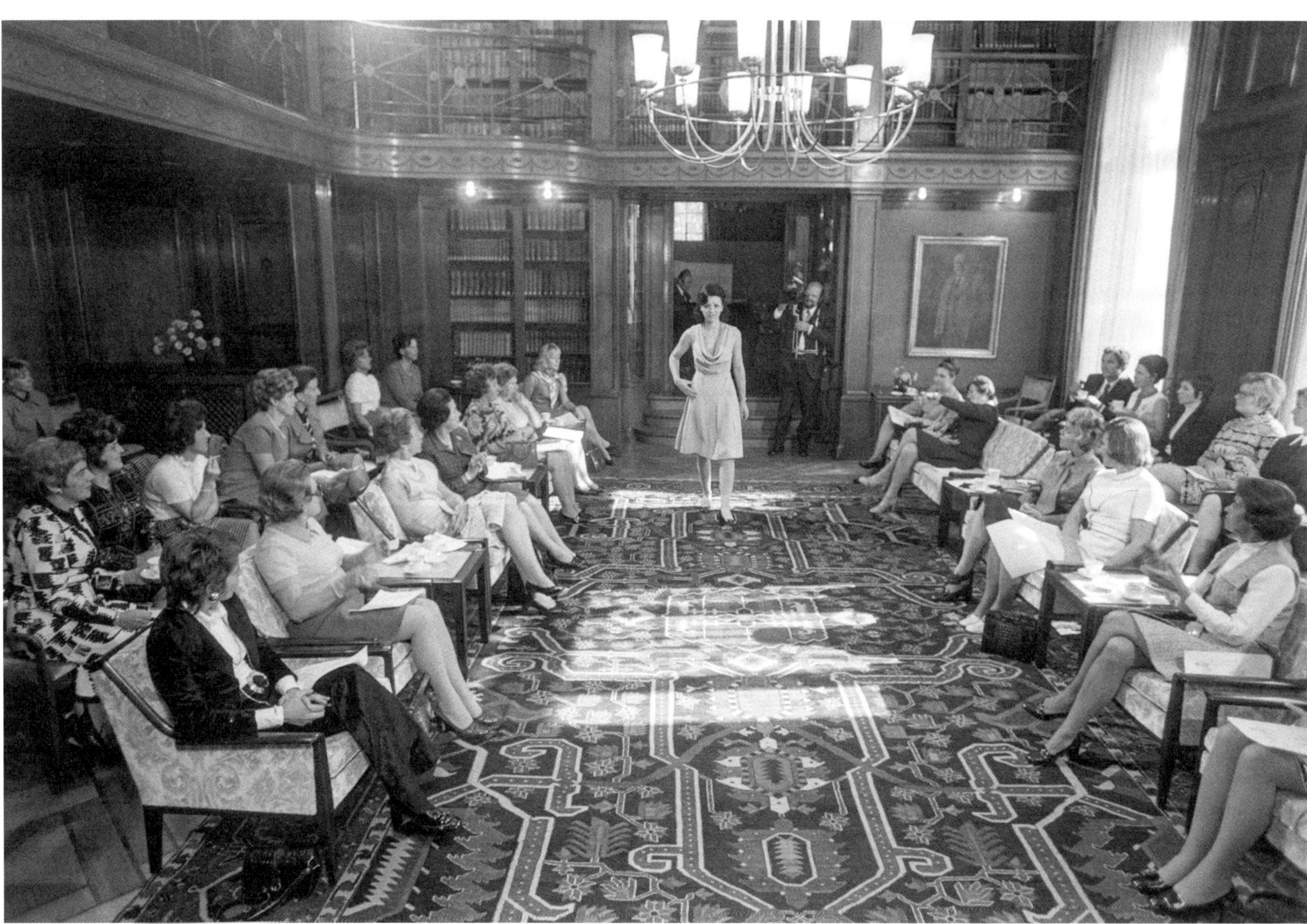

5 Modenschau in der Villa Reitzenstein im Rahmen des Damenprogramms anlässlich der Ministerpräsidentenkonferenz in Stuttgart. 20. Oktober 1972

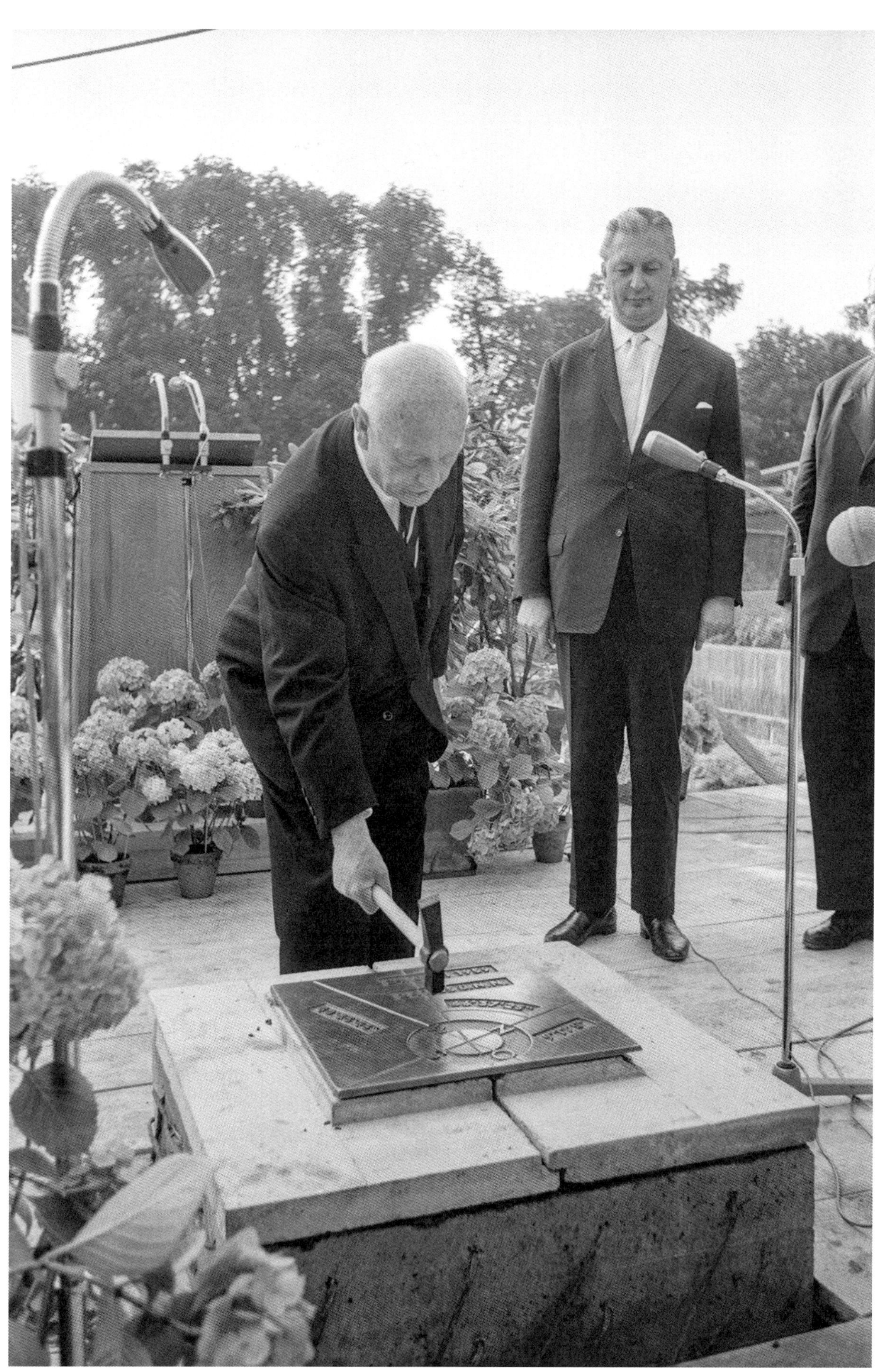

6 Grundsteinlegung des neuen Landtagsgebäudes in Stuttgart mit Landtagspräsident Carl Neinhaus und Ministerpräsident Kurt Georg Kiesinger. 24. Juni 1959

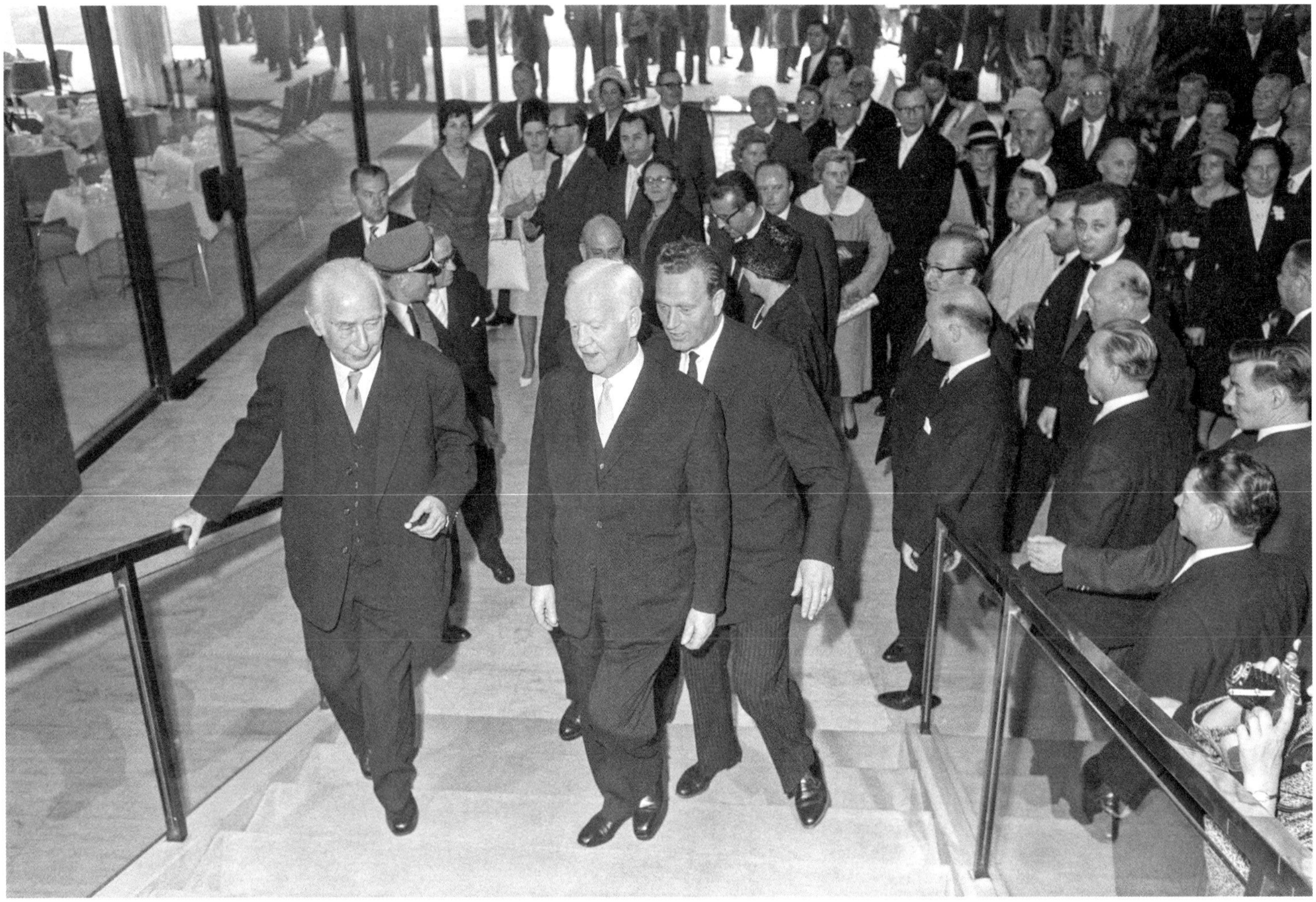

7 Einweihung des neuen Landtagsgebäudes in Stuttgart. Aufgang zum Plenarsaal mit Altbundespräsident Theodor Heuss und Bundespräsident Heinrich Lübke. 6. Juni 1961

8 Gedenkfeier anlässlich des Todes von Konrad Adenauer im Plenarsaal des Landtags von Baden-Württemberg mit Ansprache des Landtagspräsidenten Franz Gurk. 27. April 1967

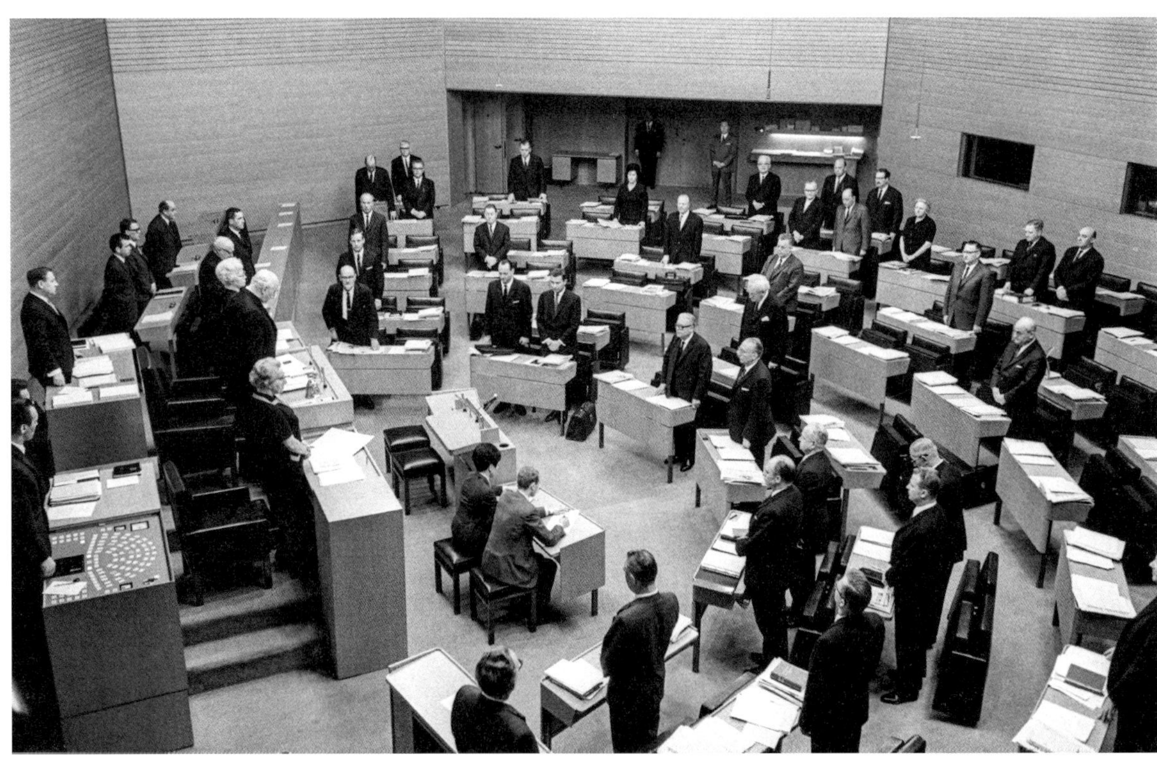

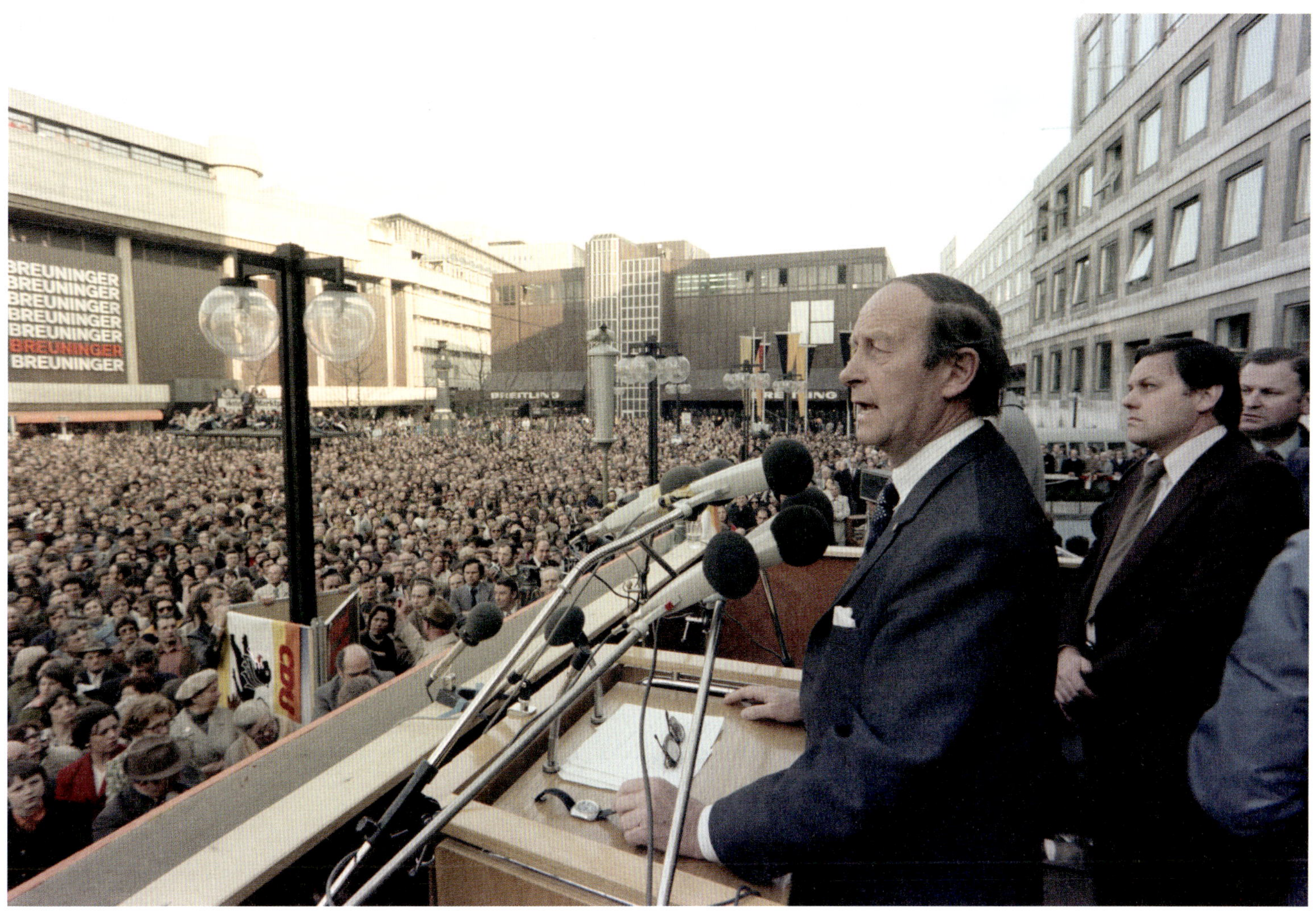

9 Großkundgebung von Hans Filbinger zur Landtagswahl auf dem Stuttgarter Marktplatz. 25. März 1976

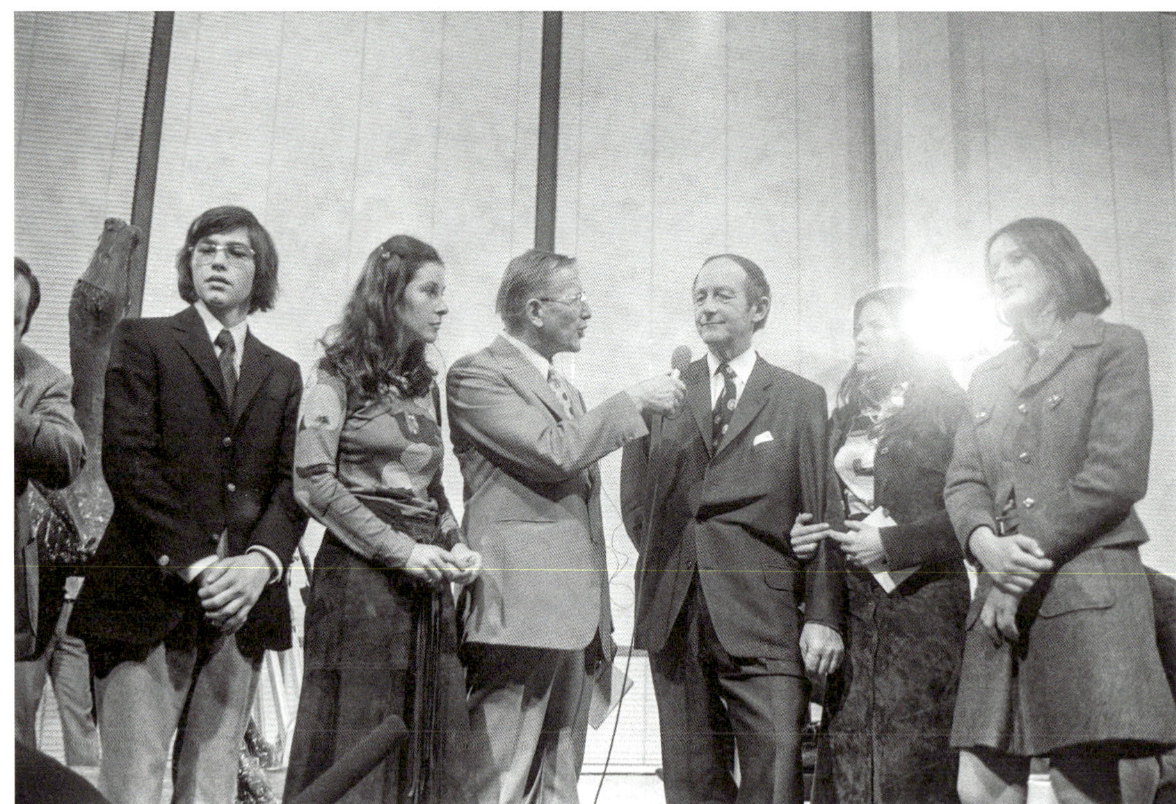

10 Wahlnacht im Landtag von Baden-Württemberg, Ministerpräsident Hans Filbinger umringt von seiner Familie im TV-Interview.
23. April 1972

11 Am Wahlabend. Die Landtagswahl 1980 konnte die CDU mit leichten Verlusten, doch mit absoluter Mehrheit (53,4 %) für sich entscheiden. Als Sensation werteten die Wahlbeobachter jedoch das Abschneiden der kurz zuvor gegründeten Grünen, die mit 5,3 % den Einzug in den Landtag schafften. Im TV-Gespräch: Wolf-Dieter Hasenclever (GRÜNE) und Jürgen Morlok (FDP/DVP).
16. März 1980

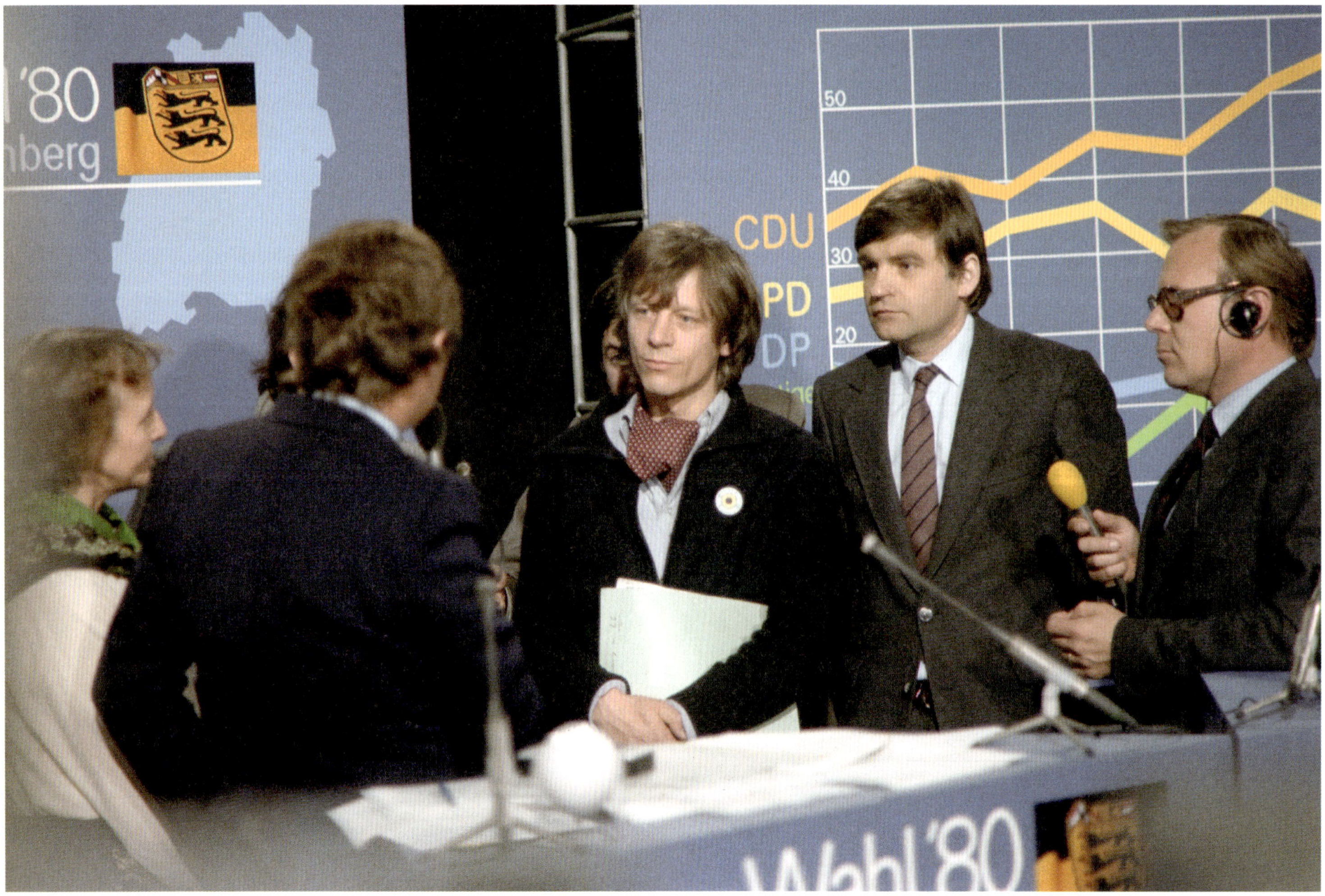

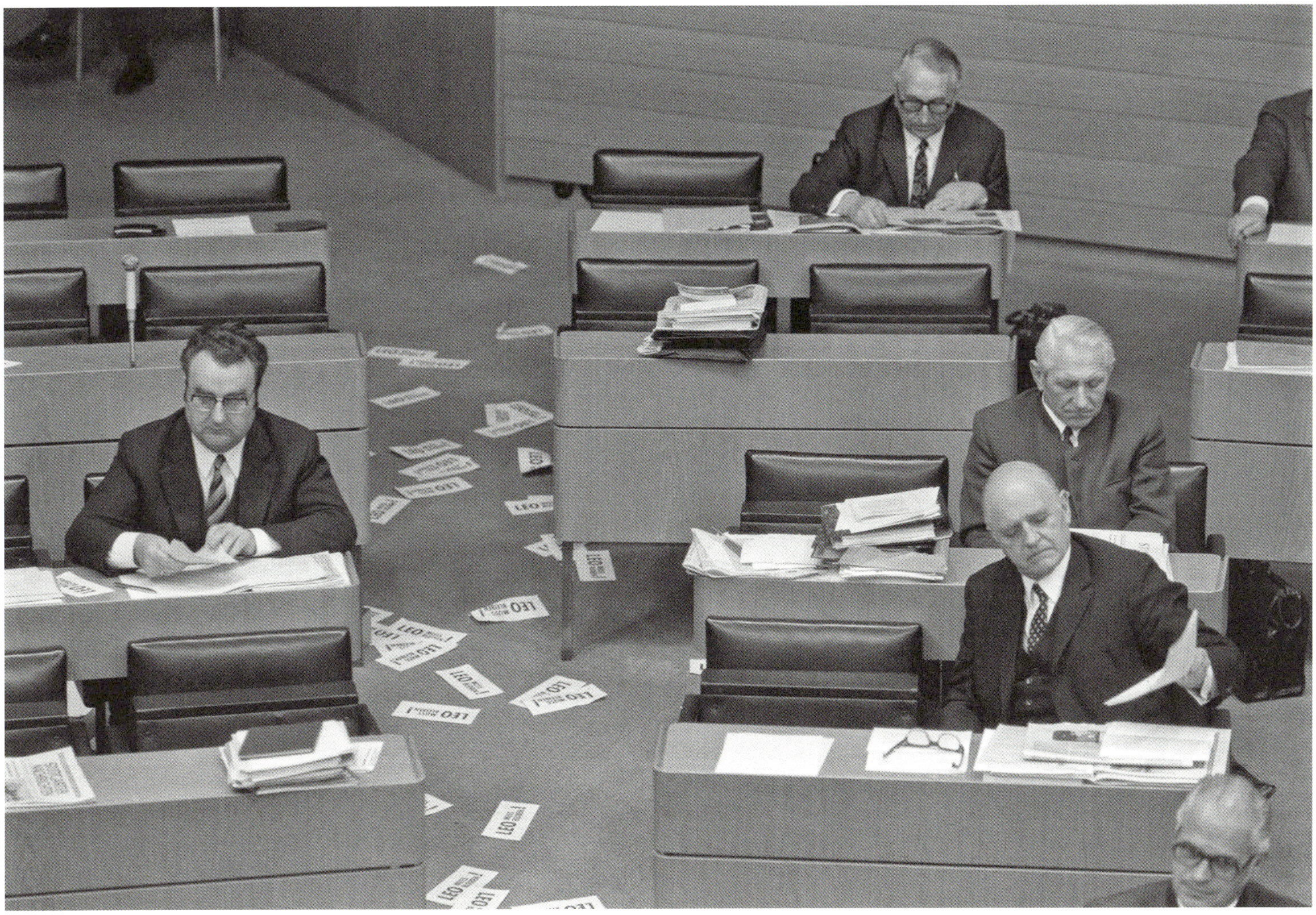

12 „LEO muss bleiben!" Zu Beginn der 1970er Jahre wurde über die Gebiets- und Verwaltungsreform heftig gestritten. Während einer Landtagsdebatte zu diesem Thema flatterten Flugblätter, die den Fortbestand des Landkreises Leonberg forderten, von der Besuchertribüne in den Plenarsaal.
11. Februar 1971

13 Blick in den Plenarsaal des Landtags von Baden-Württemberg während einer Sitzung.
12. November 1992

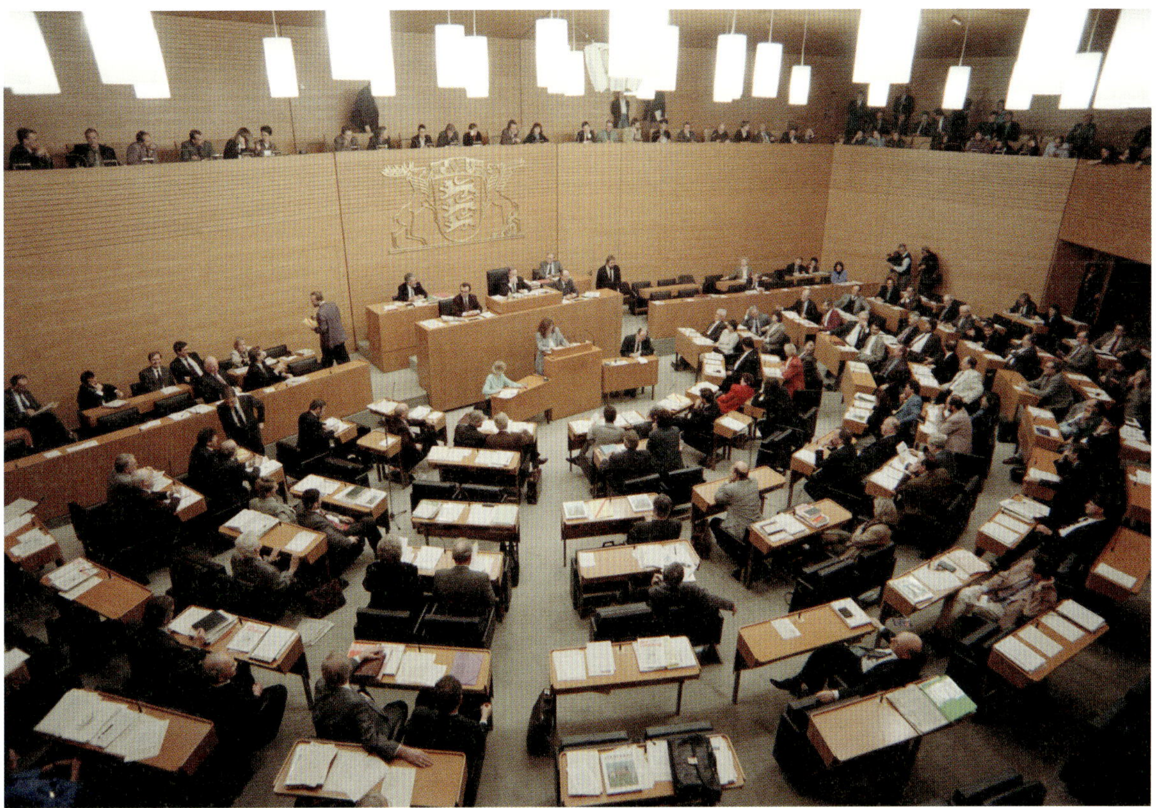

13

Von Burghard Hüdig porträtiert

In den 1980er und 90er Jahren fotografierte Hüdig zahlreiche Landtagsabgeordnete. Die Parteizugehörigkeit spielte dabei keine wesentliche Rolle. Oft waren es nur geschwind aufgenommene Porträtfotos, die er publizistisch als Presse- oder Fernsehbilder verwenden konnte. Eine kleine Auswahl soll auch diese Facette von Hüdigs Wirken veranschaulichen:

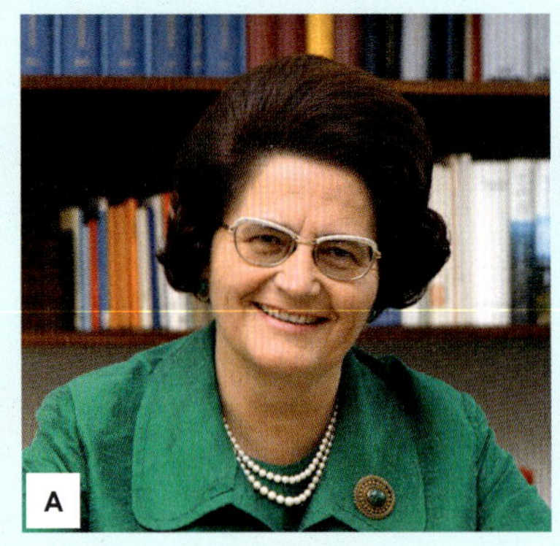

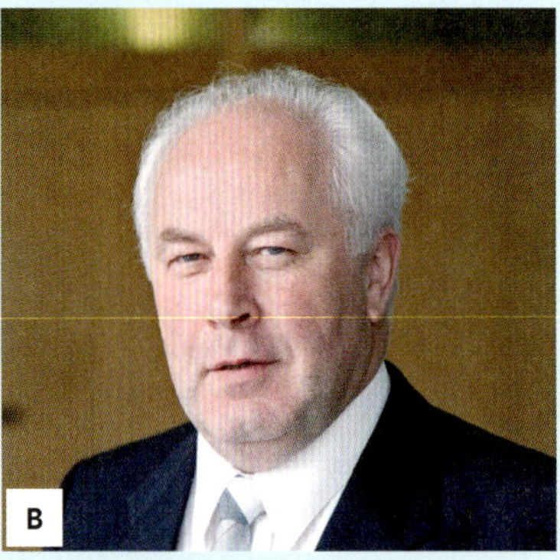

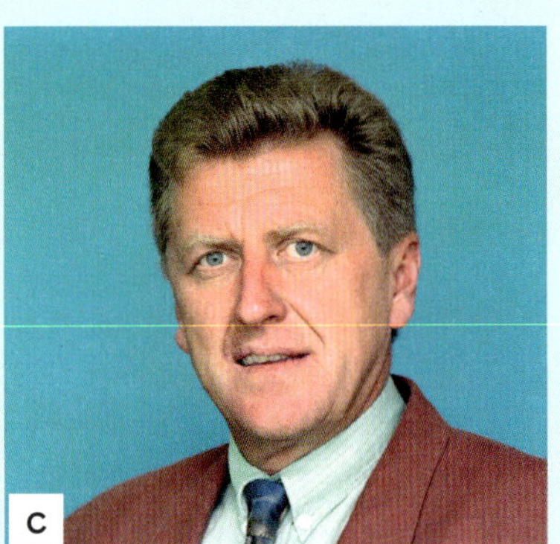

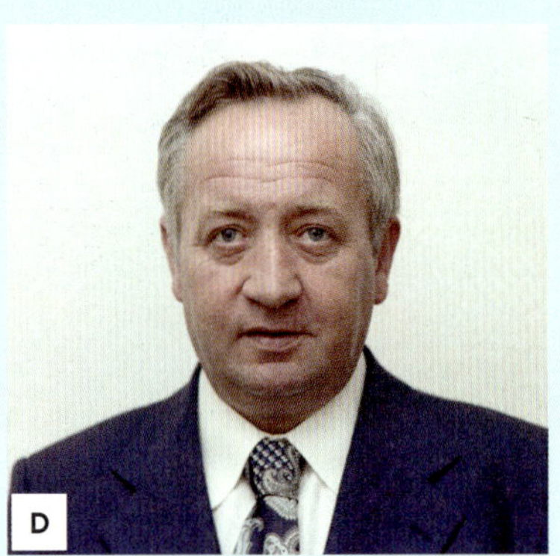

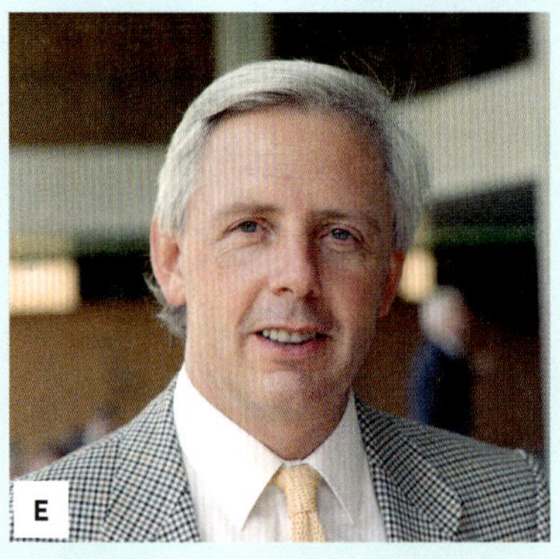

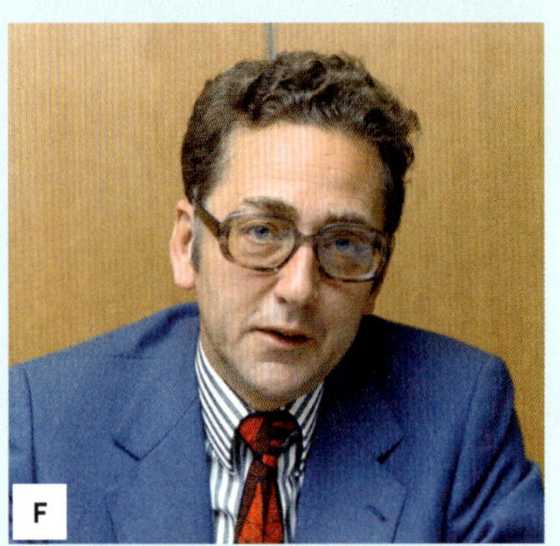

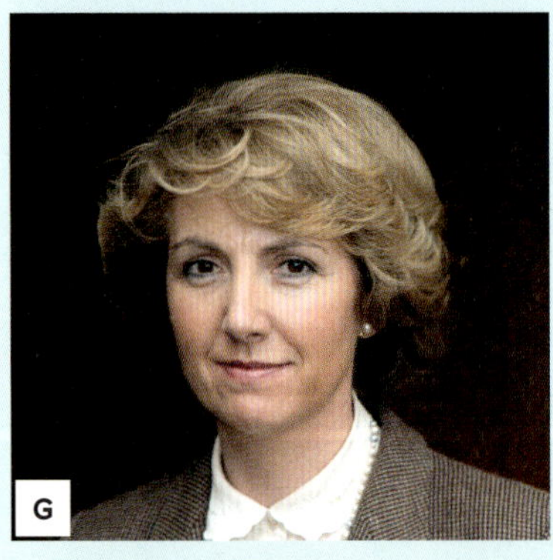

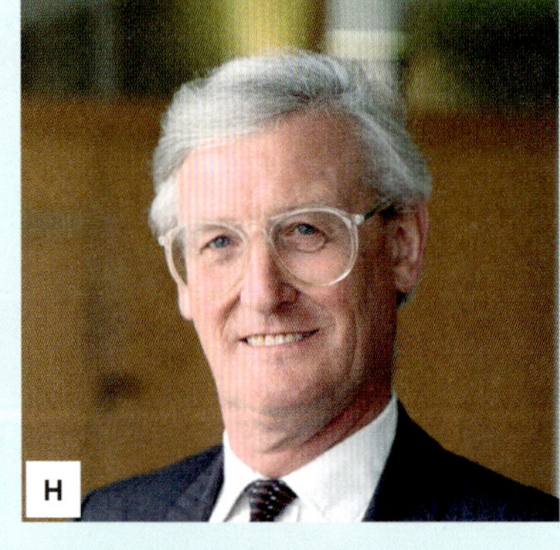

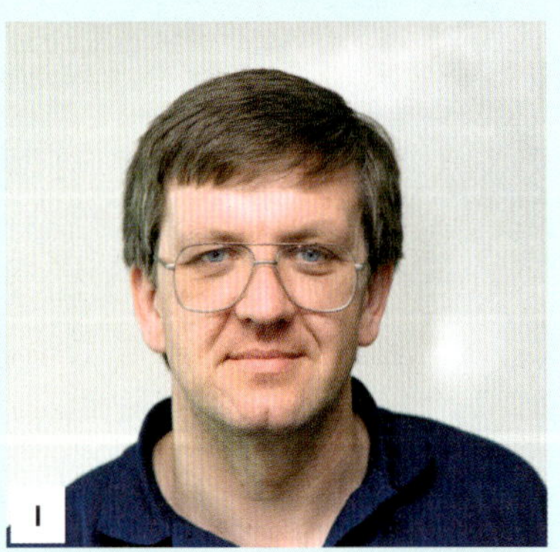

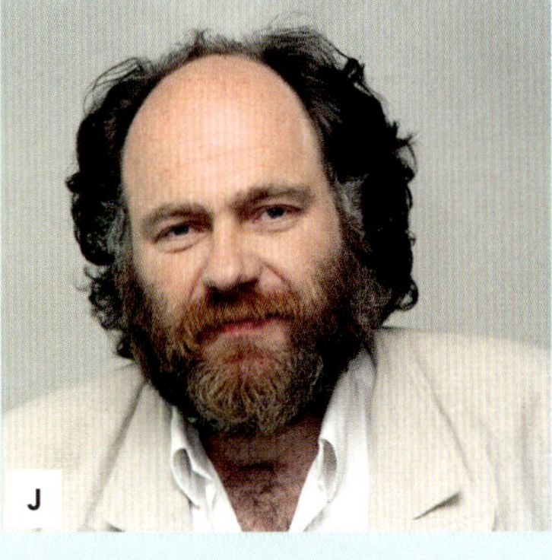

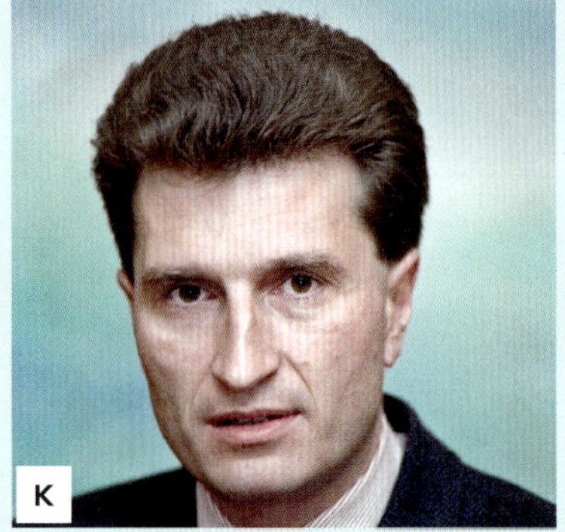

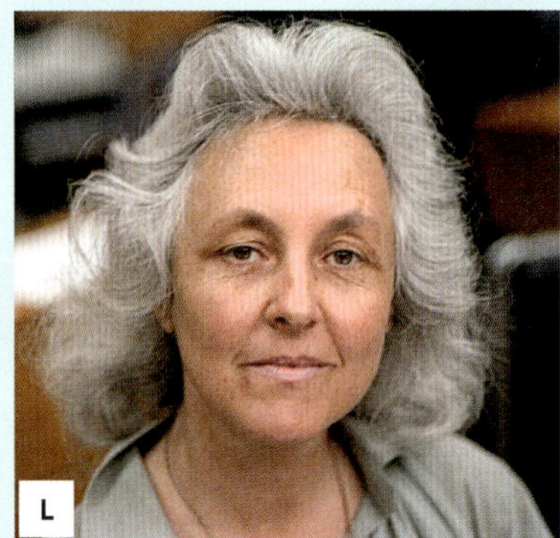

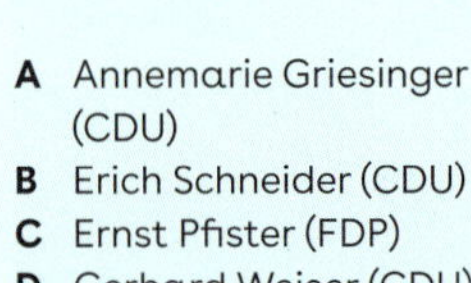

A Annemarie Griesinger (CDU)
B Erich Schneider (CDU)
C Ernst Pfister (FDP)
D Gerhard Weiser (CDU)
E Klaus von Trotha (CDU)
F Erhard Eppler (SPD)
G Barbara Schäfer (CDU)
H Alfred Geisel (SPD)
I Winfried Kretschmann (GRÜNE)
J Rezzo Schlauch (GRÜNE)
K Günther H. Oettinger (CDU)
L Elsbeth Mordo (GRÜNE)

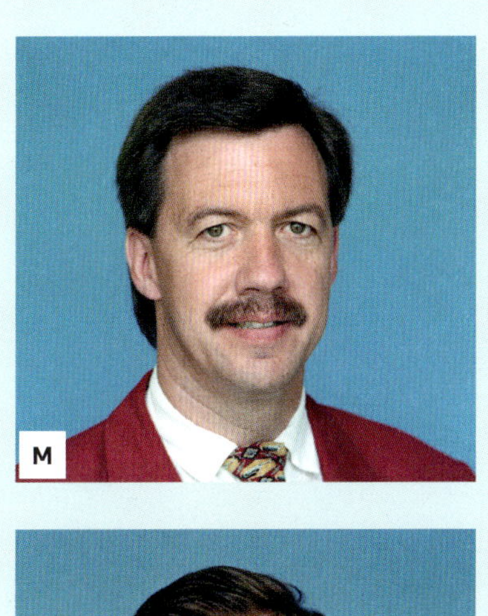

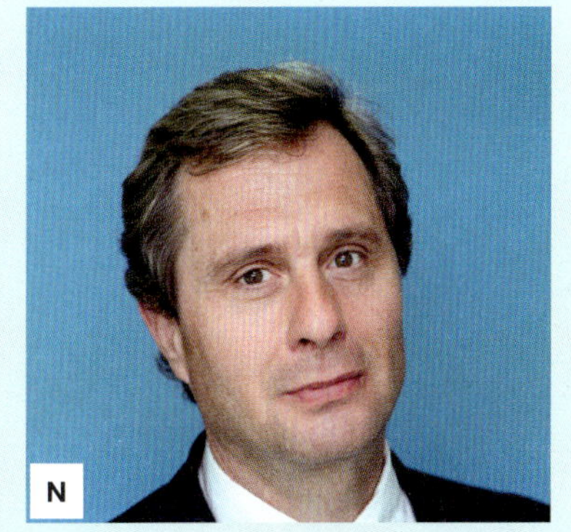

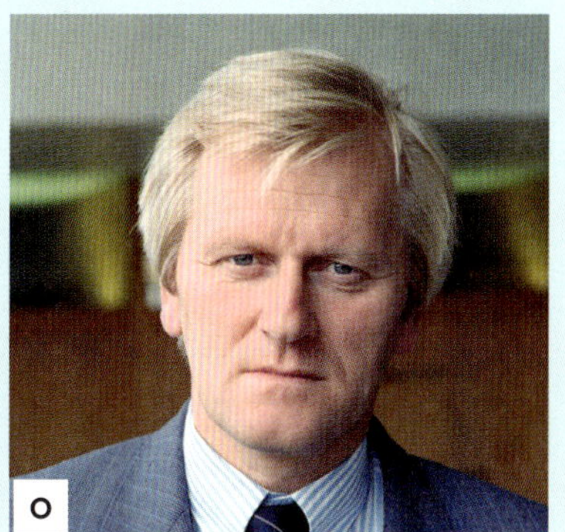

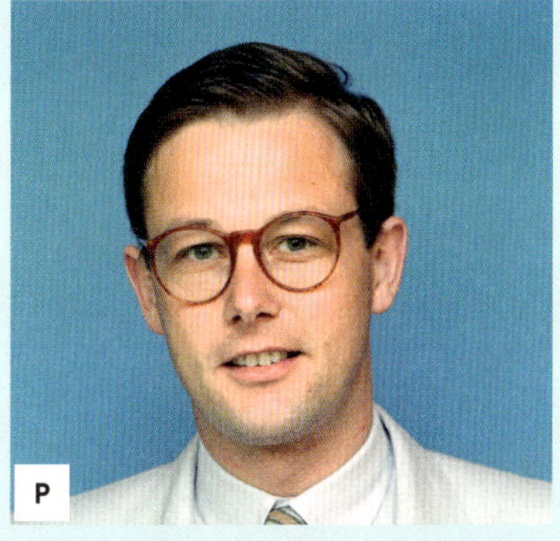

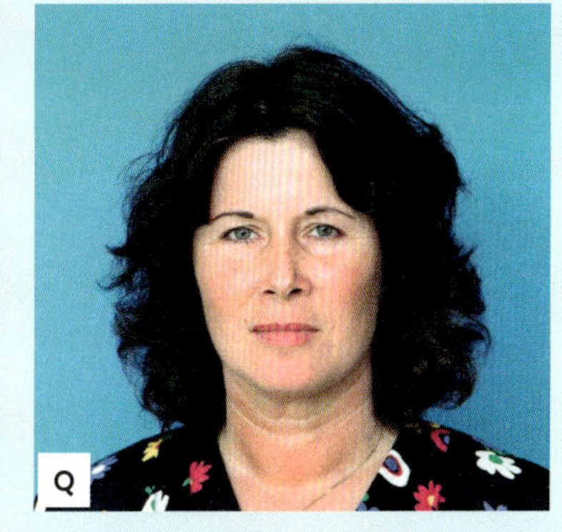

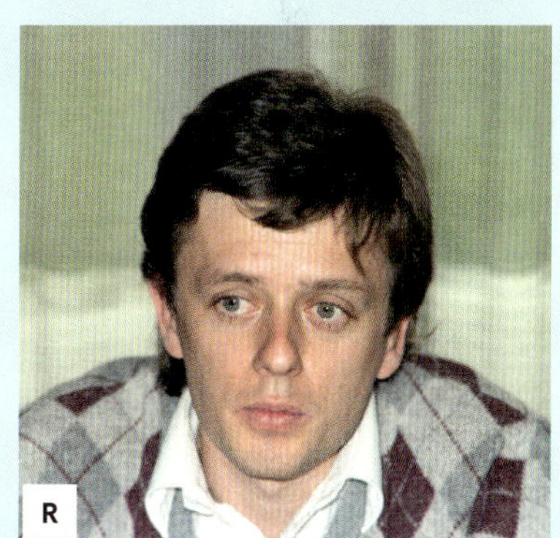

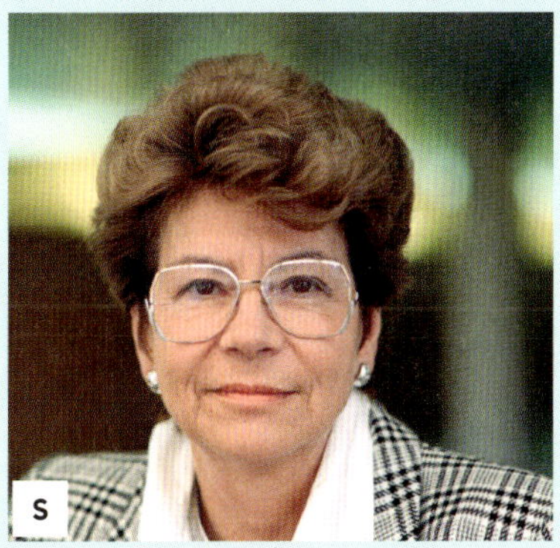

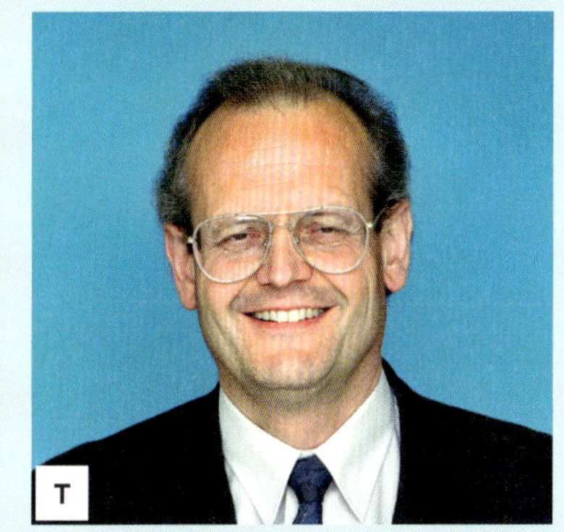

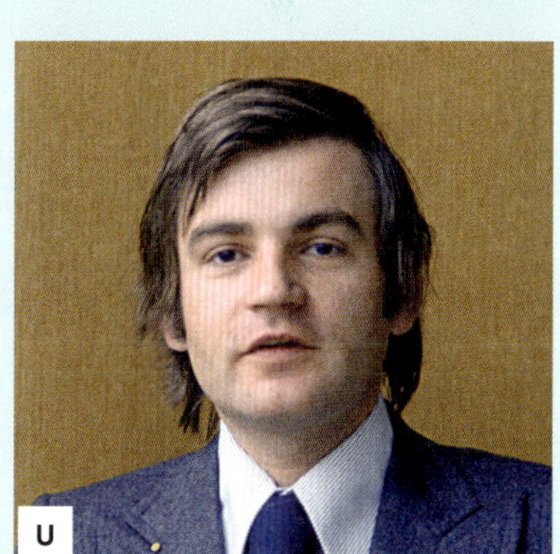

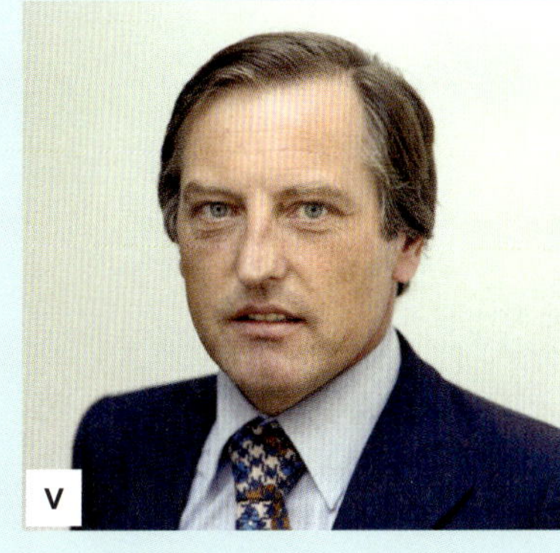

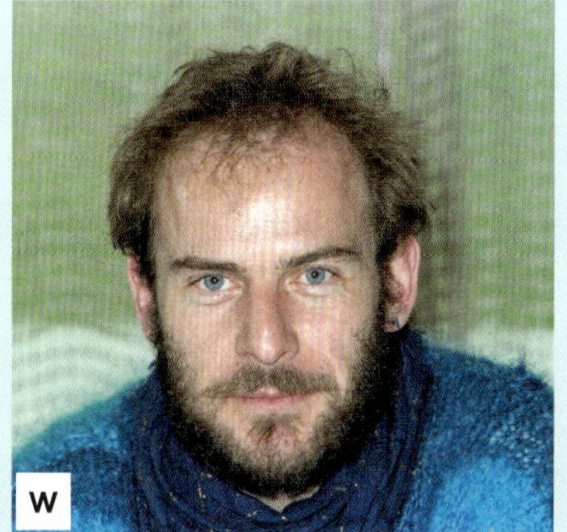

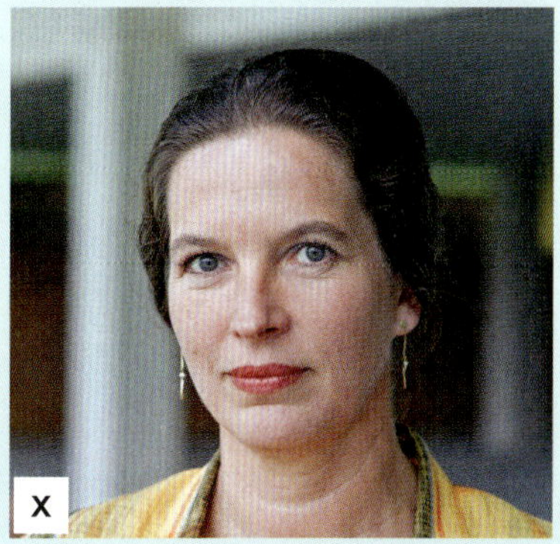

M Walter Döring (FDP)
N Dieter Spöri (SPD)
O Heinrich Haasis (CDU)
P Rolf Schlierer (REP)
Q Brigitte Unger-Soyka (SPD)
R Fritz Kuhn (GRÜNE)
S Marianne Schultz-Hector (CDU)
T Frieder Birzele (SPD)
U Jürgen Morlok (FDP)
V Gerhard Mayer-Vorfelder (CDU)
W Winfried Hermann (GRÜNE)
X Helga Solinger (SPD)

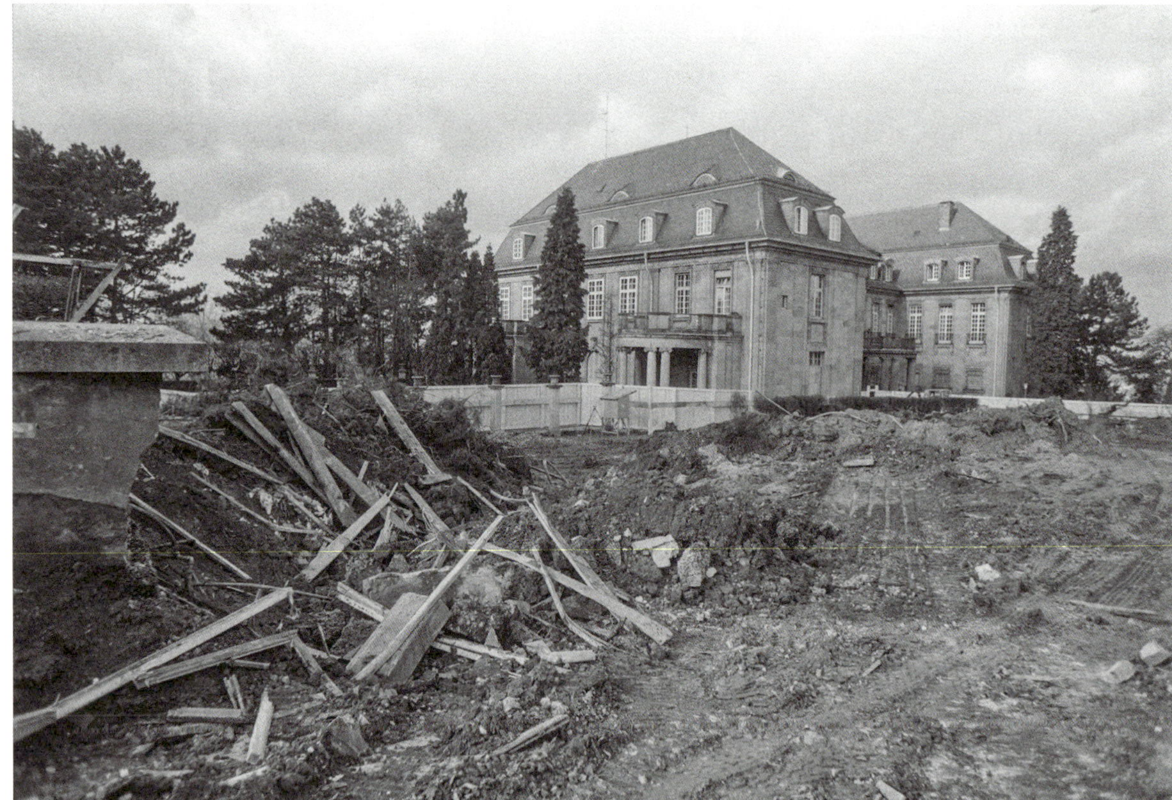

14 Errichtung eines Erweiterungsbaus für das Staatsministerium Baden-Württemberg auf dem Gelände der Villa Reitzenstein. 14./15. Februar 1973

15 Sitzung des baden-württembergischen Ministerrats unter der Führung von Ministerpräsident Hans Filbinger in der Villa Reitzenstein. November/Dezember 1973

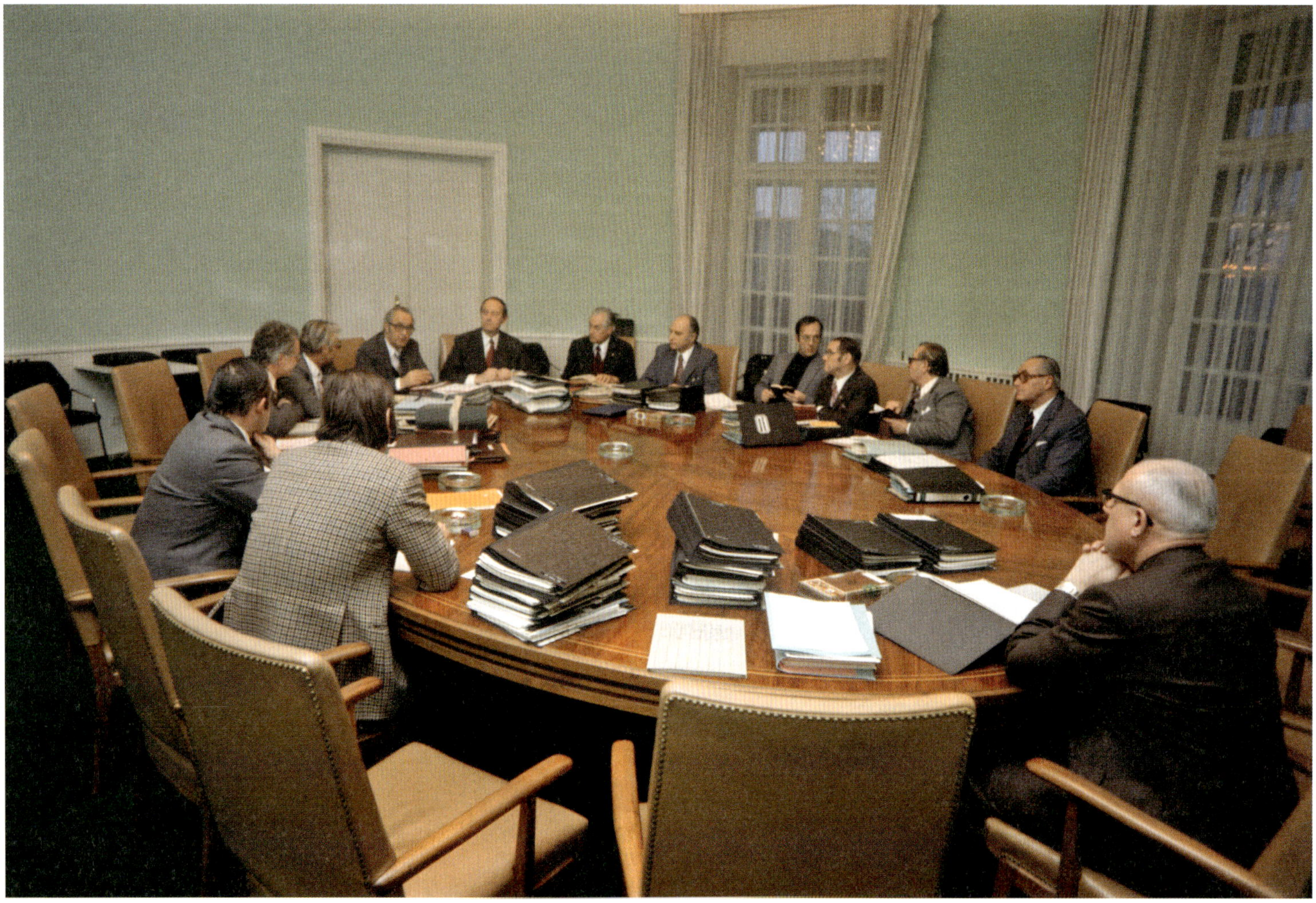

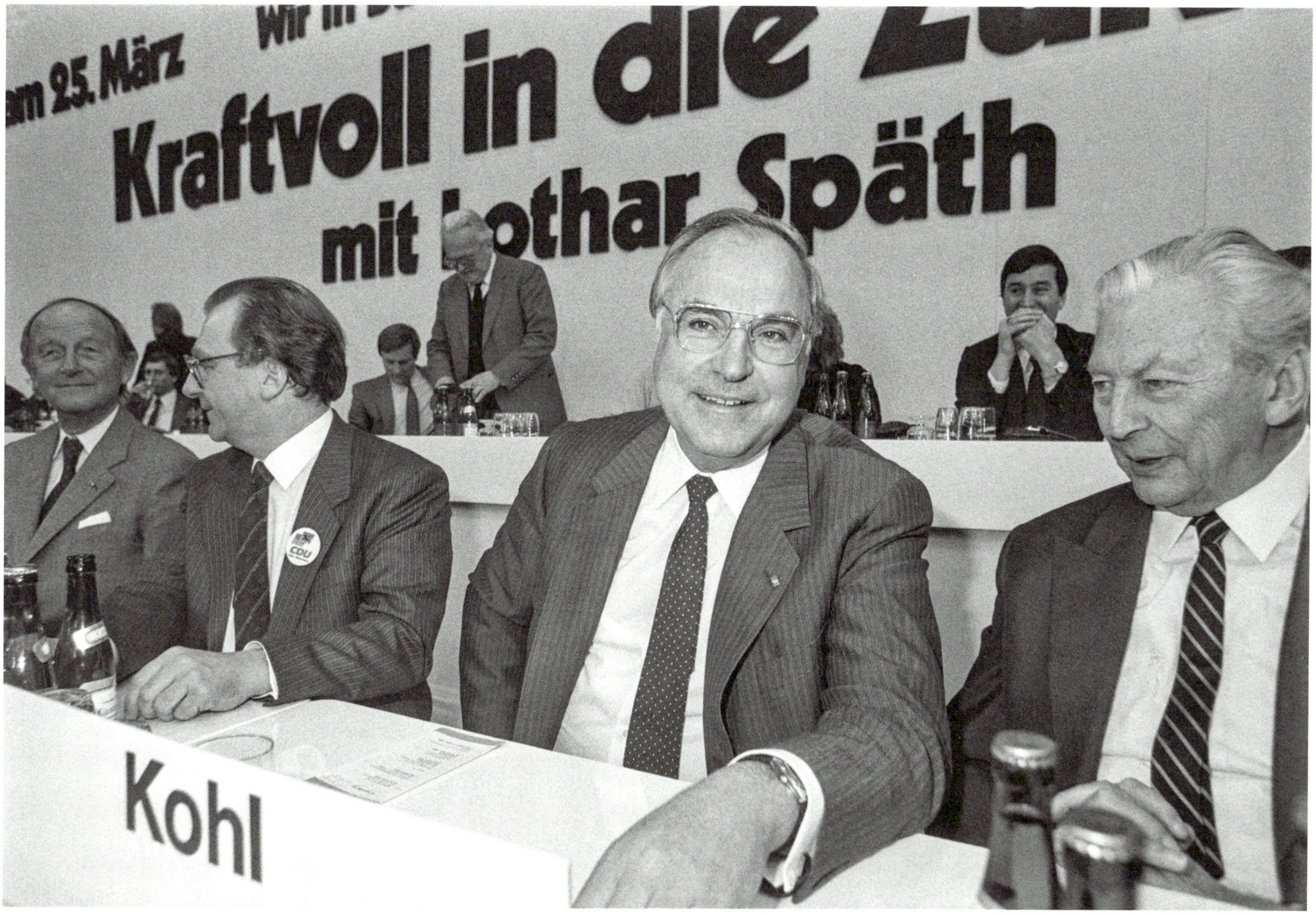

16 CDU-Landesparteitag Baden-Württemberg 1984 in Stuttgart. Bundeskanzler Helmut Kohl zwischen Ministerpräsident Lothar Späth und den Altministerpräsidenten Kurt Georg Kiesinger (rechts) und Hans Filbinger (ganz links). 10. März 1984

17 Untersuchungsausschuss „Indirekte Parteienfinanzierung“. Anhörung von Ministerpräsident a. D. Lothar Späth zur „Traumschiff-Affäre“. 21. März 1991

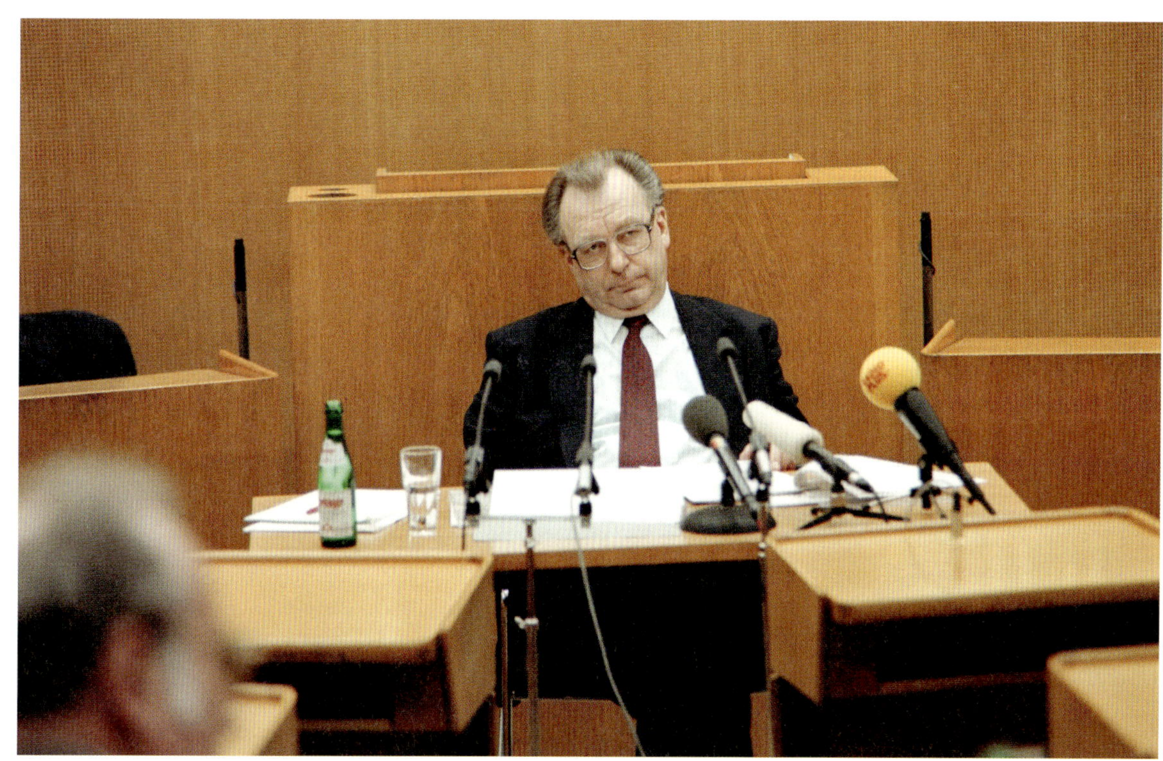

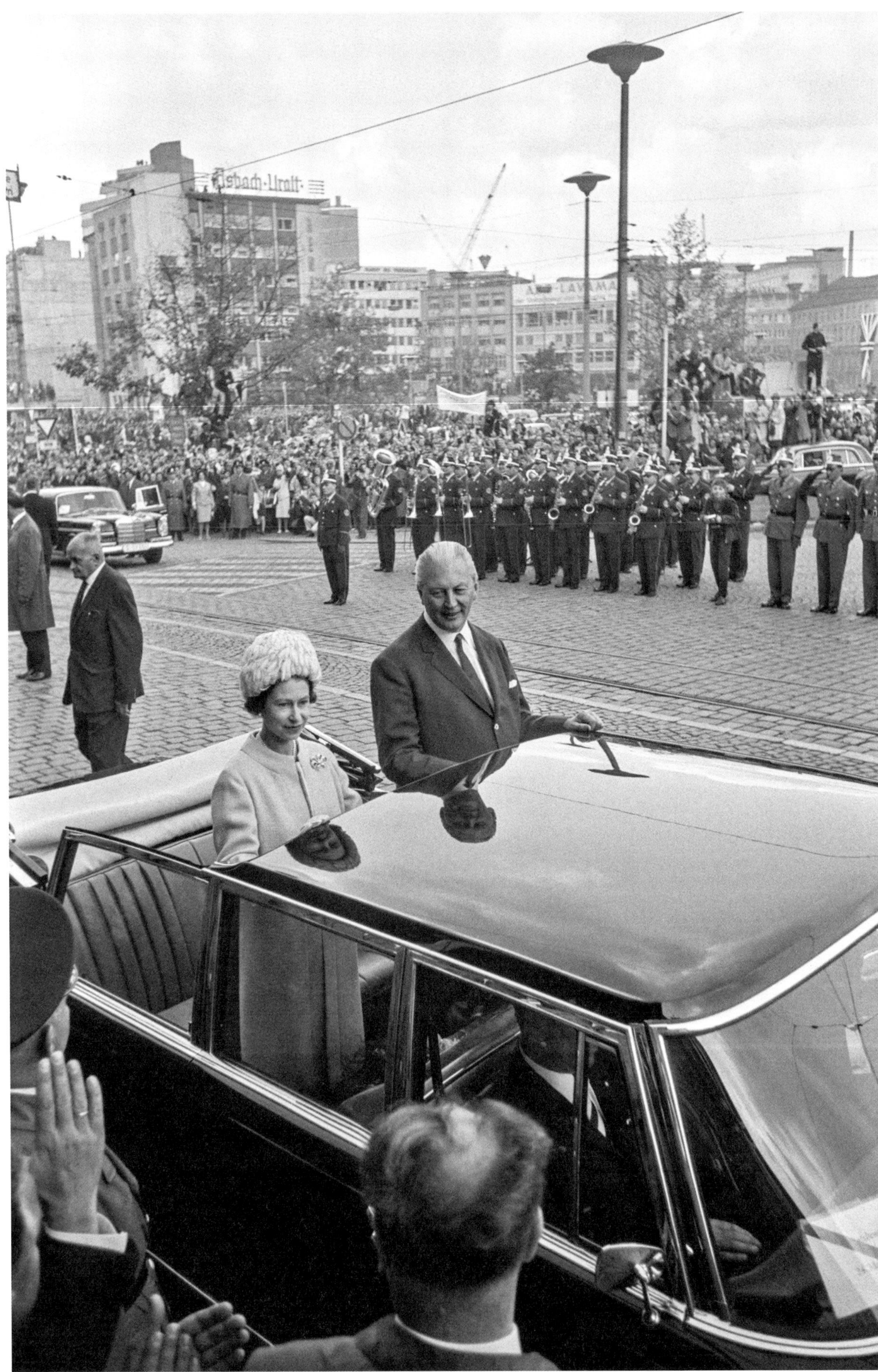

18 Queen Elizabeth II. von England gemeinsam mit Ministerpräsident Kurt Georg Kiesinger in der legendären Mercedes-Benz-Limousine 600 auf der Fahrt durch Stuttgart anlässlich ihres Staatsbesuchs in Deutschland. 25. Mai 1965

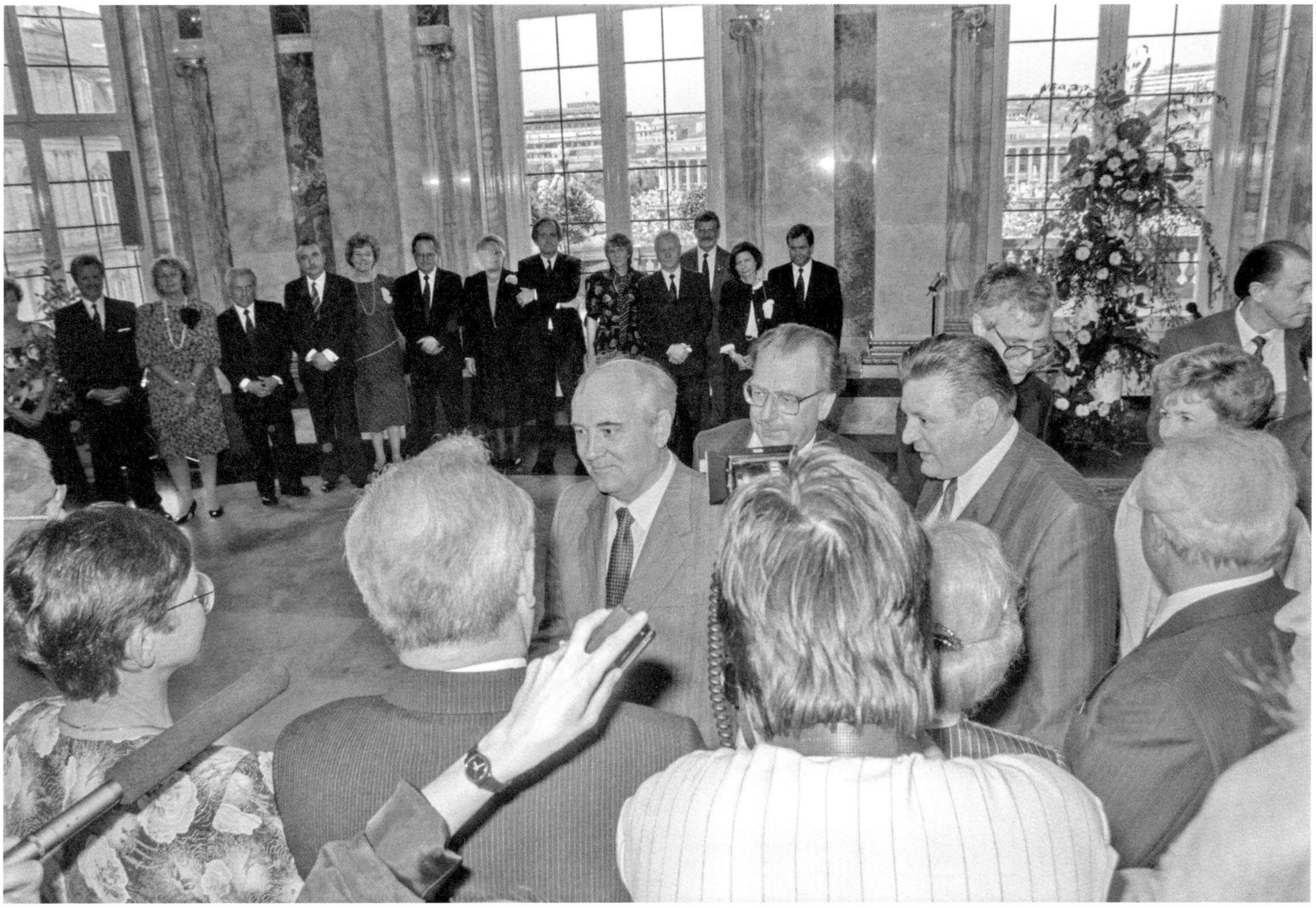

19 Michail Gorbatschow, der Generalsekretär des Zentralkomitees der Kommunistischen Partei der Sowjetunion, mit Ministerpräsident Lothar Späth vor der versammelten Presse während eines Empfangs im Neuen Schloss in Stuttgart. 14. Juni 1989

20 Jubelnde Menge vor dem Neuen Schloss bei der Ankunft von Michail Gorbatschow. 14. Juni 1989

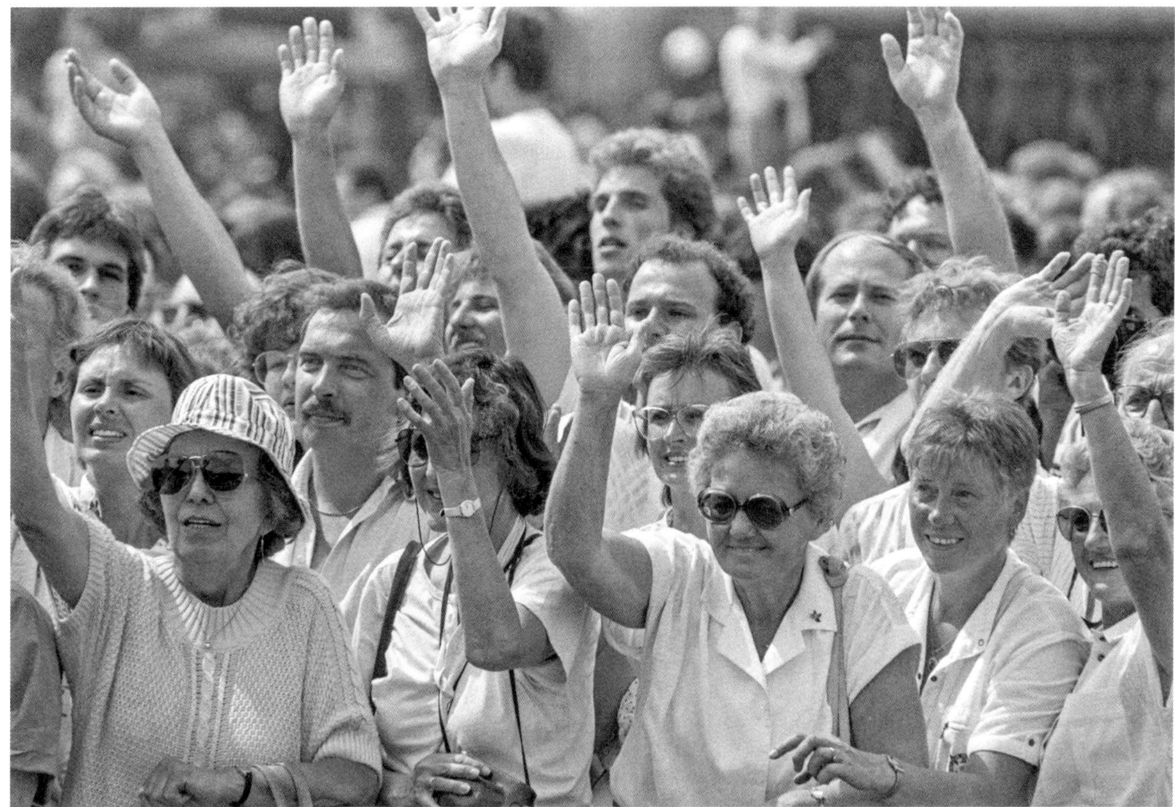

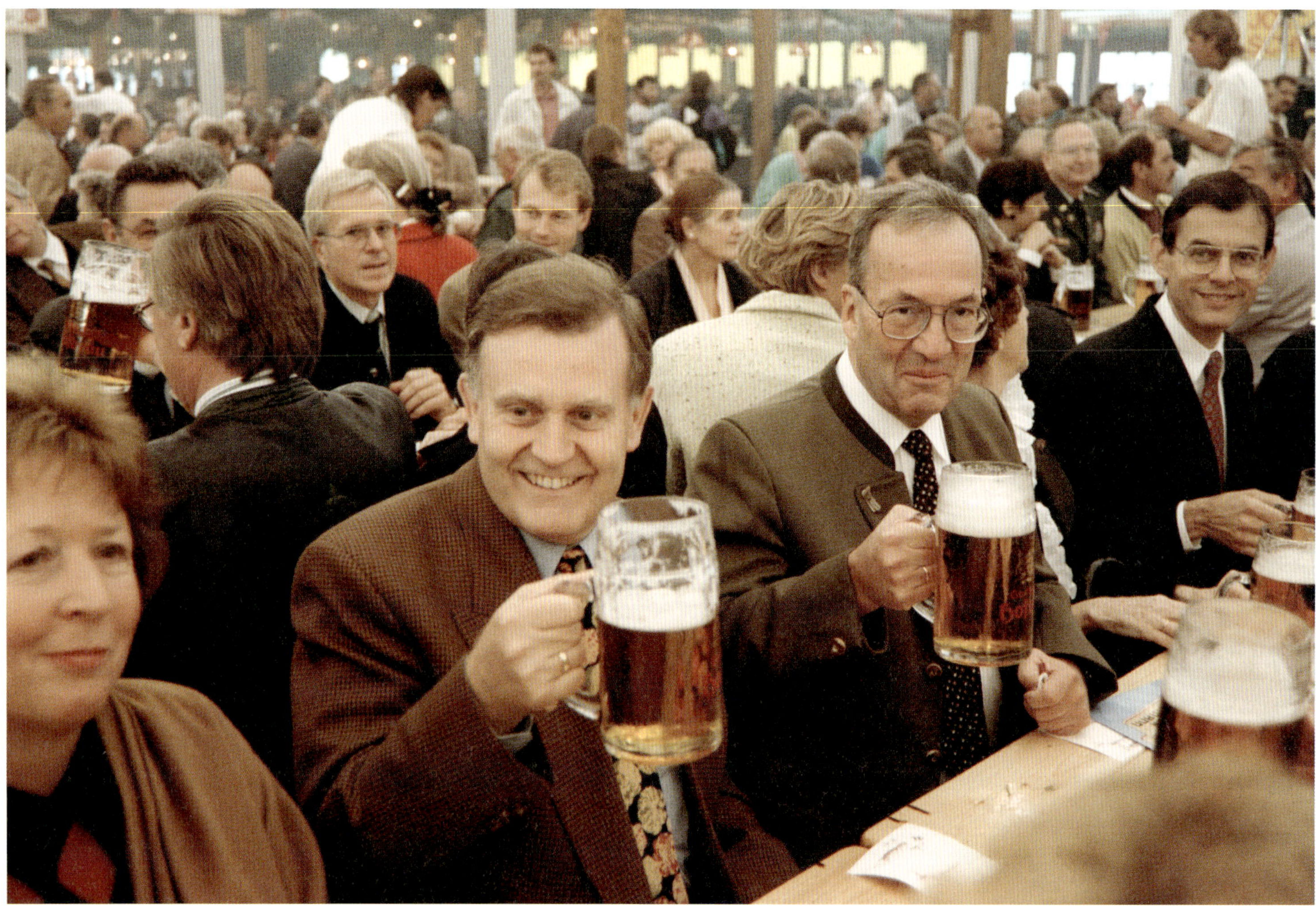

21 Bierzeltbesuch von Ministerpräsident Erwin Teufel mit Ehefrau Edeltraud und dem Stuttgarter Oberbürgermeister Manfred Rommel anlässlich der Eröffnung des Cannstatter Volksfestes. 28. September 1991

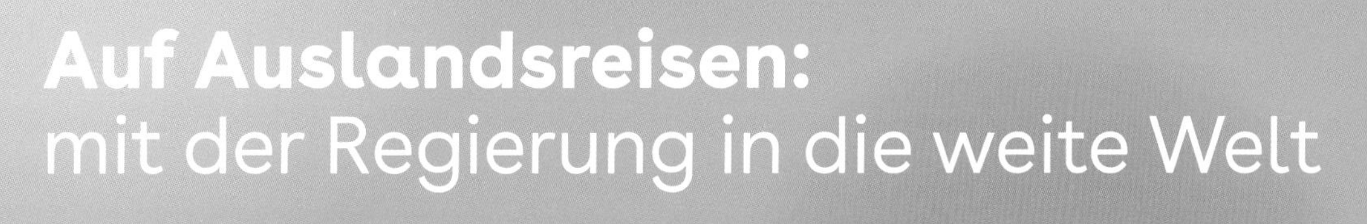

Auf Auslandsreisen: mit der Regierung in die weite Welt

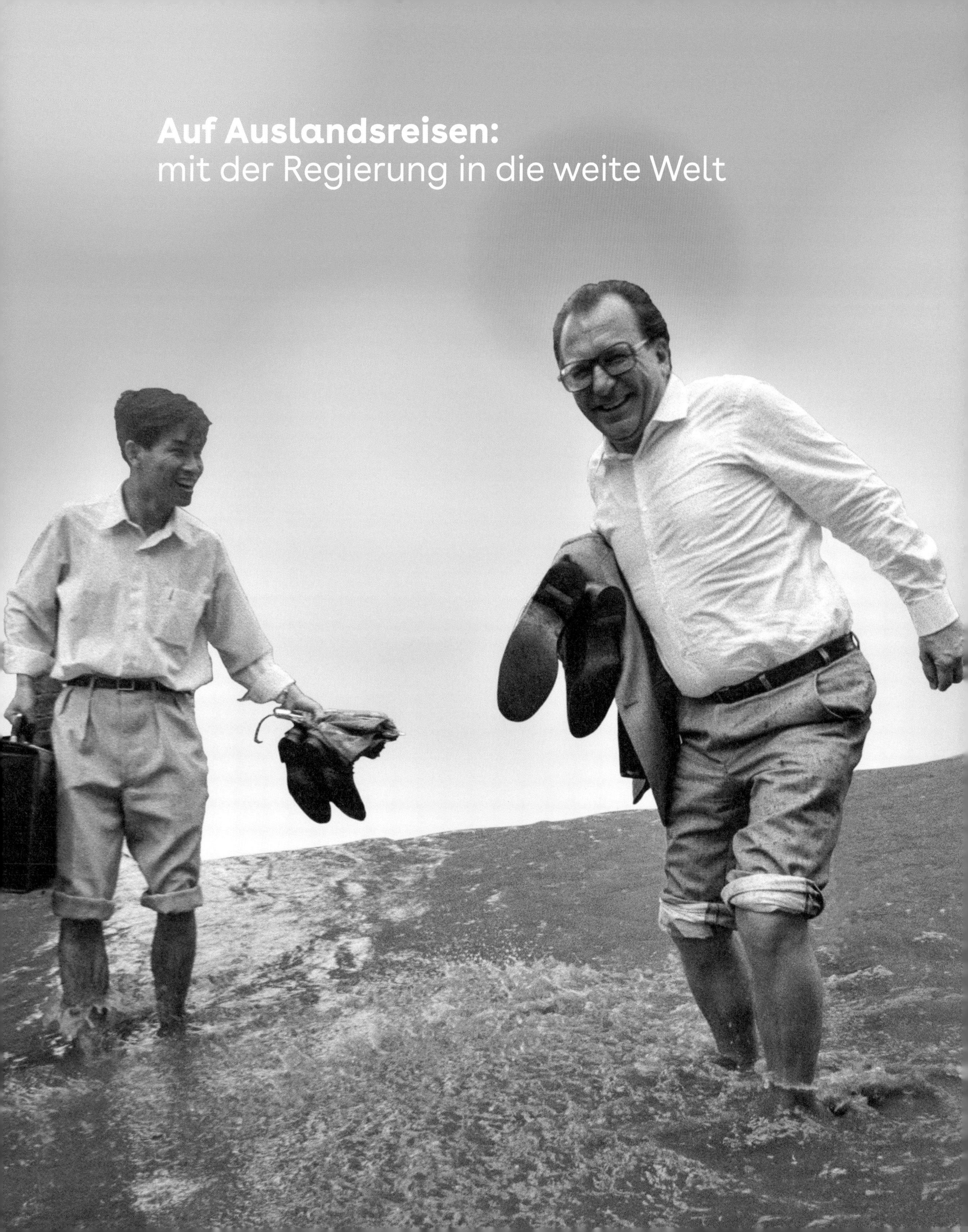

Burghard Hüdig hat viel gesehen von der Welt. Mit seiner Kamera begleitete der Bildjournalist und Fotokorrespondent die Großen der baden-württembergischen Politik, Wirtschaft und Kultur rund um den Globus. Mit Professionalität und Seriosität rückte er die Ministerpräsidenten Hans Filbinger und Lothar Späth bei ihren Auslandsreisen ins rechte Licht – ob auf dem Roten Platz in Moskau, an der Christusstatue in Rio de Janeiro, auf einem Fahrrad in Shanghai, auf der Chinesischen Mauer oder bei einer Bootsfahrt auf dem Bosporus. Dabei erlebte er nicht nur große und kleine Politik, sondern auch Landschaften, Kultur und Menschen hautnah. Hüdig nutzte die Gelegenheit und fertigte neben den offiziellen Empfängen, Besichtigungen und Fototerminen umfangreiche Detailstudien der Menschen, wobei er sich vom fernen China besonders in den Bann ziehen ließ. Im März 1977, als er mit Ministerpräsident Hans Filbinger zum ersten Mal das Flugzeug nach Peking bestieg, hatte die Öffnung der Volksrepublik gerade begonnen, und China war für viele ein noch fremdes und geheimnisvolles Land. Weitere Reisen ins Reich der Mitte folgten 1979, 1981 und 1985.

Die faszinierende Fotoausbeute der ersten Chinareise veröffentlichte Hüdig noch 1977 in zwei Bildbänden beim Verlag Günter Rüber: *Mit Filbinger im Reich der Mitte. Reisebilder aus China* und zusammen mit dem China-Kenner Klaus Mehnert *China heute*. 1980 erschien der Bildbericht *Zwischen Hoffnung und Skepsis. Mit Bischof Moser in China*, in dem Hüdig die Begegnungen des Rottenburger Bischofs Dr. Georg Moser mit chinesischen Christen in den Blick nahm. Als Ergebnis der Reisen entstanden auch Fotoausstellungen, in denen der Bildjournalist sein künstlerisches Schaffen präsentierte.

Mit Lothar Späth bekam der exportorientierte Südweststaat einen reisefreudigen Regierungschef, der als *Eroberer im Geschäftsanzug* – so seine Biografin Marlis Prinzing – durch die Welt reiste.

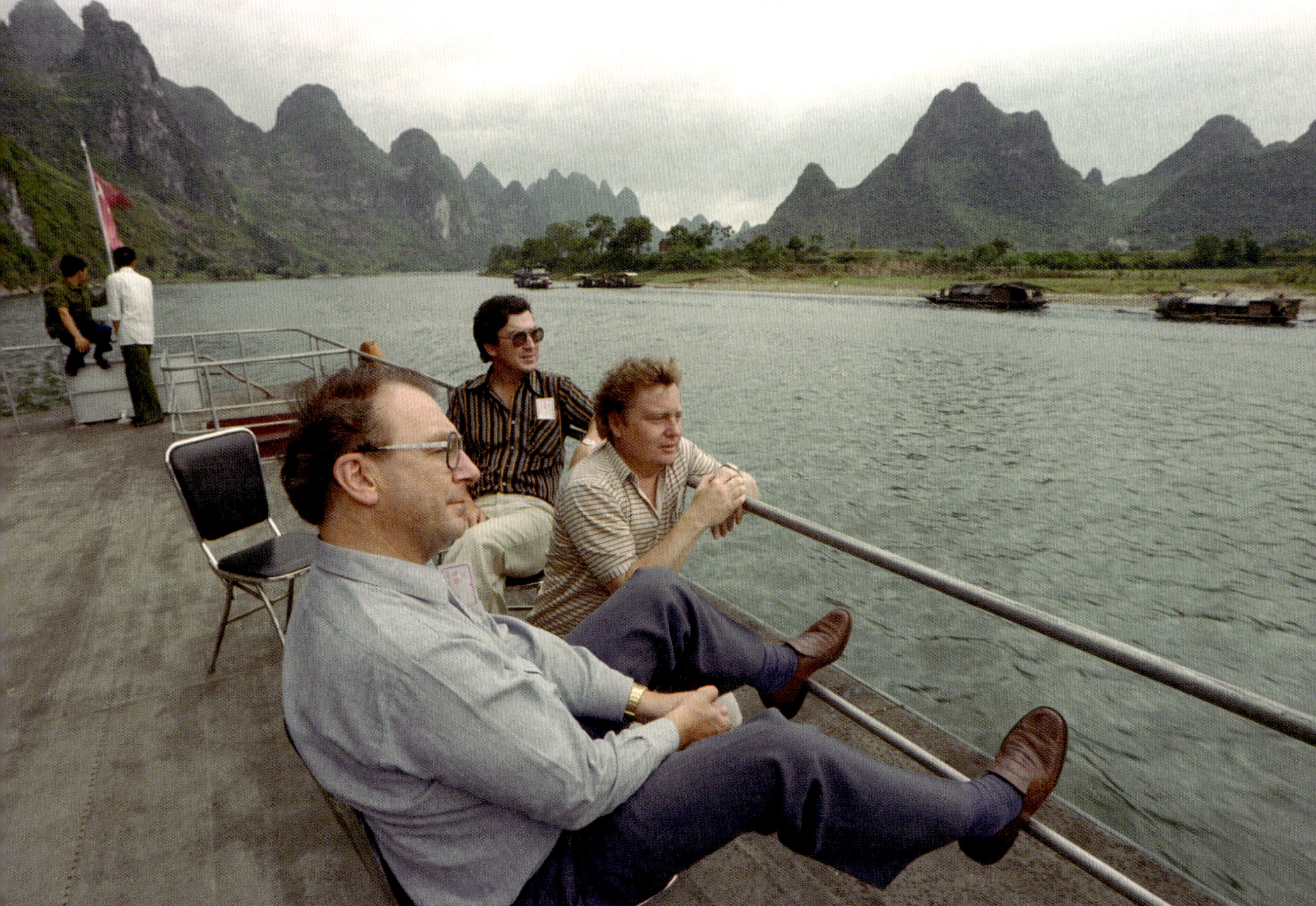

1 Kurzes Durchatmen zwischen politischen Verpflichtungen: Flussfahrt auf dem Li-jiang bei Guilin mit Kalkstein-Karsthügeln im Hintergrund.
Juni 1981

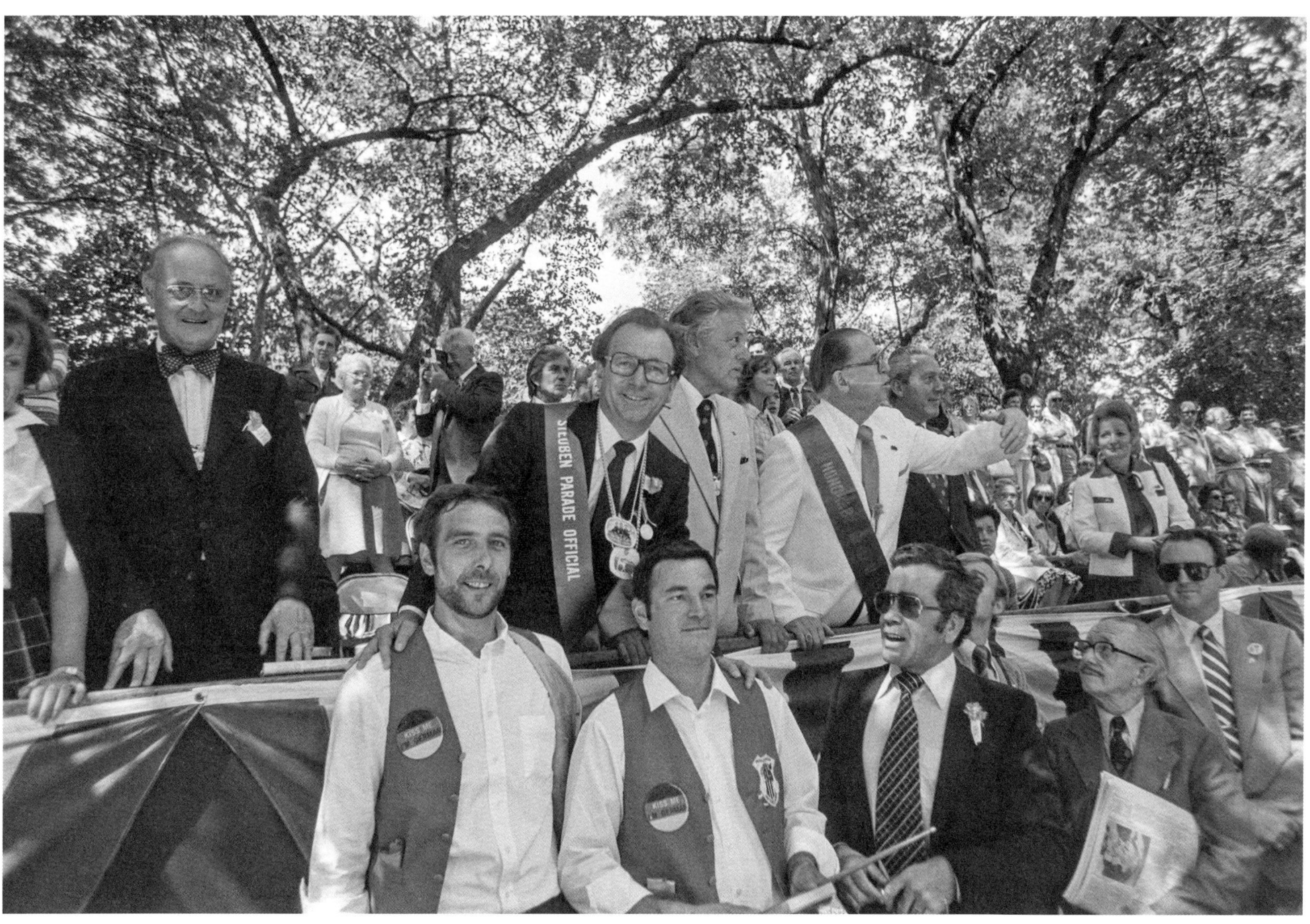

2 Deutsche Traditionen jenseits des Atlantik: Lothar Späth als Ehrengast bei der Steubenparade auf der 5th Avenue in New York. 15. September 1979

Er bemühte sich um die Vertiefung der wirtschaftlichen Beziehungen, stellte Baden-Württemberg als Partner für Investitionen vor, knüpfte neue Handelsbeziehungen, sammelte Eindrücke und Erfahrungen, um die Geschäfte der mittelständischen Unternehmen des Landes zu fördern. Er war fasziniert von den asiatischen Wachstumsregionen, strebte nach neuen Anknüpfungspunkten in Osteuropa und suchte nach Absatzmärkten in Lateinamerika. Das Handelsblatt schrieb 1986 *Baden-Württembergs Ministerpräsident Lothar Späth hegt und pflegt die außenwirtschaftlichen Kontakte und Kontrakte seines Bundeslandes mit Reisen in Länder, die neue Märkte eröffnen und selbst vom deutschen Wirtschaftsengagement entwicklungsmäßig profitieren.* Seine Delegationen bestanden nicht nur aus Firmenchefs und Unternehmern, sondern auch aus namhaften Vertretern der Wissenschaft und Kultur, um eine möglichst breite Palette der gesellschaftlichen Wirklichkeit abzubilden. So reiste Späth 1980 zu einem Informationsbesuch nach London, um einen Einblick in die britische Rundfunk- und Fernsehlandschaft zu erhalten. Bereits ein Jahr zuvor war er in Begleitung von Kommunikationsfachleuten in den USA gewesen, um sich dort über das amerikanische Mediensystem zu unterrichten.

1979 reiste Lothar Späth zum ersten Mal nach China. Er knüpfte partnerschaftliche Beziehungen zu der industriereichen Provinz Liaoning, die bis heute andauern. Die dort ausgehandelte baden-württembergische Industrieausstellung wurde zwei Jahre später in einer neu renovierten Messehalle in der Hauptstadt Shenyang realisiert und feierlich eröffnet. Begleitet von einer 70-köpfigen Delegation wurde Späth bei seinem dritten Chinabesuch im September 1985 die Ehre zuteil, als erster westlicher Politiker in der *Großen Halle des Volkes* sprechen zu dürfen. Bei dieser Reise entstand auch das durch mehrere große Zeitungen verbreitete Foto, das Lothar Späth zur morgendlichen Rushhour radelnd inmitten von chinesischen Werktätigen in Shanghai zeigt. Die Idee stammte von Burghard Hüdig, der immer auf der Suche nach

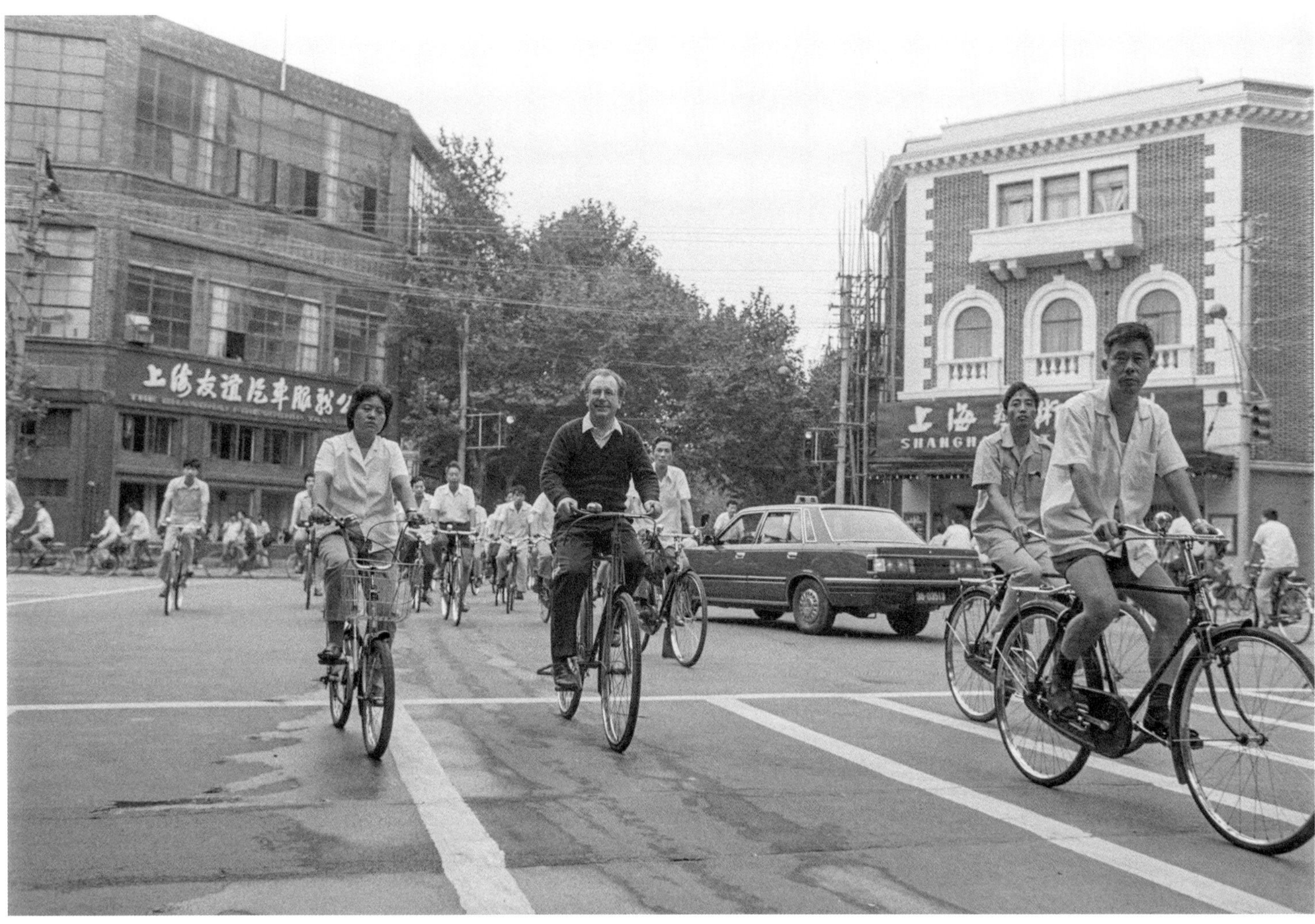

3 Lothar Späths berühmte Fahrradfahrt durch Shanghai.
September 1985

außergewöhnlichen und exklusiven Fotomotiven war. Mit seiner Bitte nach einem Fahrrad für den Ministerpräsidenten hatte er im 5-Sterne-Hotel für ungläubige Blicke gesorgt.

Bereits im Frühjahr desselben Jahres hatte Späth der UdSSR einen Besuch abgestattet, die mit dem neu gewählten Generalsekretär Michail Gorbatschow einen neuen Kurs einschlug. Diese Umbruchzeit erlebte Burghard Hüdig hautnah mit, war er doch auf vielen Auslandsreisen Mitglied in Späths Delegation. Den politischen und gesellschaftlichen Wandel erfuhr er auch in Ungarn, das 1989 auf dem Reiseprogramm stand.

Neben den großen, oft zweiwöchigen Reisen ins ferne Asien oder nach Amerika standen selbstverständlich auch kürzere Besuche in europäischen Ländern in Burghard Hüdigs Terminkalender. So begleitete er Lothar Späth nach Rotterdam (1980), Rumänien (1981), Paris (1983), Norwegen (1985) sowie Portugal und Spanien (1988).

Im Vorfeld der Reisen wurden die Teilnehmer mit umfassenden Informationen über Land und Leute ausgestattet. Von der Ostasienreise 1981 sind protokollarische Hinweise für die Volksrepublik China in Burghard Hüdigs Nachlass überliefert, in denen über landestypische Besonderheiten aufgeklärt wurde. Man erfuhr schon vorab, dass der Besucher mit einem *an höflicher Gastfreundschaft und strikter hierarchischer Wahrnehmung ausgerichteten Protokoll* empfangen werde, dass ein kompaktes Besuchsprogramm *minuziöse Pünktlichkeit aller Delegationsteilnehmer* voraussetze und dass *eine gute physische Verfassung von Nutzen sei, da sich wegen des vollgepackten Programms manchmal schnell Erschöpfungserscheinungen einstellten*. Geradezu warnend wurde vermerkt, dass zu offiziellen Essen der berühmte, über 60-prozentige Mao Tai gereicht werde, *dessen Durchschlagskraft Trinkfestigkeit erfordert*. Eduard Adorno, Minister für Bundesangelegenheiten, hatte bereits zwei Jahre zuvor notiert: *Der stellvertretende Vorsitzende des Revolutionskomitees der Provinz* [Liaoning] *gab für uns im Gästehaus ein Abendessen. Der reichlich eingeschenkte Mao Tai brachte einige von uns ziemlich in Fahrt.*

Wie gründlich Reisen ins Reich der Mitte organisiert wurden, ergibt sich aus den Unterlagen, die Burghard Hüdig zur Vorbereitung der Chinareise 1985 vom zuständigen Reisebüro erhielt. Neben Flugschein und Kofferanhänger fanden sich darin auch *Ess-Stäbchen mit Gebrauchsanweisung zur ersten Übung zuhause*. Eine Checkliste sollte dafür sorgen, dass folgendes Reisezubehör nicht vergessen wurde: Leichter Hut oder Mütze, Briefpapier, Brille (Ersatz), Brustbeutel, Kofferschlüssel, Kugelschreiber, Nähzeug, Papiertaschentücher, Reiseapotheke, Fleckentferner, Selbstklebeband, Sicherheitsnadeln, Schere, Taschenmesser, Rasierapparat und Adapter, Fotogeräte, Filme, Blitzlicht, Visitenkarten und kleine Geschenke, die laut Beschreibung *speziell in der VR China oft Wunder wirken*.

Wenn ein Ministerpräsident ins Ausland reist, wird er von einem riesigen Tross begleitet. Die Zusammensetzung der Delegation sowie die Anzahl der Delegationsmitglieder richtet sich nach dem thematischen Fokus der Reise. Einige von Hüdig dokumentierte Reisen enthalten dazu ausführliche Informationen, wie beispielsweise die 1986 unternommene Fahrt in die Türkei: Unter den insgesamt 43 Teilnehmern waren acht Mitglieder der Landesregierung, 14 Wirtschaftsvertreter, drei Angehörige der Wissenschaft (Universitäten) und 18 Vertreter öffentlicher Medien. Dazu zählten Reporter, Kameraleute und Tontechniker des ZDF, des Südwestfunks und des Süddeutschen Rundfunks, Vertreter von Nachrichtenagenturen sowie Redakteure der Bild-Zeitung, der Stuttgarter Zeitung, der Stuttgarter Nachrichten, des Schwarzwälder Boten, der Badischen Zeitung, des Mannheimer Morgen, der Südwestpresse, des Südkurier und nicht zuletzt der freie Bildjournalist Burghard Hüdig. Selbst bei Reisen mit kleinen Delegationen war der Anteil der Pressevertreter hoch. Unter der etwa 19-köpfigen Delegation, die im November 1980 nach Südamerika aufbrach, befanden sich neben einer Dolmetscherin und einem Sicherheitsbeamten acht Journalisten.

Wie dicht die Termine und Verpflichtungen bei derartigen Auslandsreisen gedrängt waren, hing vom Zweck der Begegnungen, vom Gastgeberland und den jeweiligen bilateralen Beziehungen ab. In

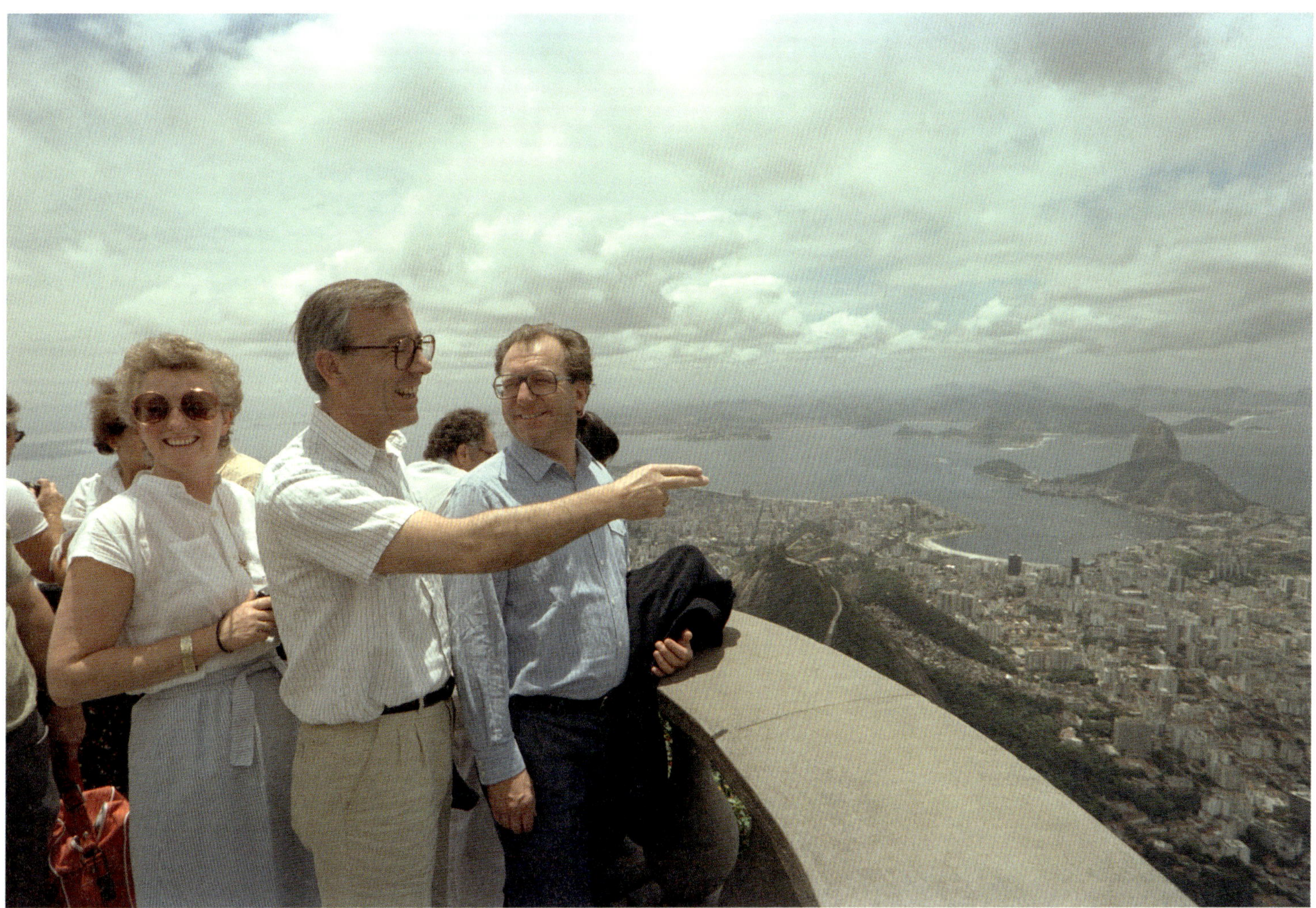

4 Auf dem Corcovado, dem Kegelberg mit der Christusstatue: Lothar Späth genießt den Blick auf die Millionenstadt Rio de Janeiro. 2. November 1980

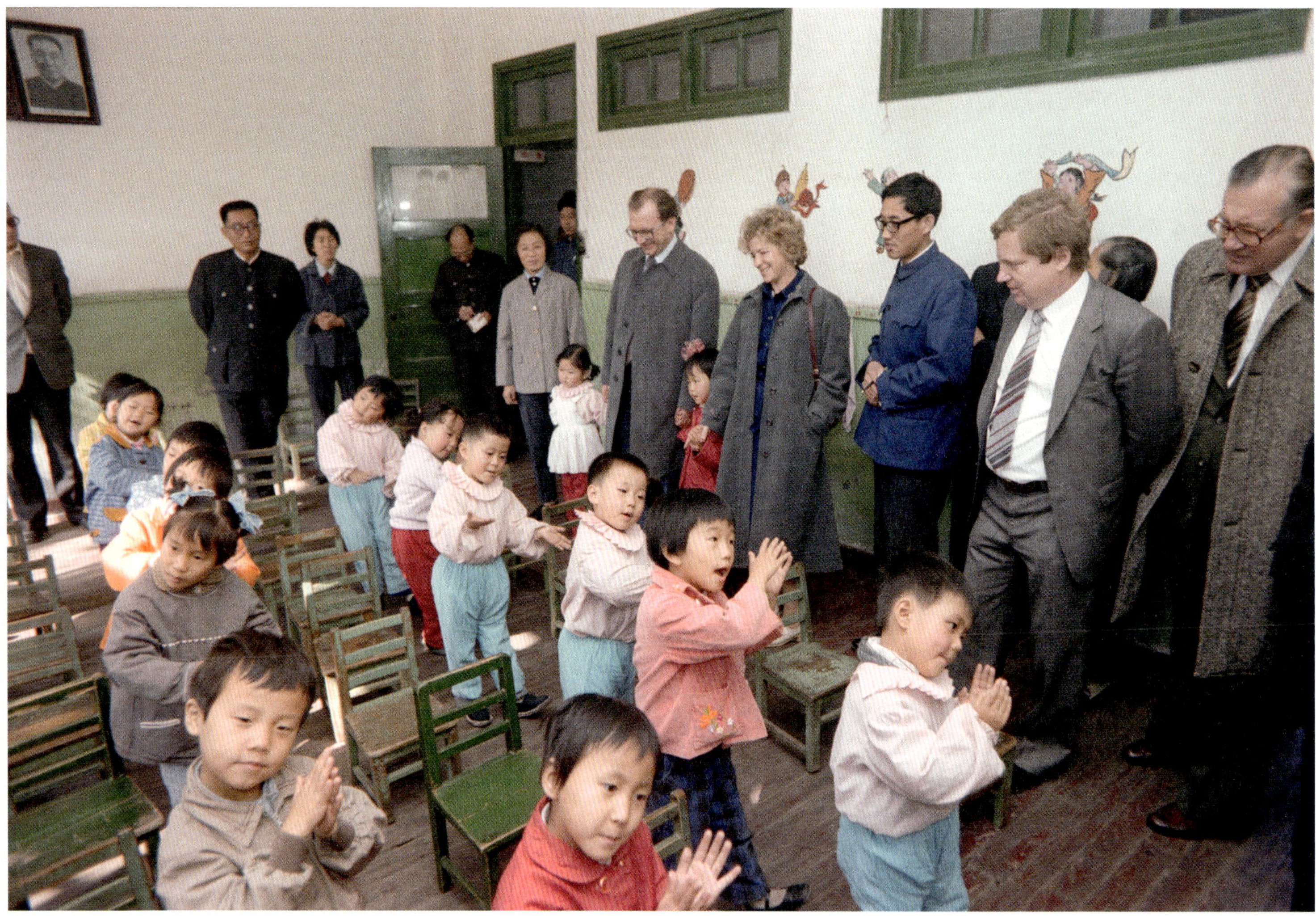

5 Herzliches Willkommen: Lothar und Ursula Späth, Matthias Kleinert und Eduard Adorno (v. l. n. r.) in einem Kindergarten in Shanghai.
5. November 1979

der Regel wurde das Programm im Voraus sorgfältig geplant und koordiniert, um sicherzustellen, dass die Ziele der Reise erreicht und alle notwendigen diplomatischen und protokollarischen Anforderungen erfüllt wurden. Oft wurde für die mitreisenden Delegationsmitglieder und für die Medienvertreter ein Begleitprogramm angeboten. Der Ministerpräsident und der engere Kreis der Delegation hatten einen straffen Zeitplan zu absolvieren:

1. Informationsgespräche mit hochrangigen Regierungsvertretern, wie dem Staatspräsidenten, dem Premierminister oder dem Außenminister,
2. Treffen mit dem Botschafter sowie Vertretern der Industrie, der Kultur und sonstigen Repräsentanten des öffentlichen Lebens,
3. Teilnahme an Banketten und Empfängen,
4. Kulturprogramm: Besuch von Theateraufführungen, Museen, Gedenkstätten,
5. Pressekonferenzen oder sonstige öffentliche Auftritte,
6. Betriebsbesichtigungen und Besuche von Fachmessen.

Das akribisch durchstrukturierte Programm der Chinareise 1979 lässt sich aus der Sicht des Ministers für Bundesangelegenheiten Eduard Adorno nachzeichnen. Nach mehr als 15 Stunden Flugzeit von Stuttgart über Zürich, Belgrad und Teheran landete die Delegation am Nachmittag des 1. November 1979 in Peking. Noch am selben Abend besuchte sie ein Konzert der Berliner Philharmoniker unter der Leitung von Herbert von Karajan, die gerade im Pekinger Sportpalast gastierten. Während des 12-tägigen Aufenthalts führte man ein Gespräch mit Staatsoberhaupt Hua Guofeng, acht Gespräche in Ministerien und Forschungseinrichtungen, ein Gespräch mit deutschen Lehrern und Wissenschaftlern, die in Shanghai tätig waren, sowie Gespräche mit Gewerkschaftern und mit Vertretern der chinesischen Katholisch-Patriotischen Vereinigung. Des Weiteren besuchte die Delegation vier Fabriken, die Industrieausstellung in Shenyang, eine Volkskommune und Arbeitersiedlung, ein Krankenhaus mit medizinischer Hochschule für altchinesische Medizin, die Universität in

Shanghai. Auch wurden kulturelle Veranstaltungen wie die Peking-Oper und eine Akrobatikvorstellung besucht, verschiedene Kulturstätten besichtigt (Kaiserpalast, Himmelspalast, Große Mauer, Ming-Gräber, Sommerpalast, Mao-Mausoleum) sowie eine Hafenrundfahrt in Shanghai unternommen. Darüber hinaus fanden sieben Bankette, drei Begegnungen und Diskussionen mit der Deutschen Botschaft und mit deutschen Korrespondenten statt.

Es sind die politischen Auslandsreisen, die in Hüdigs Werk einen besonderen Stellenwert einnehmen. Stolz erzählte er im Rückblick von den Begegnungen mit ausländischen Potentaten und fremden Kulturen. Die in fernen Weltregionen entstandenen Aufnahmen waren ihm so kostbar, dass er sie in einer Reihe von Bildbänden der Öffentlichkeit nahezubringen suchte.

Anja Stefanidis

6 Im Maul des Drachen: Pressesprecher Matthias Kleinert ist auch während einer China-Reise für einen Spaß zu haben.
November 1980

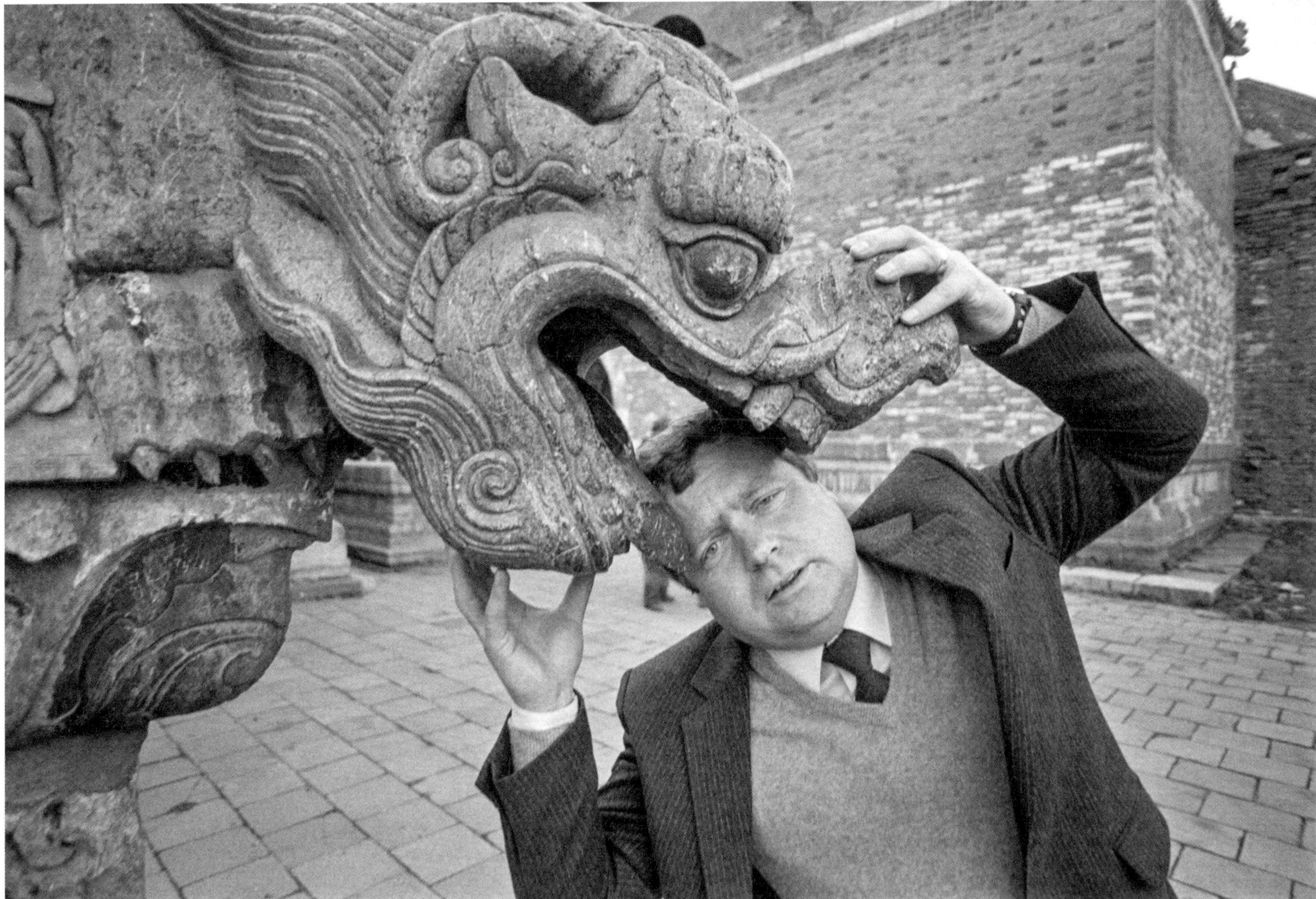

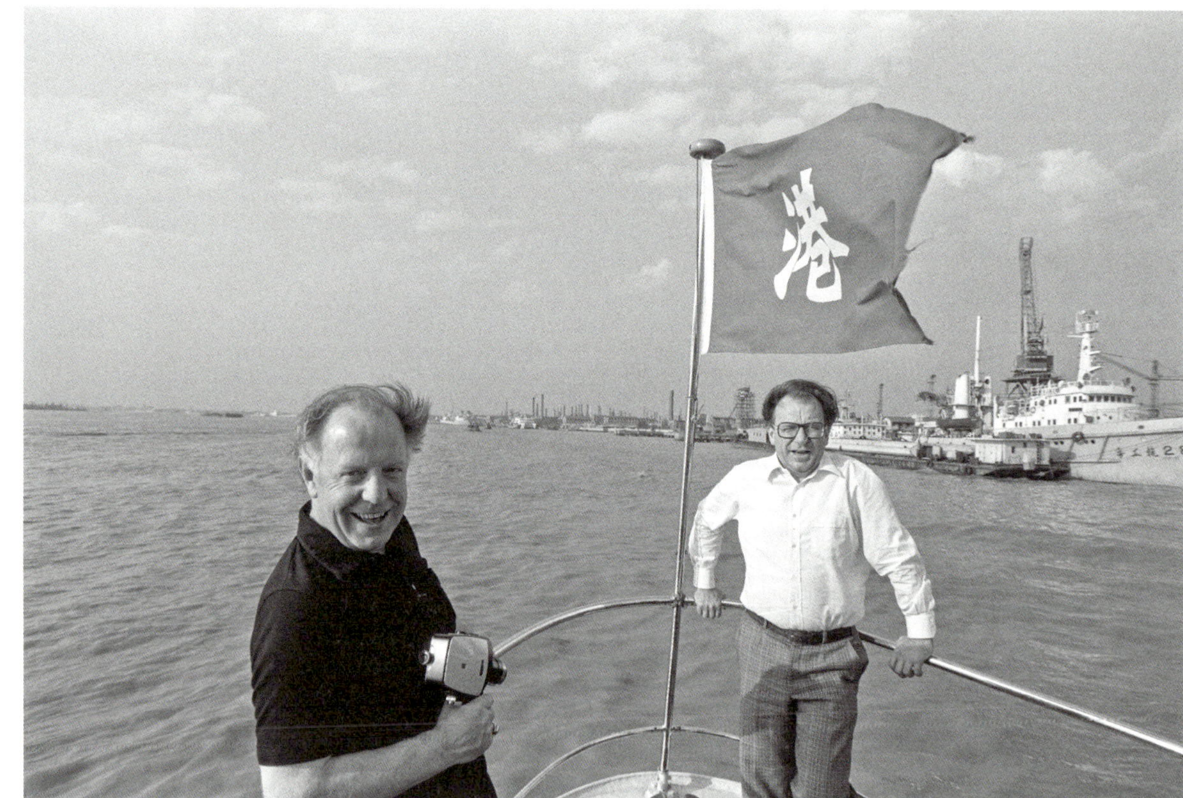

7 In heiterer Reisestimmung: Ministerpräsident Lothar Späth und der Rottenburger Bischof Georg Moser bei einer Hafenrundfahrt in Shanghai.
4. November 1979

8 Gespräch zwischen Lothar Späth und dem argentinischen Staatspräsidenten Jorge Rafael Videla, der von 1976 bis 1981 an der Spitze der argentinischen Militärjunta stand.
November 1980

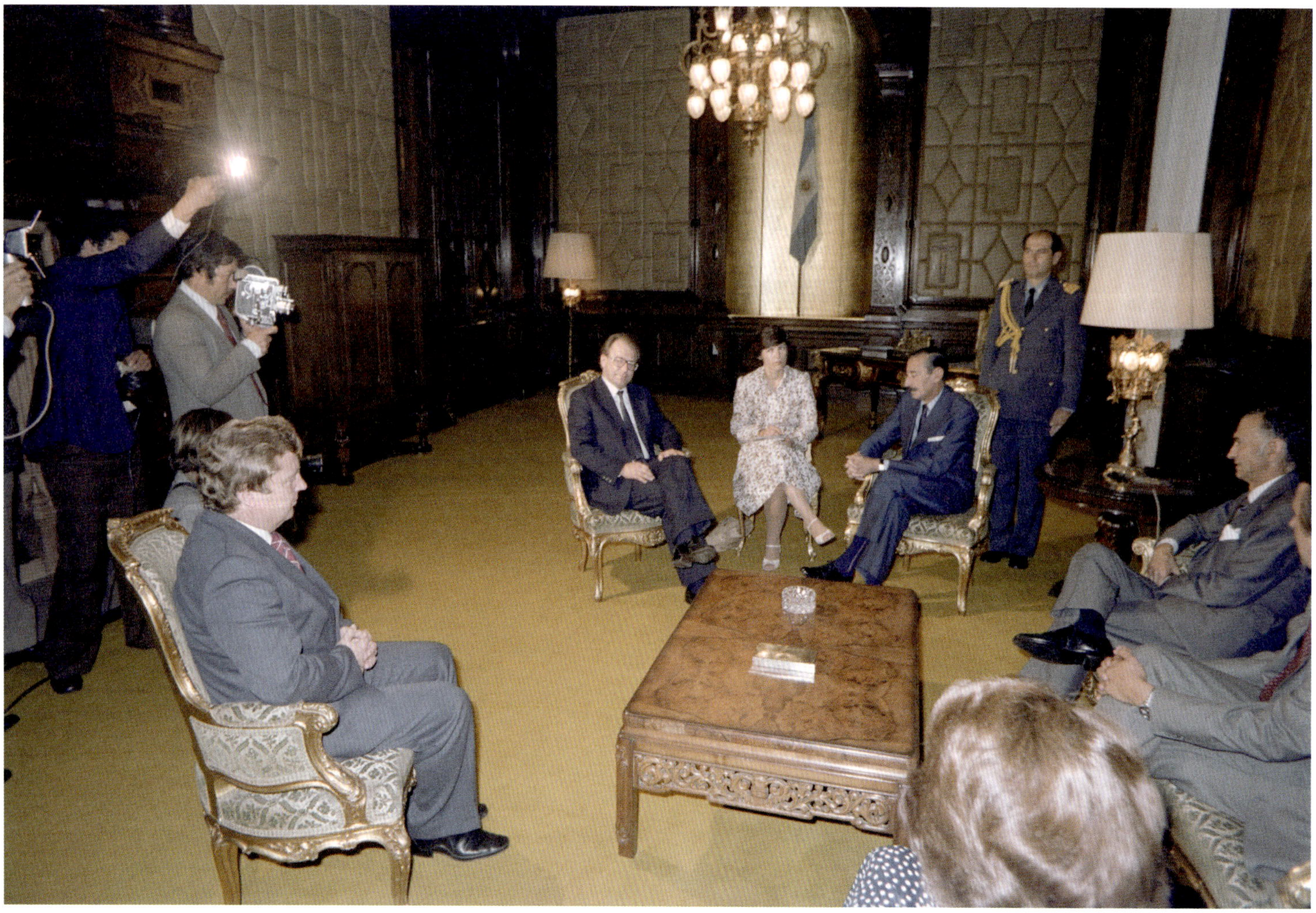

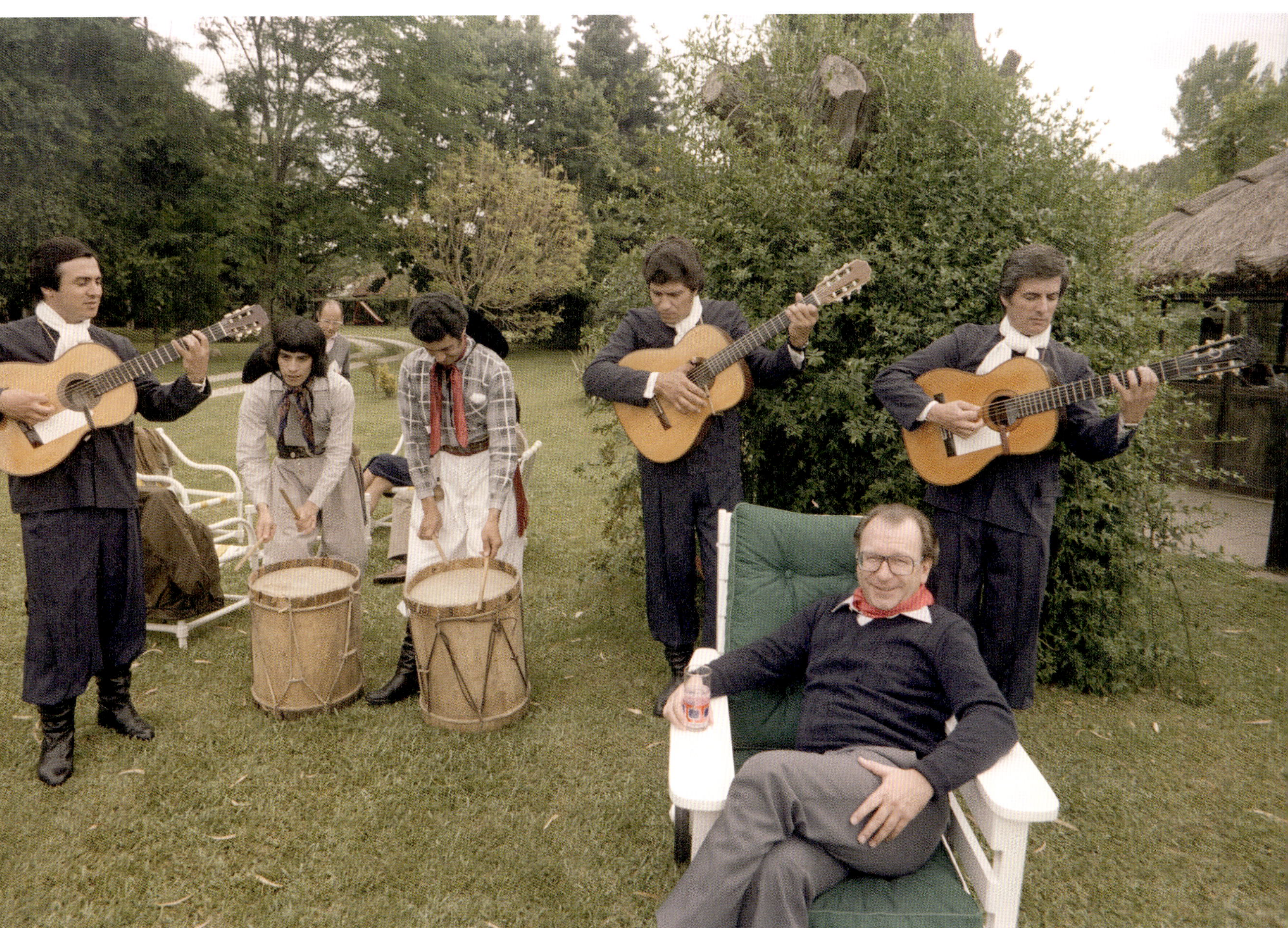

9 Freizeitprogramm für die baden-württembergische Delegation: Teilnahme an einem „Asado" mit folkloristischen Darbietungen auf der Estancia La Dorada in Los Cardales bei Buenos Aires.
9. November 1980

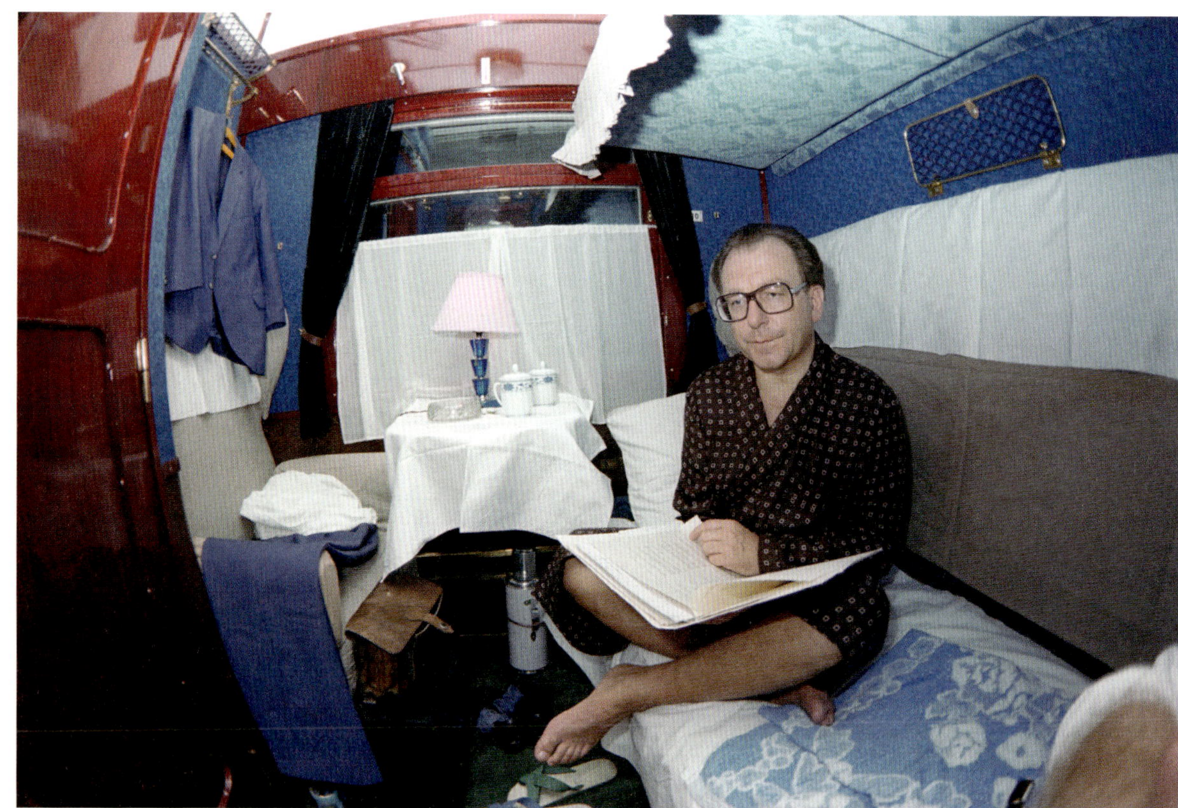

10 „Mobiles Arbeiten" in den 1980er Jahren: Lothar Späth auf der etwa neunstündigen Zugfahrt im Schlafwagen von Peking nach Shenyang. Aufgenommen mit Fischaugenobjektiv.
23. Juni 1981

11 Baden-württembergische Industrieschau in Shenyang: Lothar Späth und Hu Yi-ming, Vizegouverneur der Provinz Liaoning, am Messestand des Ditzinger Werkzeugmaschinenherstellers Trumpf. Rechts Wirtschaftsminister Rudolf Eberle.
Juni 1981

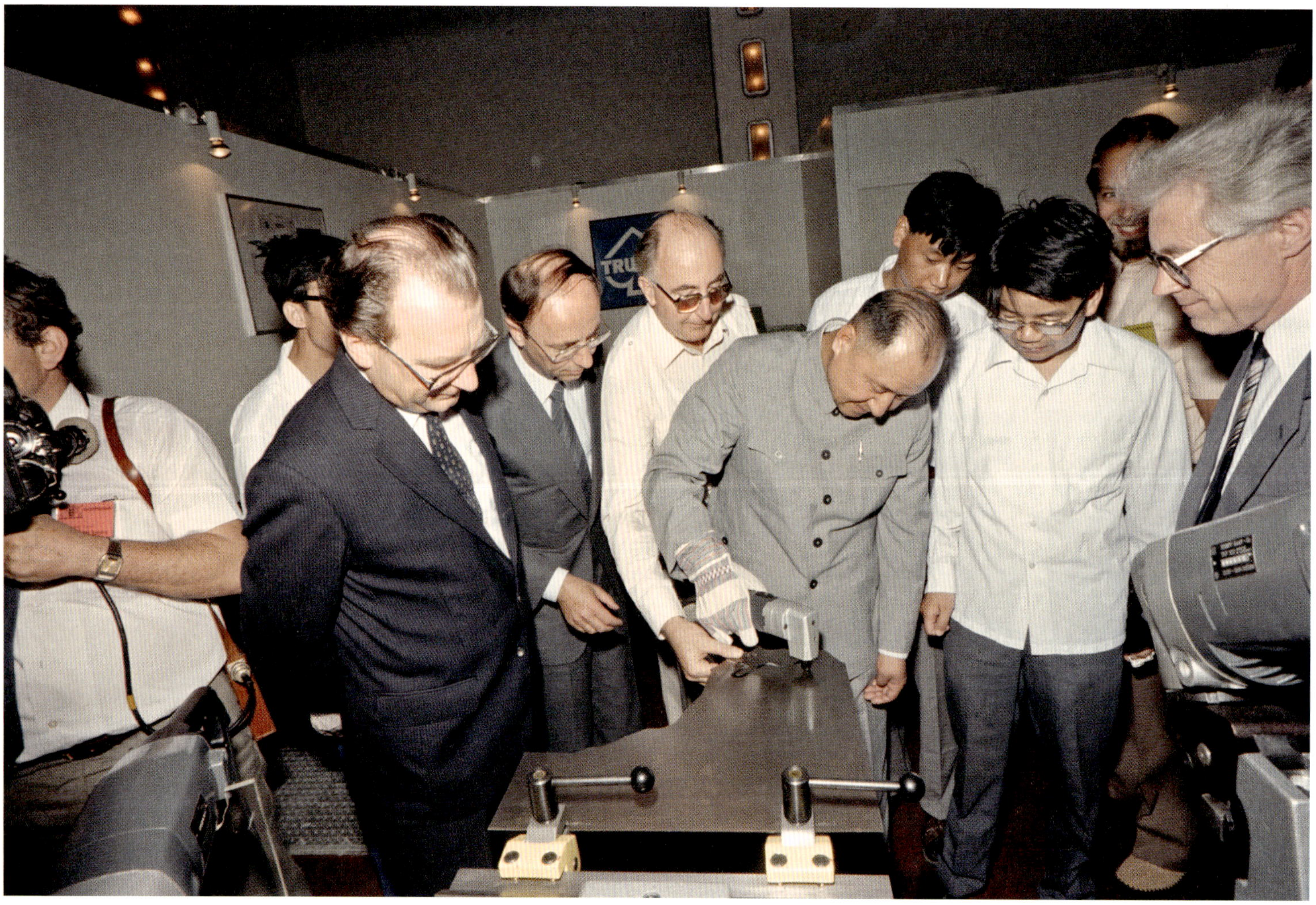

Hans Filbinger im Reich der Mitte

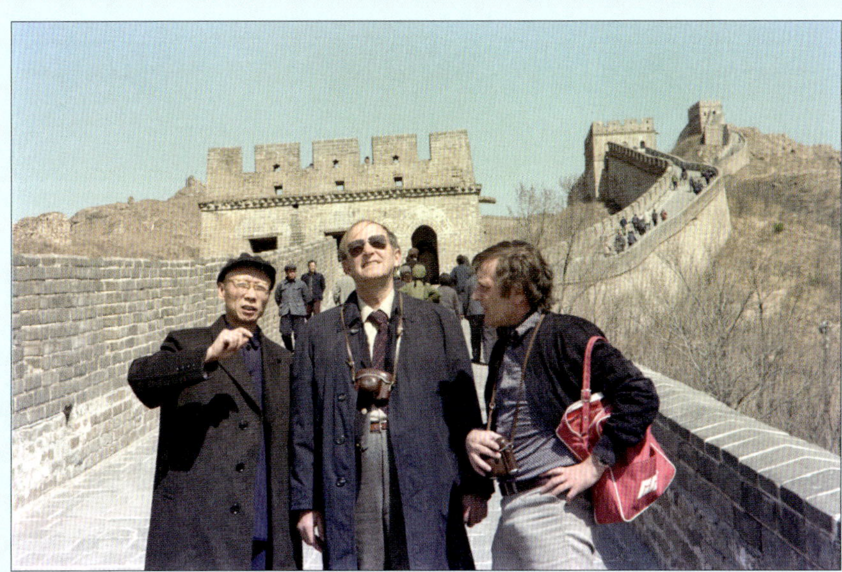

12 Hans Filbinger mit Gerhard Mayer-Vorfelder und einem einheimischen Begleiter beim „Besteigen" der Chinesischen Mauer. 31. März 1977

Nur wenige Monate nach dem Tod Mao Tse-tungs war Baden-Württembergs Landesvater Hans Filbinger in China zu Gast. Am 29. März 1977 reiste er mit einer 17-köpfigen Delegation nach Peking, darunter auch der deutsche Botschafter Erwin Wickert, Filbingers Tochter Susanne, Staatssekretär Gerhard Mayer-Vorfelder, der Tübinger Sinologe Tilemann Grimm, die Publizistin und Indienexpertin Gisela Bonn, der persönliche Referent des Ministerpräsidenten Dirk Gaerte, der Journalist und Chinakenner Klaus Mehnert sowie der Untertürkheimer Bildreporter Burghard Hüdig. Ausgerüstet mit fünf Kameras und über 200 S/W- und Farbfilmen im Gepäck dokumentierte Hüdig Filbingers Gespräche mit dem stellvertretenden Ministerpräsidenten Li Hsien-nien und dem Außenminister Huang Hua. Höhepunkt der Reise war der Empfang durch Hua Guofeng, dem Ministerpräsidenten und Vorsitzenden der Kommunistischen Partei Chinas, in der *Großen Halle des Volkes* in Peking.

Von der chinesischen Hauptstadt Peking führte die Reise in den Südwesten nach Kunming, von dort über Changsa nach Shanghai, mit einem Abstecher nach Soochow, und nach Kanton. Auf dem Sightseeing- und Kulturprogramm standen die Ming-Gräber, die Chinesische Mauer, die Verbotene Stadt, der Himmelstempel in Peking und der Steinwald in Kunming.

Doch die politischen Gespräche und touristischen Entdeckungen fanden ein abruptes Ende. Die Nachricht von der Ermordung des Generalbundesanwalts Siegfried Buback veranlasste Filbinger, die Reise vorzeitig abzubrechen. Am 13. April 1977 flog er zurück nach Deutschland, um am Staatsbegräbnis teilzunehmen. Die verbliebene Delegation reiste mit Eduard Adorno, dem Minister für Bundesangelegenheiten, an der Spitze weiter nach Hongkong und Singapur.

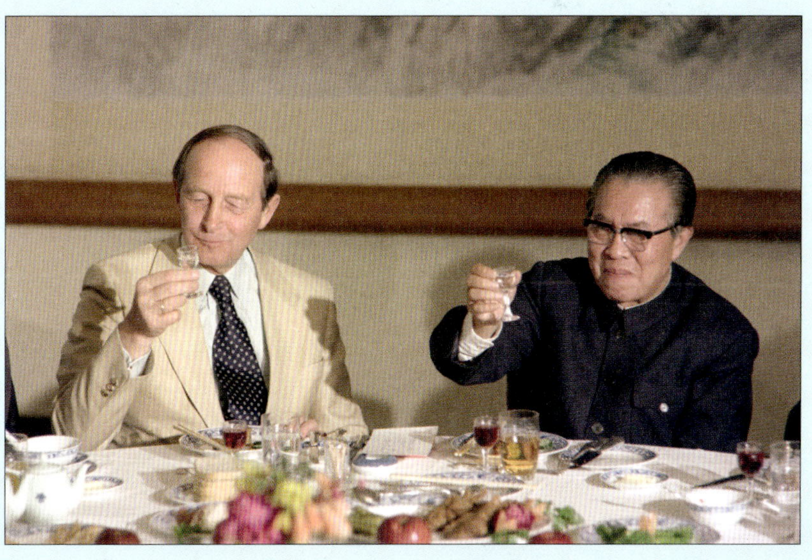

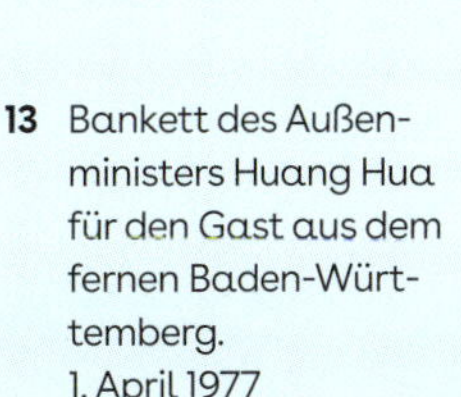

13 Bankett des Außenministers Huang Hua für den Gast aus dem fernen Baden-Württemberg. 1. April 1977

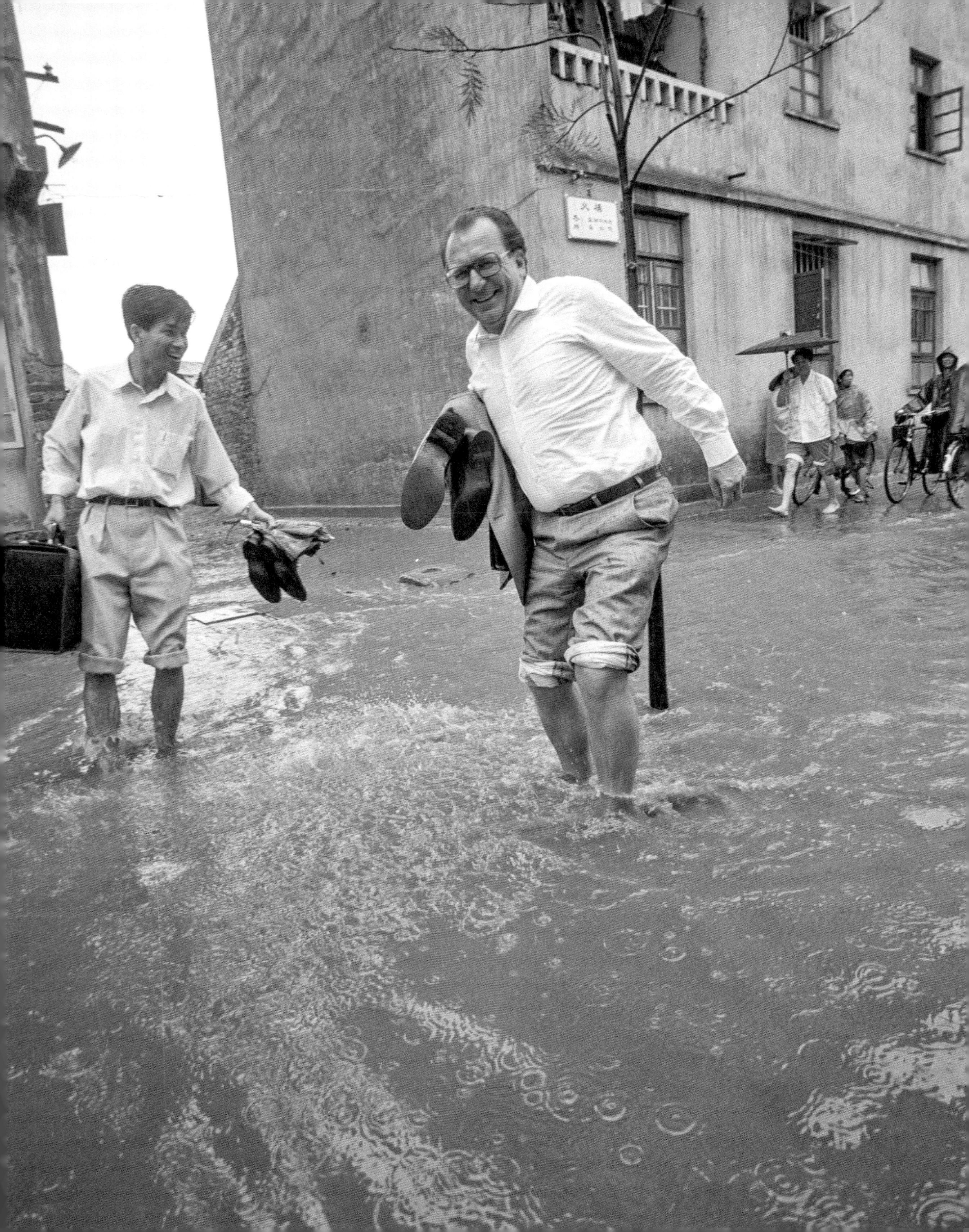

14 Monsun im südchinesischen Guilin: Lothar Späth watet barfuß und in hochgekrempelten Hosen zum Bus der ihn begleitenden Journalisten.
Juni 1981

15 Entspannung in Europa und wirtschaftliche Zusammenarbeit mit Rumänien: Staatspräsident Nicolae Ceaușescu empfängt den stellvertretenden CDU-Bundesvorsitzenden Lothar Späth zu Gesprächen in Bukarest.
11. Dezember 1981

16 Ministerpräsident Lothar Späth in ausgelassener Stimmung im Bukarester Hotel „Flora".
9. Dezember 1981

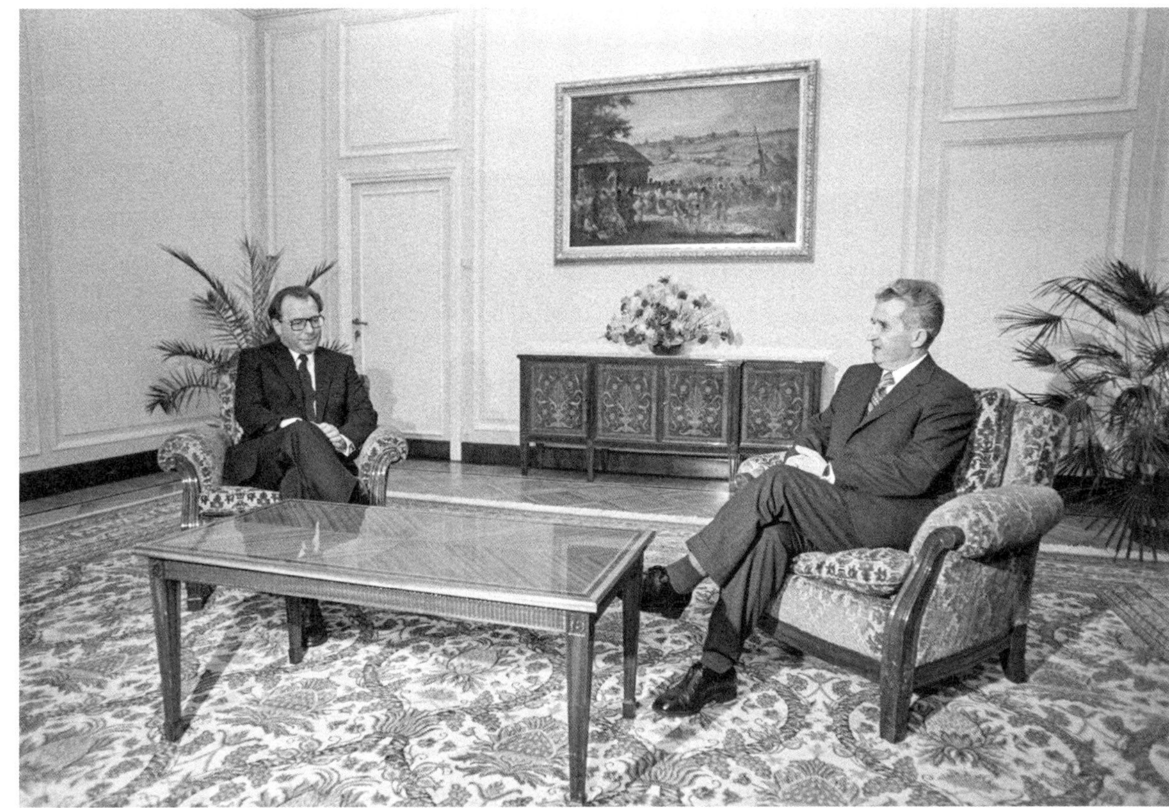

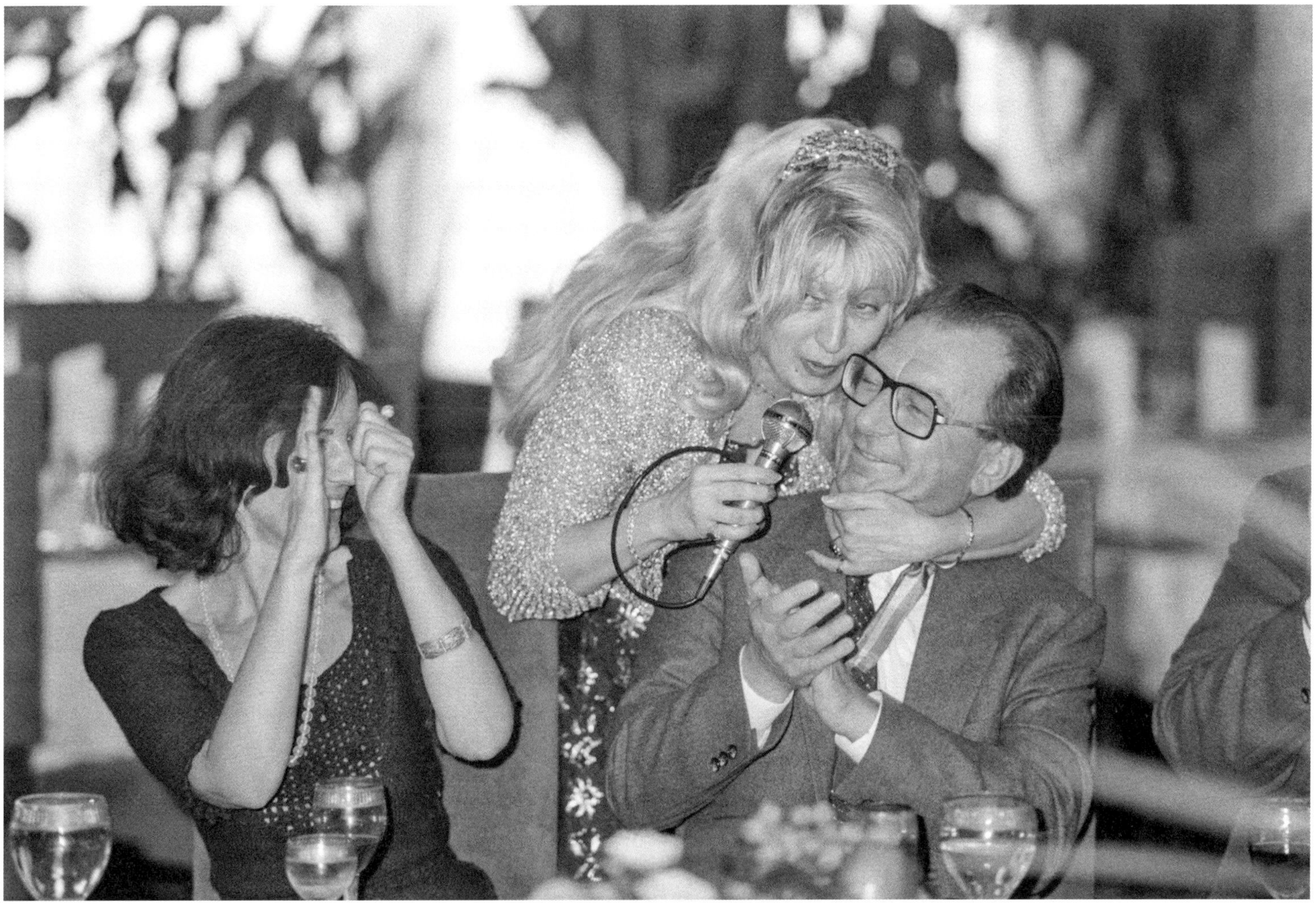

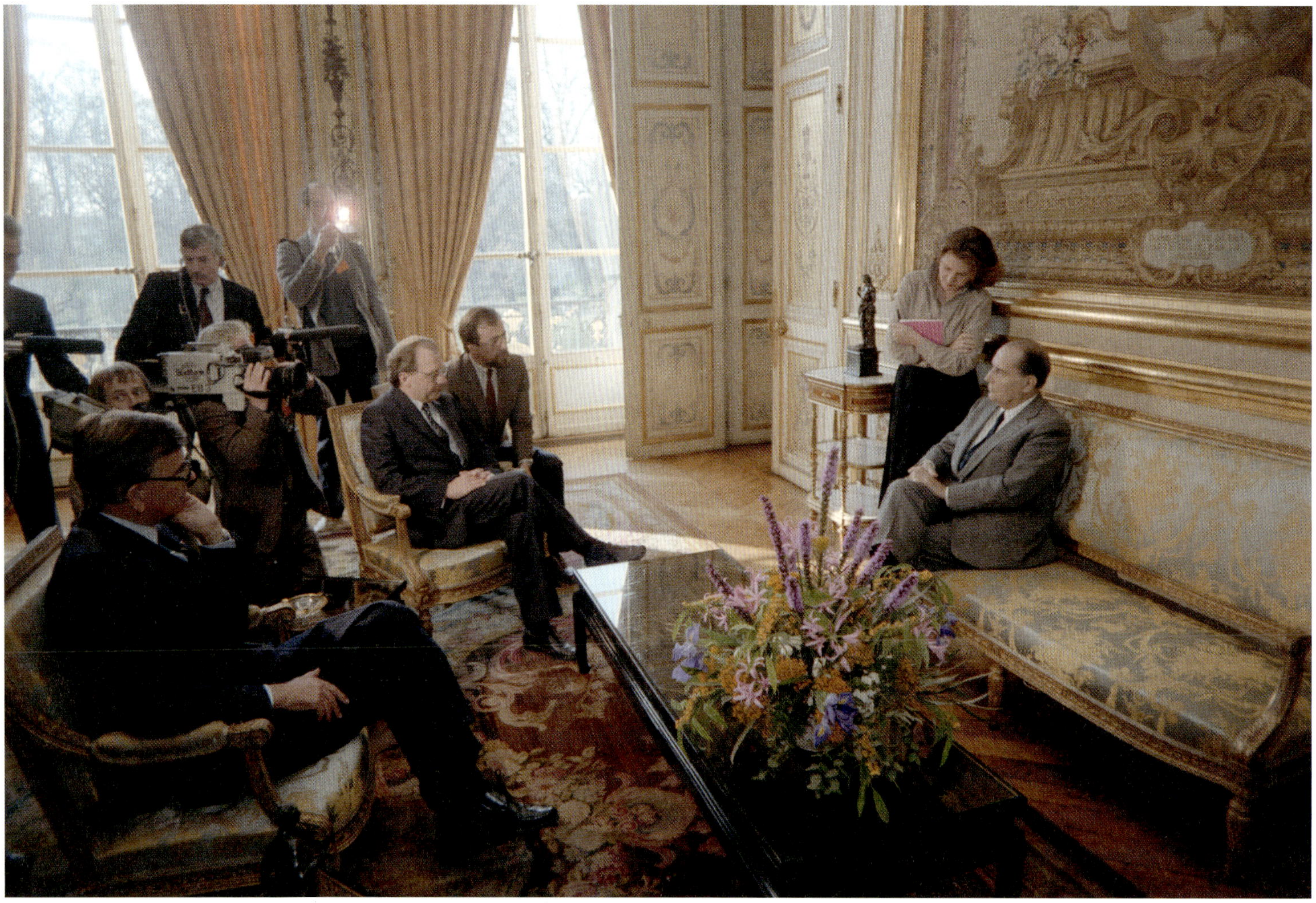

17 Empfang von Ministerpräsident Lothar Späth im Élysée-Palast in Paris durch Staatspräsident François Mitterand. 30. November 1983

18 Informationsaustausch im Freien. Die weitläufige tropische Gartenanlage des Hotels „Rasa Sayang“ in Penang (Malaysia) ließ keine Wünsche offen. Mai 1984

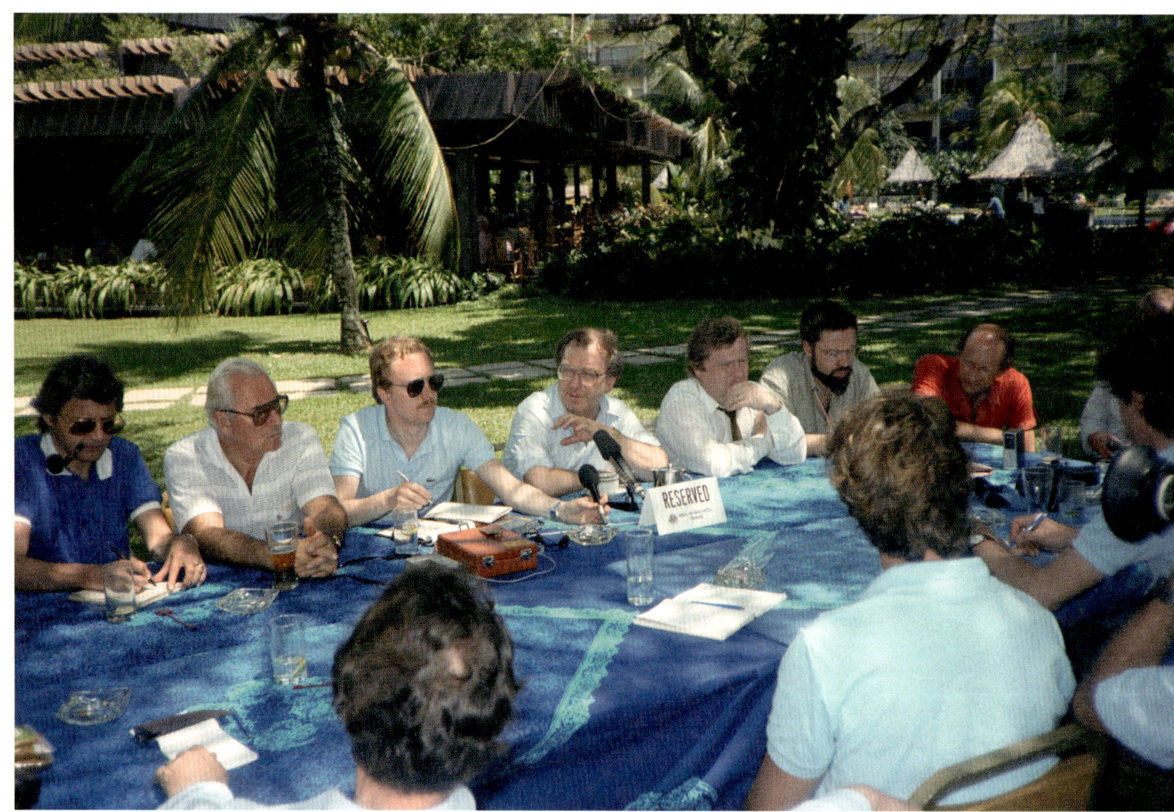

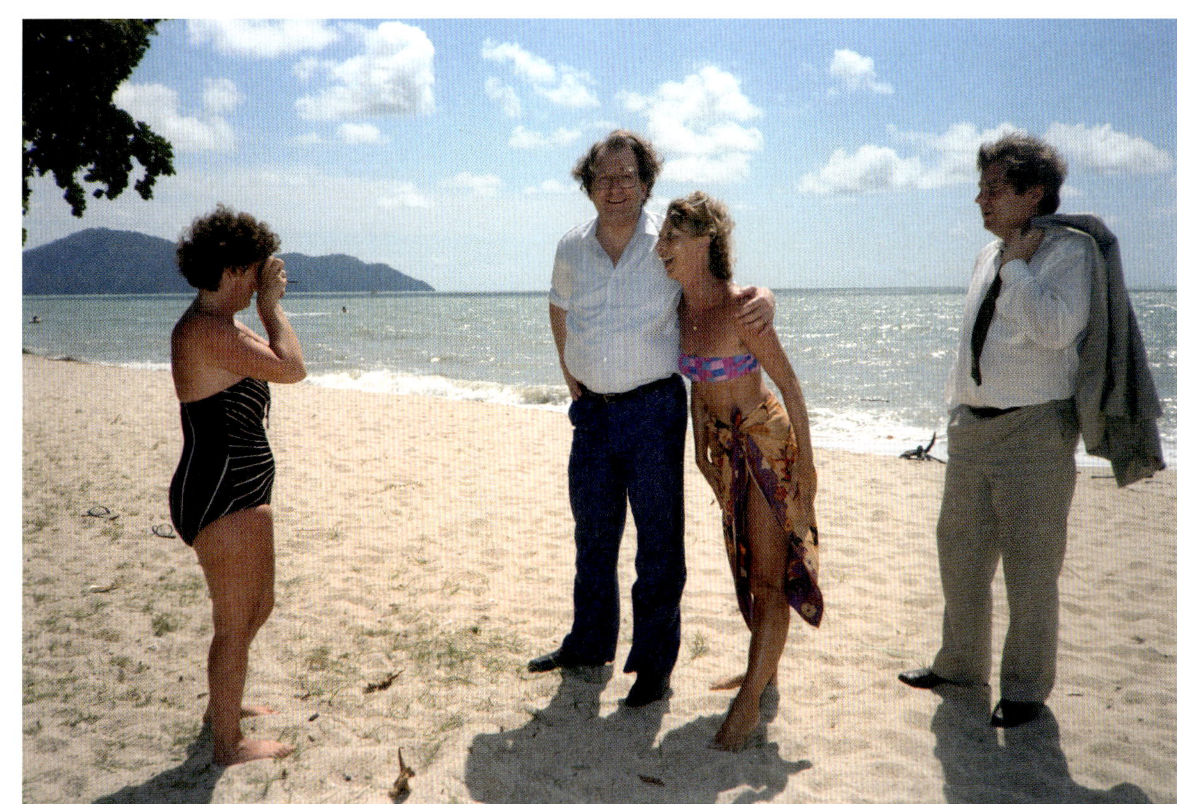

19 Urlaubserinnerung an Malaysia: Ein Foto mit dem prominenten Politiker Lothar Späth (rechts im Bild: Pressesprecher Matthias Kleinert). Mai 1984

20 Bundesratspräsident Lothar Späth in der UdSSR: Idyllische Winteraufnahme vor dem Erlöser-Euthymios-Kloster in Susdal. März 1985

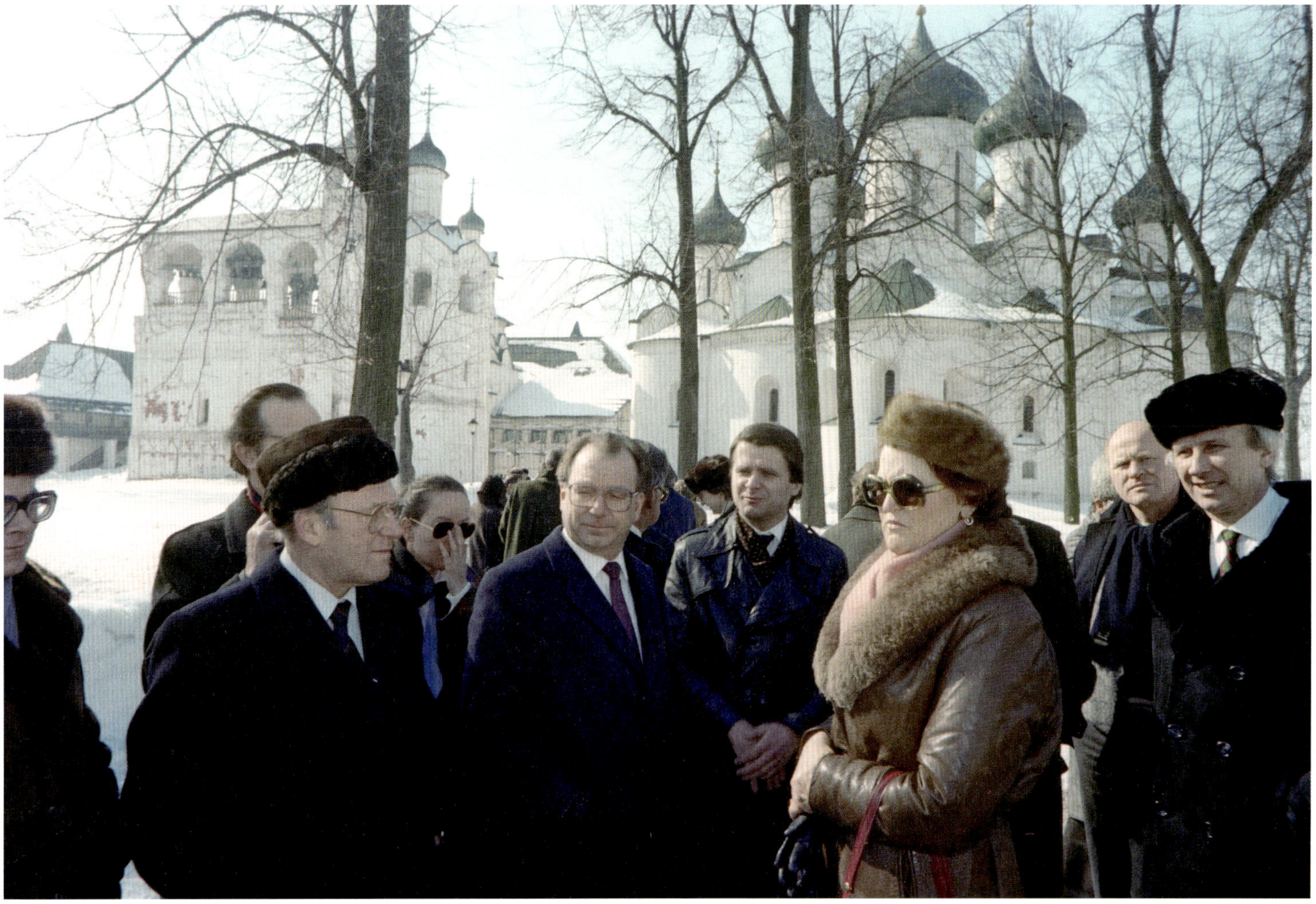

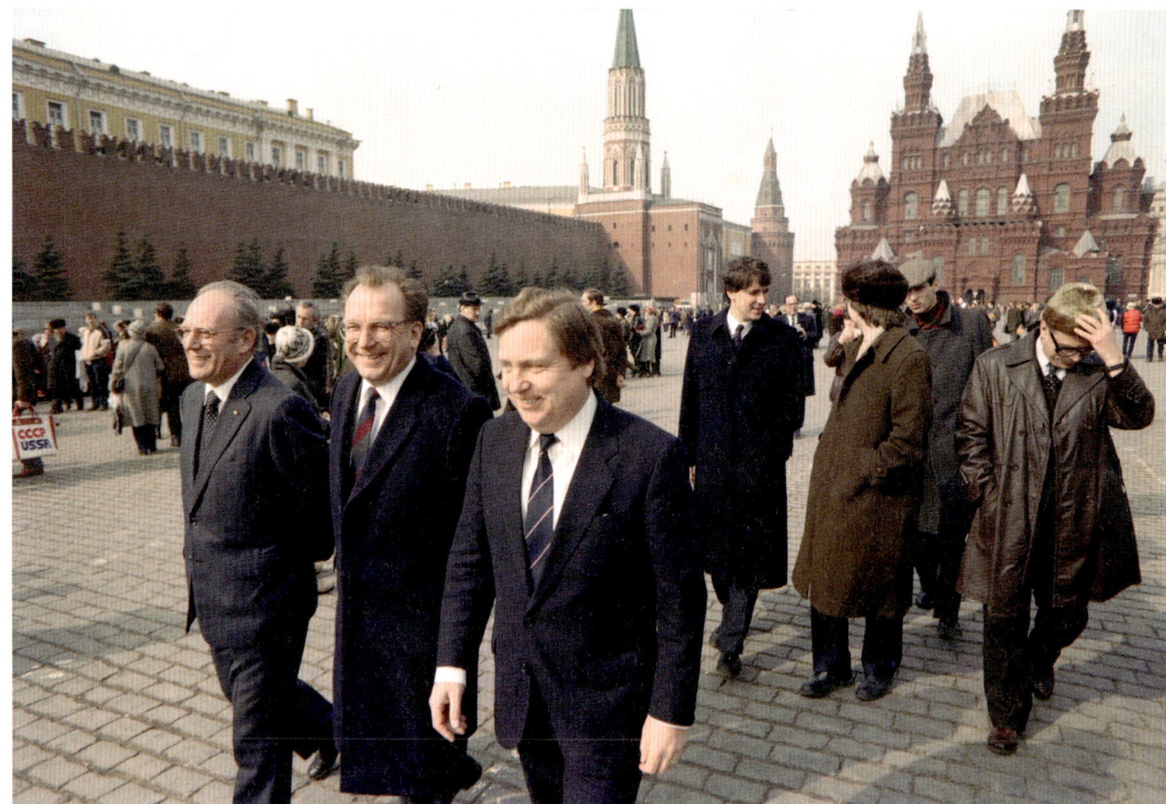

21 Justizminister Heinz Eyrich, Bundesratspräsident Lothar Späth und Staatssekretär Matthias Kleinert auf dem Roten Platz in Moskau. März 1985

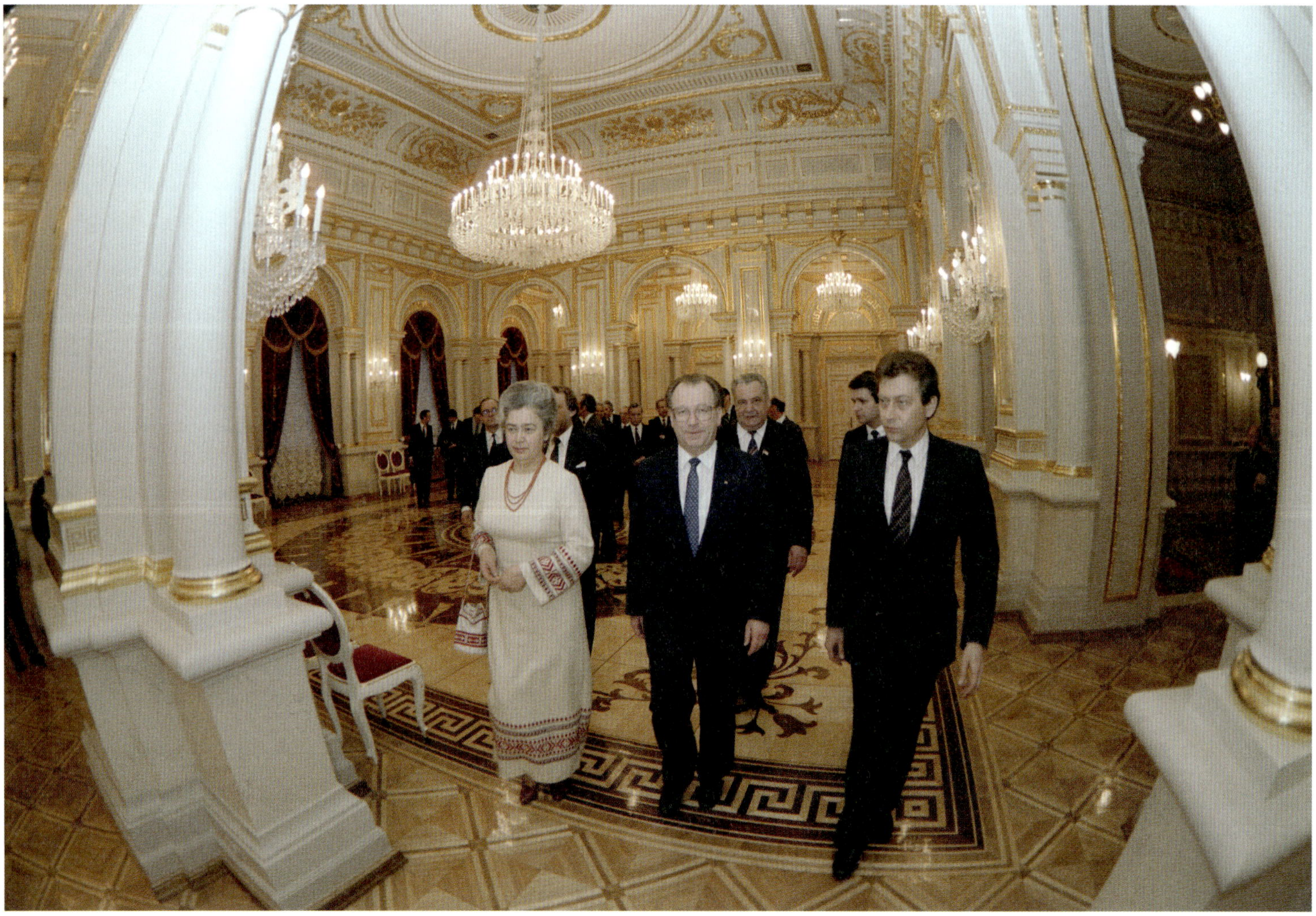

22 Feierlicher Empfang des Bundesratspräsidenten Lothar Späth durch die ukrainische Politikerin Valentyna Shevchenko in Kiew. Aufgenommen mit Fischaugenobjektiv. März 1985

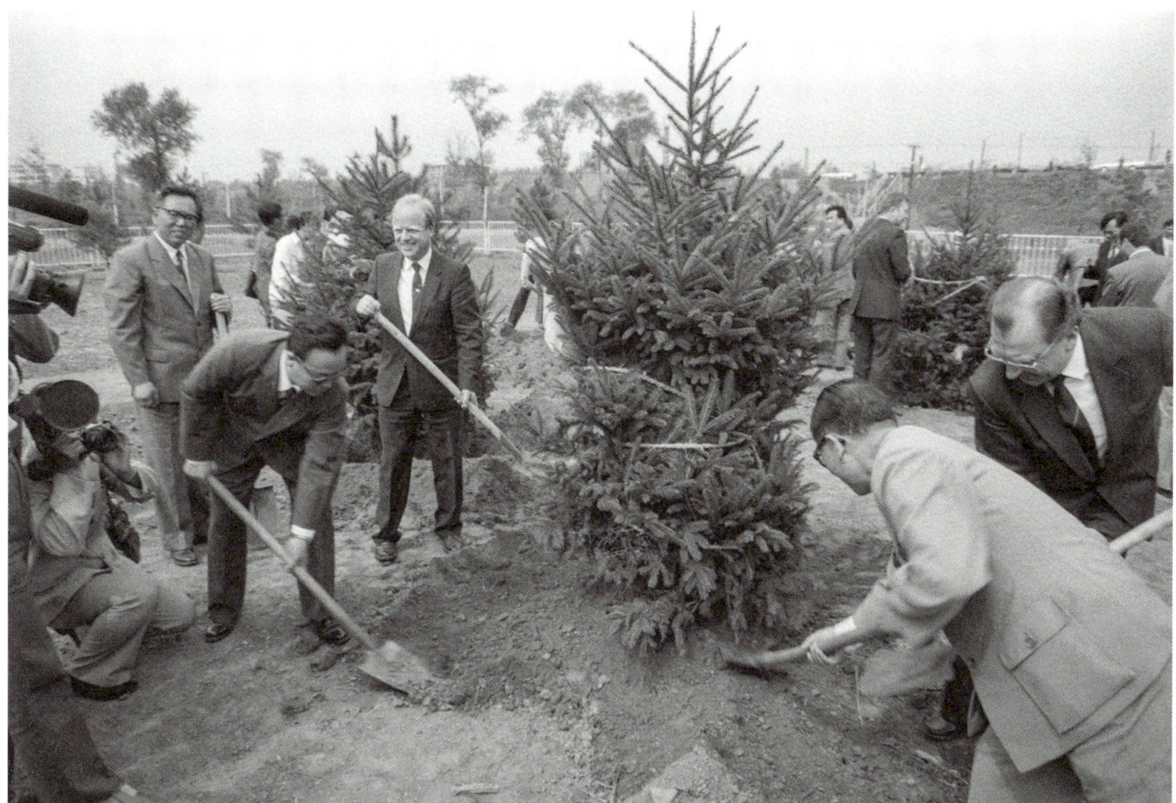

23 Lothar Späth und Quan Shuren, Gouverneur der Provinz Liaoning, bei der Anlage eines Freundschaftswaldes in Shenyang.
13. September 1985

24 Besuch der baden-württembergischen Delegation im Mausoleum des Kaisers Qin Shihuangdi in Xi'an mit der sogenannten Terrakotta-Armee.
14. September 1985

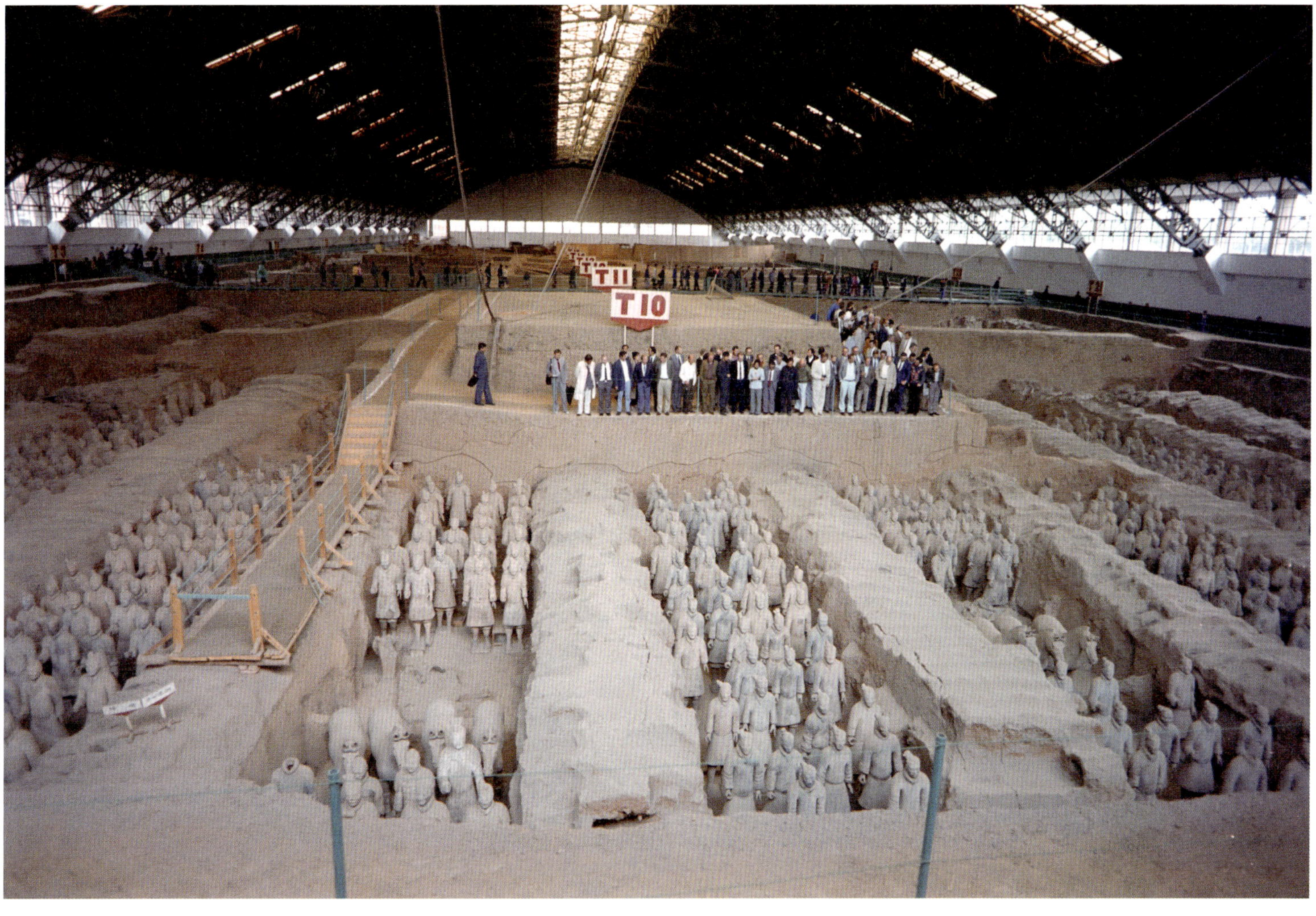

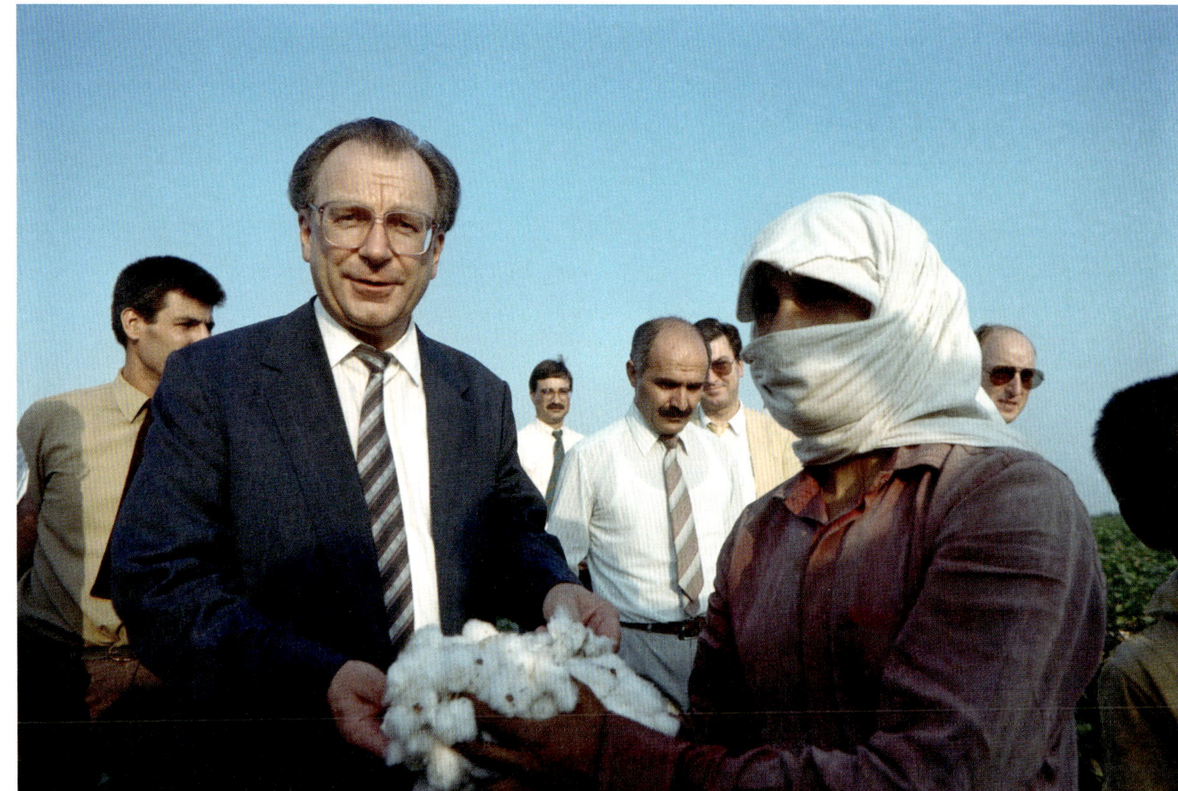

25 Lothar Späth beim Besuch landwirtschaftlicher Arbeitskräfte auf einer Baumwollplantage im türkischen Adana.
4. September 1986

26 Gruppenaufnahme vor der Blauen Moschee in Istanbul.
5. September 1986

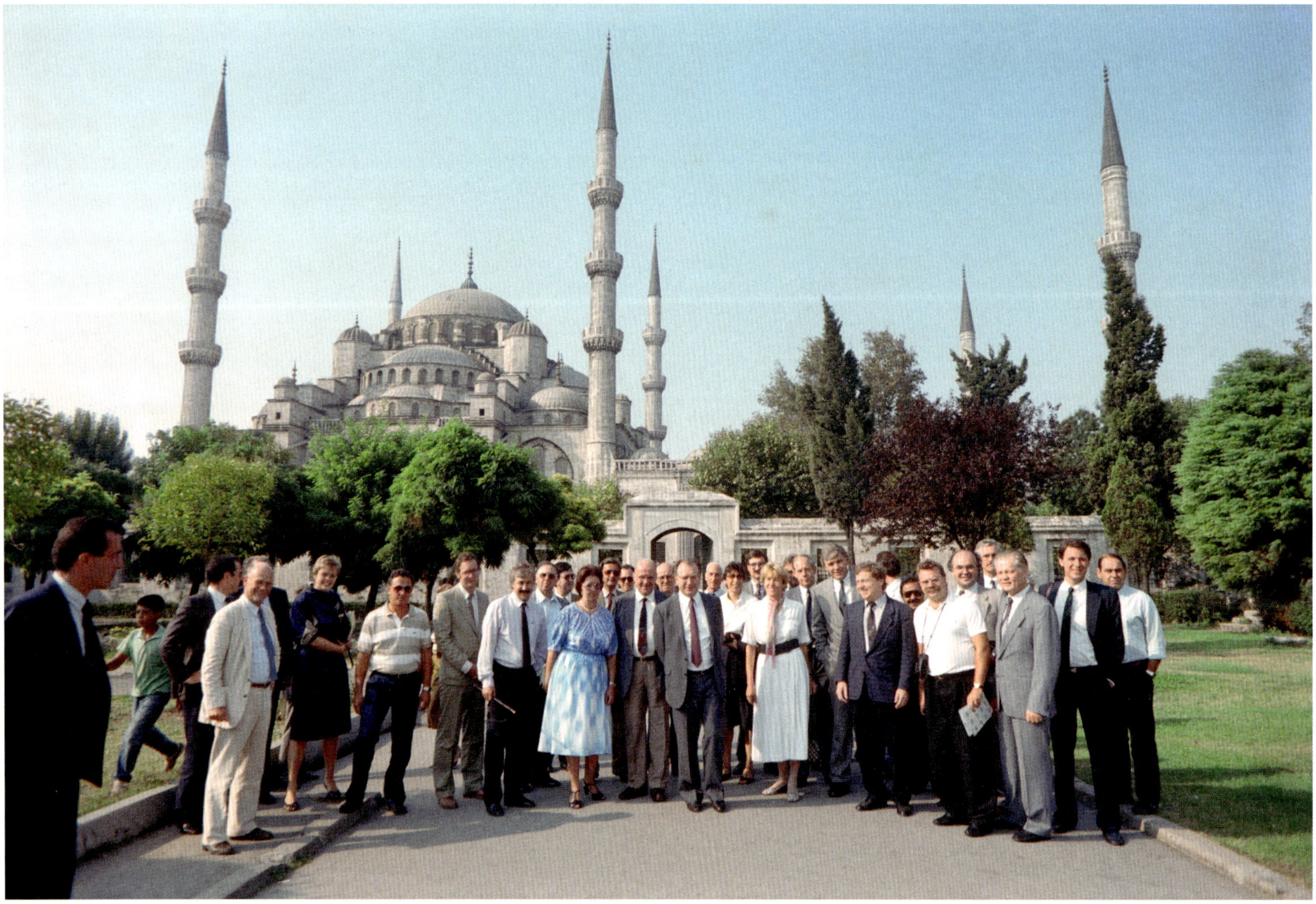

Bewegte Zeiten:
politische Proteste im Südwesten

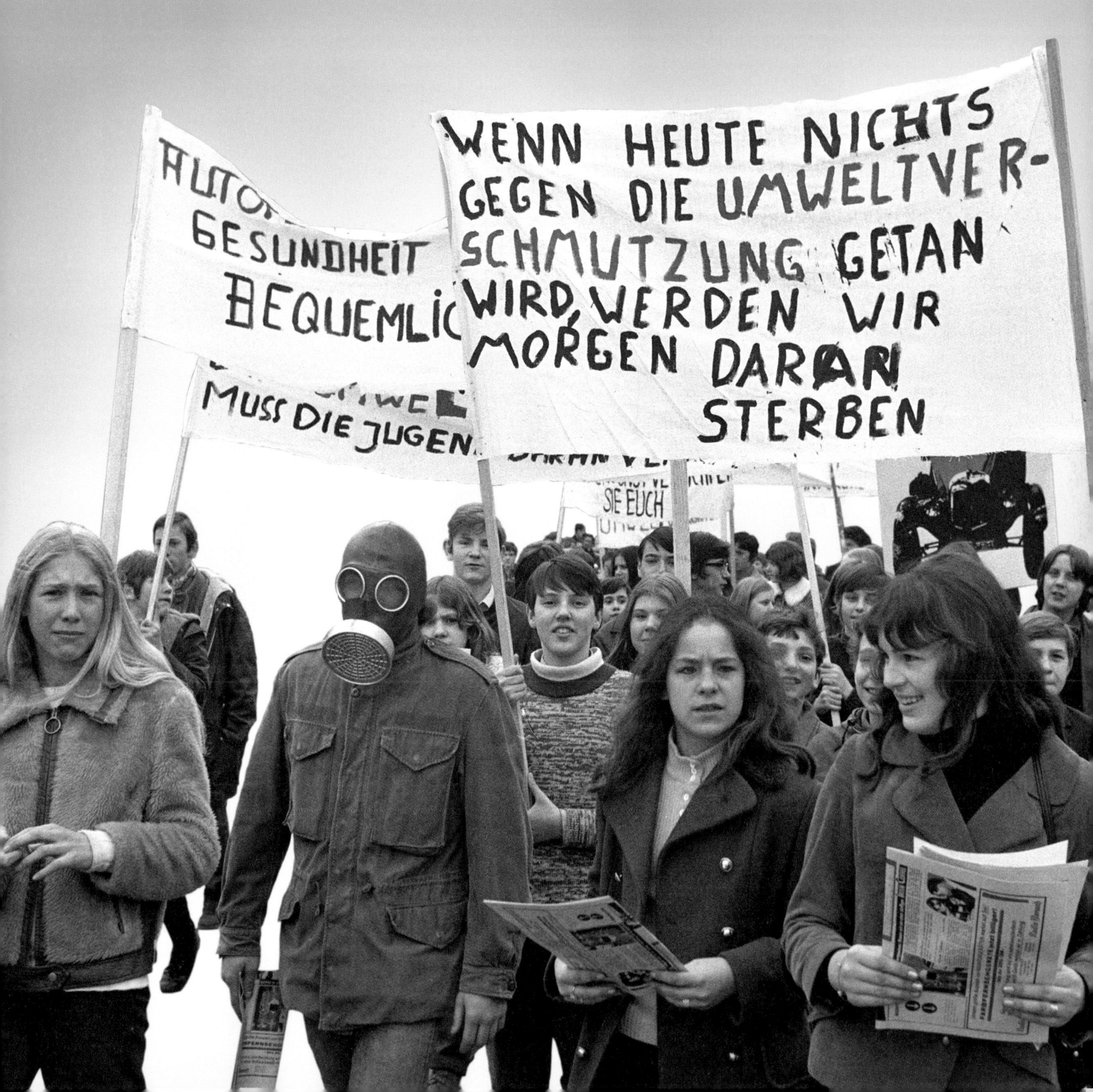

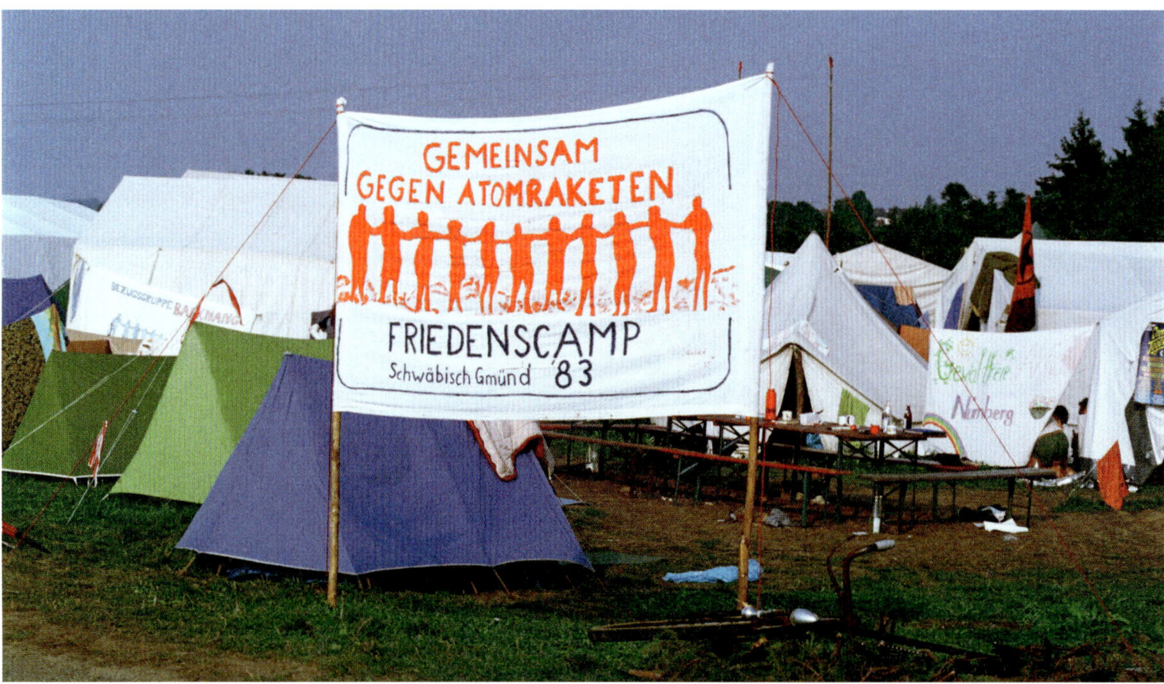

1 „Gemeinsam gegen Atomraketen": Das Friedenscamp in Mutlangen wurde zum zentralen Protestort der Friedensbewegung gegen die Stationierung der Pershing-II-Raketen. 20. August 1983

Für eine lebendige Demokratie ist die politische Beteiligung der Bürgerinnen und Bürger und ihr Protest geradezu konstitutiv. Sie sind ein Mittel um ungehörte Positionen öffentlich zu vertreten und gesellschaftlich wahrgenommen zu werden. Alternative Veranstaltungen, Aktionen und Proteste hat Burghard Hüdig in seinen Bildern vielfältig festgehalten. Bei seiner Arbeit war er ganz nah am Geschehen der Zeit – ob in Stuttgart, Mutlangen oder Wyhl. Das Spektrum reichte vom Kampf um Menschenrechte über die Stationierung nuklearer Waffen in Deutschland bis zum Ringen um den Umweltschutz. Auch Kundgebungen gegen vermeintlich Nebensächliches wie hohe Studiengebühren oder unbezahlbare Mieten bannte der Fotograf auf seine Negative. Die abgebildeten Aktionen zeigen uns, dass auch heute noch viele Probleme und Themen ungelöst sind oder wieder aufbrechen.

Wie sehr die weltpolitische Lage auch den Alltag der Menschen in Baden-Württemberg berührte, zeigen die Demonstrationen gegen den Vietnamkrieg. Bei einem weltweiten Aktionstag am 15. November 1969 gingen in Stuttgart 2.000 Menschen zur Beendigung des Krieges auf die Straße. Der Einsatz für den Frieden und die dafür notwendig erachtete Abrüstung und Demilitarisierung der Gesellschaft waren immer wieder Anlass für Proteste im Land. So bei einem der ersten öffentlichen Gelöbnisse in Stuttgart nach dem Zweiten Weltkrieg. Am 21. November 1980 wurden anlässlich des 25-jährigen Bestehens der Bundeswehr 1.400 Rekruten der Luftwaffe und des Territorialheeres im Hof des Neuen Schlosses in Stuttgart vereidigt. Den Rekruten gegenüber standen 25.000 Zaungäste und Demonstrierende. Darunter Viele, die unter dem Eindruck des neun Monate zuvor ergangenen NATO-Doppelbeschlusses ihre Ablehnung der Bundeswehr und einer Hochrüstung in Deutschland zum Ausdruck brachten. Gegen Aufrüstung ging es auch bei einem Friedenscamp auf der Mutlanger Heide bei Schwäbisch Gmünd im September 1983. Mehr als eine Woche lang stellten sich Menschen hier gegen die Stationierung von Pershing-II-Raketen. Neben der lokalen Bevölkerung und angereisten Demonstrierenden versuchten auch zahlreiche Prominente wie z. B. Dietmar Schönherr, Petra Kelly oder Heinrich Böll die Zufahrt zum Depot der US-Armee zu blockieren. Das Friedenscamp und eine gleichzeitig stattfindende Menschenkette von Stuttgart nach Ulm mit Hunderttausenden standen symbolisch für den Protest der Friedensbewegung der 1980er Jahre und wurden ein Kristallisationspunkt des Widerstandes.

Stuttgart war im Laufe des 20. Jahrhunderts ein Schmelztiegel vieler Nationen und dies hatte natürlich auch Auswirkungen auf die herrschende Protestkultur. Der Auftritt des griechischen Komponisten Mikis Theodorakis, der am 4. Juli 1970 im Gewerkschaftshaus Stuttgart stattfand, wurde zu einem Fanal gegen das Militärregime in Griechenland. Theodorakis warb für den Sturz der Militärjunta, der die Grundlage für die demokratische Entwicklung in Griechenland sei. Auch der erste Besuch des chinesischen Staatspräsidenten Jiang Zemin in Deutschland, der am 12. Juli 1995 nach Stuttgart kam, gab

Anlass zu einer Kundgebung. Exil-Tibeter und -Tibeterinnen nutzten die Gelegenheit, um auf die Menschenrechtslage in ihrer Heimat aufmerksam zu machen.

Noch stärker als die globale Politik bot stets auch die gesellschaftliche Entwicklung in Deutschland Anlass zu Protesten und Kundgebungen im Südwesten. Ab Ende der 1960er Jahre sorgte eine rege Studentenbewegung für Konflikte. Widerstand entzündete sich aber auch an den Notstandsgesetzen und an Bildungsreformen. Mit der aufkommenden zweiten Frauenbewegung entstand überdies eine breite Diskussion um den § 218 StGB.

Im Mai 1968 rief das Kuratorium Notstand der Demokratie zu Protesten gegen die Verabschiedung der Notstandsgesetze auf. Diese Gesetze waren der Höhepunkt einer zwei Jahrzehnte andauernden und sehr prägenden Debatte zur inneren Sicherheit, sie sollten im Krisenfall die Handlungsfähigkeit des Staates sicherstellen. Dem Aufruf am 28. Mai 1968 folgten in Stuttgart Personen aus dem wissenschaftlichen, kulturellen, studentischen, gewerkschaftlichen und kirchlichen Milieu. Die Gesetze wurden von ihren Gegnern als neue „Ermächtigungsgesetze“ gebrandmarkt.

Im Hochschulland Baden-Württemberg waren Proteste der Studierenden immer wieder aktuell. Im Jahr 1971 regte sich Widerstand gegen das neue Ausbildungsförderungsgesetz und das Fachhochschulgesetz. Mehr als 15.000 Studierende aus ganz Baden-Württemberg zogen in einem Sternmarsch am 15. Juni durch Stuttgart. Kritik wurde u. a. an der geplanten Auflösung der studentischen Vertretungen an den Universitäten und Fachhochschulen geübt. Der geballte Zorn richtete sich gegen Kultusminister Wilhelm Hahn, den man als Verantwortlichen sah und deshalb seinen Rücktritt forderte.

Nach der Bundestagswahl im Jahr 1972 plante die Koalition aus SPD und FDP im Rahmen einer breiten Strafrechtsreform auch die Änderung des § 218 StGB, also die Regelung unter welchen Bedingungen ein Schwangerschaftsabbruch straffrei bleiben sollte. Dies führte zu heftigen Auseinandersetzungen in der Gesellschaft über die Fragen des Selbstbestimmungsrechts von Frauen über ihren Körper, das die Frauenbewegung einforderte und wogegen sich allen voran die katholische Kirche engagierte. Für den *Schutz des ungeborenen Lebens* organisierte das katholische Landvolk und die katholische Arbeitnehmer-Bewegung in der Diözese Rottenburg eine Unterschriftenaktion gegen die von der Koalition geplante Fristenlösung. 39.620 Unterschriften wurden im Mai 1973 an den Petitionsausschuss des Bundestages geschickt.

Am 23. Februar 1975 besetzten 28.000 Menschen den Wyhler Wald, da dort die Badenwerk AG zwei Atomkraftwerke bauen wollte. In einem Schulterschluss aus Menschen von nah und fern wurde ein

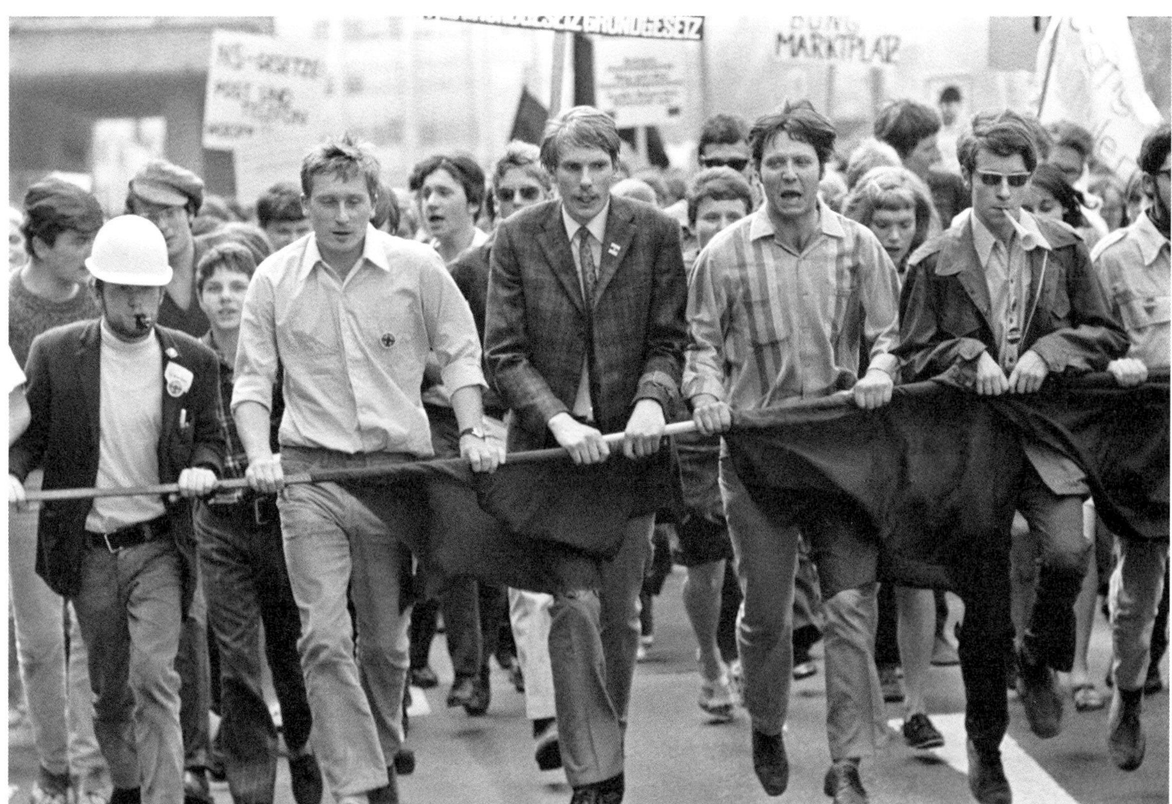

2 „No-no-Notstand-no“: Mit dieser Parole ruft das Kuratorium Notstand der Demokratie zum Sturm gegen die Verabschiedung der Notstandsgesetze auf. 28. Mai 1968

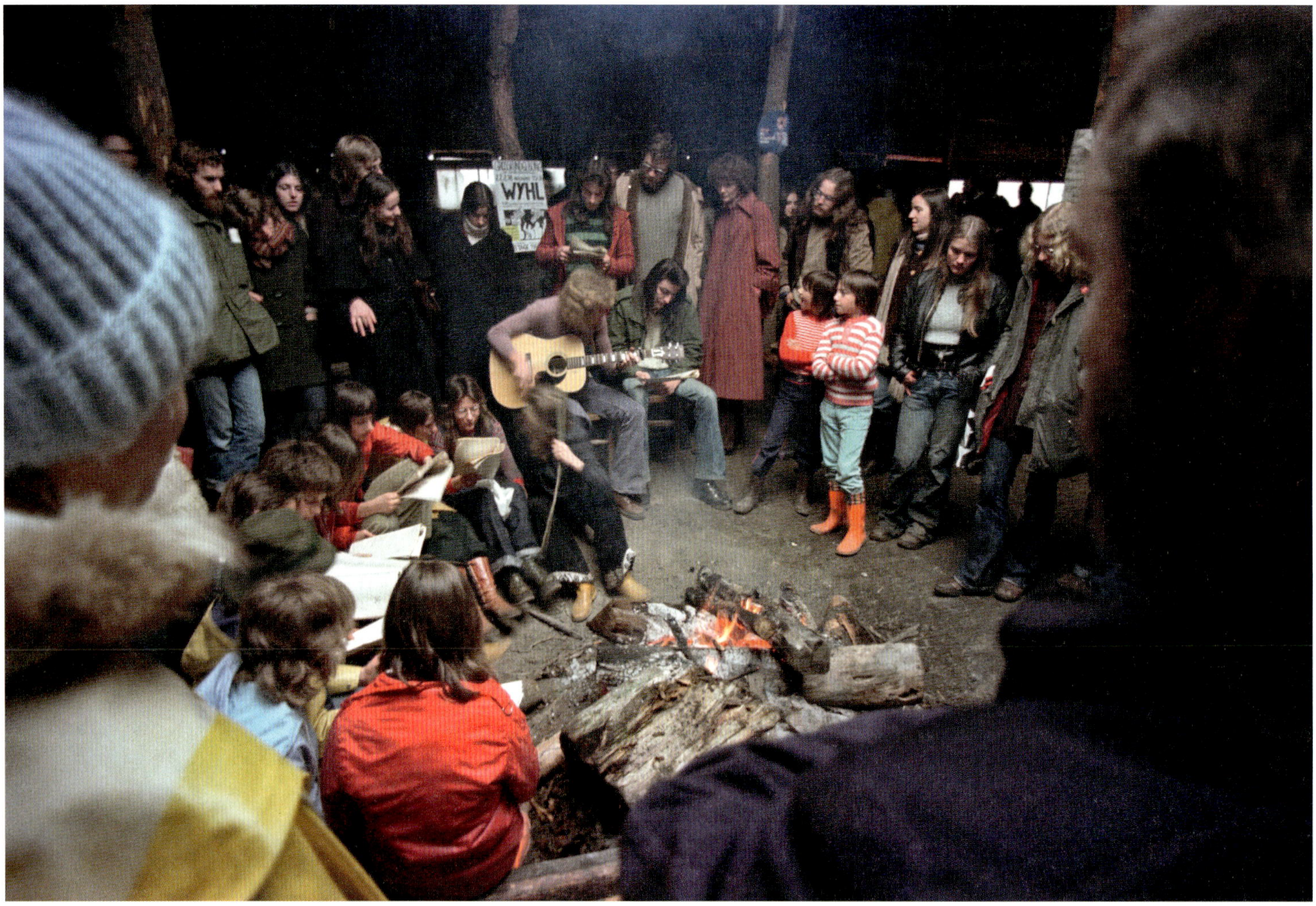

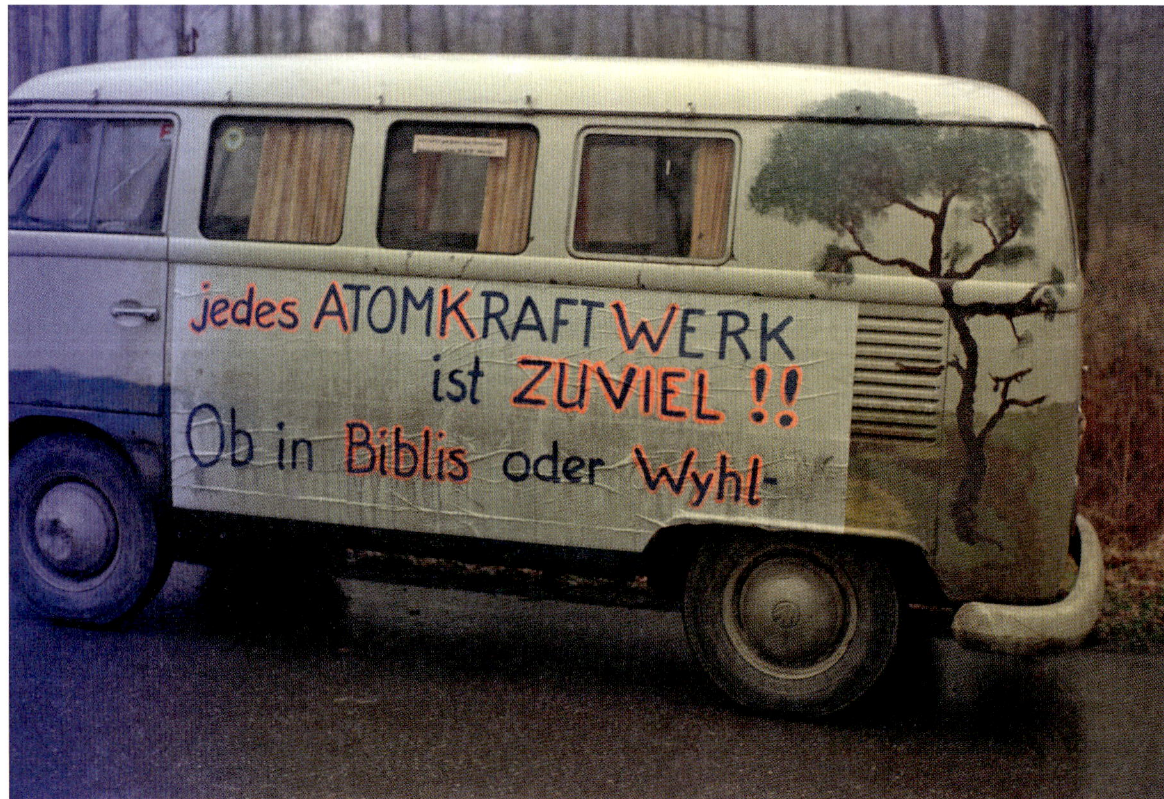

3 „Nai hämmer gsait!": 28.000 Menschen besetzten den Wyhler Wald um den Bau von zwei Atomkraftwerken zu verhindern. 22. Februar 1976

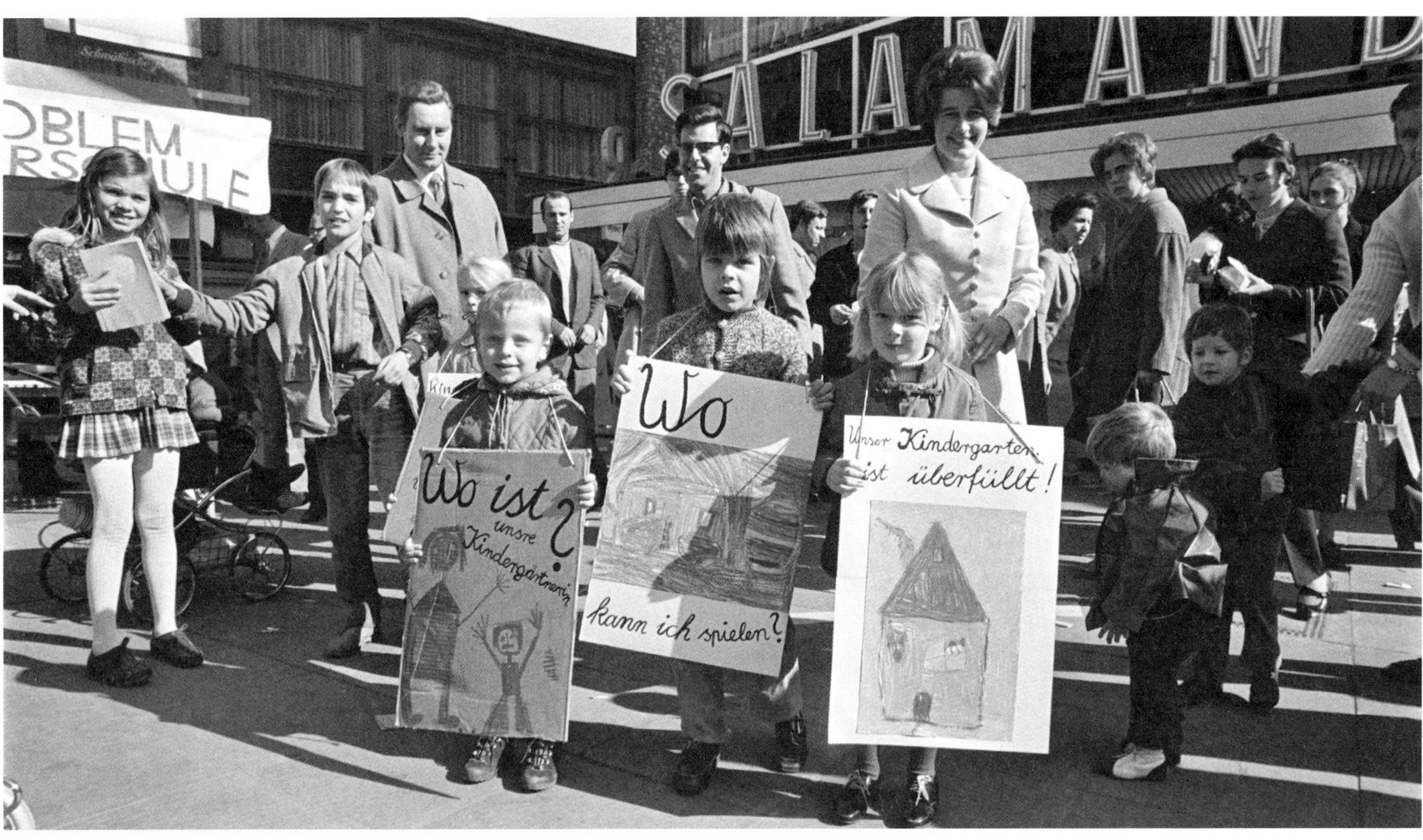

4 „Wo kann ich spielen?": Der Ortsring Stuttgarter Frauendienst sammelte Unterschriften, um auf fast 6.000 fehlende Kindergartenplätze in Stuttgart hinzuweisen. 17. Oktober 1970

breiter und langanhaltender Protest auf die Beine gestellt, der den Beginn der Anti-Atomkraftbewegung darstellte. Er gilt heute als Symbol für die Wirkungsmacht außerparlamentarischer Einflussnahme und war prägend für den Aufschwung der Bürgerinitiativen und neuen sozialen Bewegungen ab Mitte der 1970er Jahre.

Der Bundestagswahlkampf 1980 wurde besonders polarisierend ausgetragen und zeichnete sich durch einen immer aggressiveren Ton aus. Franz Josef Strauß, Kanzlerkandidat der Union, wurde von vielen als Feindfigur und rechter Scharfmacher angesehen. Landesweit gingen Menschen auf die Straße, um gegen Strauß und die Politik, für die er stand, zu protestieren und seine Wahlkampfveranstaltungen mit Eiern und Tomaten zu stören. Unter ihnen waren Aktive aus der Sozialdemokratie, der kommunistischen und der Umweltschutzbewegung, aber auch viele Prominente wie Udo Lindenberg.

Auch auf lokaler Ebene engagierten sich die Menschen bei Themen, die ihre konkreten Lebensbedingungen betrafen und gestalteten das politische Geschehen mit. Das stets aktuelle Thema des knappen Wohnraums war schon 1970 brisant, als Studierende und von Wohnungsvermittlungen Geschädigte zusammen mit der Verbraucherzentrale Baden-Württemberg vor drei Maklerbüros in Stuttgart auf die dortigen unseriösen bis illegalen Praktiken aufmerksam machten. Sie prangerten vor allem Vorabgebühren für die Vermittlung von Wohnraum, der dann nicht frei war, oder die unangemessene Höhe der Vermittlungsgebühren an. Die Verbraucherzentrale hatte dazu in einem Schwarzbuch die Praktiken bei Wohnungsvermittlungen aufgezeigt und bemängelt.

Ebenso virulent war die Frage nach einem ausreichenden Angebot von Kindergartenplätzen. Im Oktober 1970 sammelte der Stuttgarter Frauendienst im deutschen Frauenring an nur zwei Tagen 5.000 Unterschriften um auf die katastrophale Situation in der Versorgung der Kinder von Alleinerziehenden oder arbeitenden Elternteilen hinzuweisen. Die Gruppe rechnete vor, dass in Stuttgart fast 6.000 Kindergartenplätze fehlten, in Baden-Württemberg ca. 200.000 und bundesweit fast zwei Millionen Kinder ohne Kindergartenplatz verblieben und damit ein flächendeckendes Angebot nicht existierte.

Auch die Verkehrs- und Stadtplanung erhitzte immer wieder die Gemüter. So gab es am 27. März 1971 einen Schweigemarsch durch Stuttgart gegen die Planvorstellungen für einen Großflughafen *Stuttgart II* bei Mönsheim. Die Schutzgemeinschaft Aktion Mensch und Umwelt hatte den Protest organisiert. Aus 20 betroffenen Gemeinden kamen Men-

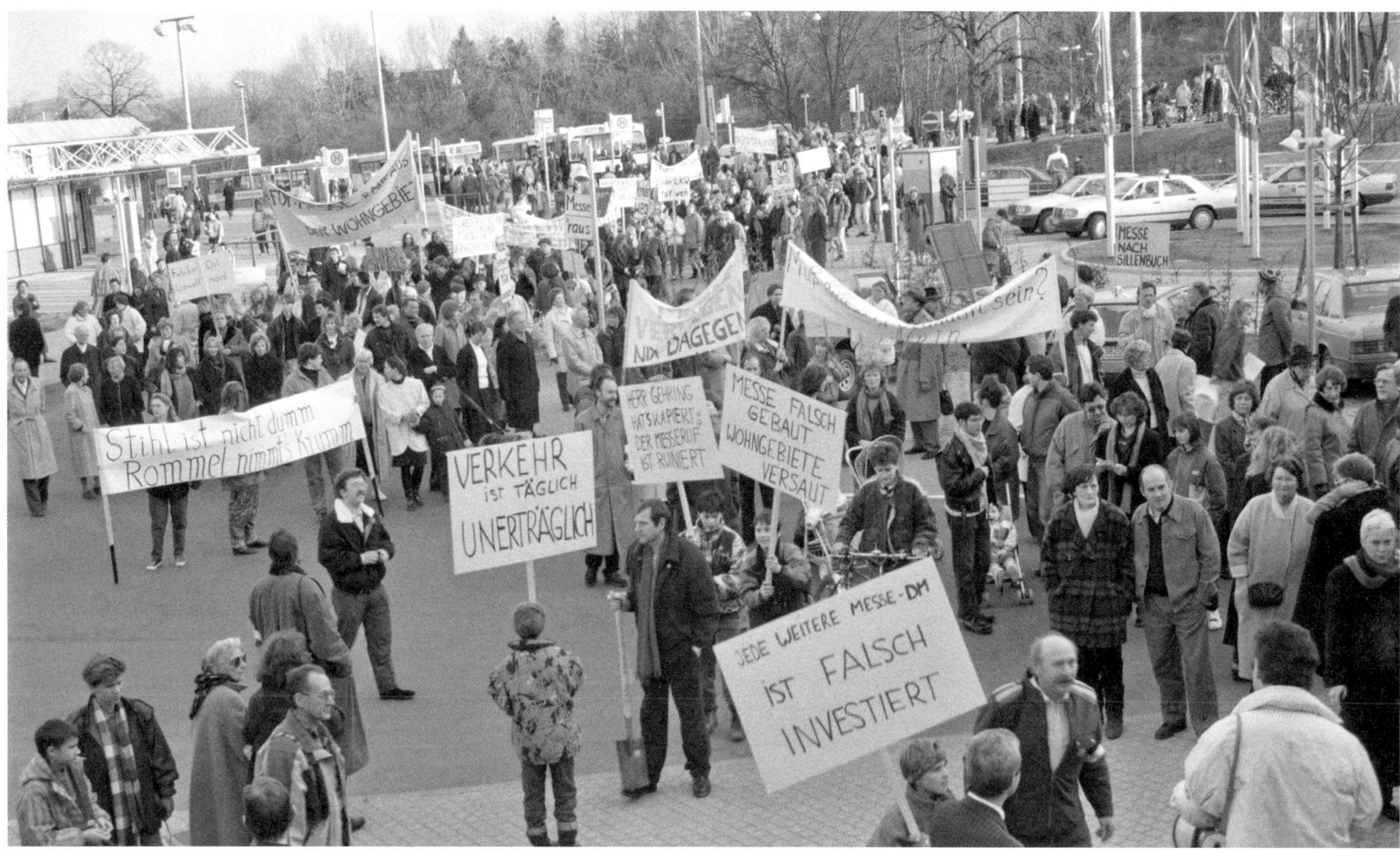

5 „Der Verkehr stinkt uns sehr“: 1.000 Menschen fordern in einem Sternmarsch die Verlegung der Messe auf dem Killesberg in Stuttgart. 27. Januar 1990

schen, die eine Schädigung der Gesundheit durch Fluglärm und Abgase fürchteten. Sie forderten die vorgesehenen Finanzmittel besser einzusetzen und zwar beim Bau von Kindergärten, der Verkehrssicherheit und zur Erhaltung von sauberer Luft, Ruhe und Erholung. Die Demonstrierenden trugen einen schwarzen Sarg bei sich, mit dem sie symbolisch den Flughafenplan beerdigten. Aus ähnlichen Gründen verlangten 1.000 Menschen am 27. Januar 1990 in einem Sternmarsch die Verlegung der Messe am Killesberg. Die Interessengemeinschaft Robert-Mayer-Straße sowie weitere Bürgerinitiativen hatten zu dem Protest aufgerufen. Sie argumentierten, dass die Messe verkehrstechnisch schlecht angeschlossen und damit eine Gefahr für die dort lebenden Menschen und die Umwelt gegeben sei.

Das anhaltende Höfesterben seit den 1960er Jahren markierte einen Umbruch der bäuerlichen zur industriellen Landwirtschaft. Im Dezember 1970 zogen Wagen durch Stuttgarts Innenstadt, die mit dem Spruch *Die Politik - das kann man sagen - schafft keinen vollen Erntewagen; denn in den Zeiten, die verflossen, ward all dies leere Stroh gedroschen* geschmückt waren. Es wurden Äpfel verteilt und der Bauernverband Württemberg-Baden hielt eine Kundgebung auf dem Schillerplatz ab. Präsident Carl Dobler verdeutlichte hier die aus seiner Sicht schlechte Lage der regionalen Lebensmittelversorgung im Land und forderte *eine echte Chance im Wettbewerb*.

Auch schon lange vor Fridays for Future machten sich junge Leute in Stuttgart Gedanken um den Erhalt von Natur und Umwelt. Am 30. Januar 1971 gingen 90 Schülerinnen und Schüler der Ameisenberg-Volksschule mit einem Schweigemarsch für einen verstärkten Kampf gegen Umweltverschmutzung auf die Straße. Sie hatten den Protest selbst geplant und organisiert. Mit selbstgemalten Transparenten und Flugblättern machten sie auf die Gefahren durch eine Vergiftung der Erde aufmerksam und prangerten die gerade auch in Stuttgart starke Belastung durch Autoabgase an.

Diese Beispiele geben nur einen kleinen Einblick in das breite und vielfältige Protestgeschehen und die Protestkultur in Stuttgart und darüber hinaus. Burghard Hüdig hat viele dieser Aktionen fotografiert und begleitet. Seine Aufnahmen waren regelmäßig in den lokalen Medien zu finden und gaben einen anschaulichen Einblick in die Geschehnisse. Auch heute bieten uns seine Bildmotive wieder einen plastischen Zugang und machen die damalige Zeit greifbar.

Sophia Scholz

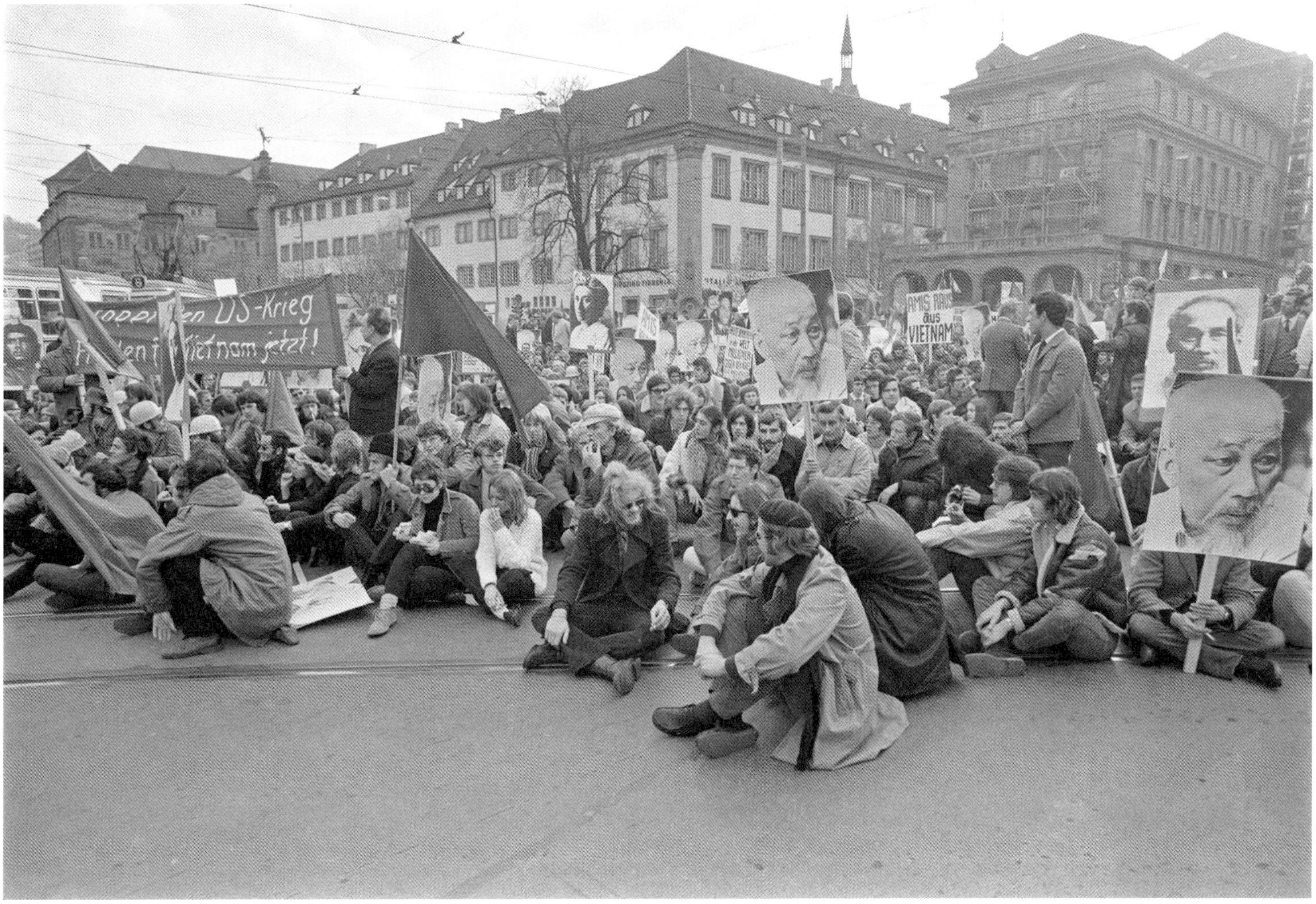

6 „Amis raus aus Vietnam“: Bei einem weltweiten Aktionstag zum Moratorium in Washington gegen den Vietnamkrieg versammeln sich in Stuttgart ca. 2.000 Personen. 15. November 1969

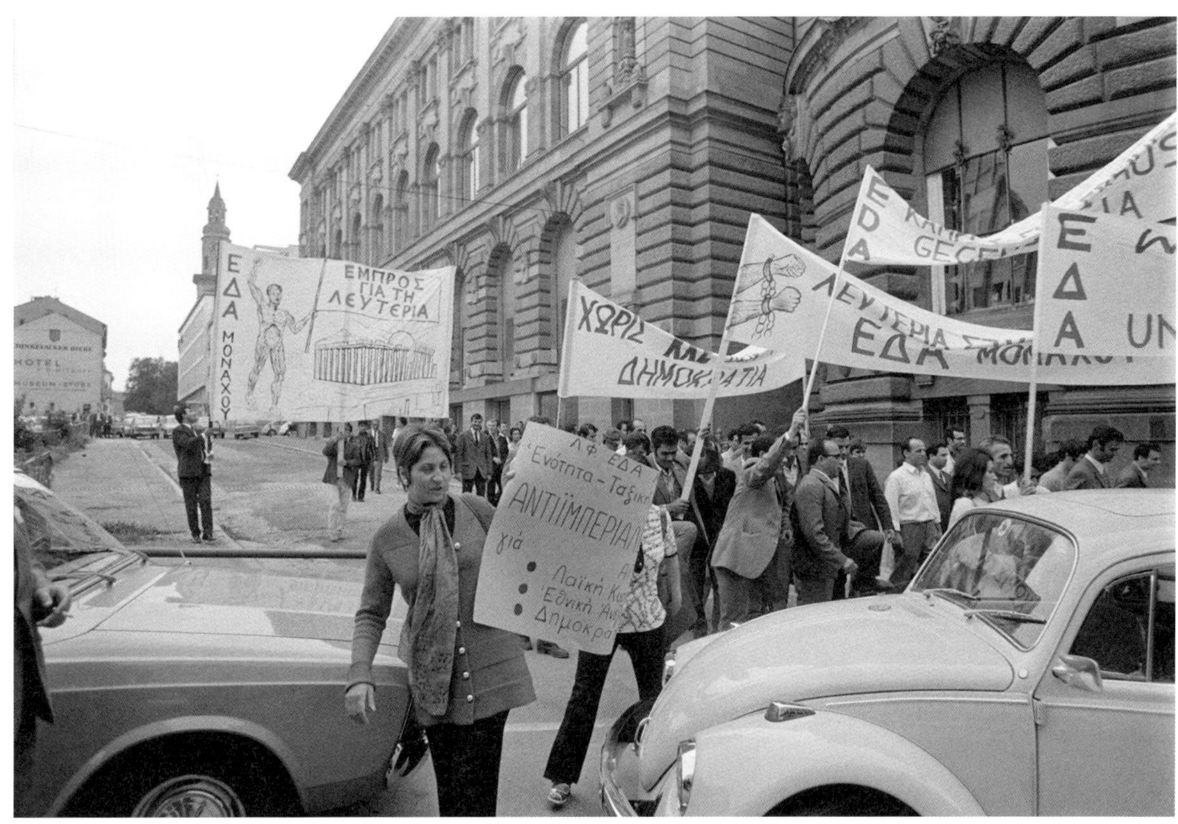

7 Gegen das Militärregime: Demonstration in Stuttgart beim Besuch des griechischen Komponisten Mikis Theodorakis zum Sturz der Junta in Griechenland. 4. Juli 1970

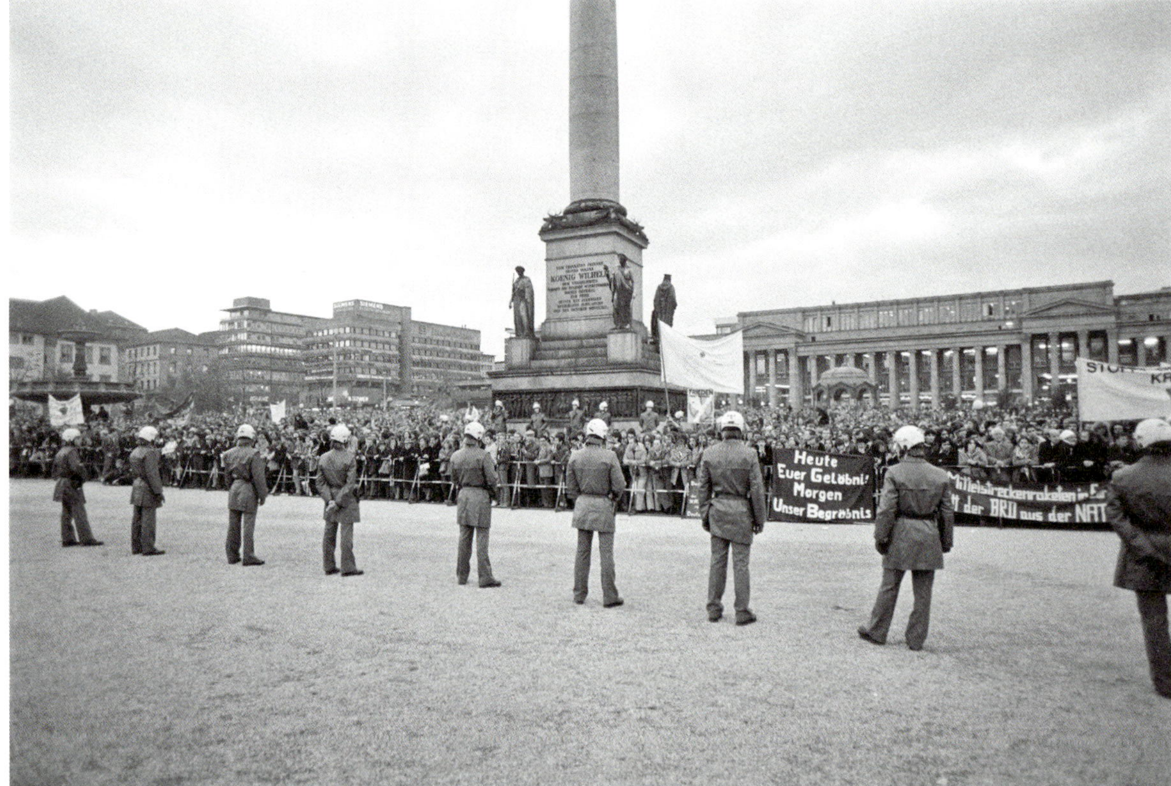

8 25 Jahre Bundeswehr: Gegen das erste öffentliche Gelöbnis der Bundeswehr vor dem Neuen Schloss protestieren mehrere tausend Menschen.
21. November 1980

9 „Freiheit für Tibet": Beim Besuch des chinesischen Staatspräsidenten Jiang Zemin protestieren Exil-Tibeterinnen und -Tibeter in Stuttgart.
12. Juli 1995

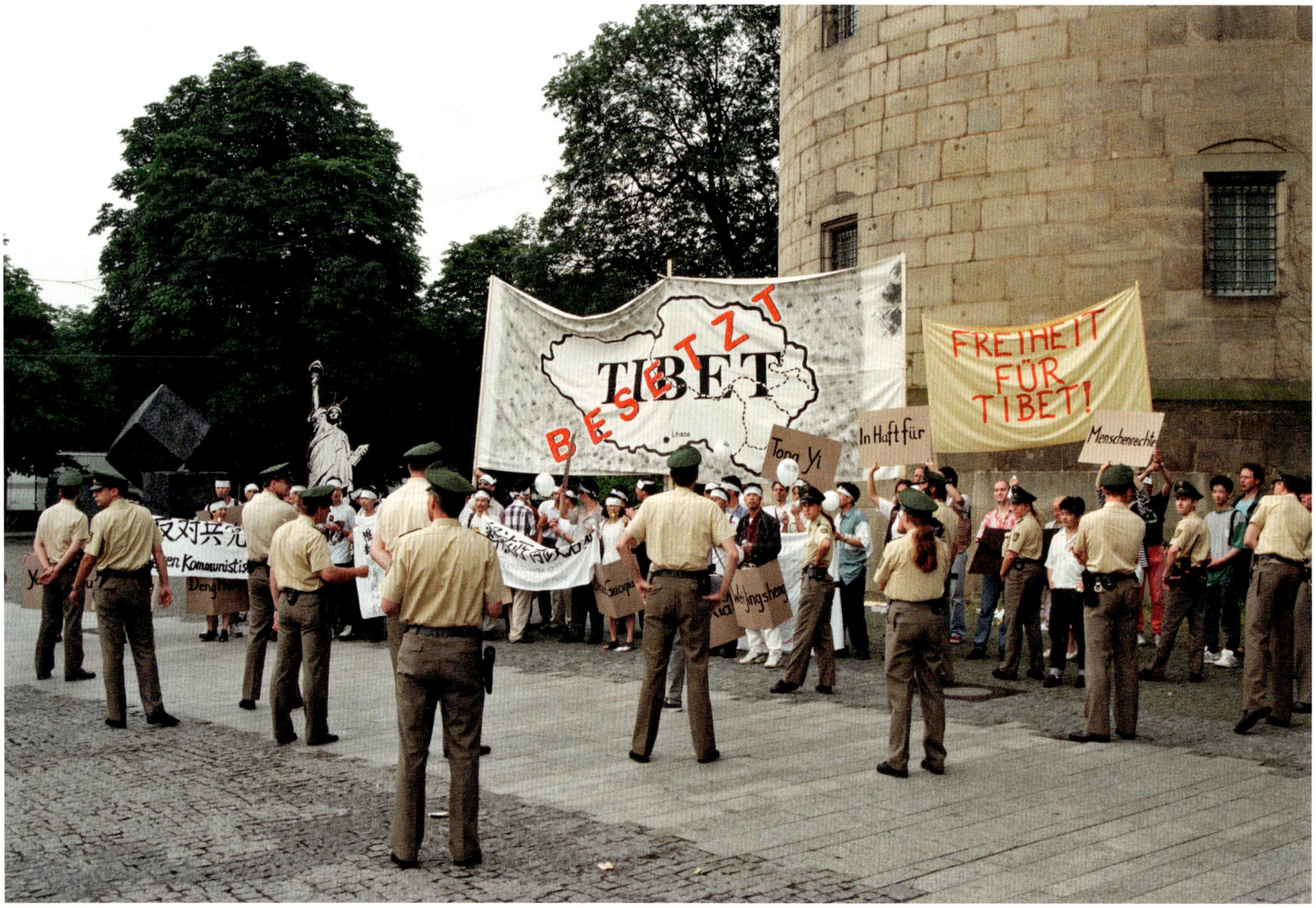

Nächtliche Blockade in Esslingen

Am 11. April 1968 wurde auf Rudi Dutschke, einer der Wortführer und Symbolfiguren der deutschen Studentenbewegung, vor dem Büro des SDS am Kurfürstendamm in Berlin ein Mordanschlag verübt. Als Reaktion hierauf gab es in den nächsten Tagen bundesweit Demonstrationen, Kundgebungen und Aktionen. Gerade die Presseorgane des Axel-Springer-Verlags wurden für den Anschlag mit verantwortlich gemacht. Hatte doch insbesondere die BILD-Zeitung in der Zeit vor dem Attentat mit Schlagzeilen wie *Stoppt den Terror der Jungroten jetzt* eine Kampagne gegen die Studierenden und auch gegen Rudi Dutschke persönlich geführt und die Stimmung mit Aussagen, wie man dürfe *nicht die ganze Drecksarbeit der Polizei und ihren Wasserwerfern überlassen*, weiter angeheizt.

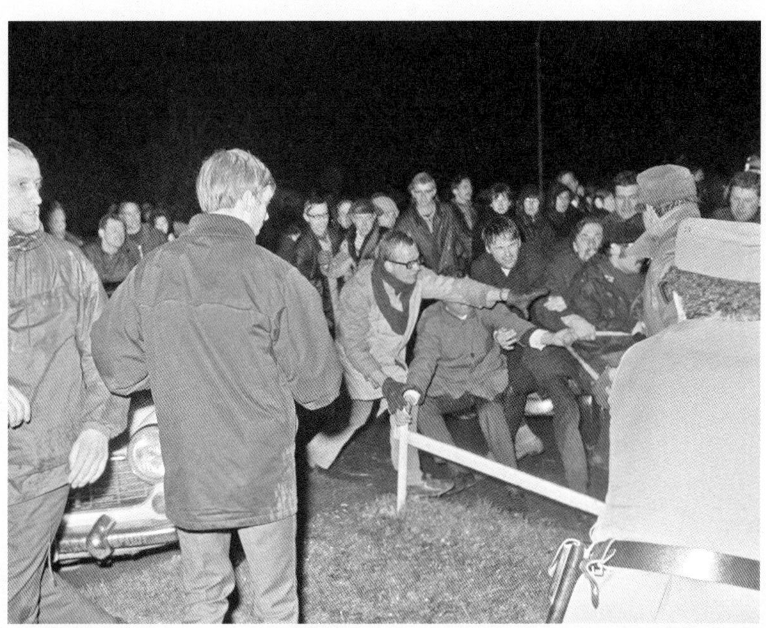

Die in Millionenauflage erscheinende BILD-Zeitung wurde für den Südwesten in Esslingen produziert. Ziel der Proteste war deshalb auch das dortige Druckhaus Bechtle in der Zeppelinstraße. In der Nacht vom 12. auf den 13. April versuchten etwa 500 Personen die Auslieferung der Zeitungen zu verhindern und damit die BILD-Zeitung und ihre provokative Berichterstattung symbolisch zu stoppen. Ihr Anliegen machten die Beteiligten mit Parolen wie *Bild hat mitgeschossen* und *Bechtle, Bechtle, Springerknechtle* deutlich. Sie blockierten die Werkstore mit Autos und Material einer nahegelegenen Baustelle und verhinderten damit, dass die Lieferfahrzeuge den Hof verlassen konnten. Erst nach Stunden gelang es der Polizei nach dem Einsatz von Wasserwerfern, Tränengas und Zwangsmaßnahmen die Blockade aufzulösen und die verspätete Auslieferung der Zeitungen durchzusetzen.

10 „BILD hat mitgeschossen“: In Esslingen blockieren nach dem Mordanschlag auf Rudi Dutschke in Berlin rund 500 Personen über Stunden die Druckerei der BILD-Zeitung. 12./13. April 1968

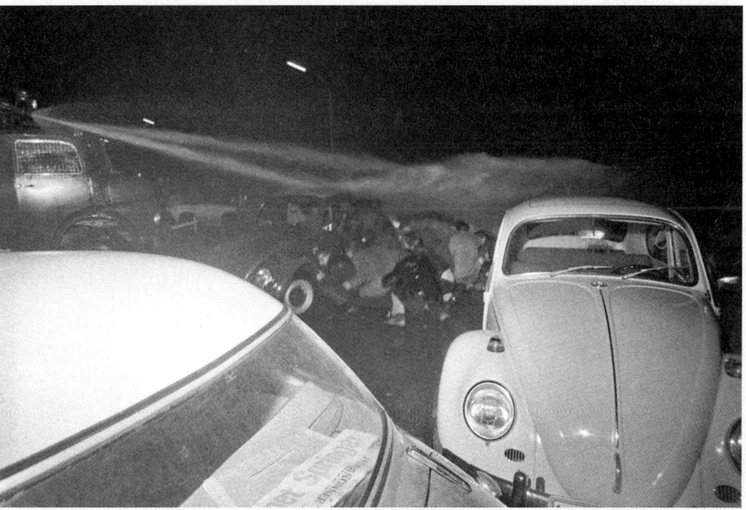

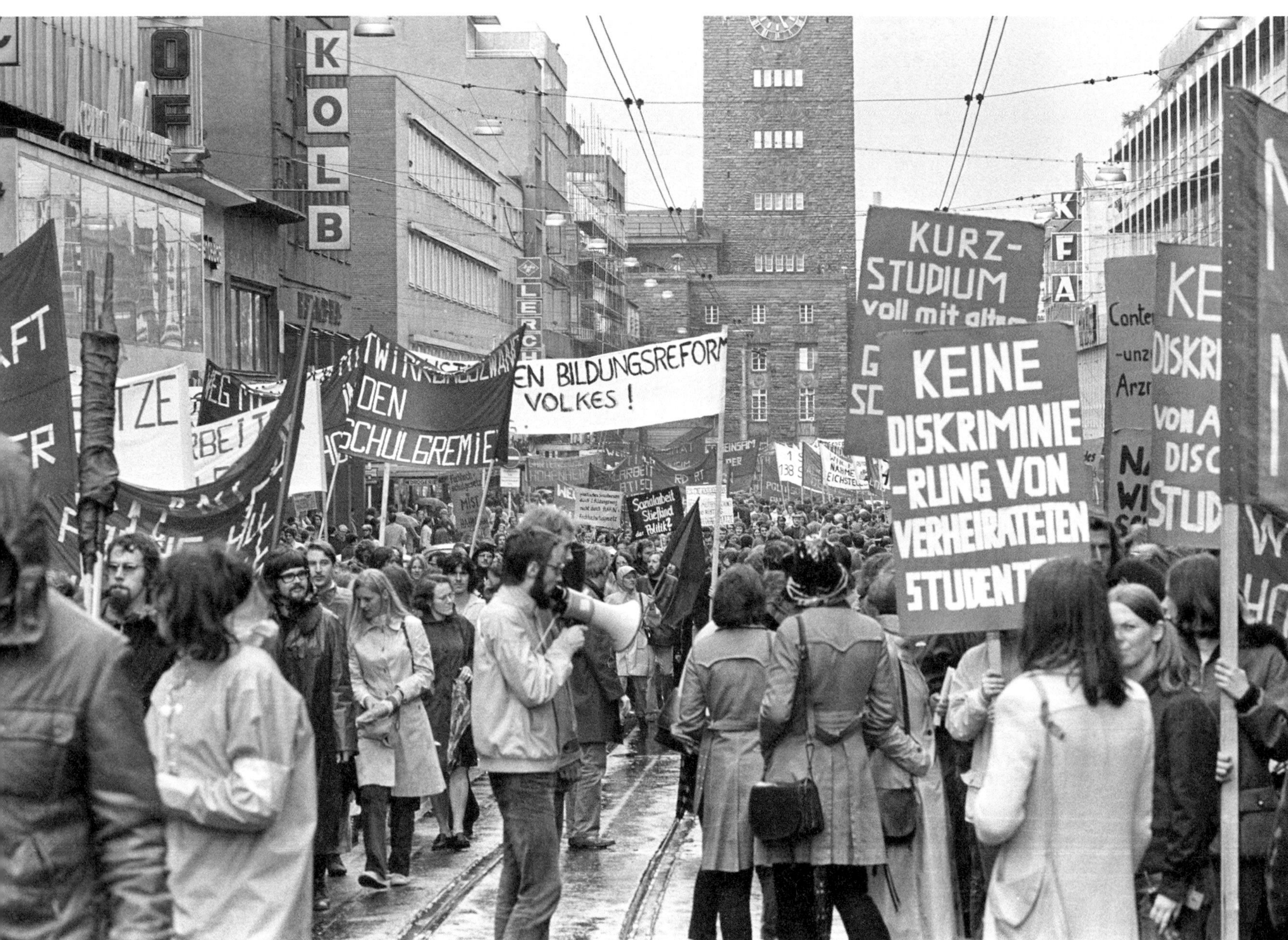

11 „Alles ruft nach Demokratie, Hahn aber verhindert sie“: 15.000 junge Leute demonstrieren in einem Sternmarsch gegen die Bildungspolitik.
15. Juni 1971

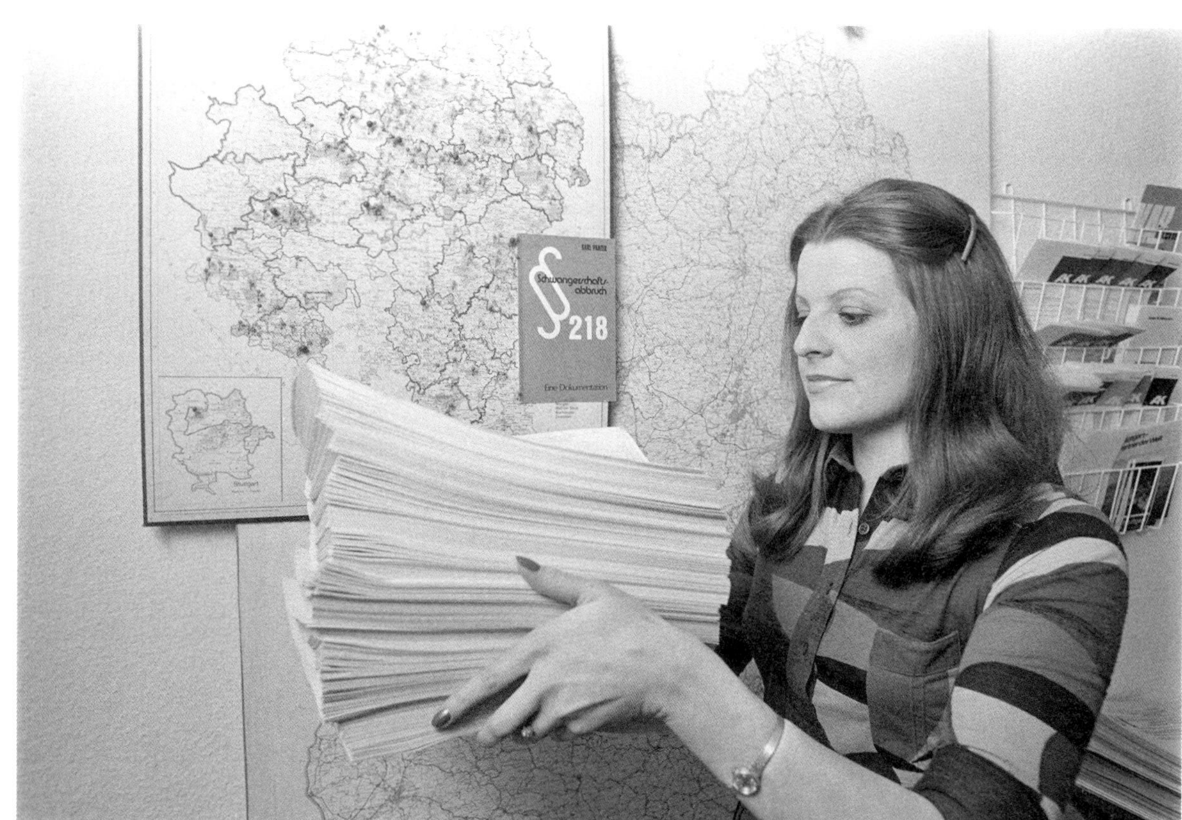

12 Mein Bauch gehört mir!?: Vor allem die Katholische Kirche stellte sich gegen eine Reform des § 218. Die Diözese Rottenburg sammelte 39.620 Unterschriften für den „Schutz des ungeborenen Lebens". 2. Mai 1973

13 „Gegen Presselügen und Vernichtungshaft": Helmut und Ilse Ensslin sowie weitere Angehörige der Inhaftierten der Roten Armee Fraktion verkünden vor dem Justizministerium einen Hunger- und Durststreik gegen die als Isolationshaft gebrandmarkten Bedingungen ihrer Kinder im Gefängnis. 12. August 1977

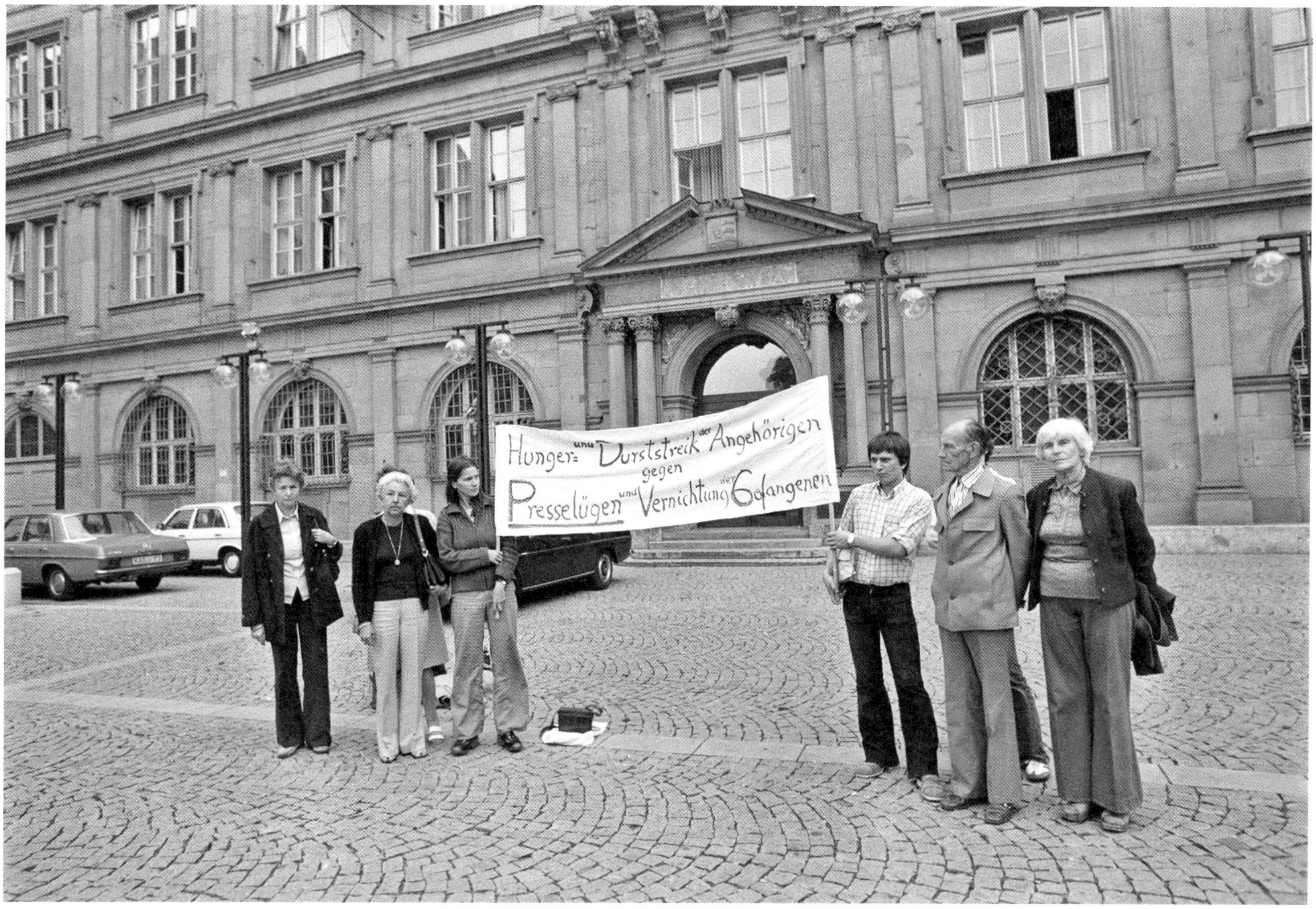

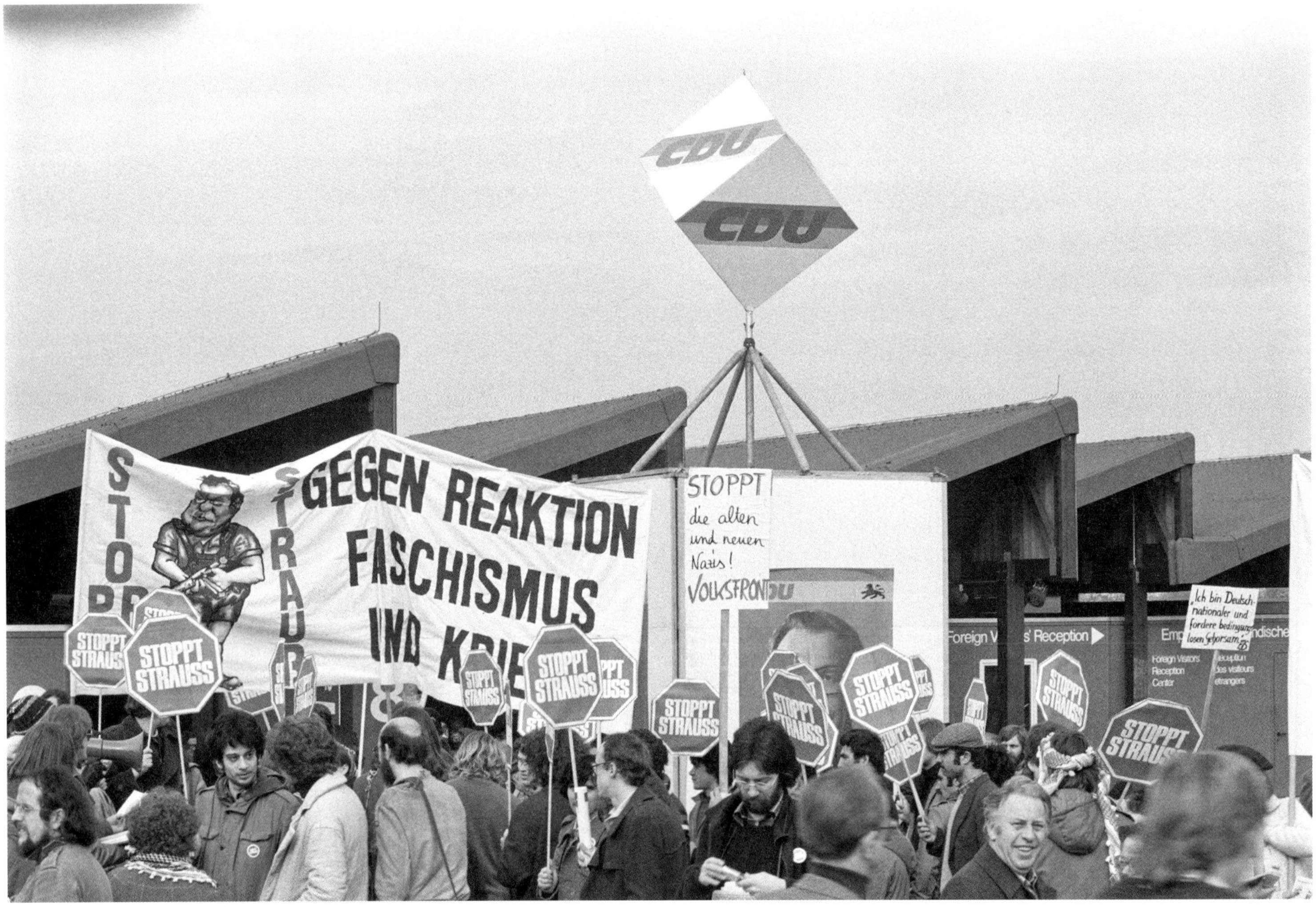

14 „Stoppt Strauss": In einem stark polarisierenden Bundestagswahlkampf gibt es in vielen Städten Proteste gegen die Wahlkampfveranstaltungen von Franz Josef Strauß. März 1980

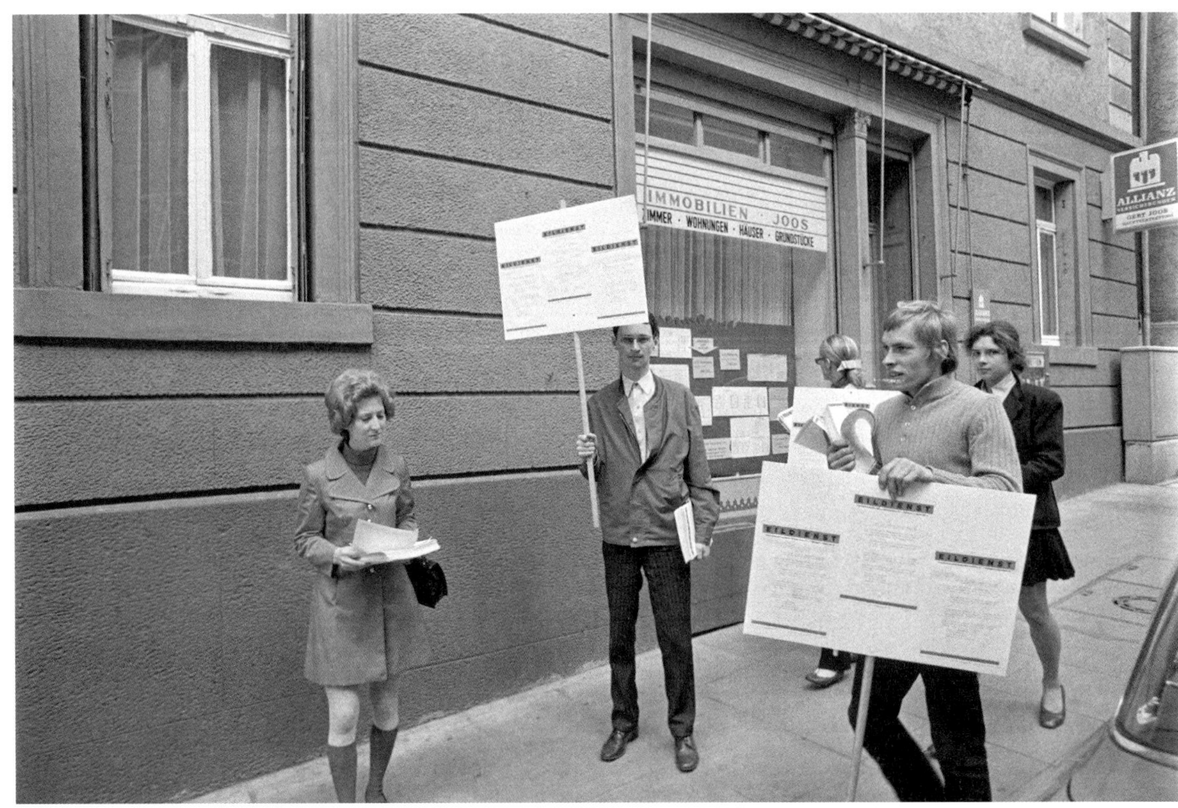

15 Unseriöse Wohnungsvermittlung: Gemeinsam mit der Verbraucherzentrale machen Studentinnen und Studenten vor Maklerbüros auf illegale Geschäftspraktiken aufmerksam. 24. April 1970

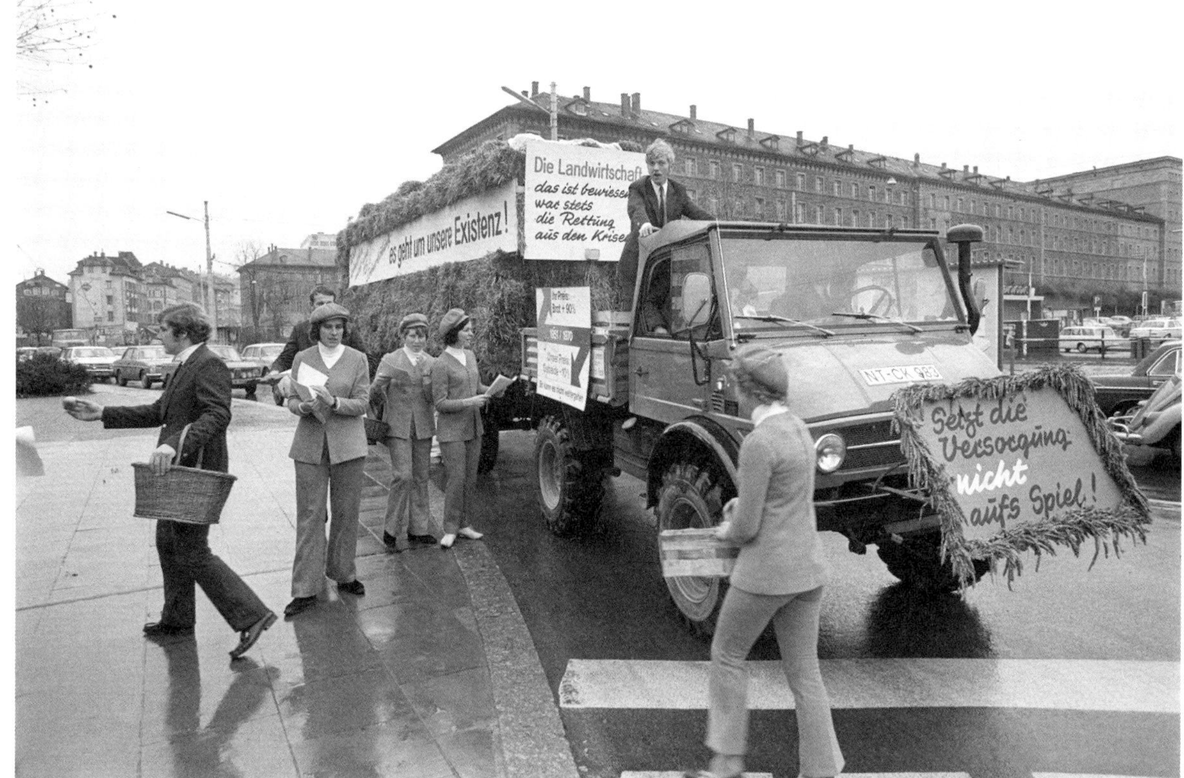

16 „Es geht um unsere Existenz“: Mit dem Bauernverband Württemberg-Baden machen Landwirte auf die Situation der Lebensmittelversorgung in der Bundesrepublik aufmerksam.
5. Dezember 1970

17 Kampf gegen Umweltverschmutzung: Schülerinnen und Schüler der Ameisenberg-Volksschule ziehen mit einem Schweigemarsch durch die Stuttgarter Innenstadt.
30. Januar 1971

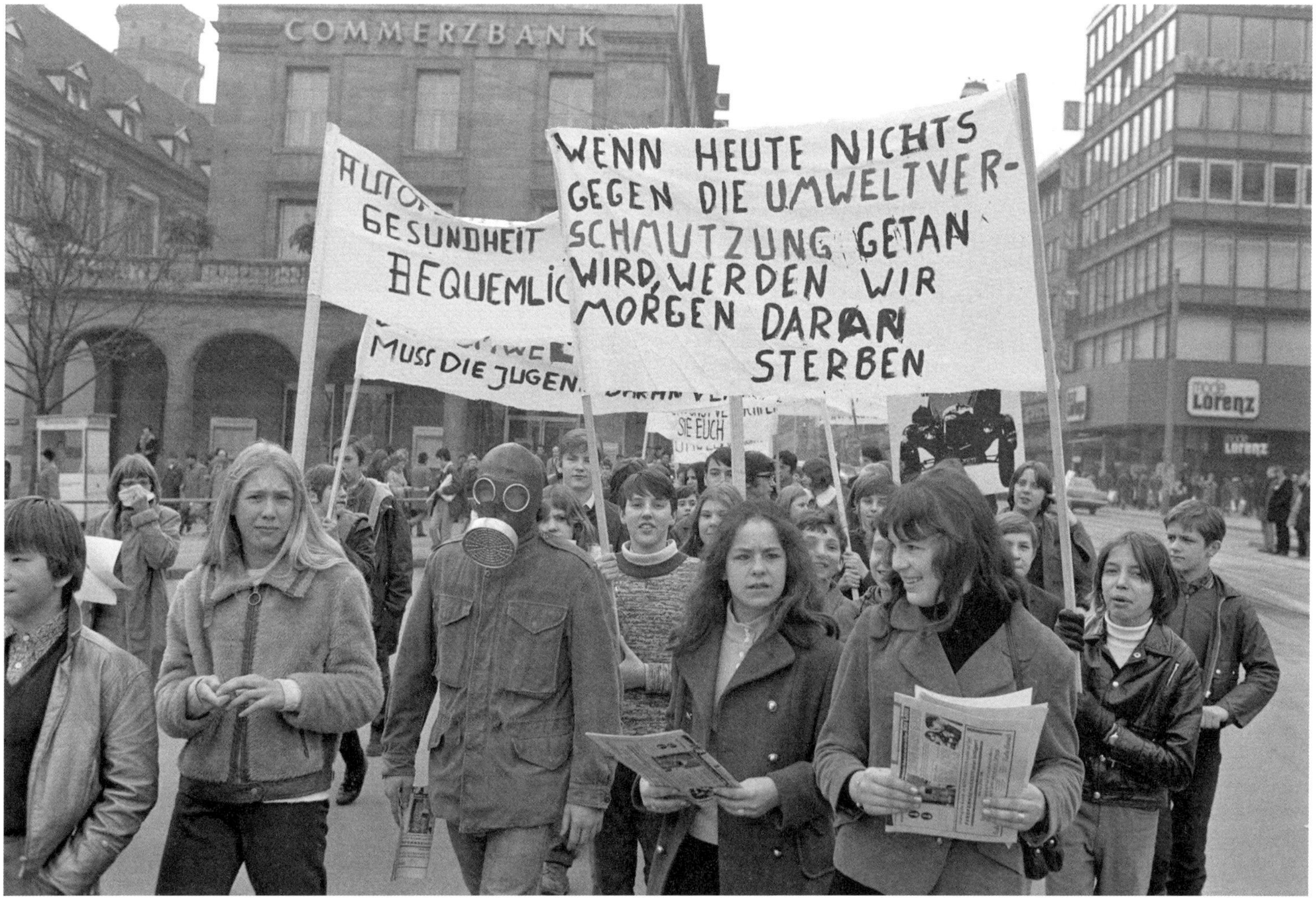

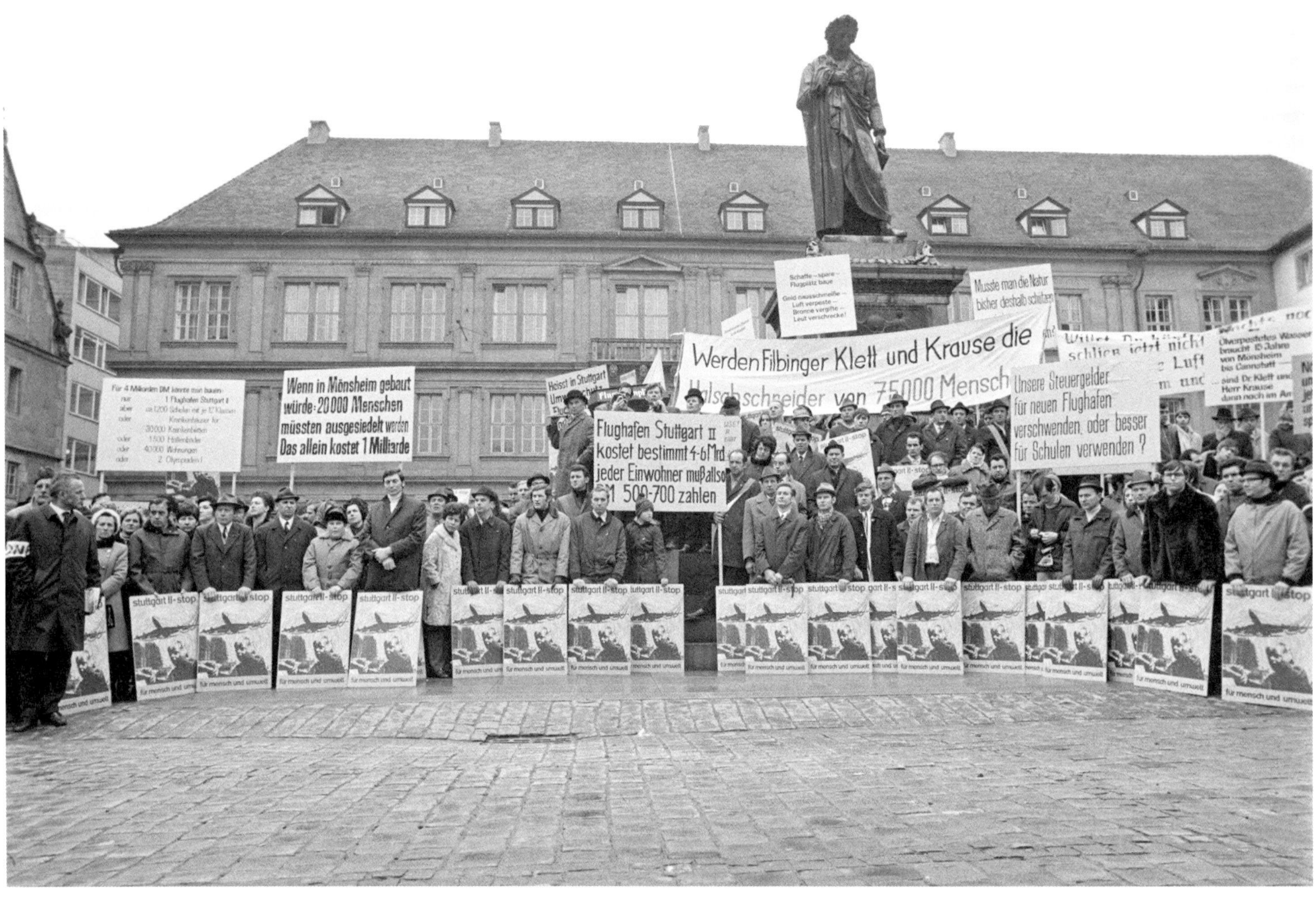

18 „Für Mensch und Umwelt“: Bis zu 2.000 Menschen aus 20 Gemeinden demonstrieren gegen die Pläne für einen Flughafen Stuttgart II bei Mönsheim. 27. März 1971

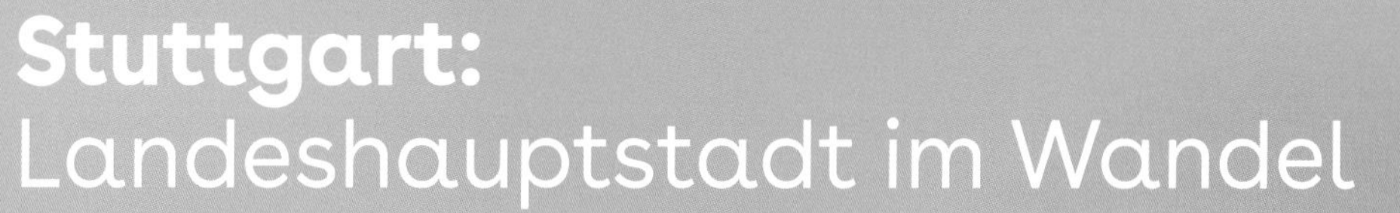

Stuttgart:
Landeshauptstadt im Wandel

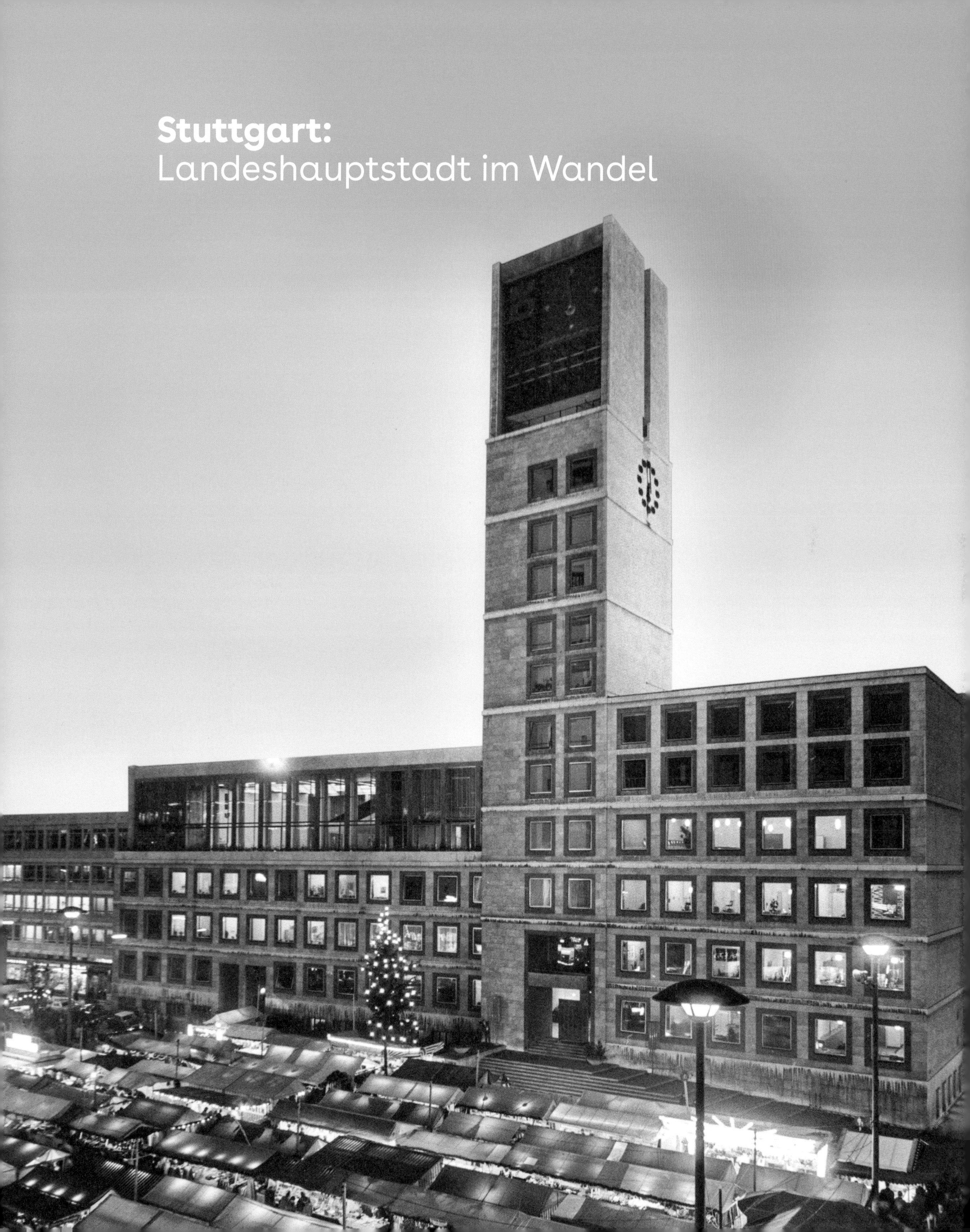

Als Burghard Hüdig 1956 von Essen nach Stuttgart übersiedelte, waren die Schäden des Zweiten Weltkriegs noch allgegenwärtig. Luftangriffe hatten große Teile der Innenstadt in Schutt und Asche gelegt, unzählige Todesopfer gefordert und rund 100.000 Stuttgarter obdachlos gemacht. Wenngleich man die Trümmerbeseitigung acht Jahre nach Kriegsende für abgeschlossen erklärt hatte, blieben die Spuren der alliierten Bomben doch weiterhin an zahlreichen Gebäuden sichtbar – auch an so markanten Monumenten wie dem Neuen Schloss. So stand die Stadtverwaltung unter Bürgermeister Arnulf Klett (1905–1974) nach Kriegsende vor der gewaltigen Aufgabe des Wiederaufbaus. Zu großen Teilen sahen die Stadtplaner von einer Rekonstruktion der zerstörten Bausubstanz und der Verkehrsinfrastruktur ab und entschieden sich stattdessen zur Modernisierung. Allein 1956 konnten etwa mit dem neuen Rathaus, der Liederhalle und dem Fernsehturm drei architektonische Großprojekte der Nachkriegsmoderne vollendet werden. Darüber hinaus unterzog man Teile der Stadt einer kompletten Neustrukturierung. Im Gemeinderat standen die Zeichen auf Umbruch; der Bau einer verkehrsgerechten, effizient strukturierten modernen Großstadt war die Devise: Man blickte nach vorn und erkannte in der großflächigen Ruinenlandschaft die Chance für einen Neubeginn. Eine positive Identifikation mit dem Altbaubestand dagegen war unter den tonangebenden, modernistisch gesinnten Verantwortlichen kaum noch vorhanden. Selbst nur geringfügig

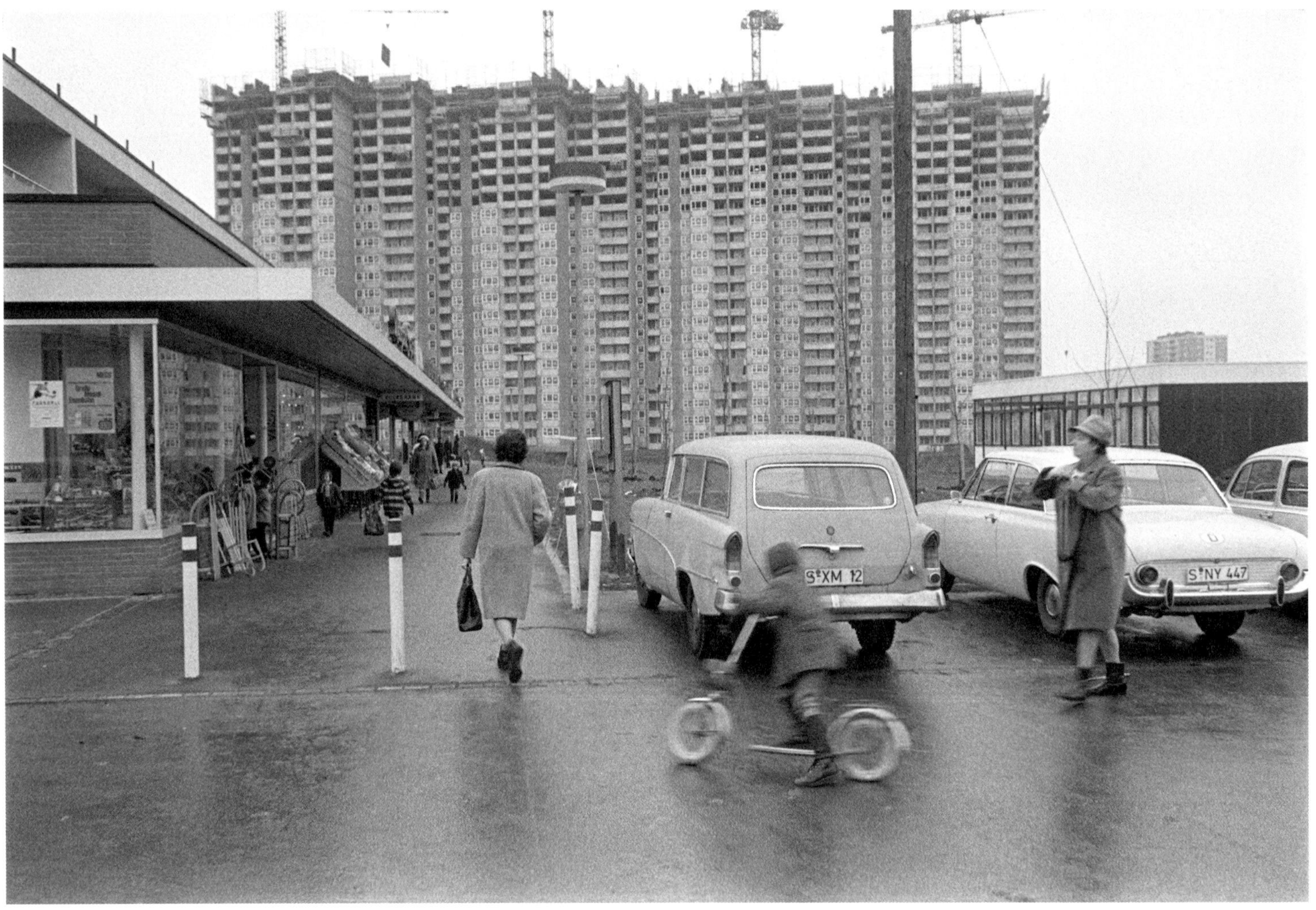

1 Das Julius-Brecht-Hochhaus im Stadtbezirk Mühlhausen während seiner Erbauung. Nach Fertigstellung war es Deutschlands höchstes Wohnhaus. 10. Dezember 1968

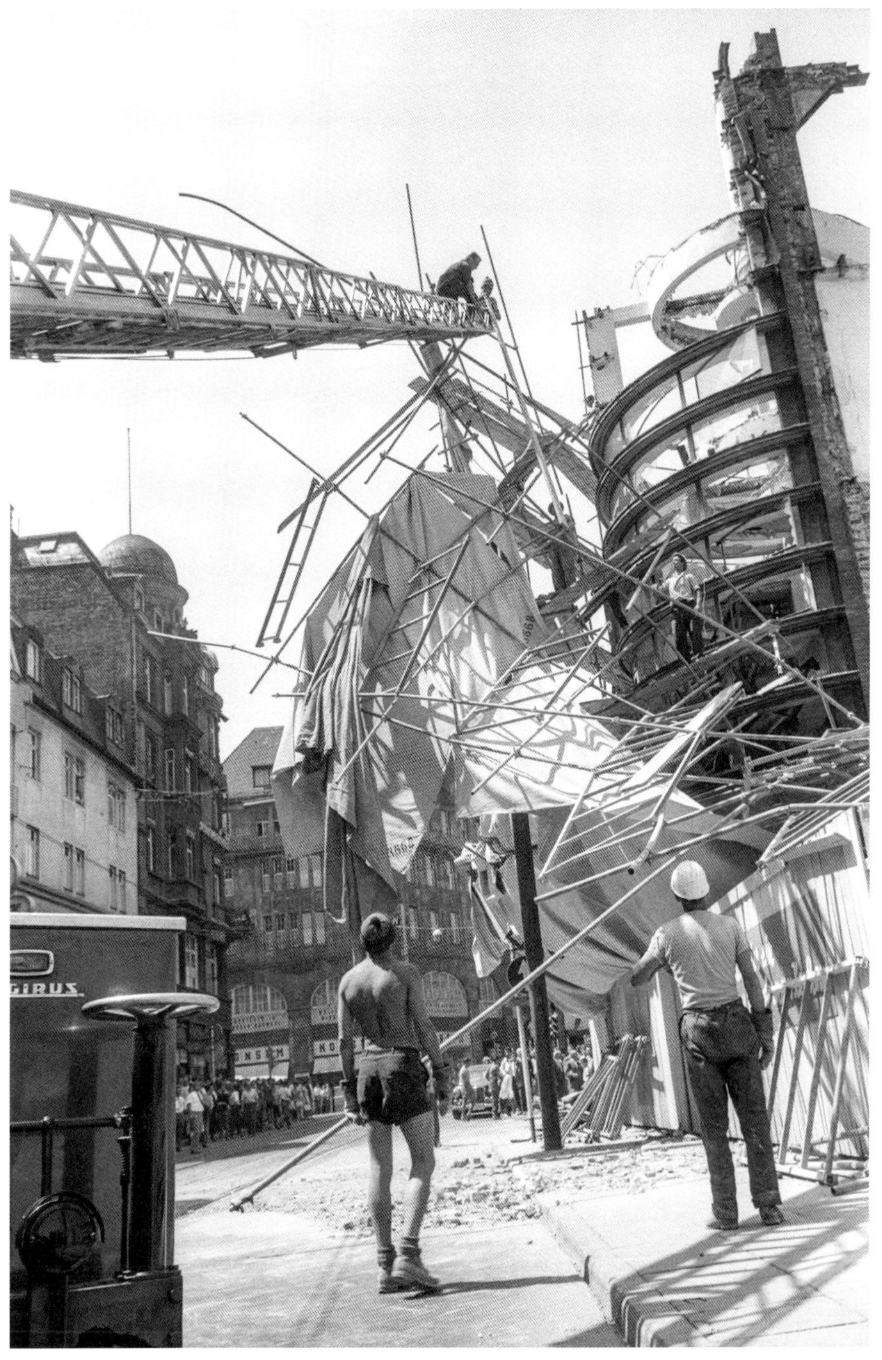

2 Umstrittener Abriss des 1926–1928 von Erich Mendelsohn erbauten Kaufhauses Merkur (ehem. Schocken) an der Eberhardstraße. Juni 1960

beschädigte historische Gebäude wurden im Zuge dessen abgerissen, um Platz für zeitgemäße Zweckbauten, Parkplätze und neue, vielspurige Verkehrsadern zu schaffen. Kritiker konstatieren, dass dem alten Stuttgart in dieser Phase eine zweite, manche sagen, noch gravierendere Welle der Zerstörung wiederfahren sei. Zugleich verwandelte sich die Trümmerlandschaft in eine Vielzahl von Großbaustellen, aus denen in erstaunlicher Geschwindigkeit Neubauten erwuchsen.

Zu den vordringlichsten Bauaufgaben gehörte, neben Krankenhäusern, Schul- und Kirchengebäuden, vor allem die Schaffung von Wohnraum. Denn während Mitte der 1950er Jahre so visionäre Bauten wie der Fernsehturm errichtet wurden – damals der erste seiner Art –, hausten aufgrund der weiterhin bestehenden Wohnungsnot noch immer viele Stuttgarter wie auch Heimatvertriebene in prekären Verhältnissen auf engstem Raum. Dem wirkte man mit unzähligen Bauprojekten entgegen, zu denen auch gigantomanische Hochhaussiedlungen zählten, wie beispielsweise die für 3.000 Bewohner ausgelegte, neu entstandene Wohnstadt Asemwald im Süden der Stadt. Viele dieser primär funktionalen Betonarchitekturen mögen heute als Bausünden wahrgenommen werden und sind in einigen Fällen wiederum vom Abriss bedroht – zur Zeit ihrer Erbauung boten sie allerdings einen vergleichsweise hohen Wohnkomfort und waren entsprechend begehrt, auch wenn sich manche der damaligen Vorzeigeprojekte zu sozialen Brennpunkten entwickelt haben.

Besonders in den ersten beiden Jahrzehnten seiner Stuttgarter Fotografenlaufbahn trat Hüdig als Chronist dieser Transformation der Stadt auf. Er dokumentierte unter anderem Grundsteinlegungen, Baufortschritte und Einweihungen so prägender Bauten wie des 1961 vollendeten Hauses des Landtags. Genauso war er aber auch zugegen, als etwa das Kaufhaus Merkur (ehemals Schocken) 1960 zwecks einer Verbreiterung der Eberhardstraße abgerissen wurde. Während das alte Gebäude des Architekten Erich Mendelsohn mit seinem verglasten runden Treppenturm als besonders gelungenes Beispiel moderner Architektur der 1920er Jahre gegolten hatte, dessen Verlust bis heute beklagt wird, ist sein Nachfolger mit der markanten Hortenkachel-Fassade eher umstritten. Als Relikte der Ära des Wirtschaftswunders kämpfen mittlerweile immer mehr dieser in Serienbauweise errichteten Filialen um ihre Existenz oder stehen bereits leer.

Zu den Opfern des Modernisierungswillens zählt auch das historistische Rathaus. Dessen Turm war im Krieg fast unbeschädigt geblieben, wurde aber zugunsten einer einheitlichen Gesamterscheinung zurückgebaut und mit Steinplatten ummantelt. Die Bagger durften nicht stillstehen: Als man 1972 im historischen Stadtkern unter dem Schillerplatz beim Bau einer Tiefgarage bedeutende archäologische Funde machte, sollten die Bauarbeiten so bald wie möglich fortgeführt werden, sodass kaum Zeit für eine Dokumentation blieb. Einzigartige Spuren der Geschichte gingen in der Folge unwiederbringlich verloren. Ein verstärktes Bewusstsein für Denkmalschutz entwickelte sich erst mit dem Europäischen Denkmalschutzjahr 1975 – zu spät für die Bodenschätze des Schillerplatzes.

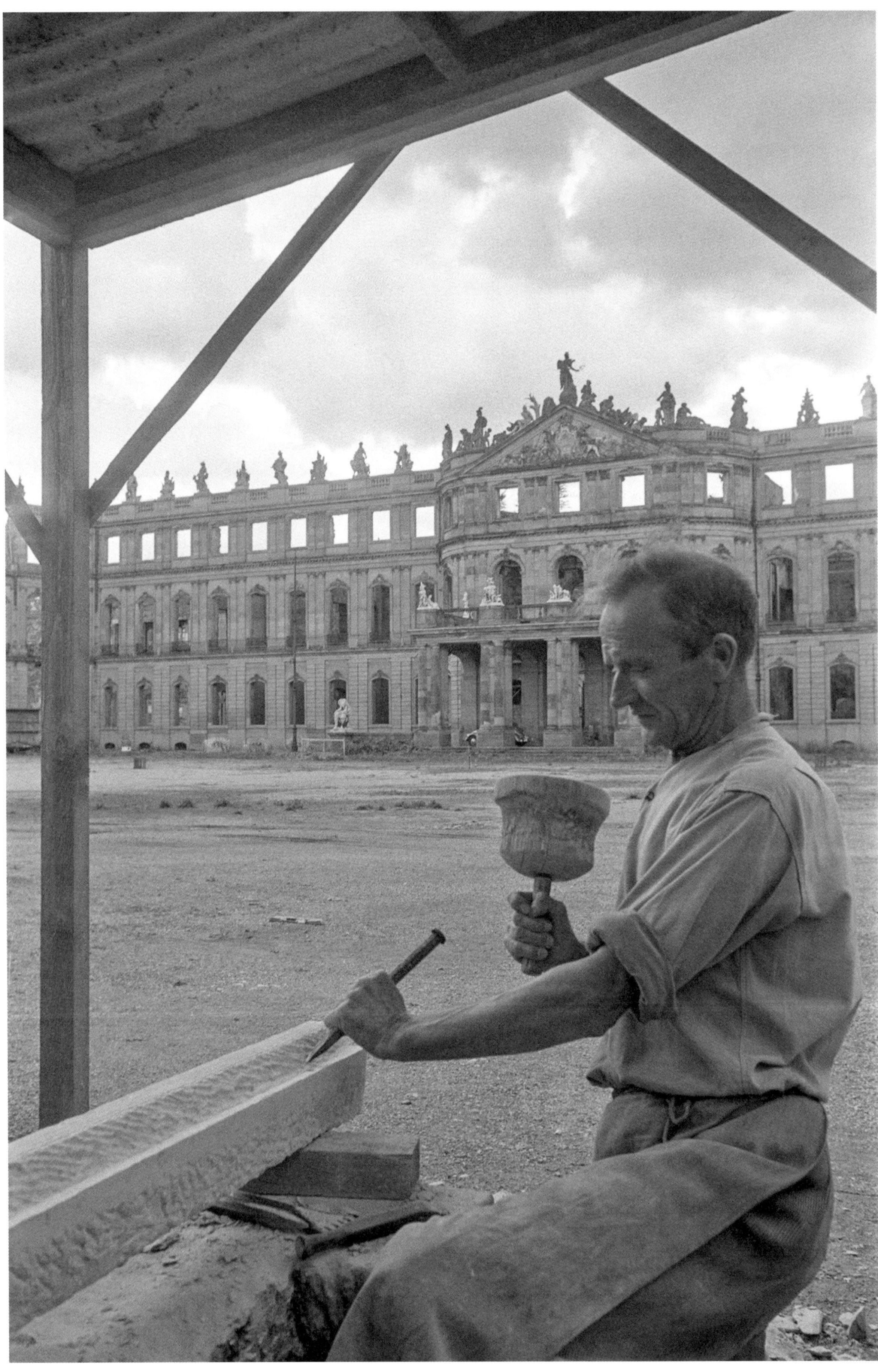

3 Bis zu 100 Steinmetze waren zeitweise in der Bauhütte am Neuen Schloss mit der Rekonstruktion der Fassade beschäftigt. Die innere Struktur besteht v. a. aus modernem Stahlbeton. August 1958

An kaum einem anderen Ort als am Schlossplatz jedoch kann der Widerstreit von Traditionalisten und Modernisten, Bewahrung und Erneuerung so beispielhaft aufgezeigt werden wie hier, im Herzen der Stadt. Dass etwa der Abriss des Neuen Schlosses nach dem Krieg ernsthaft und über Jahre hinweg diskutiert wurde, ist heute kaum mehr vorstellbar. 1944 war auch dieses Gebäude von Bomben getroffen worden und bis auf die Fassadenmauern niedergebrannt. Es bestand bis 1957 als gesicherte Ruine. Verschiedene Konzepte wurden hitzig debattiert: Sie rangierten zwischen dem Abriss etwa zugunsten eines neuen Landtagsgebäudes einerseits, einem veränderten Aufbau mit integriertem Plenarsaal als Kompromiss und der schließlich durchgeführten, zumindest äußerlichen Rekonstruktion des Schlosses auf der anderen Seite. Nach seiner Vollendung im Jahr 1964 ist es zu einem Fixpunkt der Landeshauptstadt geworden.

Gegenüber dem Schloss bildete der Königsbau mit seinen mächtigen Kolonnaden seit 1860 einen prägnanten Gegenpol. Im Krieg ebenfalls stark beschädigt, entschloss man sich auch hier zum Wiederaufbau, der rund 100 Jahre nach dessen erster Errichtung fertiggestellt war.

Zu dessen linker Seite befand sich mit dem in den 1840ern erbauten Kronprinzenpalais ein weiteres beherrschendes Gebäude am Platz, das nach dem Krieg in einem ähnlich beklagenswerten Zustand war. Auch hier wäre eine Wiederherstellung möglich gewesen, doch in diesem Fall hatten die Traditionalisten im Ringen um das Schicksal des Palais das Nachsehen. Trotz heftiger Proteste mussten 1965 die letzten Mauern weichen, um die städteplanerische Idee des Planiedurchbruchs, einer Querspange zwischen Konrad-Adenauer- und Theodor-Heuss-Straße, umzusetzen.

Eine wechselvolle Geschichte und nicht enden wollende Diskussionen nahmen ihren Lauf: Wohl kein anderer Platz der Stadt wurde in wenigen Dekaden derart häufig umgestaltet. Neben dem Buchhaus Wittwer entstanden an Stelle des Kronprinzenpalais Straßentunnelröhren, die mit Betonplatten abgedeckt wurden, welche wiederum den Kleinen Schlossplatz entstehen ließen. Die Lösung stellte sich jedoch aus verschiedenen Gründen als untauglich heraus; die Stuttgarter nahmen die Betonburg kaum an. Als der Tunnelmund 1978 in Richtung Planie versetzt und der Verkehr eine Etage unter die Erde verlegt wurde, verlor die Konstruktion ihre Funktion. Dem regen Straßenbahnverkehr, der lange Jahre zum Schlossplatz und der Königsstraße gehörte, war somit ein Ende gesetzt und die Innenstadt zur großflächigen Fußgängerzone geworden. So beschloss man, die Tunnelöffnung mit einer gut 30 Meter breiten Freitreppe abzudecken – eine Entscheidung, die sich als Glücksgriff herausstellte! Die Treppe entwickelte sich bald zum attraktiven Verweilort mit Aussicht und zum belebten Treffpunkt. 2005 schließlich erhielt der Schlossplatz mit der Eröffnung des gläsernen Kunstmuseums seine heutige Gestalt.

Die Gebrauchsarchitektur der neu entstandenen Stadtquartiere im Stuttgarter Zentrum wie auch an der Peripherie mag heute als einförmig und austauschbar wahrgenommen werden; anders verlief die Entwicklung ausgerechnet im Bereich des Sakralbaus. Vor allem für die 1950er und 1960er Jahre kann, ausgelöst durch einen hohen Bedarf und sprudelnde Kirchensteuereinnahmen, von einem regelrechten Kirchenbauboom gesprochen werden. Die sakralen Neubauten entpuppten sich als architektonisches Experimentierfeld, aus dem einige durchaus gewagte Gebäude in einer expressiven, skulpturalen Formensprache hervorgingen. Der Baustoff Beton ermöglichte frei gestaltete Grundrisse und blieb dabei unverputzt sichtbar, beides Kennzeichen des nun bevorzugten brutalistischen Stils. Entscheidender Impulsgeber für dieses Phänomen war Le Corbusiers Kapelle Notre-Dame-du-Haut von 1950, an die beispielsweise die 1969 errichtete Bruder Klaus Kirche im Stuttgarter Osten sichtbar anknüpft.

Der großen Zahl an Neubauten standen viele kriegsbeschädigte historische Kirchen gegenüber, von denen in der Landeshauptstadt keine einzige originalgetreu wiedererrichtet wurde – so baute man etwa das Innere der ursprünglich dreischiffigen Stiftskirche zu einem pfeilerlosen Kirchenraum um.

Jenseits des Betons ist in den Stuttgarter Park- und Grünanlagen eine kaum weniger dynamische Entwicklung feststellbar. Aus der Vogelperspektive wird das sogenannte Grüne U sichtbar: Eine 61 Hektar große Parkfläche, die sich mit den verschiedenen Bereichen des Schlossgartens vom Stadtzentrum aus über den Rosensteinpark bis hin zum Wartberg und Höhenpark Killesberg erstreckt. Ausbau und Verbindung der Grünflächen sind Ergebnis mehrerer Gartenschauen mit jeweils eigenen räumlichen Schwerpunkten (1950 Deutsche Gartenschau, 1961 und 1977 Bundesgartenschau, 1993 Internationale Gartenbauausstellung und BUGA).

Das Gelände auf dem Killesberg, ehemals als Steinbruch genutzt, war bereits 1939 im Rahmen der Reichsgartenschau zum Park umgestaltet worden. Zu Kriegszeiten 1941–1942 befand sich hier

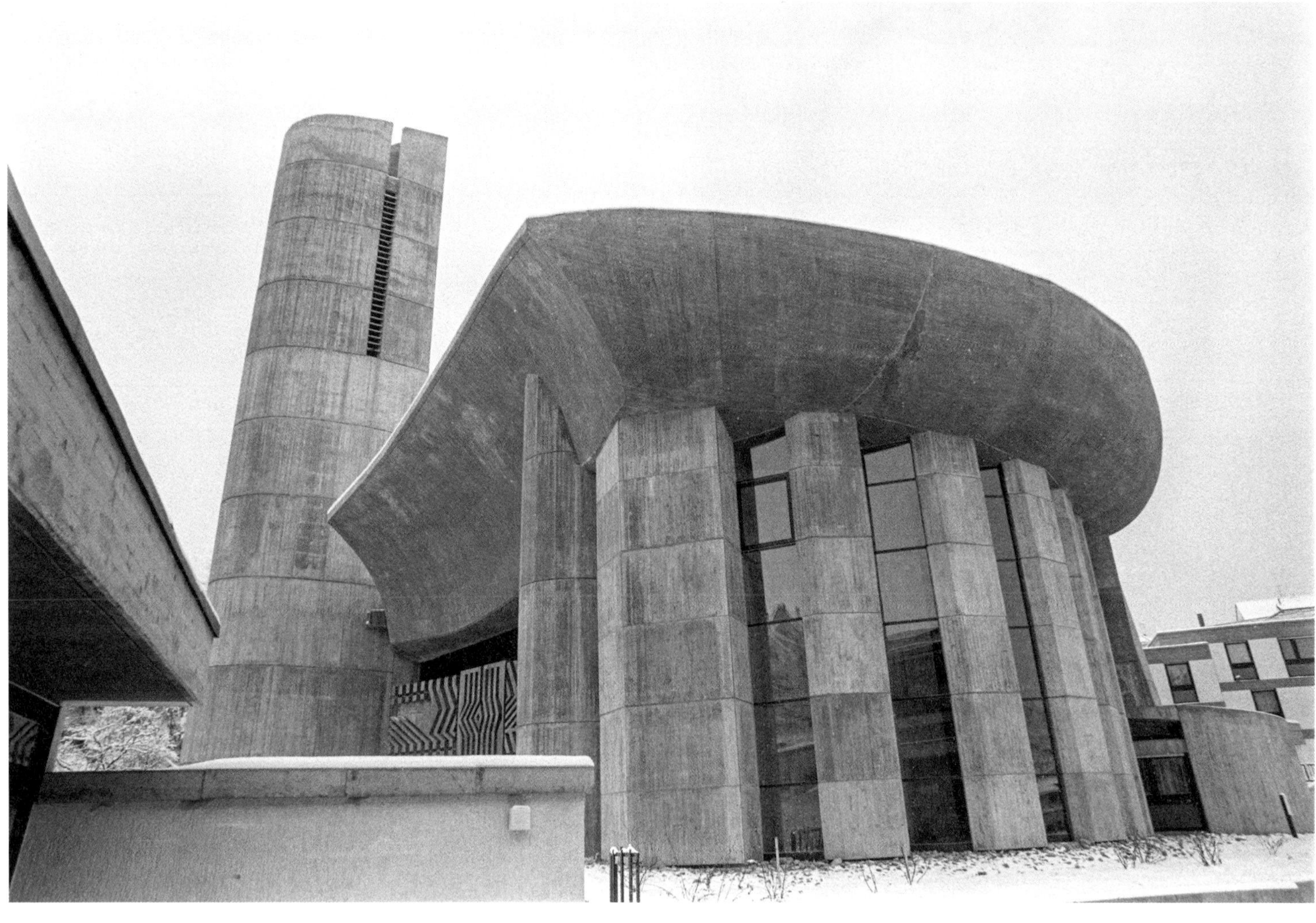

4 Bruder Klaus Kirche im Stuttgarter Osten. Le Corbusier ist als Vorbild der geschwungenen Sichtbetonarchitektur unverkennbar.
20. Dezember 1969

ein Sammellager, von dem aus mehr als 2.000 jüdische Mitbürger in Konzentrationslager deportiert und damit in den Tod geschickt wurden. Ein 1962 errichteter Gedenkstein erinnert heute an dieses Verbrechen.

Durch die Bundesgartenschauen 1961 und 1977 wurden dann zunächst der Obere und Mittlere, dann der Untere Schlossgarten umgestaltet, aufgewertet und die Grünflächen verbunden – mit bis heute anhaltender Wirkung. Der vormals ovalförmige Theatersee wurde zum Eckensee transformiert und der nebenan anschließende historische Rosengarten eingeebnet; im nördlichen Bereich entstand die bis heute beliebte, von organisch geformten Seen durchzogene Parklandschaft mit den kegelförmigen *Berger Sprudlern*. Anlässlich der IGA gelang schließlich die Vollendung des Grünen U, indem eine Verbindung zwischen Killesberg und Rosensteinpark geschaffen wurde.

In direkter Nachbarschaft befindet sich die Wilhelma, einer der artenreichsten zoologischen Gärten und der einzige Landeszoo Deutschlands. Eine Besonderheit sind aber die historischen Gebäude nach dem Vorbild der Alhambra, die auf König Wilhelm I. (1781–1864) zurückgehen. Dieser hatte nach der Entdeckung der Stuttgarter Mineralquellen zunächst den Bau eines Badhauses geplant, bevor das Vorhaben um Wohn- und Festgebäude sowie Gewächshäuser erweitert wurde. Nachdem die Bomben des Zweiten Weltkriegs große Schäden hinterlassen hatten, wurde der Park 1949 für die Allgemeinheit geöffnet. Doch bis sich die Idee eines Tiergartens durchsetzte, vergingen noch Jahre: Erst 1961 genehmigte der Landtag den Ausbau der Wilhelma zum Zoo. Nicht gerettet wurde dabei unter anderem der Maurische Festsaal, das größte Gebäude aus dem Bauensemble des 19. Jahrhunderts, das trotz Widerstands noch im selben Jahr abgetragen wurde.

5 Bundesgartenschau im Unteren Schlossgarten. Mit der Seenlandschaft und den sogenannten „Berger Sprudlern" hat die BUGA bleibende Spuren hinterlassen.
28. Juli 1977

Über fast fünf Jahrzehnte begleitete Burghard Hüdig mit seiner Kamera die Entwicklung Stuttgarts, seit der abriss- und baufreudigen Nachkriegszeit bis in die 1990er Jahre. In einer Phase, in der sich das Gesicht der Stadt und damit auch ihr Charakter erheblich wandelte, war er Augenzeuge der wichtigsten Meilensteine in deren Entwicklung. Die Arbeiten des Fotojournalisten liefern uns anschauliche Motive, um die Geschichte der Landeshauptstadt auch bildlich nachzuvollziehen.

Maren Volk

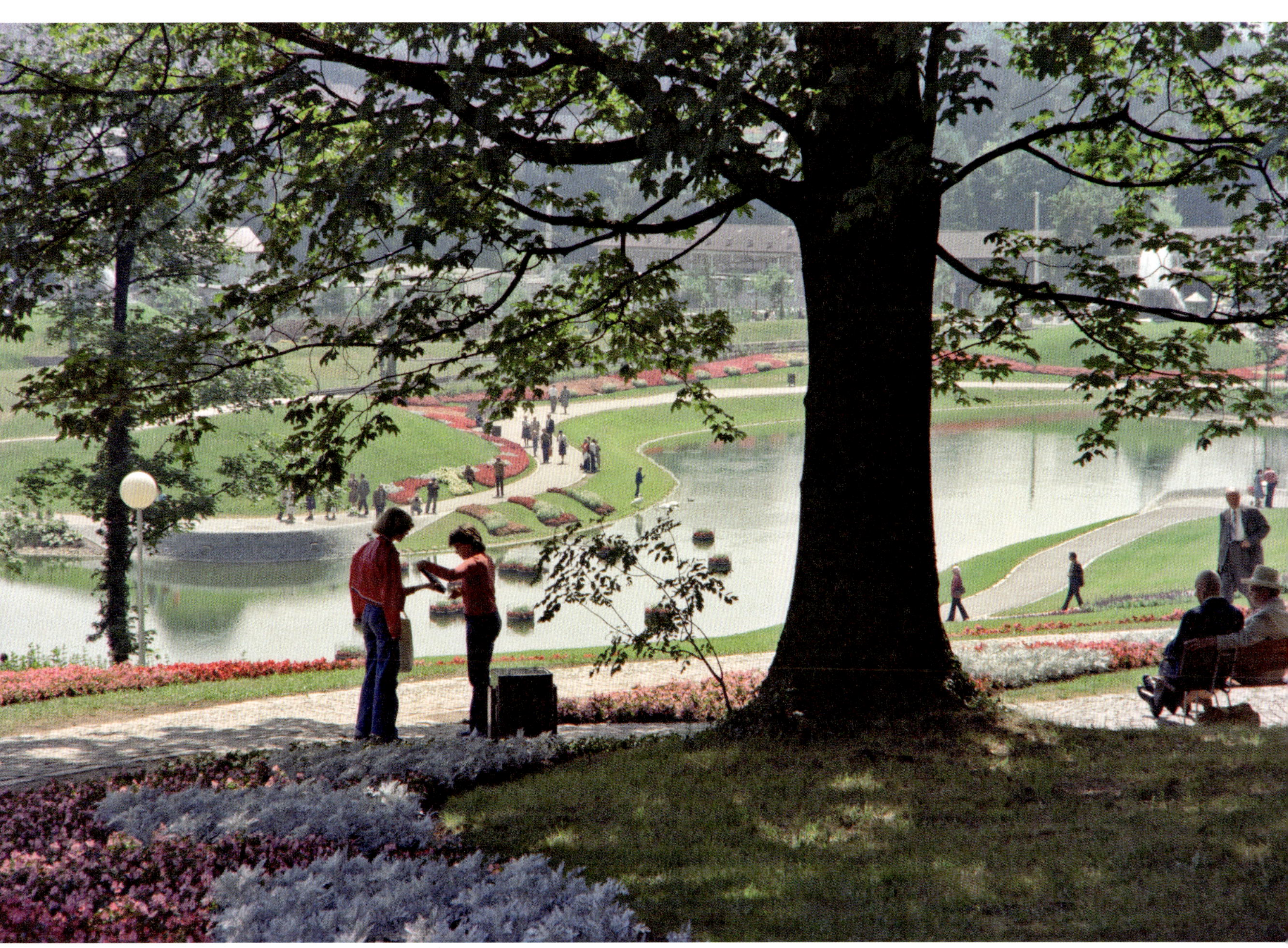

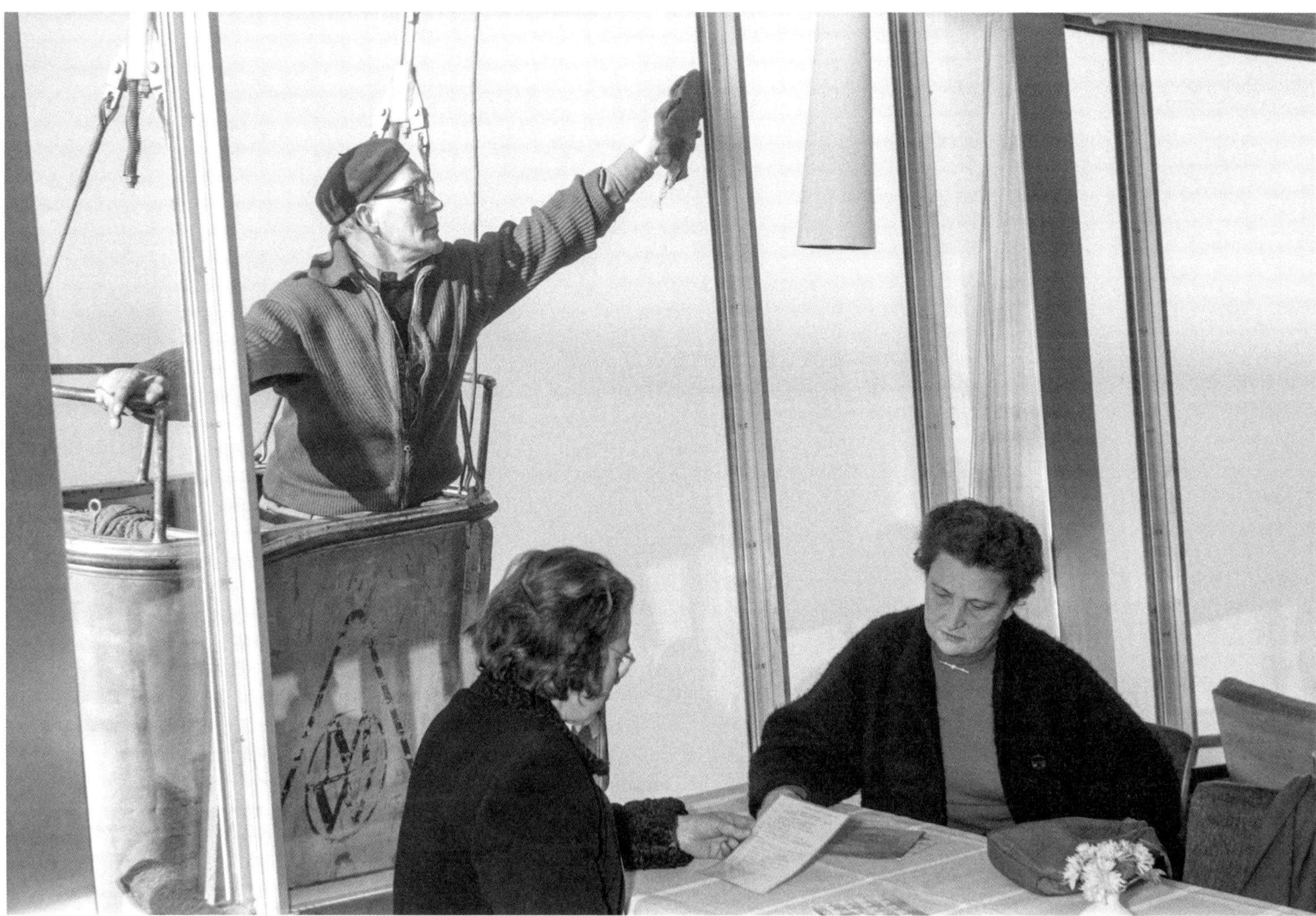

6 Fensterputzer am neu erbauten Fernsehturm: Zunächst umstritten, entwickelte er sich bald zum Wahrzeichen der Stadt und Prototyp für Sendetürme weltweit.
9. November 1956

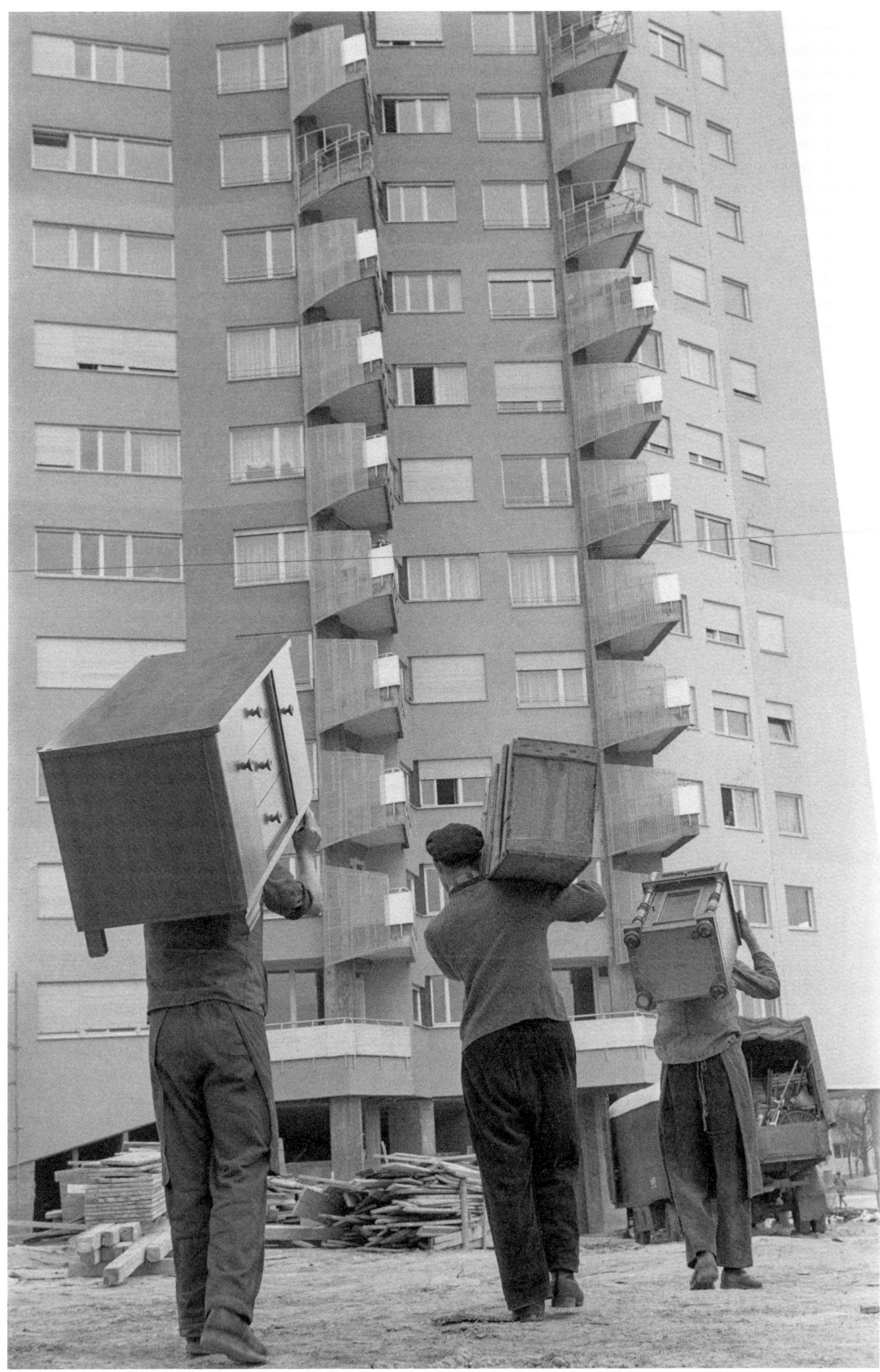

7 Einzug ins neu errichtete Wohngebäude „Romeo" in Stuttgart-Rot: Mit seinem Pendant „Julia" gehört es zu den ersten Hochhäusern Stuttgarts nach 1945. 15. März 1957

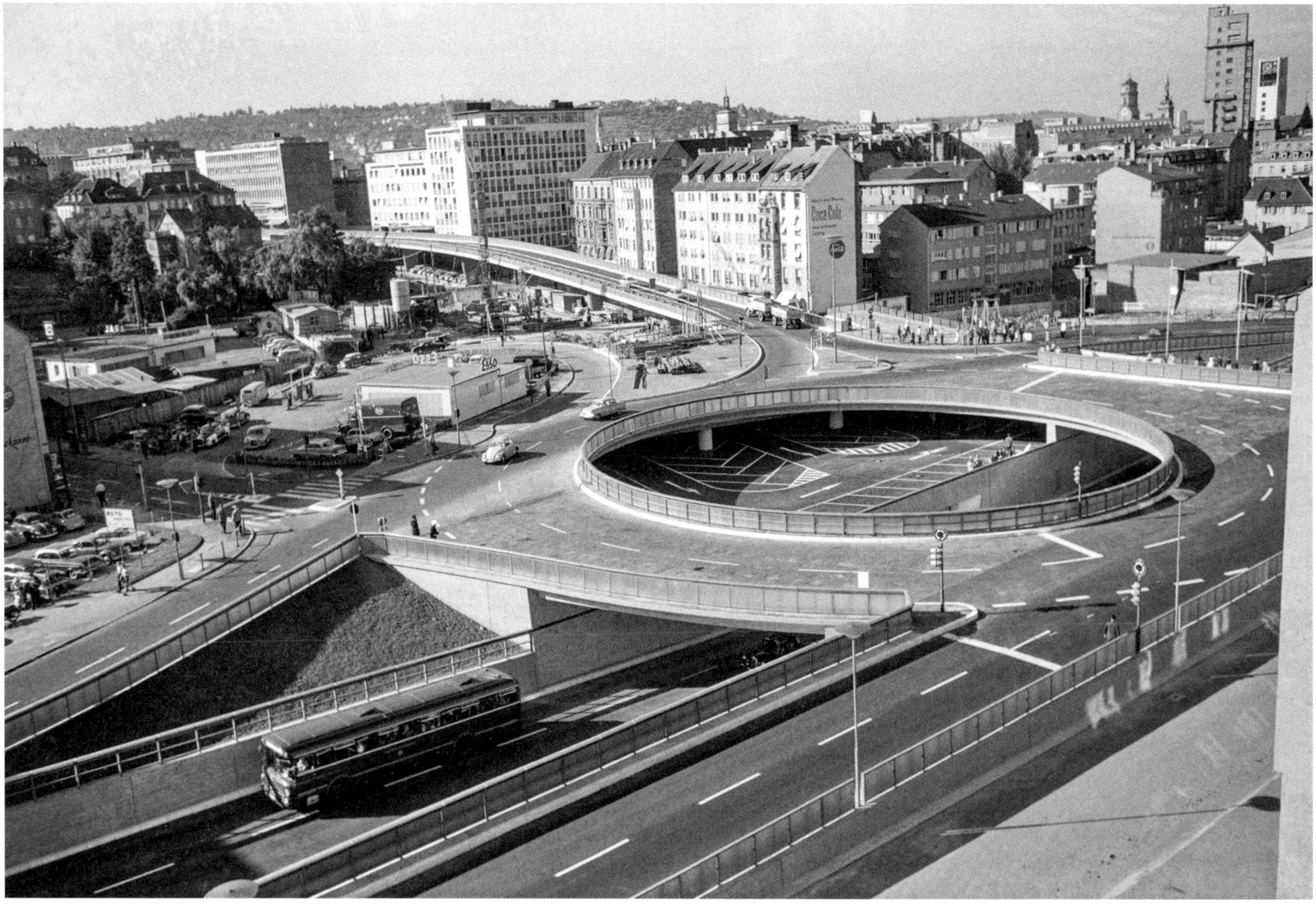

8 Inbegriff der autogerechten Stadt: Der Österreichische Platz kurz nach seiner Fertigstellung. Heute werden vermehrt Maßnahmen zur Aufwertung dieses „Unortes" getestet.
Herbst 1961

9 Blick auf den Stuttgarter Hauptbahnhof und die nächtliche Stadtsilhouette.
Dezember 1961

10 Das Rathaus: 1956 an der Stelle des stark beschädigten Vorgängerbaus errichtet, wobei dessen kaum zerstörter Turm integriert und ummantelt wurde.
Dezember 1961

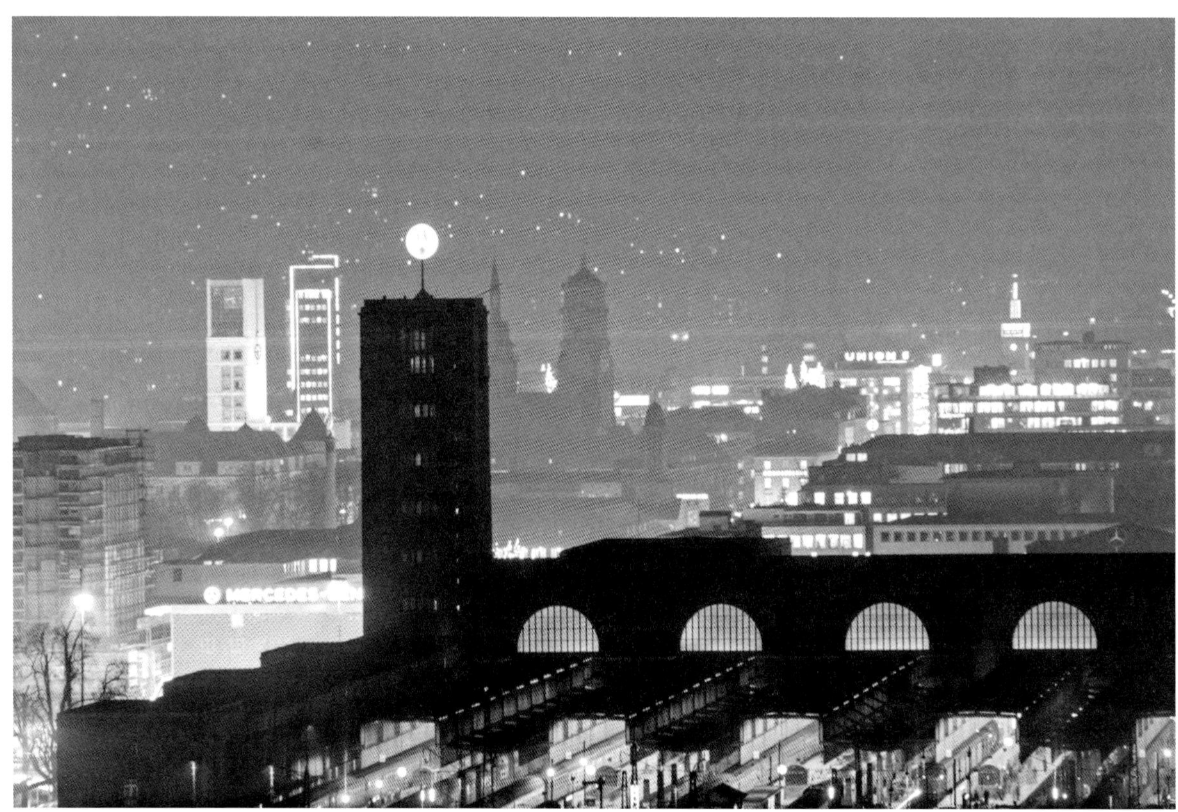

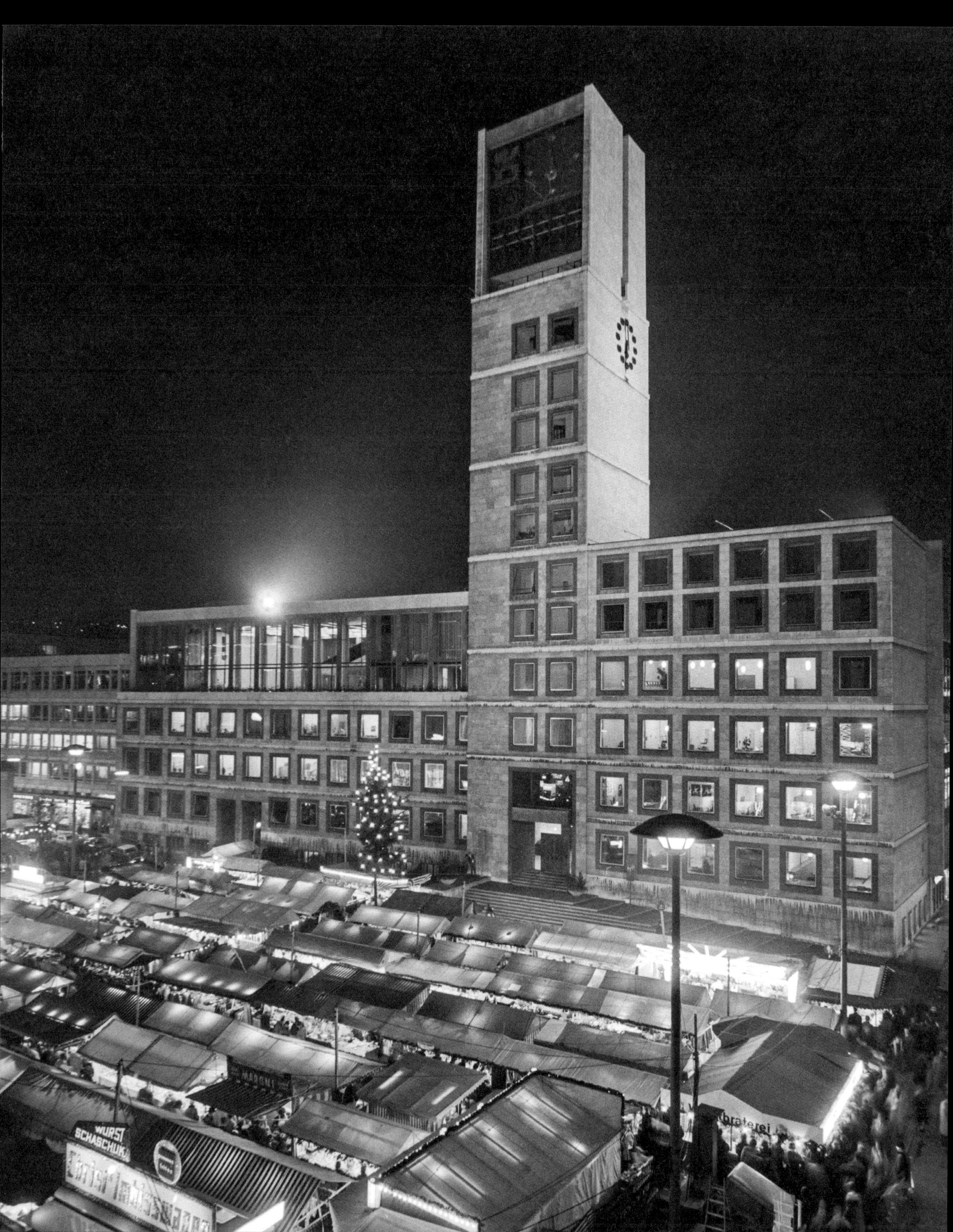
WURST
SCHASCHUK
MARONI

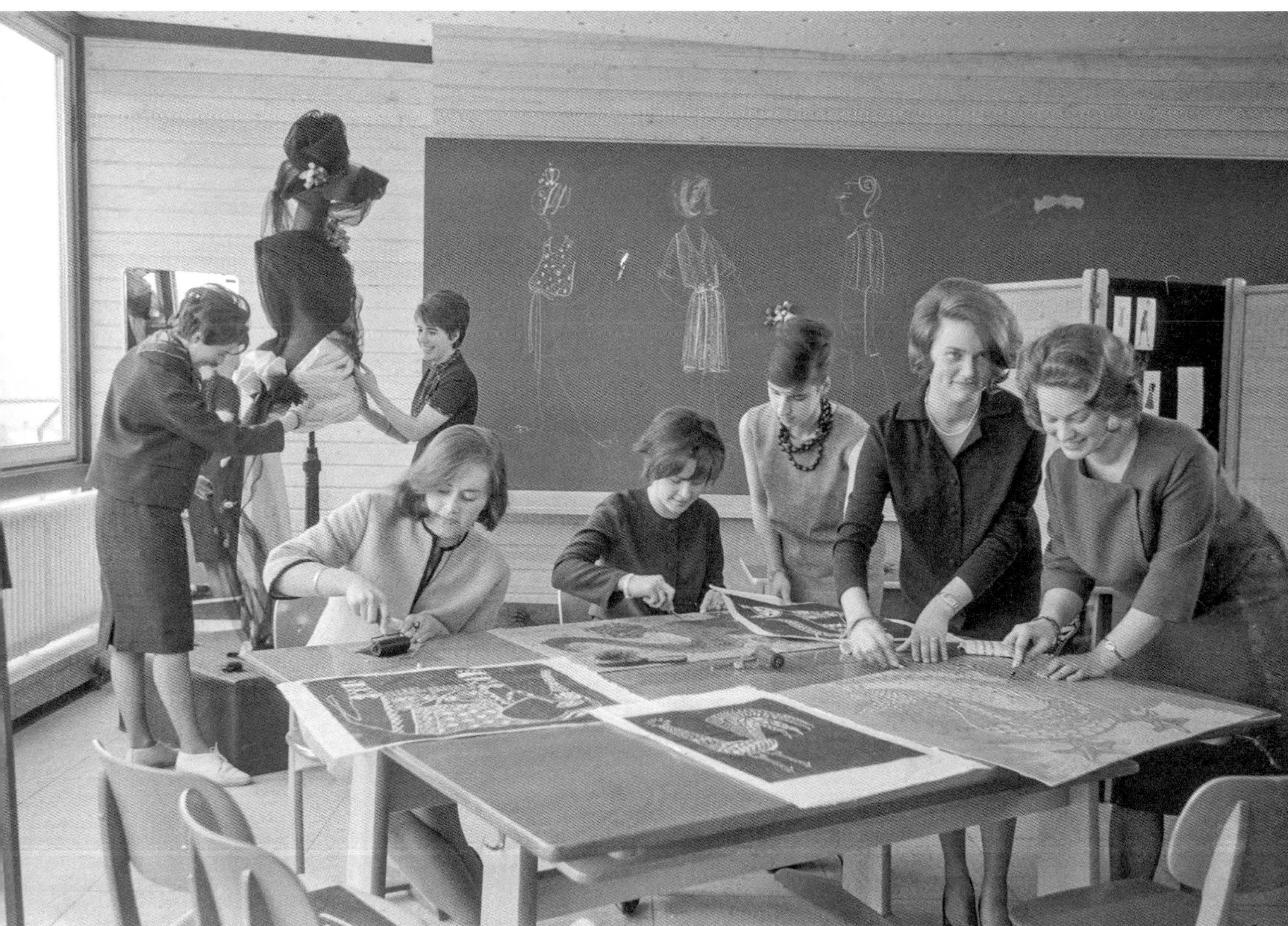

11 Vorbereitung auf die Ehe: Der Neubau der Frauenarbeits- und -fachschule gewerblicher Richtung in Stuttgart West wird eingeweiht.
15. März 1962

Aufschwung eines alten Handwerks

Dutzende Zuschauer haben sich in Sonntagskleidung in der rußigen, vom Schmelzofen erhitzten Werkstatt der Stuttgarter Glockengießerei Heinrich Kurtz versammelt. Es sind Gemeindeglieder der Fellbacher Johanneskirche, die gekommen sind, um der Geburt ihres neuen Geläuts beizuwohnen. Die Anspannung ist spürbar, entscheidet sich doch in den nächsten Momenten, ob sich die harte Arbeit der vorherigen Monate gelohnt hat. Zugleich hat der Guss den Charakter eines feierlichen Rituals: Traditionell wird der Ablauf mit dem Gebet eines Geistlichen eingeleitet, bevor der Meister den Zapfen des Schmelzofens ausstößt und die 1.100 Grad heiße Bronze durch die gemauerten Gusskanäle nacheinander in die eingegrabenen Hohlformen fließt.

Nach dem Zweiten Weltkrieg stieg der Bedarf an Kirchenglocken für etwa zwei Jahrzehnte stark an: Zu Kriegszwecken eingeschmolzene Glocken mussten ersetzt, zerstörte Kirchen wiederaufgebaut und zahlreiche Neubauten errichtet werden. Doch egal wie futuristisch manches Kirchengebäude der Nachkriegsjahrzehnte erscheinen mag, die Anfertigung der Glocken bleibt weiterhin reines Handwerk, an deren archaisch wirkenden Prozessen sich seit Jahrhunderten wenig verändert hat.

Die Glockengießerei Kurtz war bereits 1690 in Reutlingen gegründet, und 1803 nach Stuttgart verlegt worden. Als Familienunternehmen geführt, baute die Nachkriegsgeneration die im Krieg beschädigte Werkstatt 1947 wieder auf und goss, bis der Betrieb 1962 schließlich eingestellt wurde, 3.650 Glocken – mehr als alle vorherigen Generationen zusammen. Zu den größten Aufträgen gehörten fünf neue Glocken für das Ulmer Münster; auch das Glockenspiel im Stuttgarter Rathausturm stammt von Kurtz.

Heute sind deutschlandweit nur noch sechs Glockengießereien aktiv. Der Kurtzsche Firmensitz in der Stuttgarter Heusteigstraße ist längst verschwunden.

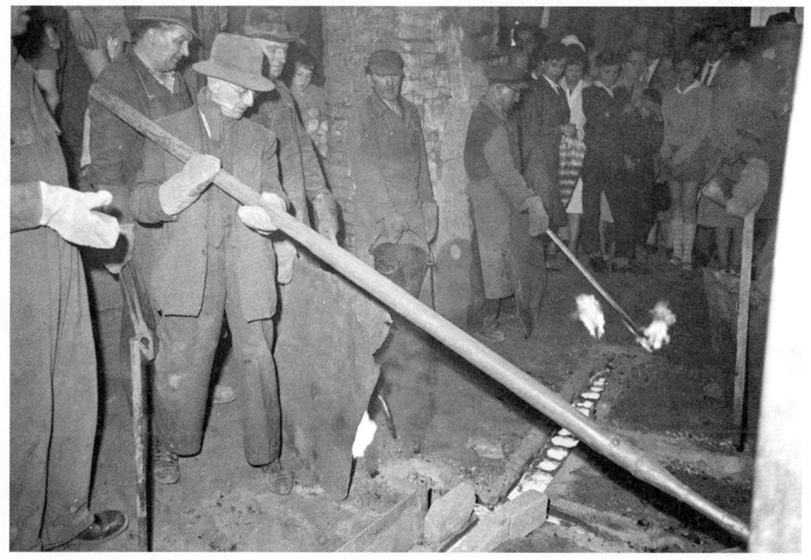

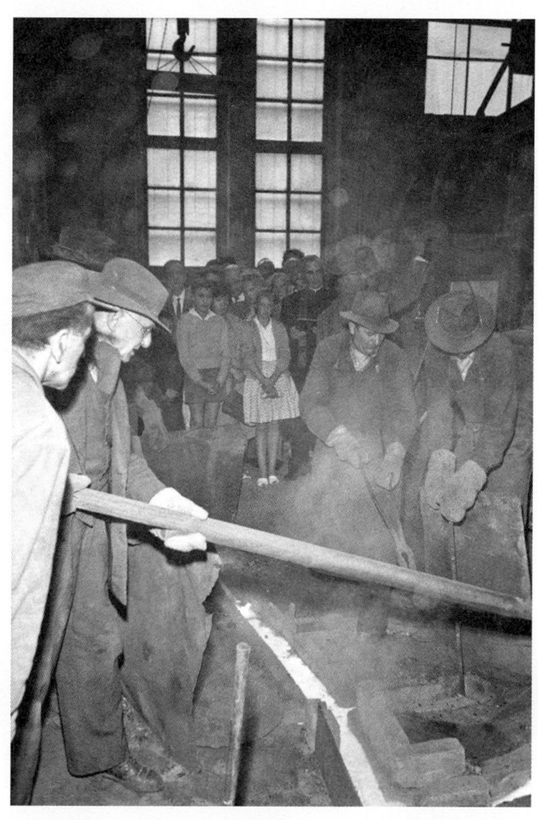

12 Höchste Konzentration in der Stuttgarter Glockengießerei Heinrich Kurtz: Unter den Augen der versammelten Gemeindeglieder und kontrolliert durch den Gussmeister läuft die flüssige Bronze in die eingegrabenen Formen. Über die Windpfeifen entweicht heiße Luft aus den sich füllenden Hohlräumen, Gase werden abgefackelt.
9. Juni 1961

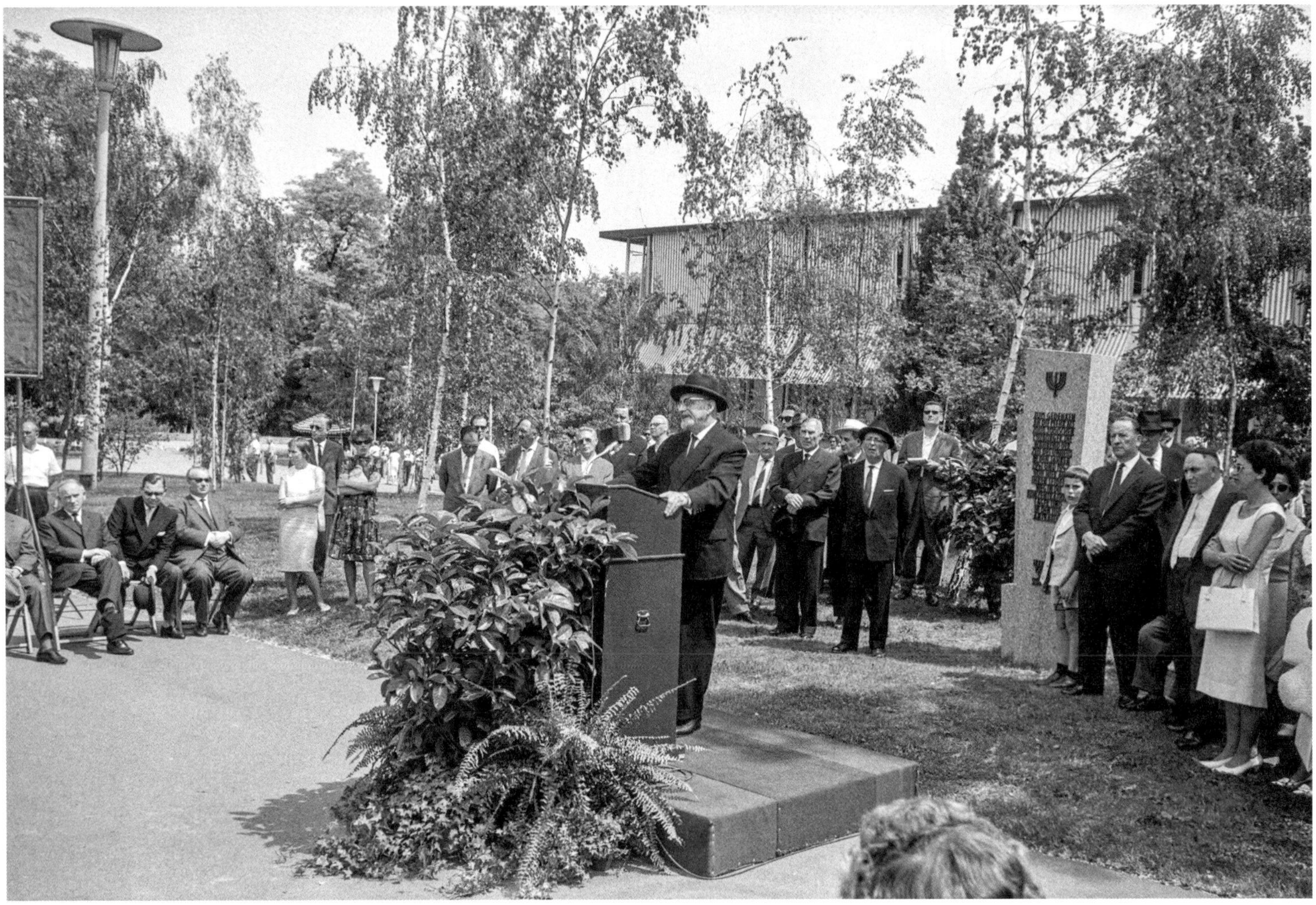

13 Enthüllung eines Gedenksteins auf dem Killesberg zur Erinnerung an die von dort aus deportierten jüdischen Mitbürger, am Rednerpult Landesrabbiner Fritz Bloch.
24. Juni 1962

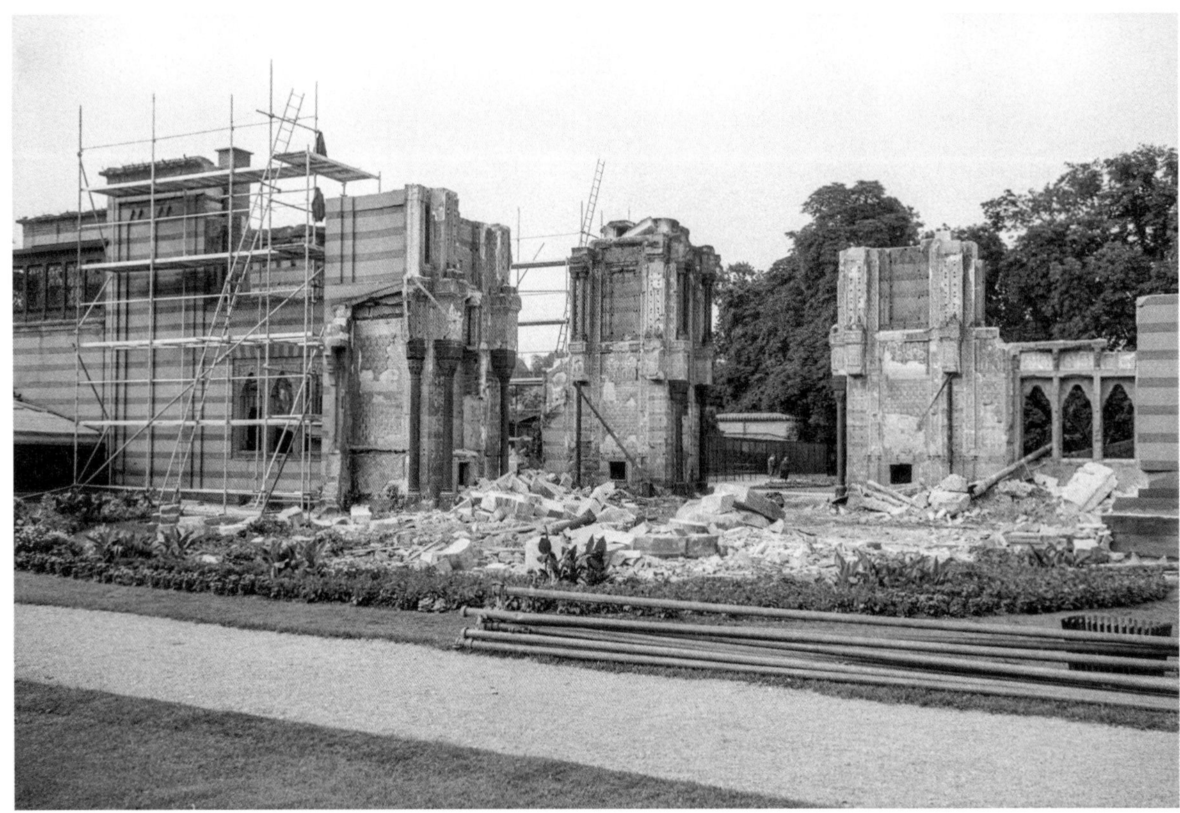

14 Abbruch des kriegsgeschädigten sog. Maurischen Festsaals in der Wilhelma (erbaut 1851), an dessen Stelle kurz darauf der Terrarienbereich entstand.
Juli 1962

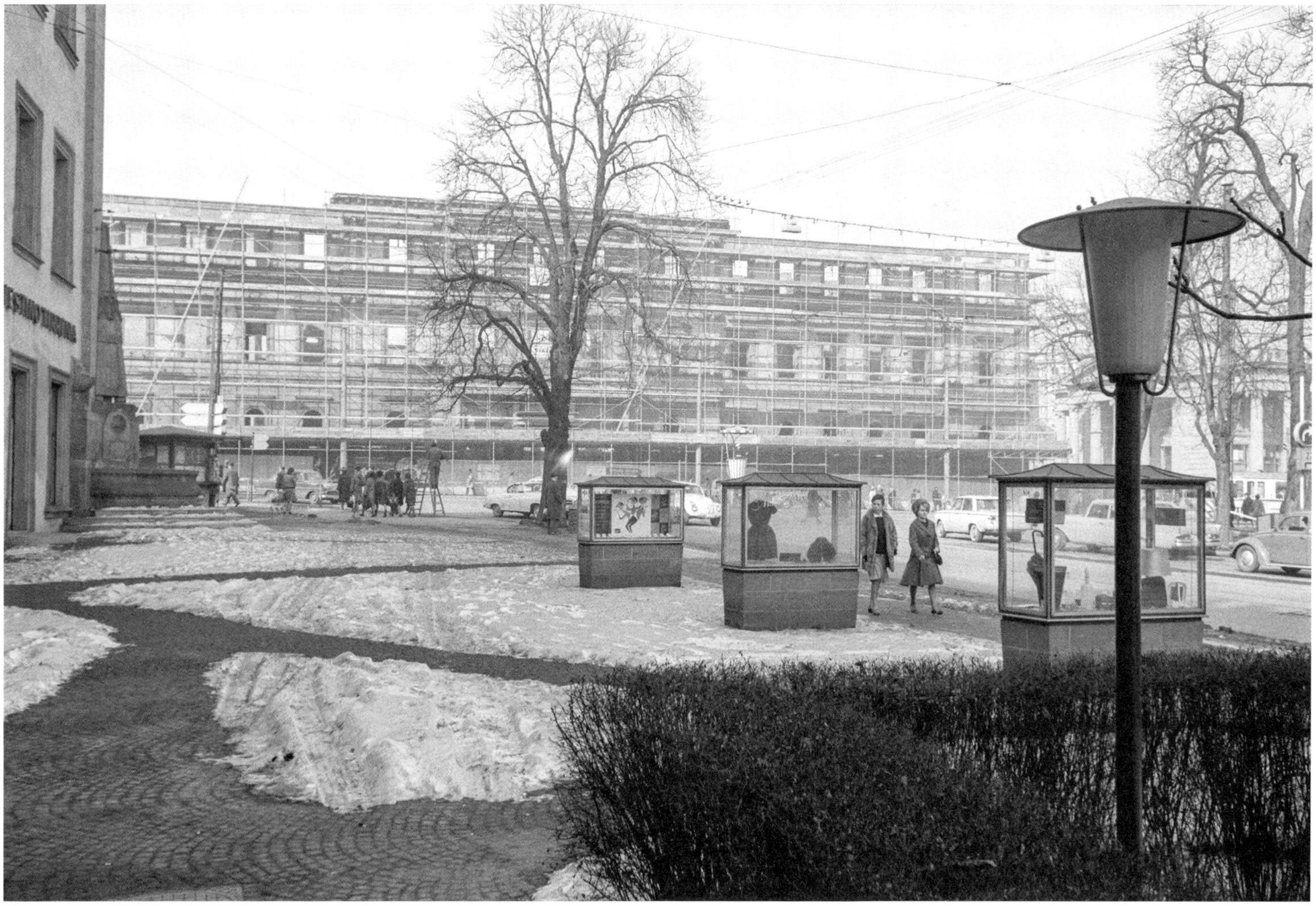

15 Das Kronprinzenpalais (erbaut 1846–1850) am Schlossplatz vor dem Abriss. Heute befinden sich hier das Buchhaus Wittwer-Thalia und das Kunstmuseum.
6. März 1963

16 Anlieferung einer Rolltreppe am Charlottenplatz: Nach fast sechsjähriger Bauzeit entstand hier mit acht Stadtbahnlinien und zwei kreuzenden Bundesstraßen einer der wichtigsten Verkehrsknotenpunkte der Stadt.
23. Januar 1967

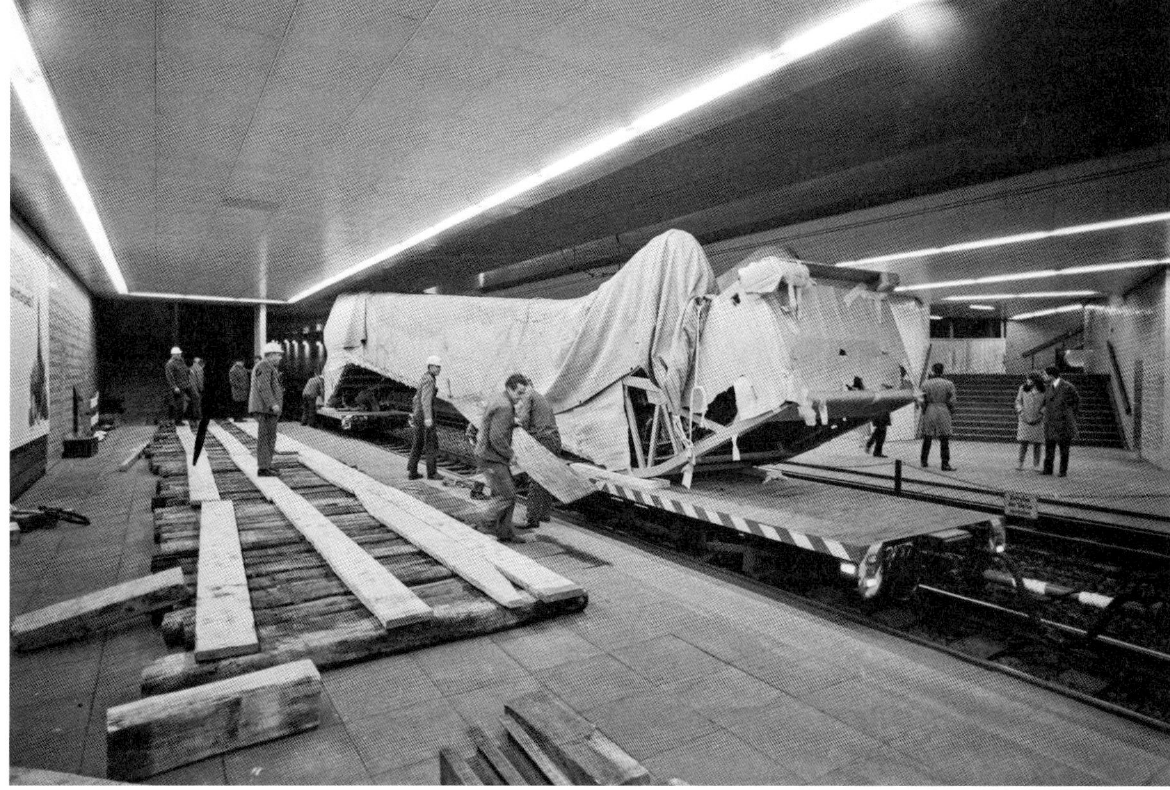

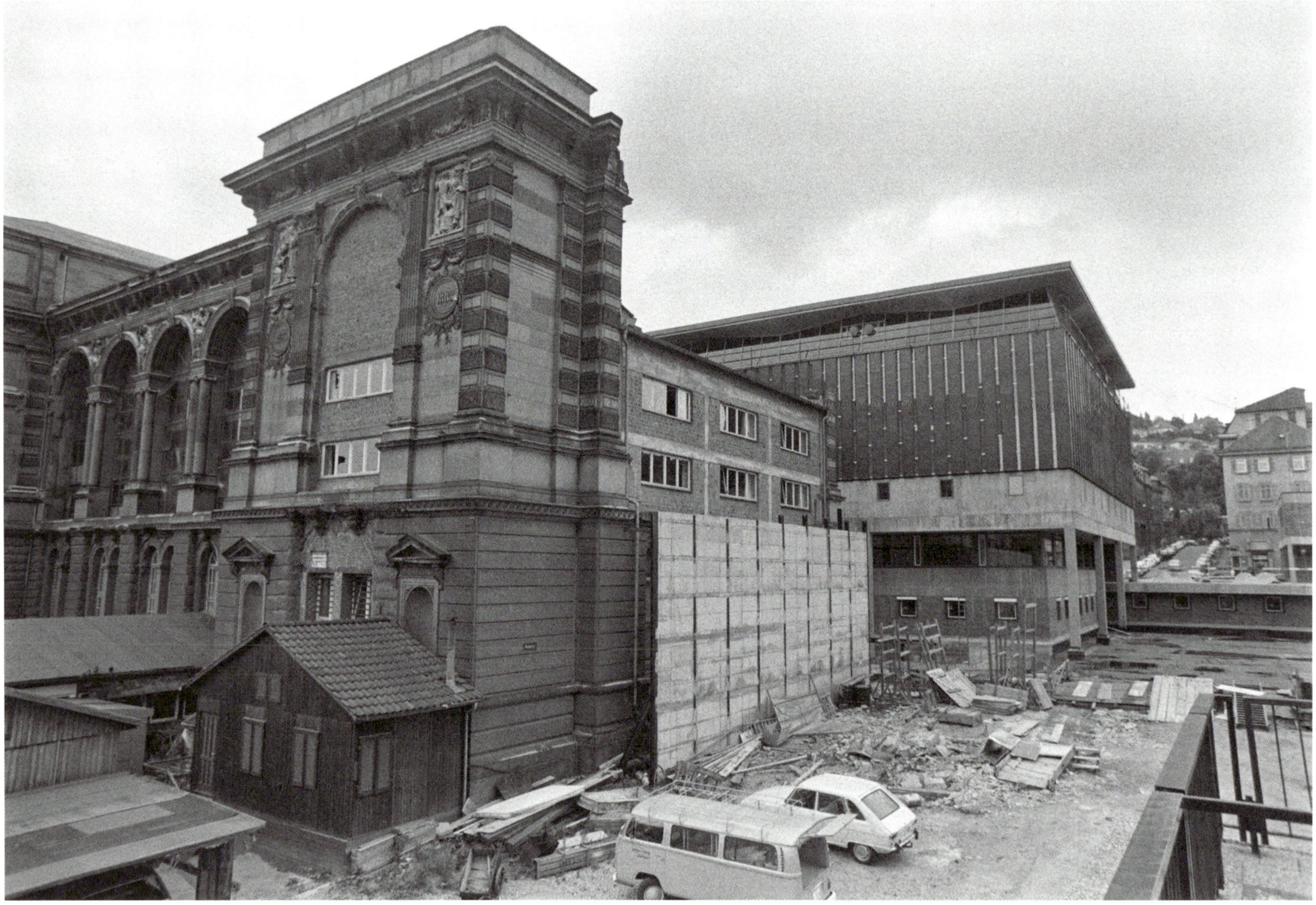

17 Alt und Neu: Nachdem das im Zweiten Weltkrieg ausgebrannte Gebäude der Württembergischen Landesbibliothek von 1886 zunächst wiederhergestellt worden war, folgte schließlich doch dessen Abbruch.
15. Juli 1970

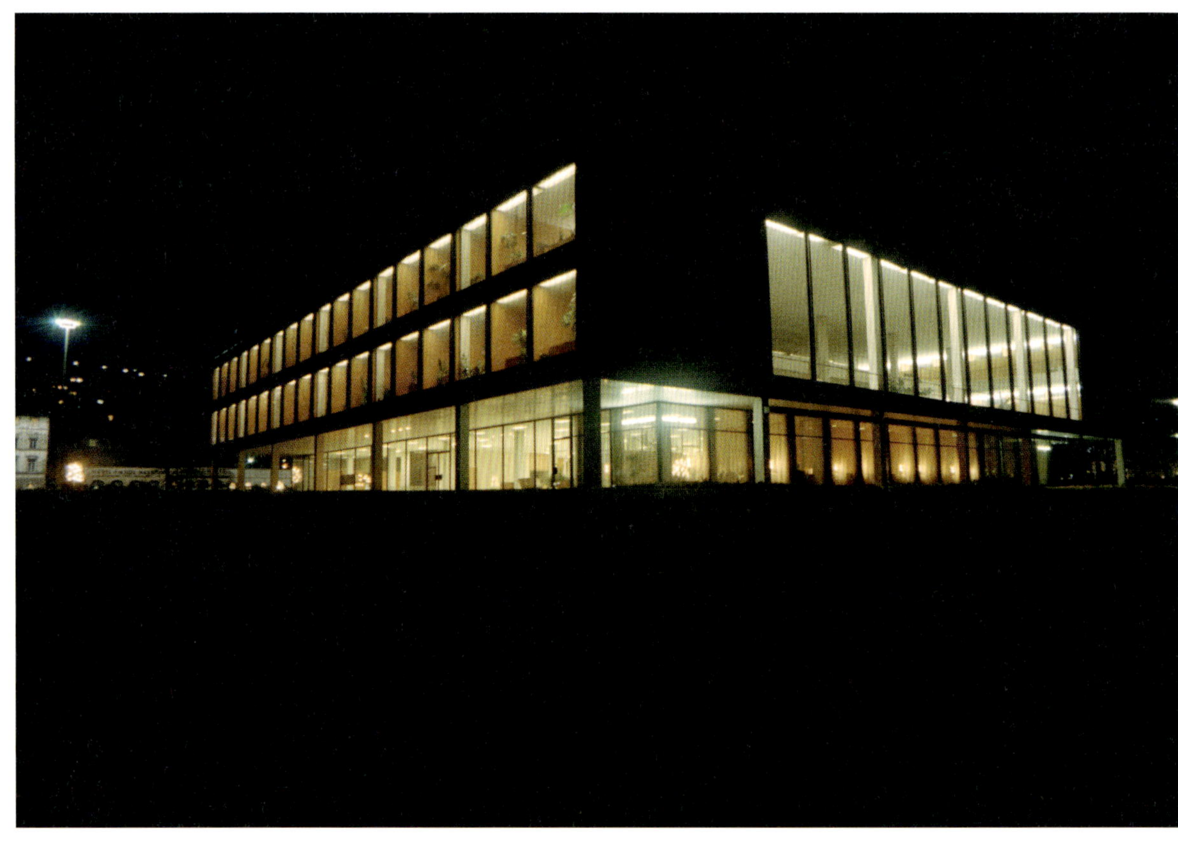

18 Das Landtagsgebäude bei Nacht – geradlinig und transparent gehört der 1961 eingeweihte Bau zu Stuttgarts markantesten Baudenkmälern der Nachkriegszeit.
März 1972

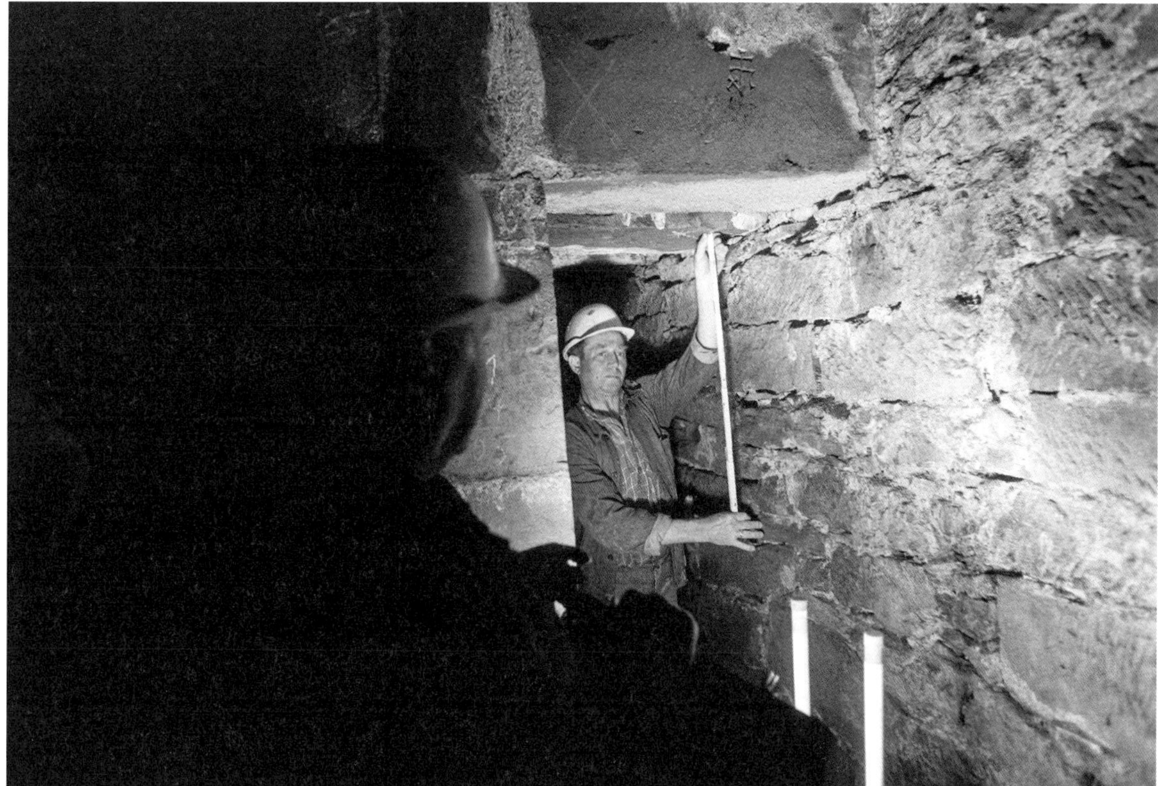

19 Beim Bau einer Tiefgarage unter dem Schillerplatz stößt man auf mittelalterliche Fundamente. Um den Baufortschritt nicht zu verzögern wird auf eine archäologische Untersuchung und Auswertung weitgehend verzichtet.
9. Juli 1972

20 Sichtbeton und eine moderne Formensprache sind tonangebend im neuen Schwesternschulheim des Marienhospitals.
September 1972

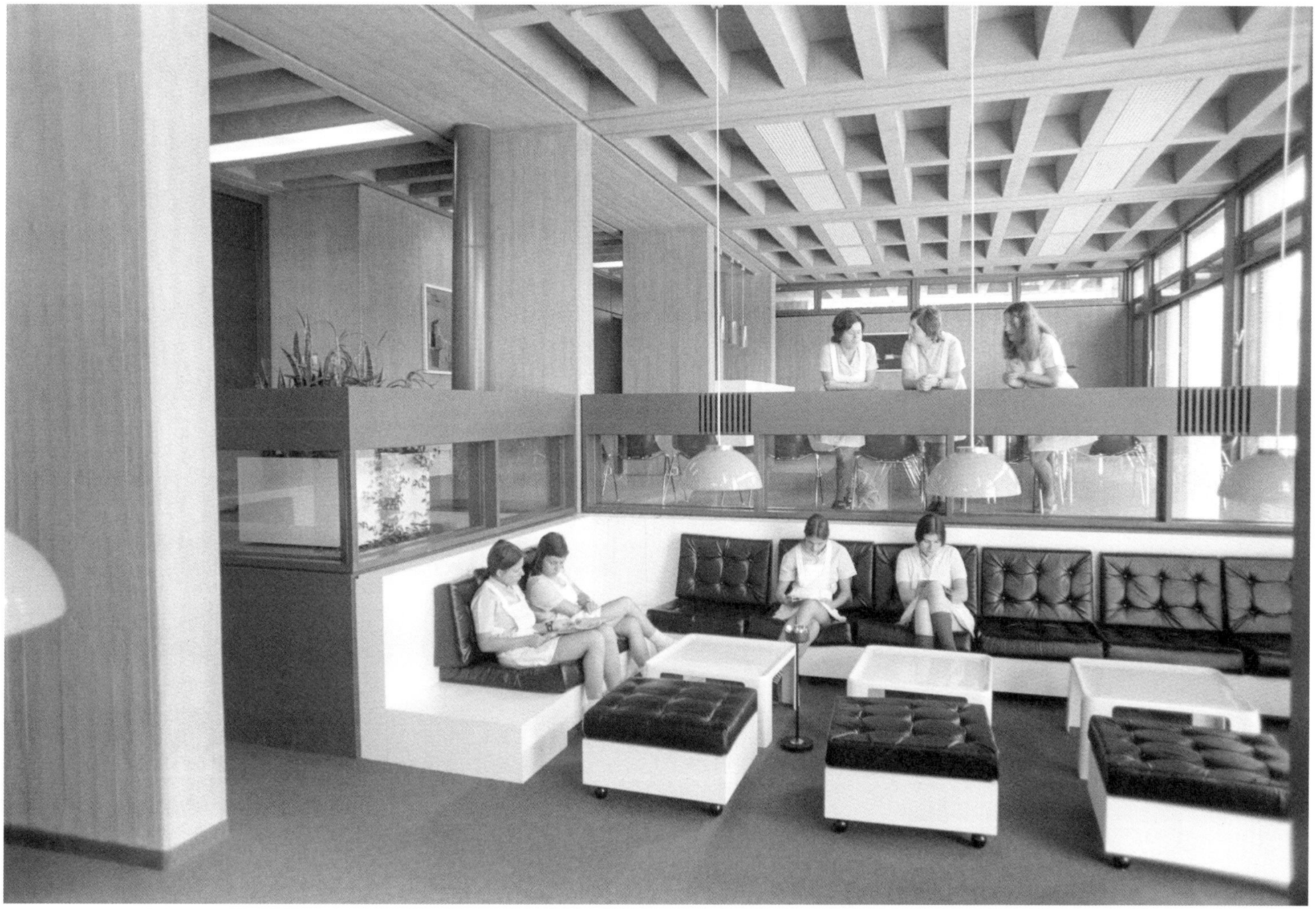

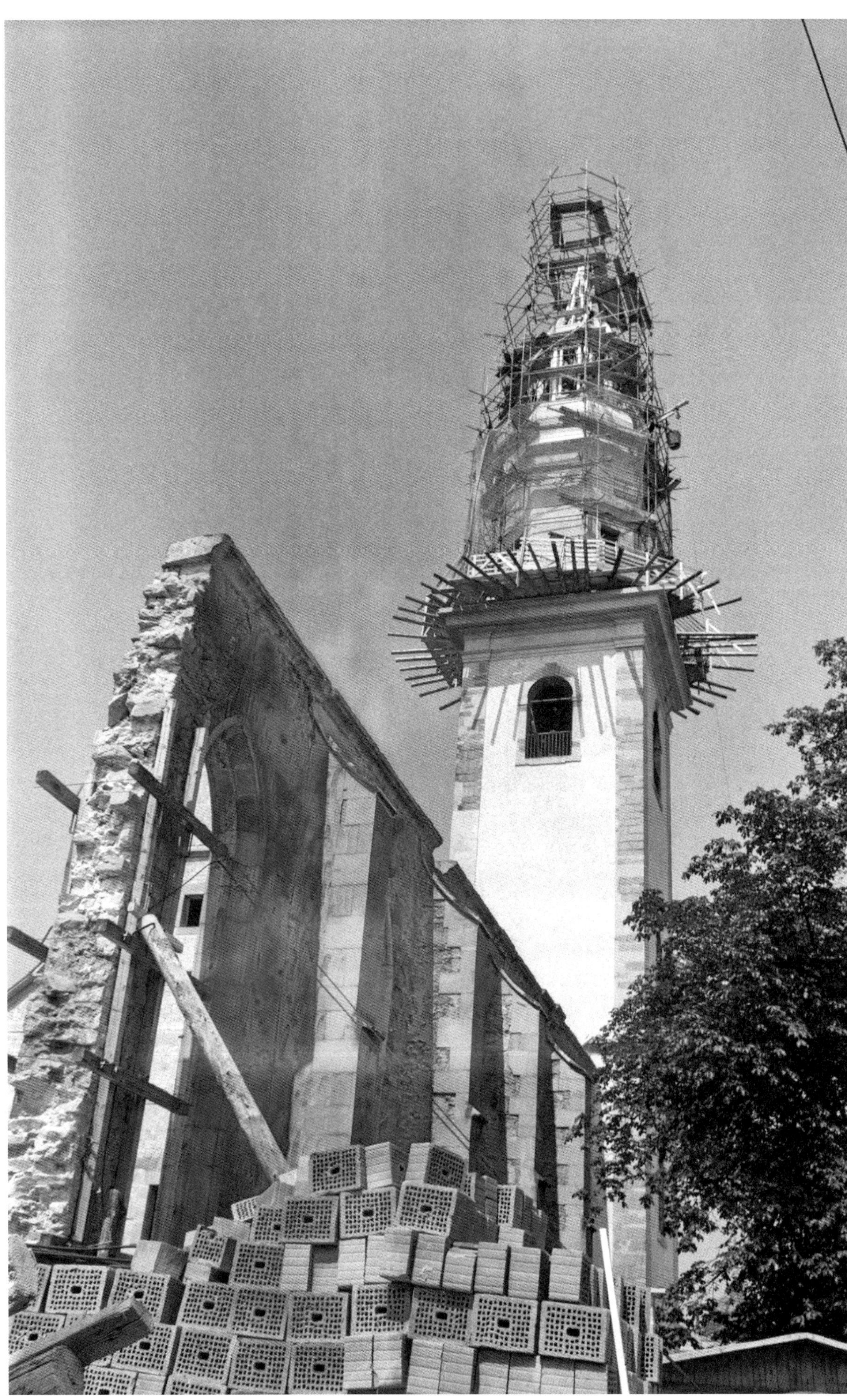

21 Die Hospitalkirche in der einstigen Stuttgarter Turnierackervorstadt: Nach dem Zweiten Weltkrieg waren von dem spätgotischen Bauwerk lediglich einzelne Außenwände sowie der Turmstumpf stehen geblieben. Es folgte eine partielle Wiederherstellung, die im Wesentlichen den Chorbereich neu erstehen ließ.
Juni 1959

Das Ländle:
ein wirtschaftliches Erfolgsmodell

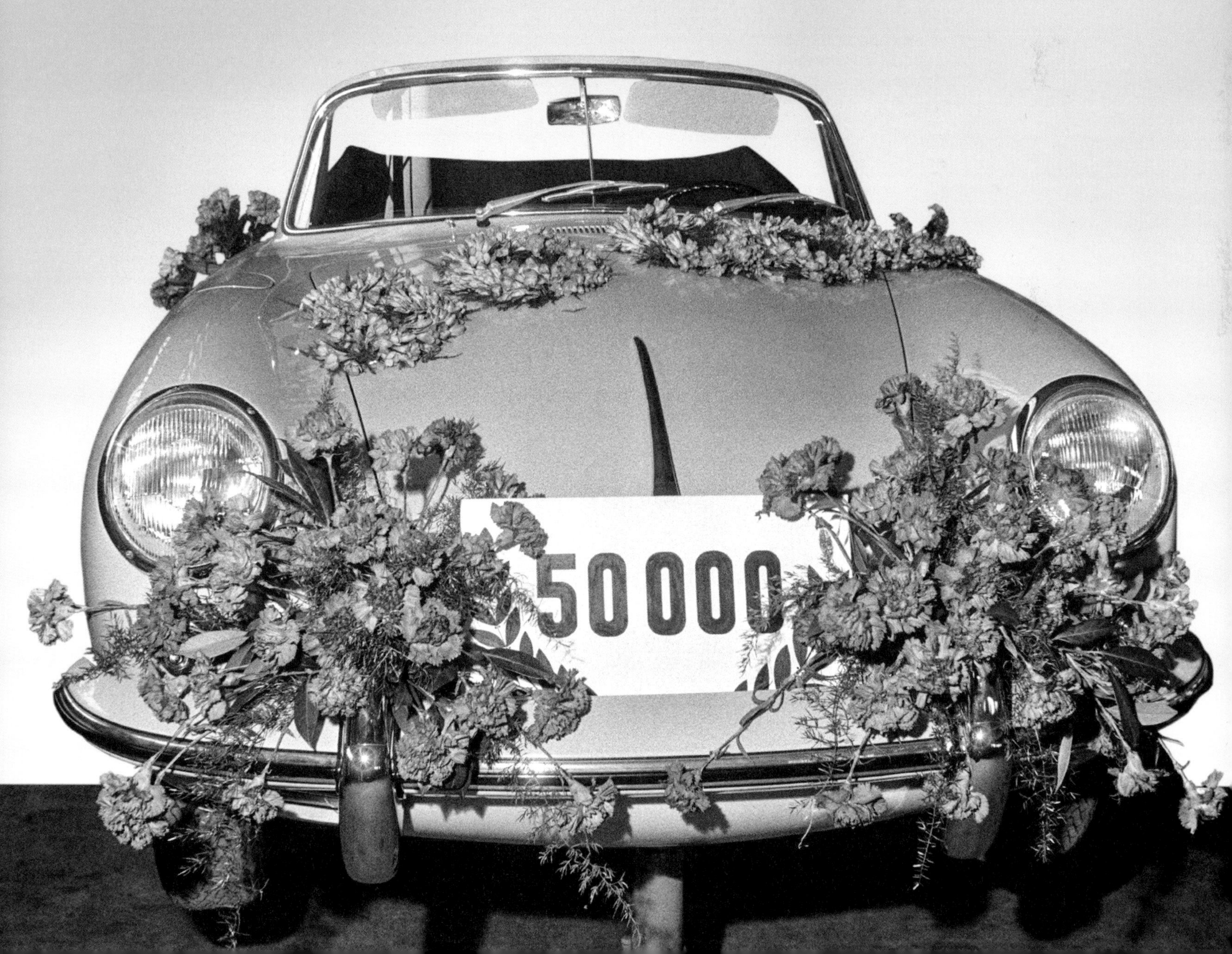

Wirtschaftliche Entwicklung und Industrieproduktion nahmen trotz der verheerenden Bombenangriffe des Zweiten Weltkriegs ab den späten 1940er Jahren rasch wieder Fahrt auf. Die Währungsreform am 20. Juni 1948 gab den Startschuss. Der weltweite Handel florierte wieder, eine niedrig bewertete D-Mark machte deutsche Produkte auf dem Weltmarkt konkurrenzfähig und der amerikanische Marshallplan befeuerte den Wiederaufbau. Millionen Vertriebene und Gastarbeiter leisteten zudem einen Beitrag zum Wirtschaftswachstum, das bereits zeitgenössisch als *Wirtschaftswunder* bezeichnet wurde. 1952 überstiegen die Exporte erstmals wieder die Importe. Die baden-württembergische Wirtschaft, damals wie heute eine Exportwirtschaft, konnte besonders von diesen Entwicklungen profitieren, denn die südwestdeutschen Industriebetriebe stellten hochwertige Produkte her, die weltweit nachgefragt waren.

Jetzt kommt das Wirtschaftswunder, [...] *der deutsche Bauch erholt sich auch und ist schon sehr viel runder*, brachte ein Lied von 1958 die Stimmung auf den Punkt. Konsum und Binnennachfrage wurden kräftig angekurbelt. Nach dem Hungerwinter 1946/1947 war kalorienreiche Kost angesagt: Hackbraten, Sahnetorten, Mayonnaise und sogenannte exotische Früchte in Konserven, dazu Eierlikör und Erdbeerbowle. Parallel dazu begann die Elektrifizierung des Haushalts, die in den USA schon früher ihren Anfang genommen hatte und nun allmählich auch Westeuropa erreichte. Südwestdeutsche Haushaltsgeräte- und Elektronikhersteller wie Bosch aus Stuttgart oder Bauknecht aus Schorndorf hatten einen entscheidenden Anteil daran, dass die begehrten Luxusprodukte die Mittelschichten erreichten und massentauglich wurden. Den Anfang machte Bauknecht mit seiner elektrischen Rührhilfe *Allfix*, die 1948 auf den Markt kam. Einbauküchen, Elektroherde, Kühlschränke und Waschmaschinen zogen ab den 1950er und besonders ab den 1960er Jahren in die Küchen der Bundesrepublik ein und revolutionierten den Alltag nicht nur schwäbischer Hausfrauen. *Bauknecht weiß, was Frauen wünschen*, hatte das Schorndorfer Unternehmen

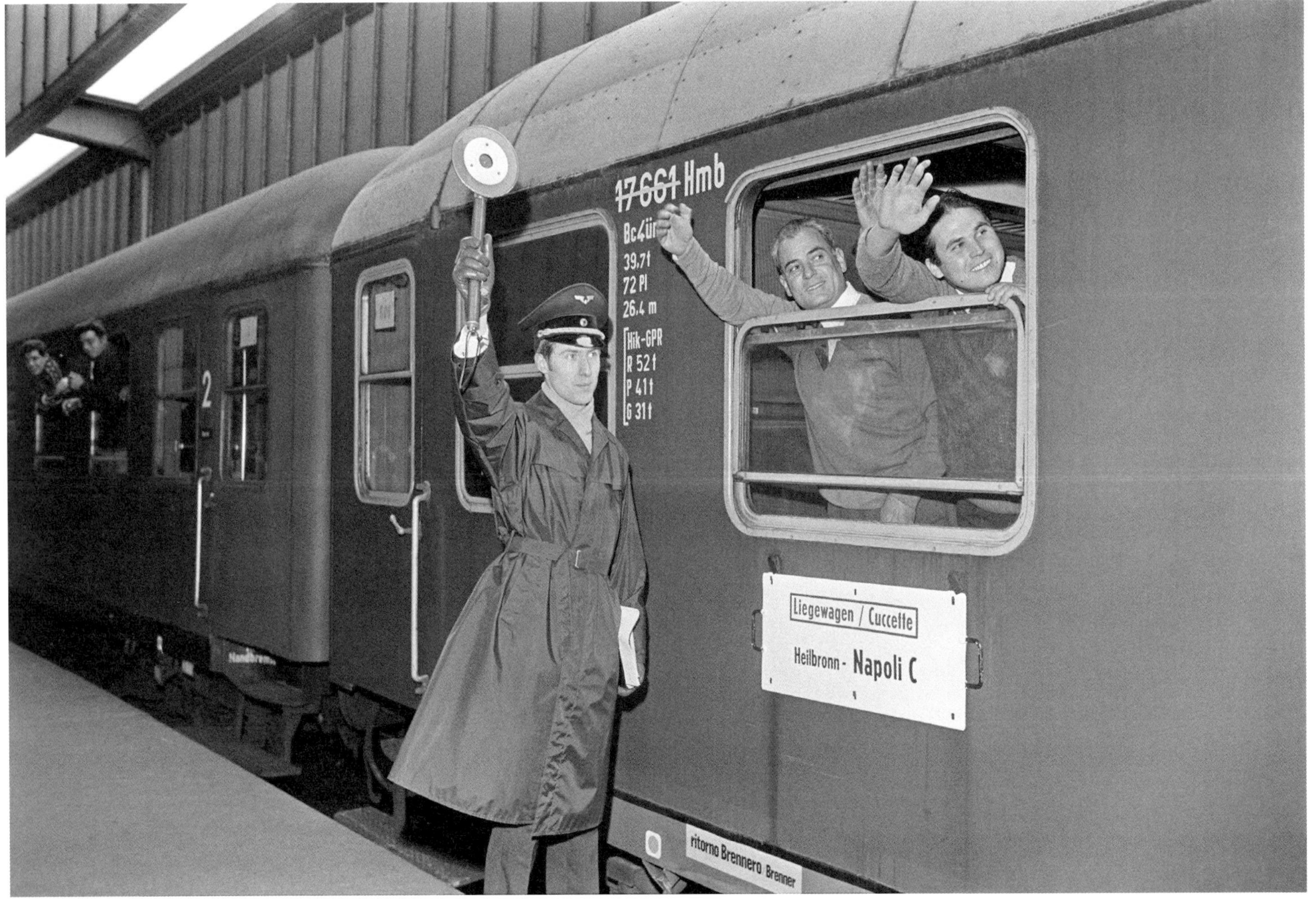

1 Gastarbeiter-Zug von Heilbronn nach Neapel, Italien. 15. November 1968

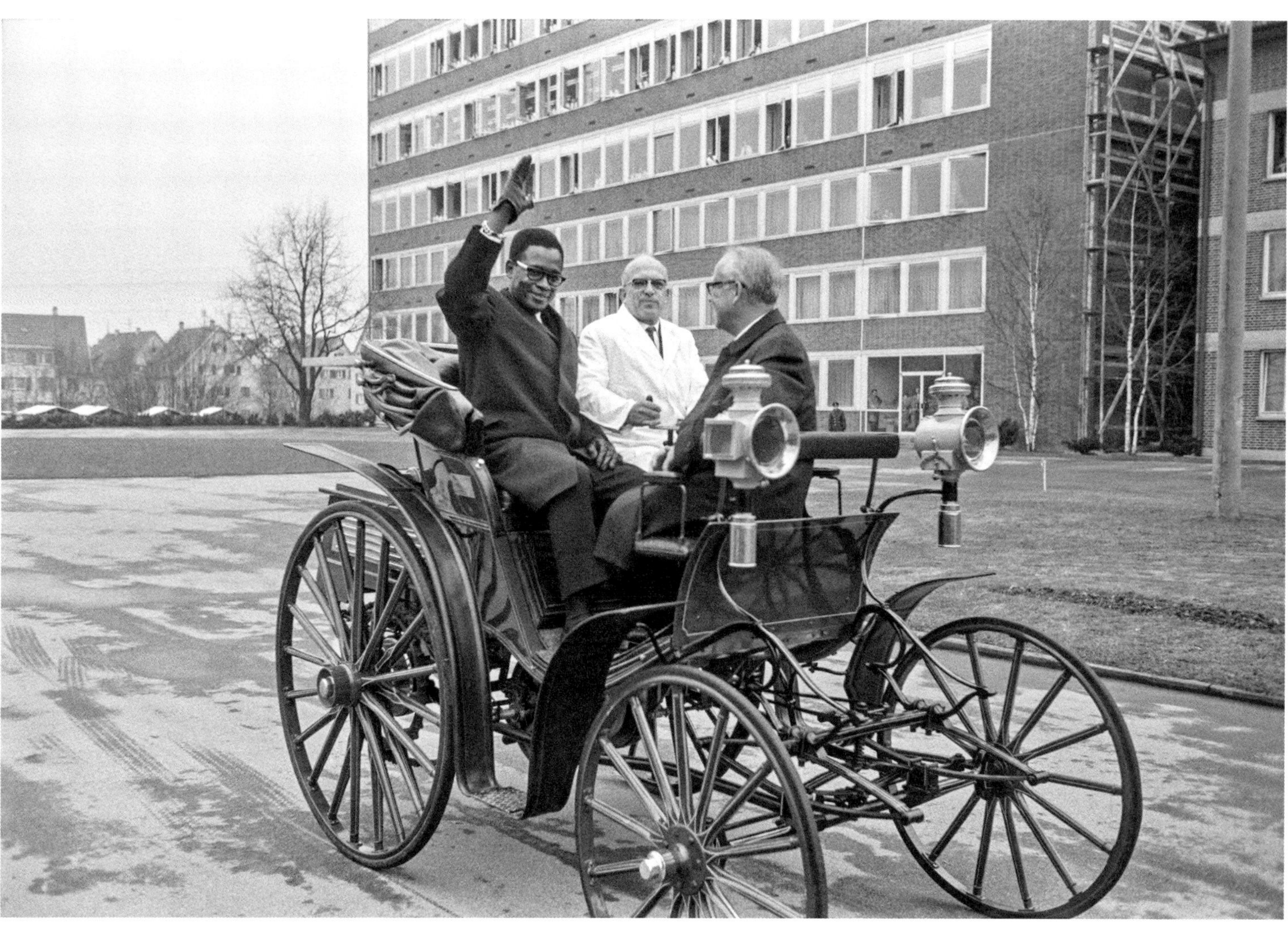

2 Der kongolesische Diktator Mobutu besucht das Daimler-Werk Sindelfingen. Hier in einem historischen Wagen mit Daimler-Chef Joachim Zahn. 21. März 1969

1954 in paternalistischem Gestus geworben und damit prägnant auf den Punkt gebracht, dass vor allem Frauen für die Heimarbeit zuständig waren. Während Bauknecht mittlerweile nicht mehr existiert, ist das Traditionsunternehmen Bosch ein weltweit bekannter Produzent von Haushalts- und Elektrogeräten, Industrietechnik und vor allem von Erzeugnissen für die Automobilindustrie.

Kaum ein Produkt ist mit der Geschichte Baden-Württembergs so eng verbunden wie das Automobil. In der Wirtschaftswundergesellschaft der 1950er und 60er Jahre stand das Auto für Wohlstand, Mobilität und Freiheit. Die Automobilindustrie einschließlich der Zulieferbetriebe war und ist die wichtigste Säule der baden-württembergischen Wirtschaft. Sie hat gegenwärtig den größten Anteil, nämlich knapp 30 % an den Industrieumsätzen, gefolgt vom Maschinen- und Anlagenbau, auf den ca. 21 % entfallen.

Zu den heute kaum noch bekannten, dennoch innovativen Firmen gehörten die NSU – Motorenwerke aus Neckarsulm, die seinerzeit mit Motor- und Fahrrädern und dem leichten Kleinwagen *Prinz* von 1958 bis 1974 Bekanntheit erlangte. Die NSU-Modelle RO 80 und K 70 waren zwar fehleranfällig, wiesen aber durch fortschrittliche Aerodynamik in die Zukunft. Als NSU 1969 mit der VW-Tochter Audi fusionierte, konnten NSU-Entwicklungen bei VW und Audi Verwendung finden, beispielsweise im VW-Golf. Auch in den Fahrzeugen des berühmten Wolfsburger Autobauers steckt also ein wenig baden-württembergischer Erfindungsreichtum.

Das berühmteste baden-württembergische Unternehmen ist wohl der *Daimler*, wie die Daimler-Benz-AG bzw. die heutige Mercedes-Benz-Group-AG auch genannt wird. Die Firma bereitete sich schon ab 1944 systematisch auf die Nachkriegszeit vor und hortete Vorprodukte und Metalle, so dass die Produktion 1947 rasch hochgefahren werden konnte. Anders als der Volkswagen, dessen Käfer die Massenmotorisierung der Wirtschaftswunderzeit repräsentiert, steht die Marke Mercedes für Fahrzeuge der gehobenen Mittel- und Oberklasse,

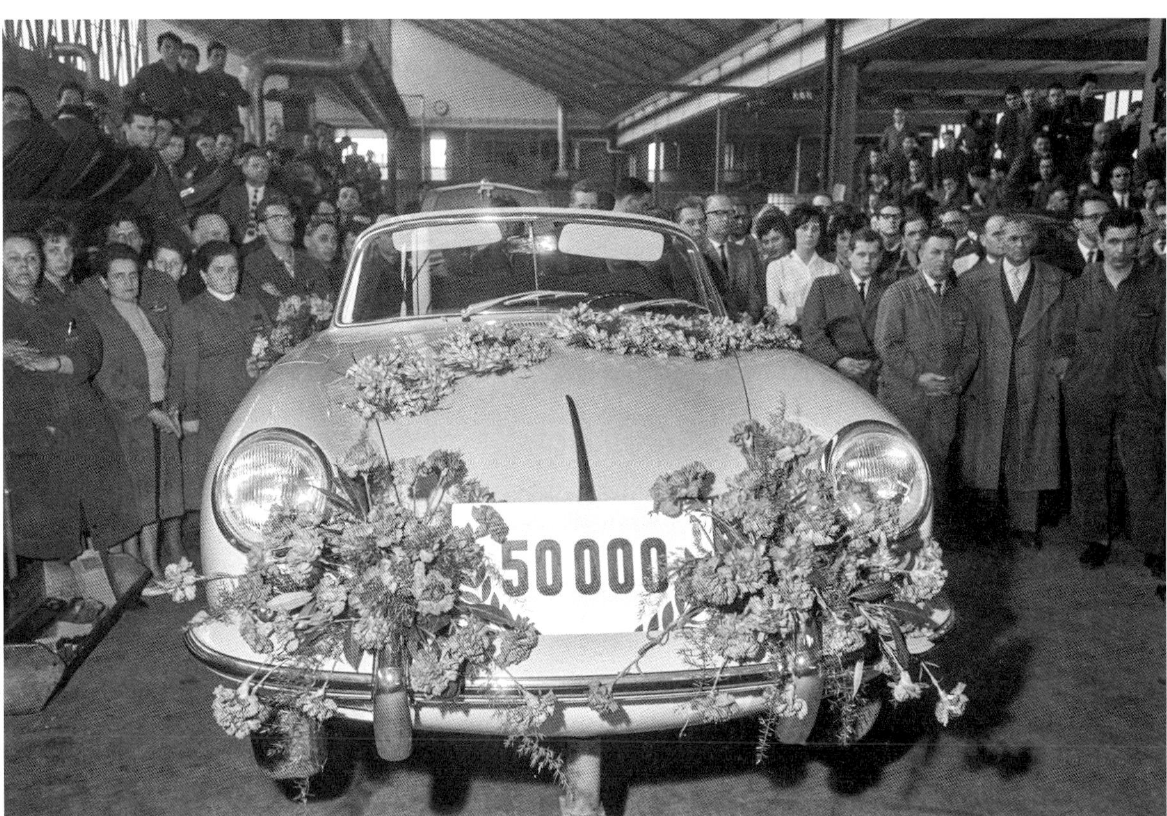

3 Der 50.000ste Porsche 356 verlässt das Werk in Zuffenhausen.
3. April 1962

die weltweit und ganz besonders in den USA – in den 1960er Jahren der wichtigste Markt für die Daimler-Benz-AG – verkauft wurden. Über die Jahrzehnte konnte der Konzern seine Erfolge ausbauen, so dass er heute mit 172.000 Mitarbeitern auf aller Welt und einem Umsatz von 168 Milliarden Euro zu den größten deutschen Unternehmen zählt. Neben dem Nimbus der Marke *Mercedes Benz* waren es auch Innovationen auf dem Gebiet der Sicherheit, die den Erfolg des Unternehmens begründeten. Das Renommee der Marke führte immer wieder ausländische Politiker und Staatsoberhäupter in die Daimler-Benz-Werke in Stuttgart und Umgebung. Beispielsweise besuchten 1959 König Hussein von Jordanien oder 1969 Mobutu Sese Seko, der von 1965 bis 1997 die Republik Kongo als Diktator regierte und als Staatskarosse einen repräsentativen Mercedes 600 fuhr, das Werk in Sindelfingen. Auch dieser Aspekt ist im Werk von Burghard Hüdig dokumentiert: Das Management von Daimler-Benz hatte wenig Berührungsängste mit Autokraten.

Noch stärker als die Mercedes-Fahrzeuge verkörperten die Automobile der Porsche-AG Luxus, Ingenieurskunst und Sportlichkeit. Das 1931 gegründete Unternehmen aus Stuttgart-Zuffenhausen hatte sich vor allem mit hochmotorisierten Sport- und Rennwagen einen Namen mit großer Ausstrahlungskraft gemacht. Porsche setzte auf eher kleine Stückzahlen, was die Fahrzeuge zum ultimativen Statussymbol mit garantierter Exklusivitätsprämie werden ließ. Zum Inbegriff der Marke Porsche und zum bekanntesten Porsche-Sportwagen wurde der *Porsche 911*, der 1963 der Öffentlichkeit vorgestellt und ab 1964 verkauft wurde. Die Karosserie des Wagens, der 1964 für knapp 23.000 Mark zu haben war, zeichnet sich durch schlichte, puritanische Eleganz aus, die stilbildend für fast alle Sportwagen aus dem Hause Porsche wurde. Der 130-PS-starke Motor des *Urmodells* ermöglichte eine damals unglaubliche Geschwindigkeit von 210 Kilometern pro Stunde.

Dass die Wirtschaft Baden-Württembergs heute stark von der Industrie dominiert wird, war keine selbstverständliche Entwicklung. Der rohstoffarme Südwesten war im 19. Jahrhundert eher agrarisch geprägt; die Industrialisierung hatte hier etwas später und langsamer Fahrt aufgenommen. Gerade im 20. Jahrhundert nahm die ökonomische Bedeutung der Landwirtschaft allerdings kontinuierlich ab: Von einem Anteil von 10 % an der gesamten Wertschöpfung in den 1950er Jahren auf einen Anteil von gegenwärtig unter 1 %. Trotz dieser Zahlen sollte die Bedeutung der Landwirtschaft dennoch nicht unterschätzt werden. Wein- und Obstbau, Ackerbau oder Forstwirtschaft prägen Kultur und

Landschaft bis heute. Lokale Bräuche wie Weinfeste, Schäferläufe oder das *Cannstatter Volksfest* zeugen von ihrem Einfluss auf das Brauchtum. Letzteres war aus einem 1818 von König Wilhelm I. gestifteten *landwirtschaftlichen Fest*, eigentlich eine landwirtschaftliche Leistungsschau, hervorgegangen.

Produzenten und Dienstleister benötigen Foren, auf denen sie ihre Produkte und Techniken präsentieren, Kunden ansprechen und verschiedene wirtschaftliche Akteure vernetzen können. Diese Funktion erfüllen Messen und Ausstellungen. In Baden-Württemberg kommt der Messe Stuttgart besondere Bedeutung zu. Im Oktober 2007 wurde anstelle des auf dem Killesberg gelegenen begrenzten Messegeländes die Neue Messe, verkehrsgünstig zwischen Flughafen Stuttgart und A 8 gelegen, feierlich eingeweiht. Zu den bedeutenden Messen, die regelmäßig in Stuttgart abgehalten werden, zählt beispielsweise die Tourismusmesse *CMT – Caravan, Motor und Touristik*, die 1968 erstmals stattfand, oder *Retro Classics*, die seit 2004 Oldtimerfans in die Stadt lockt. Von den unregelmäßig in Stuttgart weilenden Ausstellungen ist die Deutsche Funkausstellung zu nennen, die 1965 über 500.000 Menschen anzog. Im Laufe der Zeit hatten sich Wirtschaft und Konsum immer stärker ausdifferenziert; zahlreiche neue Geschäfts- und Industriezweige entstanden. Dieser Prozess spiegelt sich auch in der Entwicklung des Messewesens wider. Burghard Hüdig dokumentierte als *Hausfotograf* der Messe Stuttgart diesen Trend mit mehreren tausend Aufnahmen. Sowohl bekannte Messen wie die *CMT* als auch spezielle Fachmessen wie die *Entherm – Internationale Fachmesse für Öl- und Gasfeuerung* oder die *Intervitis – Internationale Ausstellung für Weinbau und Kellerwirtschaft* sind in seinem Œuvre vertreten. Es ermöglicht daher detaillierte Einblicke in die Selbstpräsentation der baden-württembergischen Industrie sowie in die Entwicklung von Industrieprodukten, Wirtschaftszweigen und Konsumbedürfnissen.

Heute zählt das Land Baden-Württemberg zu den wirtschaftlich stärksten und wohlhabend-

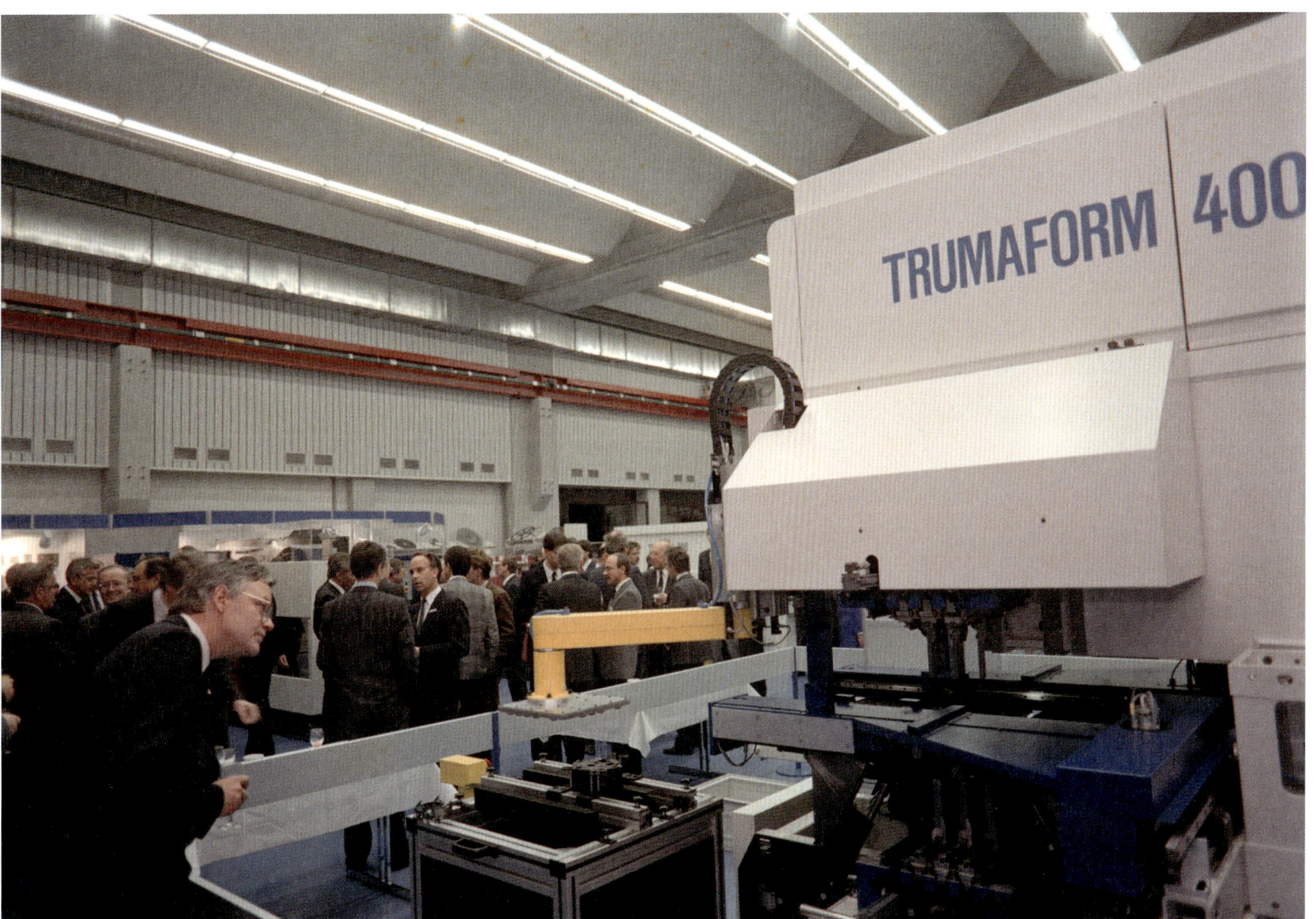

4 Vorstellung der neuen Fabrik für Laseraggregate der Firma Trumpf in Ditzingen am 10. November 1987

sten Regionen in Europa. Neben Weltkonzernen wie Daimler, Bosch oder SAP sind es viele mittelständische Firmen, die dank ihrer Erfindungen in spezialisierten Bereichen Weltmarktführer wurden und daher eine Säule des baden-württembergischen Erfolgsmodells darstellen. Reinhold Würth beispielsweise schuf aus einer einfachen Schraubenhandlung ein Unternehmen mit 50.000 Mitarbeitern; der Tüftler Arthur Fischer erfand den Spreizdübel und brachte es auf über 1.000 Patente; und der Maschinen- und Werkzeugbauer Trumpf aus Ditzingen schaffte mit computergestützten Stanzmaschinen und neuartiger Lasertechnik in den 1980er Jahren den Durchbruch zum Weltmarktführer mit Millionen- und schließlich Milliarden-Umsatz. Nicht zuletzt basiert der wirtschaftliche Erfolg des *Musterländles* auf seiner Innovationskraft, wie die große Zahl an Patentanmeldungen und die im internationalen Vergleich hohen Investitionssummen in Forschung und Entwicklung belegen. Insgesamt lässt sich wohl behaupten, dass sich das baden-württembergische Wirtschaftsmodell als anpassungsfähig und robust erwiesen hat, denn auch die Wirtschaftskrisen der 1970er Jahre oder die Finanzkrise 2008 wurden im Wesentlichen bewältigt. Ob die Anpassung an den nächsten großen Strukturbruch wie Klimawandel und Energiewende gelingt, werden die nächsten Jahre zeigen.

Felix Teuchert

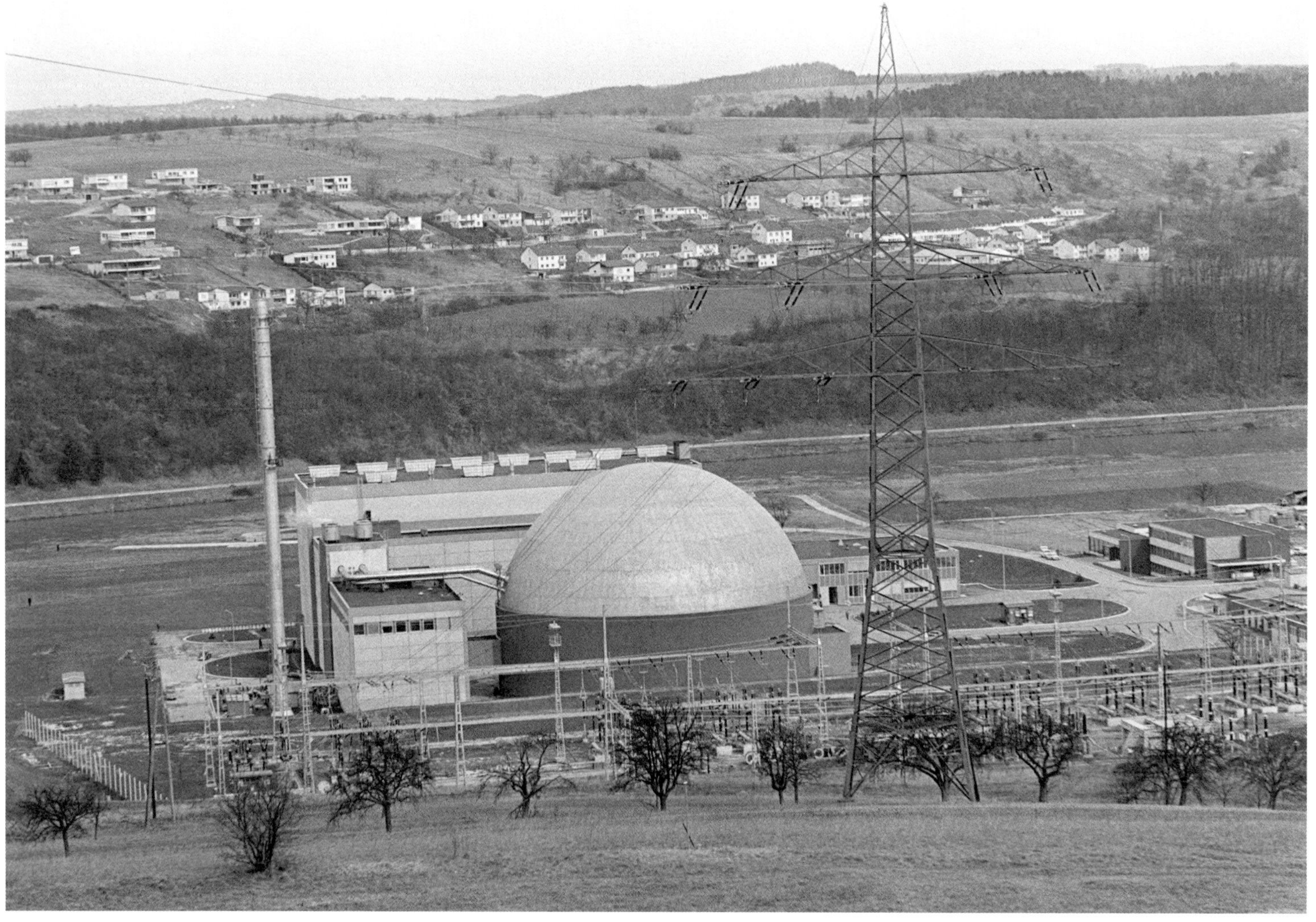

5 Das Kernkraftwerk Obrigheim ging im Herbst 1968 ans Netz. Als ältester baden-württembergischer Atommeiler wurde die Anlage im Mai 2005 stillgelegt.
22. März 1968

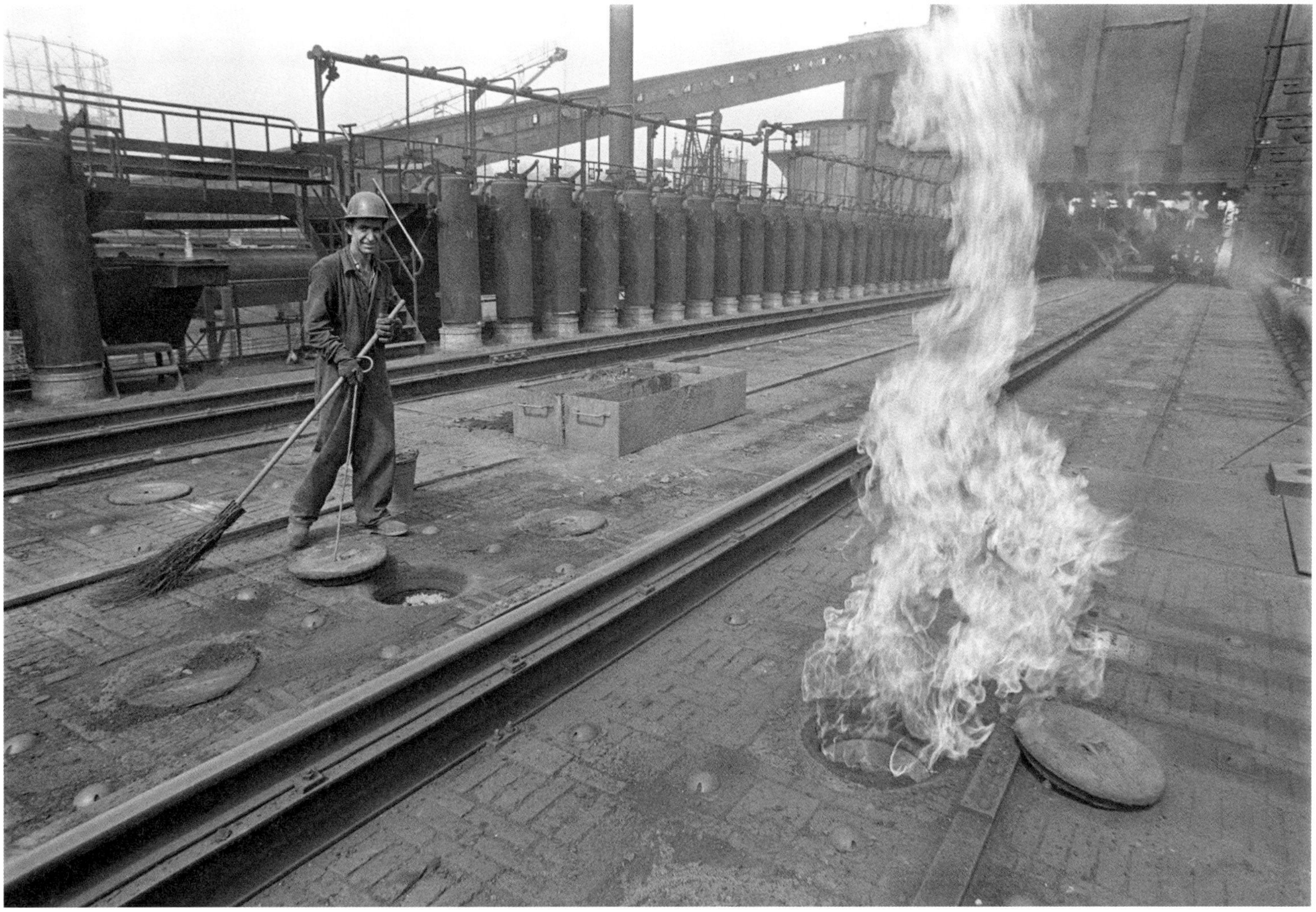

6 Gewinnung von Stadtgas aus Steinkohle in der Gaskokerei der Technischen Werke Stuttgart.
17. April 1970

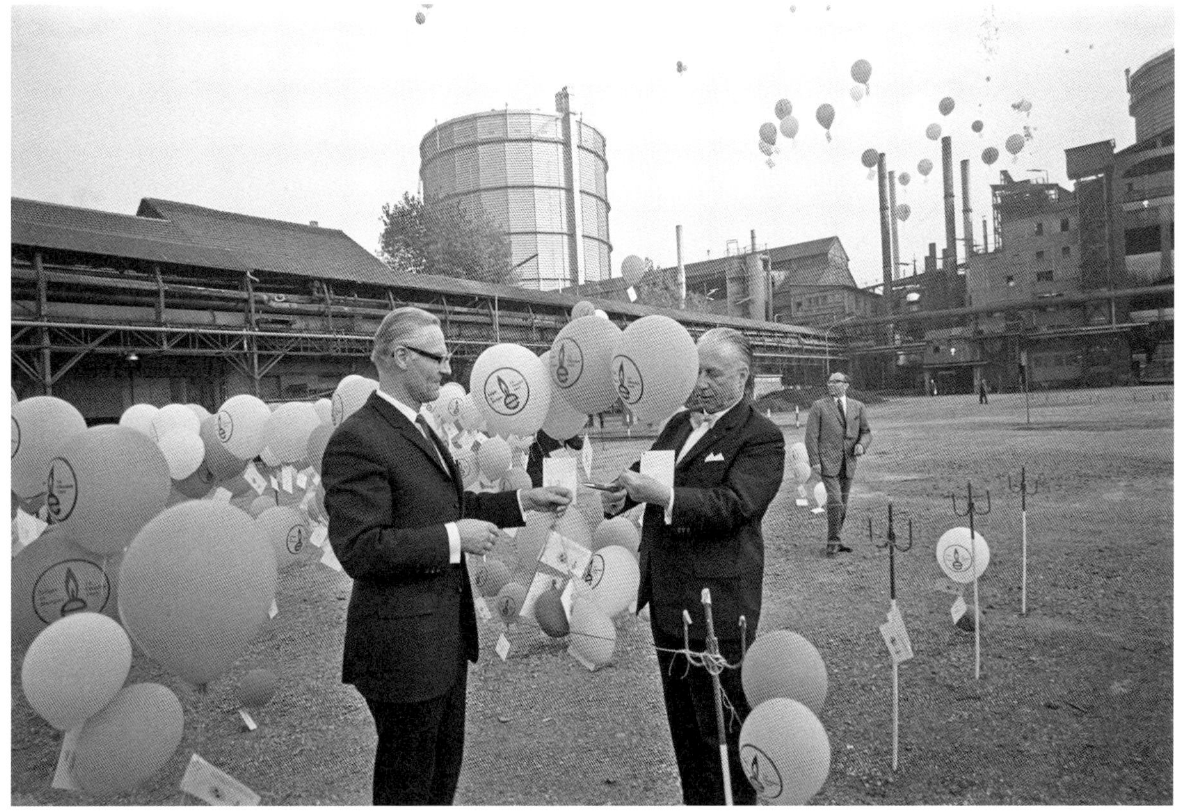

7 Als Energieträger spielte Erdgas, das zu einem großen Teil aus der UdSSR importiert wurde, seit den 1960er Jahren eine immer wichtigere Rolle. Bei der Feier des „ersten Erdgases in Stuttgart" war neben Oberbürgermeister Arnulf Klett der sowjetische Botschafter Semjon Zarapkin zugegen.
14. Oktober 1969

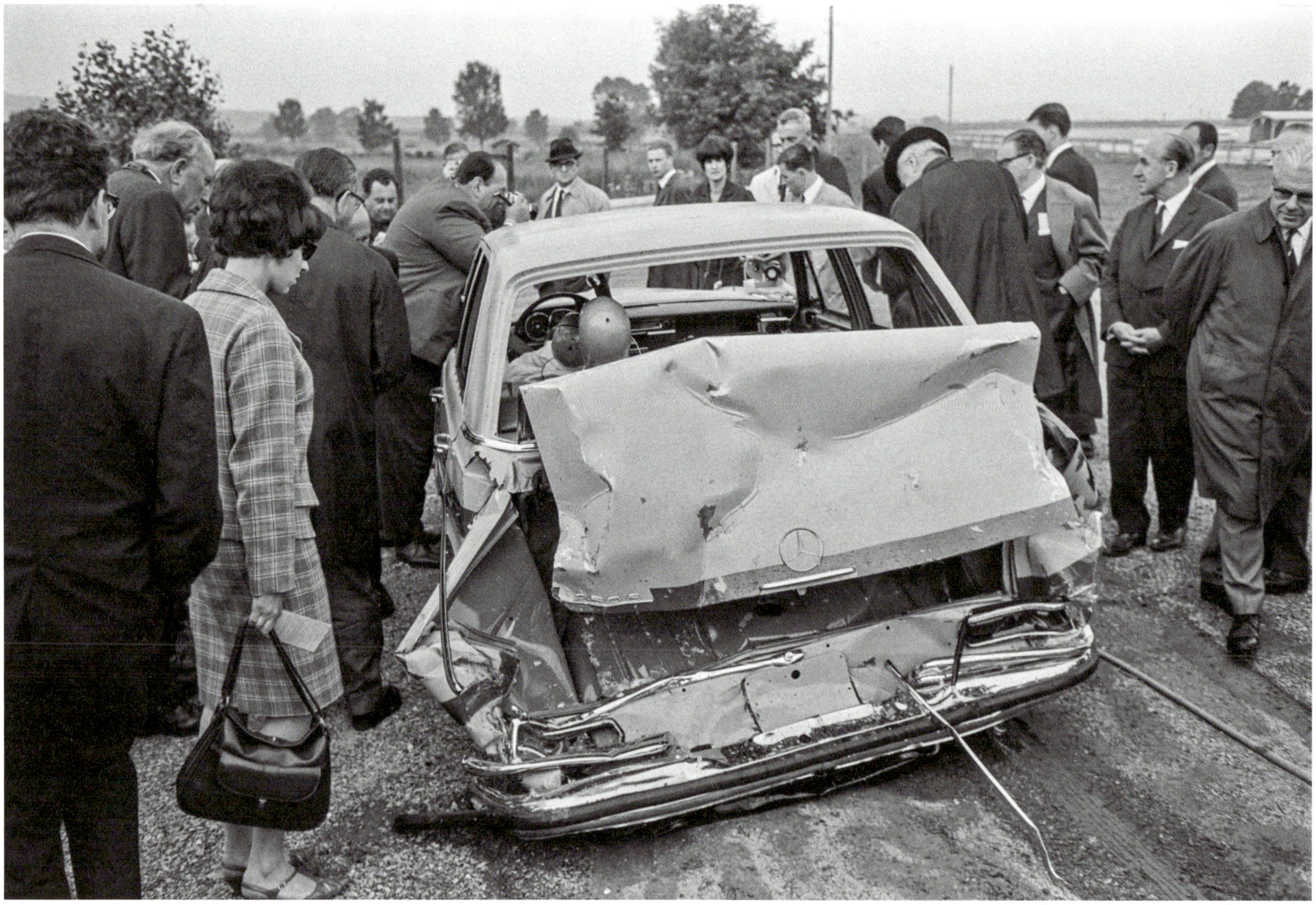

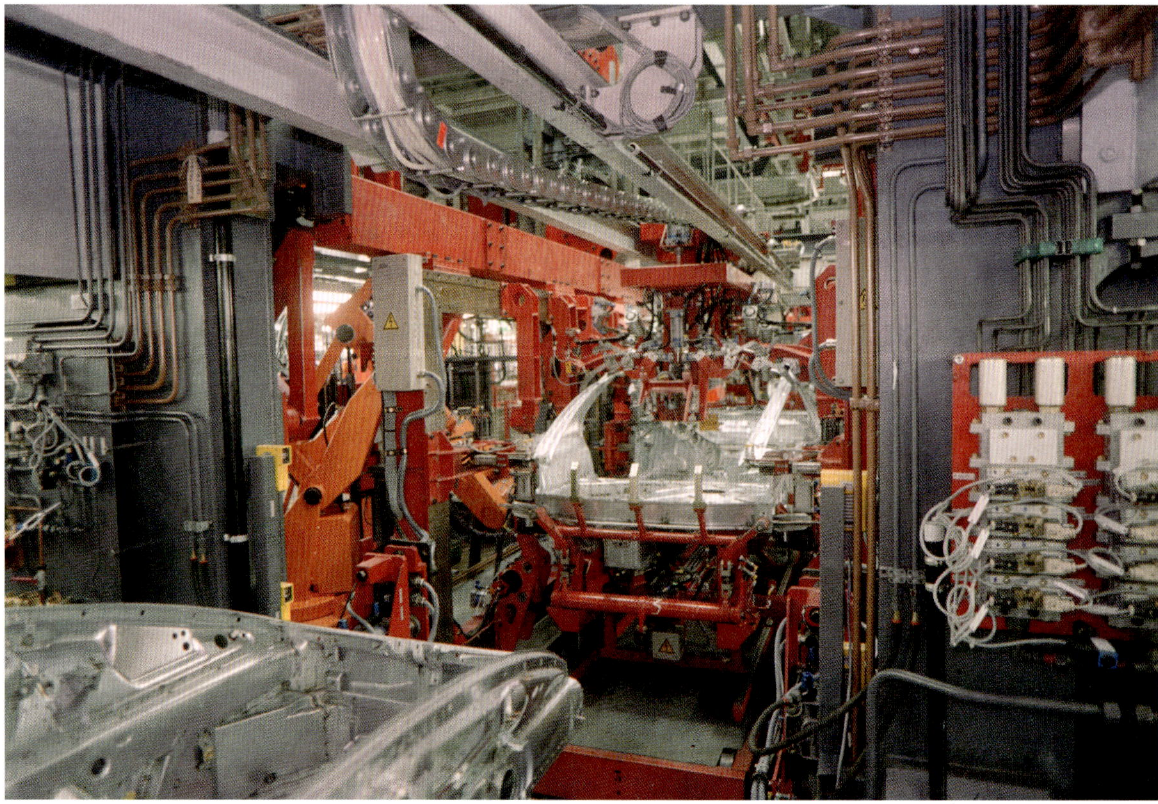

8 Öffentlicher Crashtest: Daimler-Benz ist für seine Innovationen zugunsten der Fahrsicherheit bekannt. 19/20. Juli 1966

9 Einweihung und Inbetriebnahme des neuen Karosseriewerkes der Firma Porsche in Stuttgart-Zuffenhausen. 25. August 1988

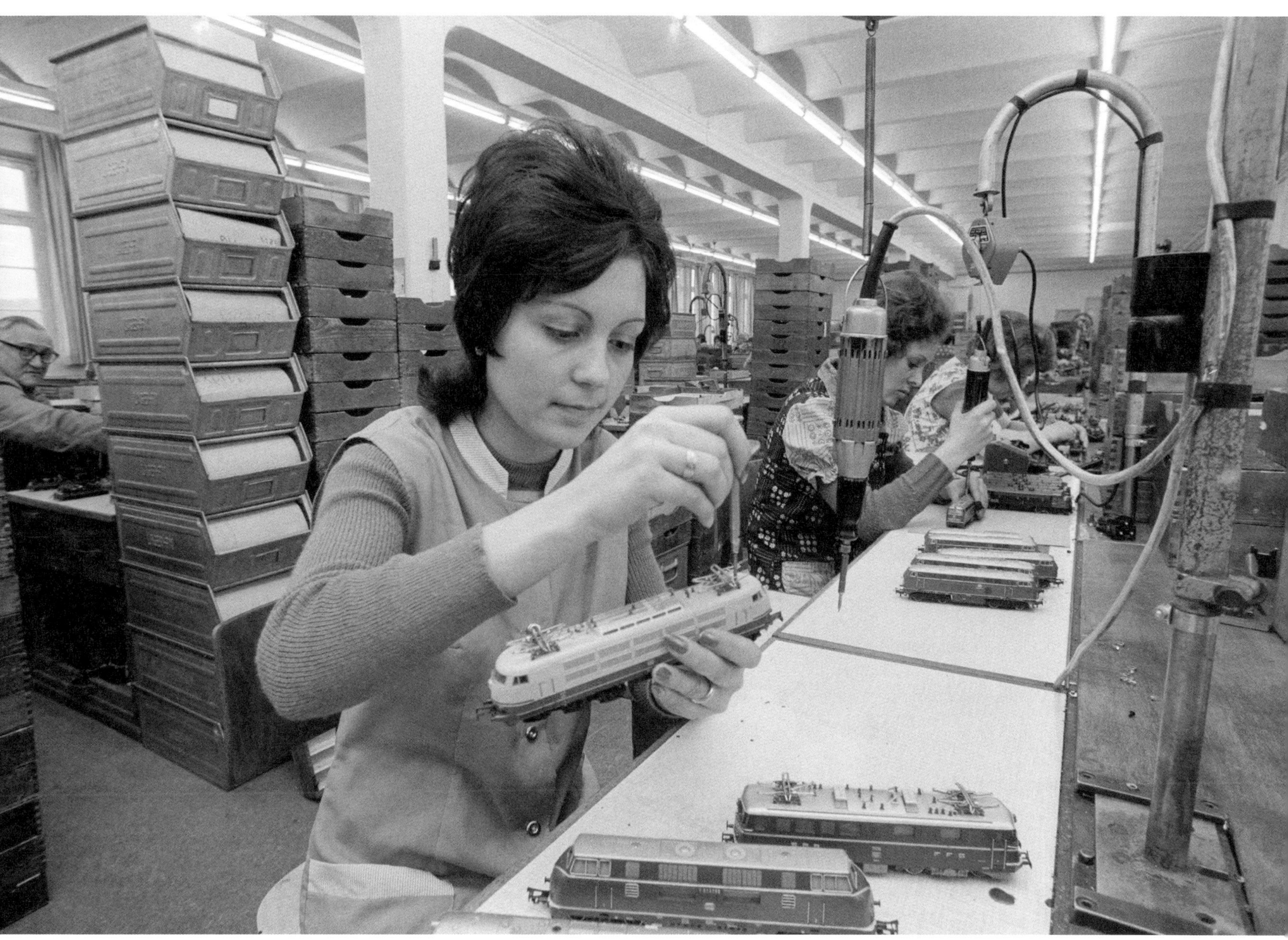

10 Ein schwäbisches Traditionsunternehmen: die Modellbahn- und Spielzeugfirma Märklin aus Göppingen, hier zu sehen die Montage der legendären Baureihe 103. 24./25. Januar 1975

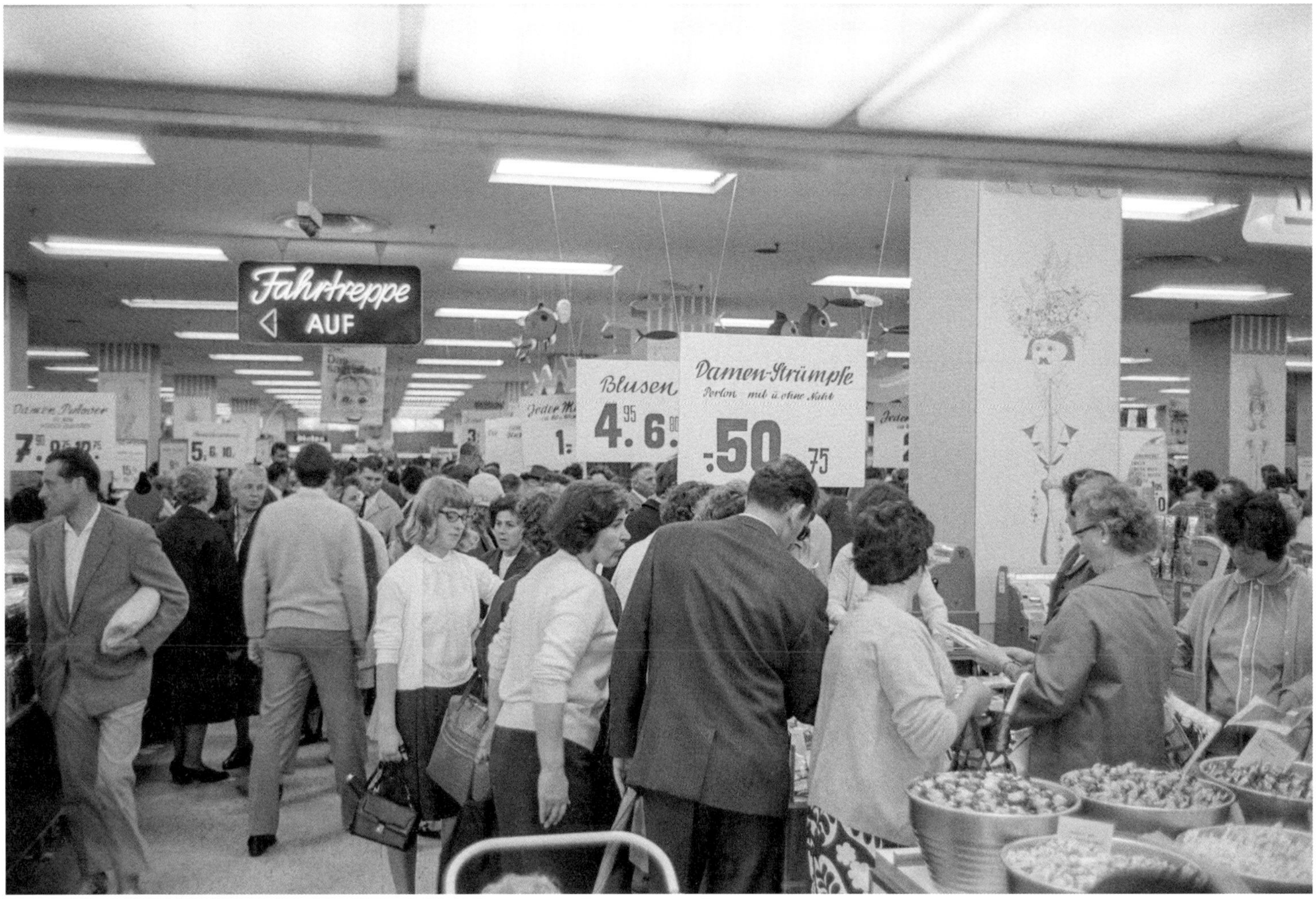

11 Konsumrausch während des Sommerschlussverkaufs. 25. Juli 1966

12 Waschmaschinen-Montage bei Bauknecht in Schorndorf. 16. Oktober 1984

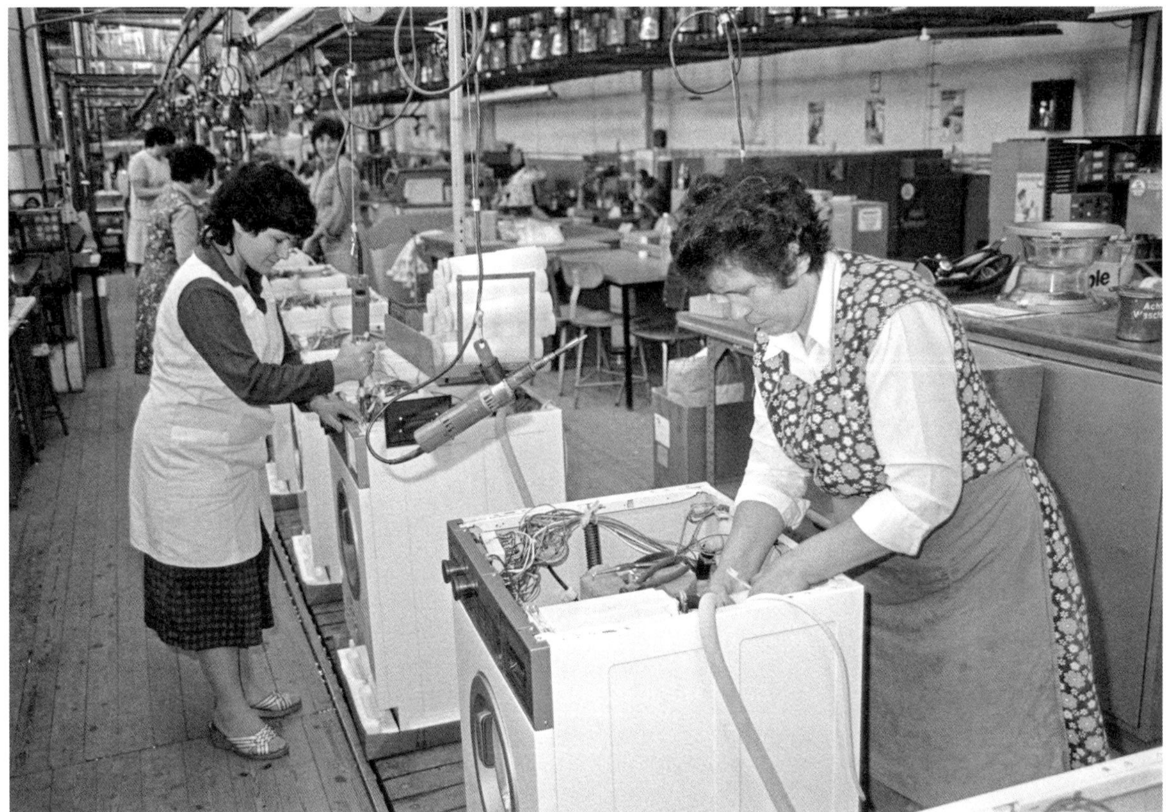

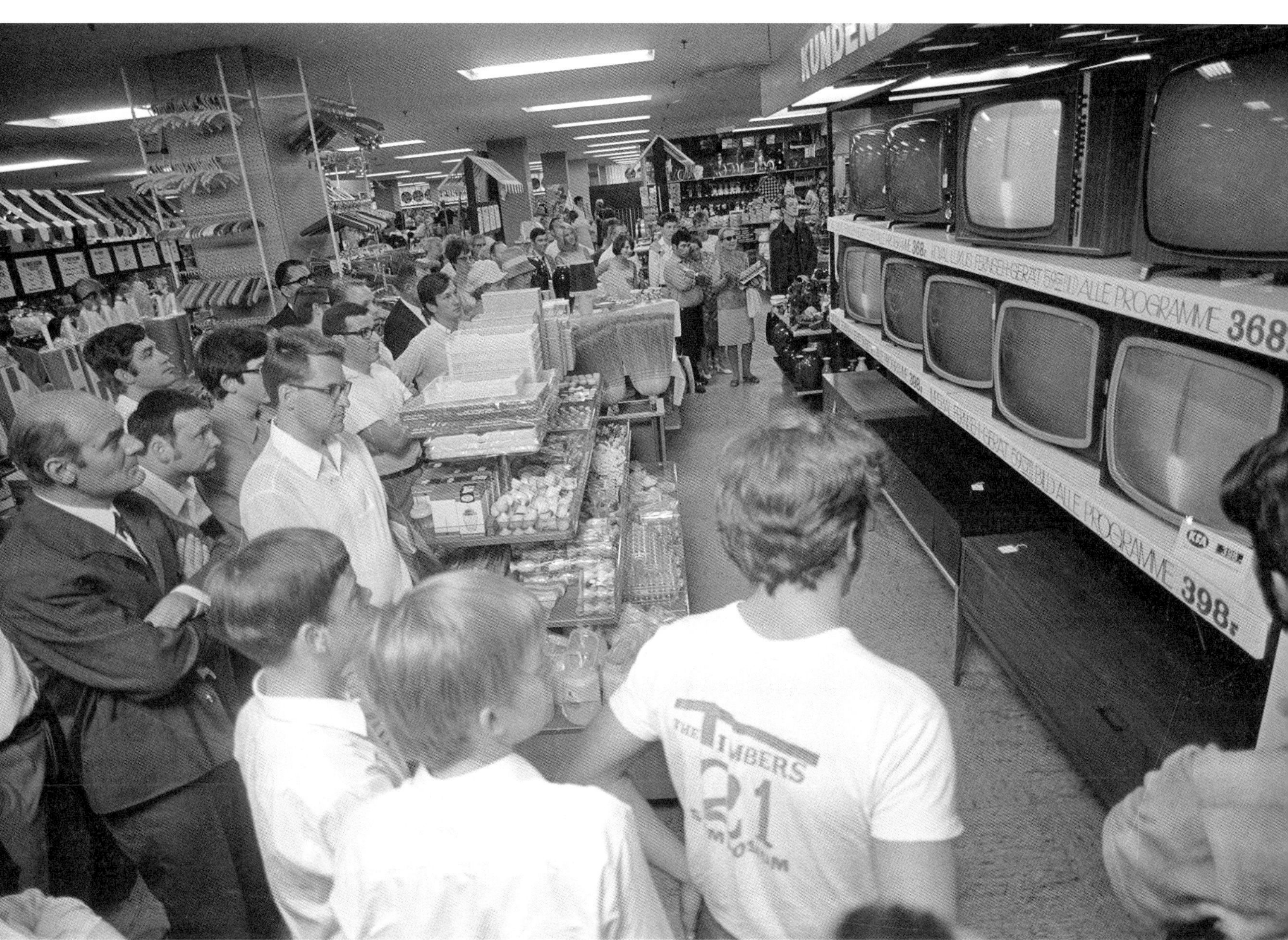

13 Fernsehgeräte als Verkaufsschlager: Der legendäre Flug der Apollo 11-Mission zum Mond ließ nicht nur Warenhauskunden staunen und war Impulsgeber für das private Heimkino. 16. Juli 1969

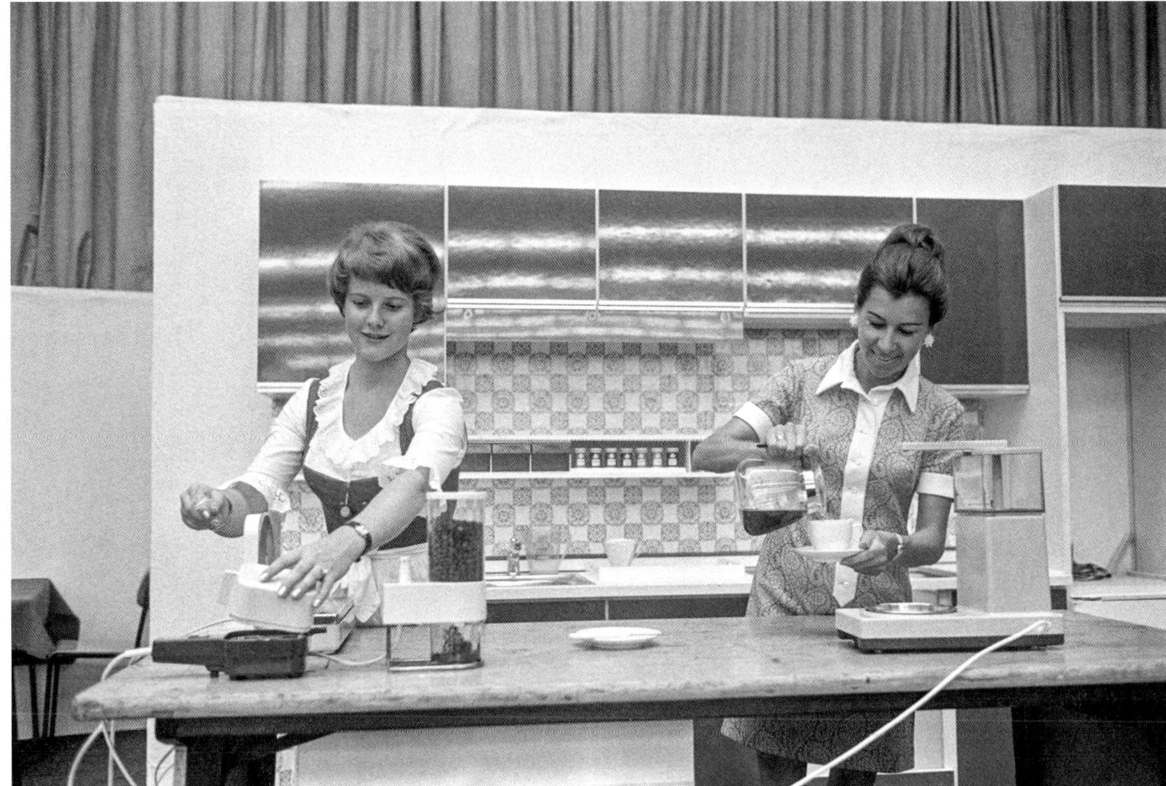

14 Vorführung von Küchengeräten auf der „Famia '70 – Ausstellung für Familie, Arbeit und modernes Leben" mit zeittypischer Einbauküche im Hintergrund.
9. Juli 1970

15 In der Wirtschaftswunderzeit war deftige und reichhaltige Kost angesagt. Hier gemeinschaftliches schwäbisches Kochen am 6. September 1966

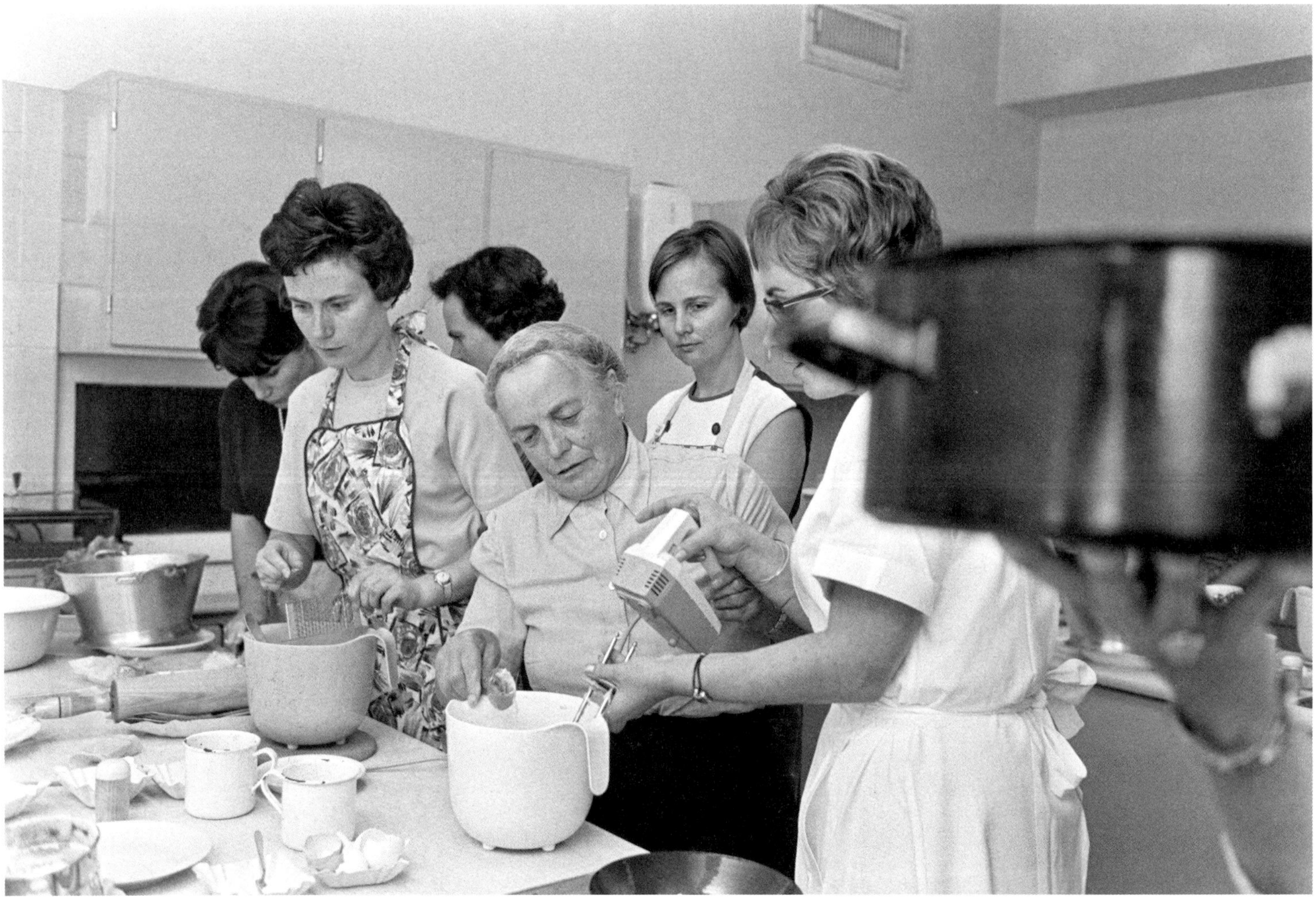

Eine neue Heimat?

Familien warten mit schwerem Gepäck auf dem Bahnsteig, einige hasten eilig zu den Waggons, manche wuchten Koffer durch die Fenster, zuletzt winken die Fahrgäste zum Abschied während der Abfahrt des Zuges: Burghard Hüdig hält in seinem Werk die Szenen fest, die sich auf dem Stuttgarter Hauptbahnhof während der Abfahrt eines Gastarbeiter-Zuges nach Neapel 1968 ereigneten. Die Fotos erinnern daran, dass das deutsche Wirtschaftswunder ohne Millionen Heimatvertriebener und sogenannter *Gastarbeiter* nicht möglich gewesen wäre. Gerade die beschäftigungsintensive Industrie im Südwesten war auf günstige Arbeitskräfte angewiesen, die ab 1955 aus Italien, Griechenland oder der Türkei angeworben wurden. Dabei sollte nicht vergessen werden, dass die Arbeitnehmer aus dem Ausland in der Regel in besonders gefährlichen, körperlich schweren Tätigkeitsfeldern eingesetzt wurden und sich erheblichen Ressentiments ausgesetzt sahen.

Die Aufnahmen aus dem fotografischen Werk von Burghard Hüdig vermitteln einen Eindruck von der spartanischen und provisorischen Unterbringung der *Gastarbeiter*, die eigentlich nach ein paar Jahren in ihre Heimatländer zurückkehren sollten. Dagegen setzte die Stadt Stuttgart unter ihrem Oberbürgermeister Arnulf Klett auf eine längerfristige Integration. Trotz aller Integrationsschwierigkeiten ist Baden-Württemberg langfristig vielen *Gastarbeitern* sowie ihren Kindern und Enkeln zur zweiten Heimat geworden.

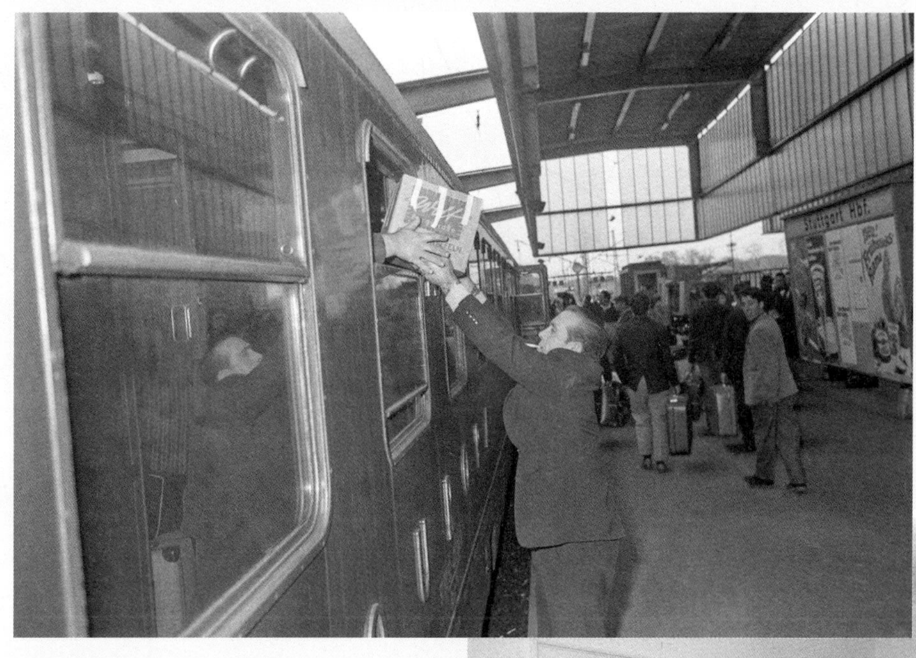

16 Gepäck wird durch das Fenster verladen: Gastarbeiter-Zug nach Italien. 15. November 1968

17 Unterkunftsräume für Gastarbeiter der Firma Wachter. 25. Februar 1971

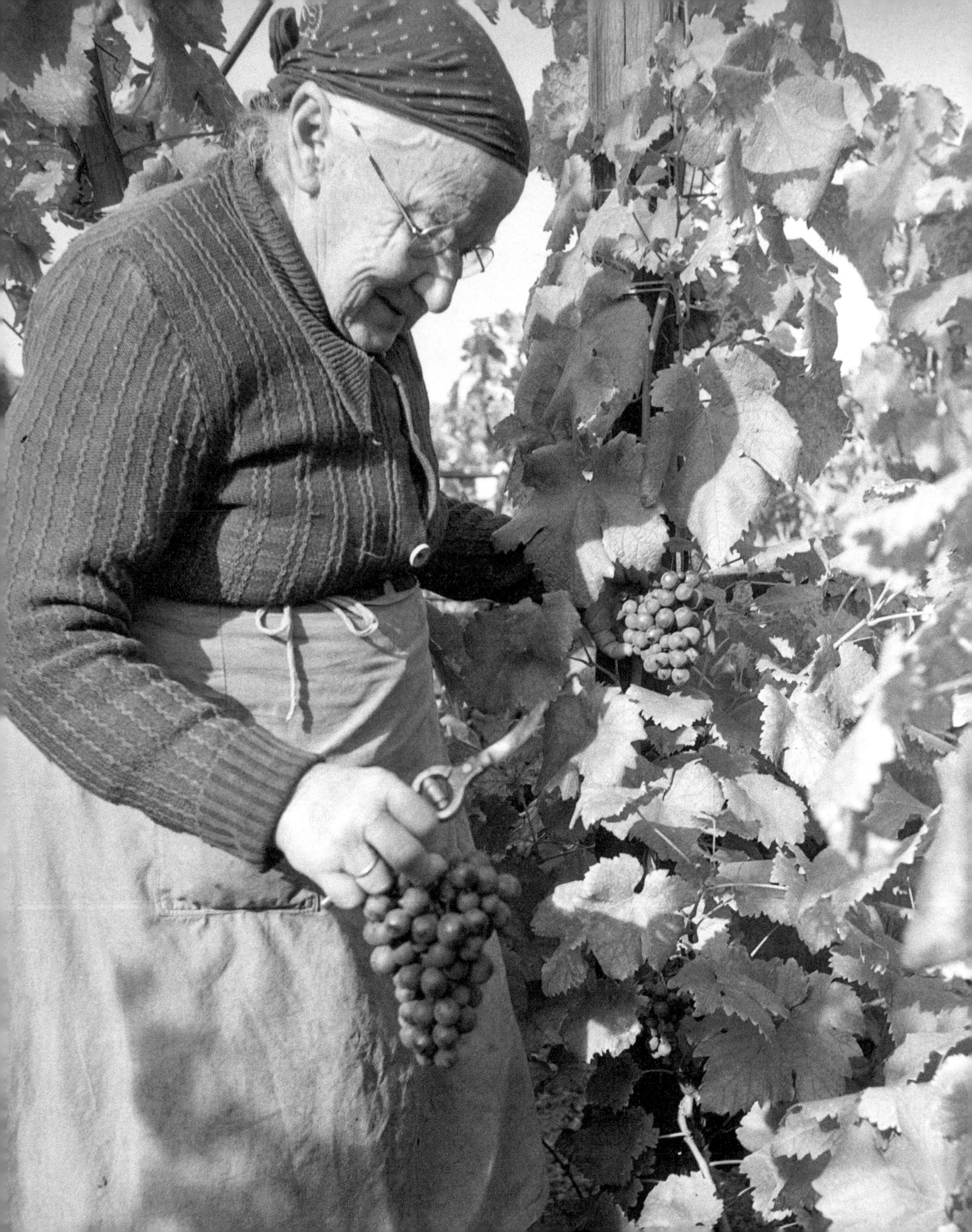

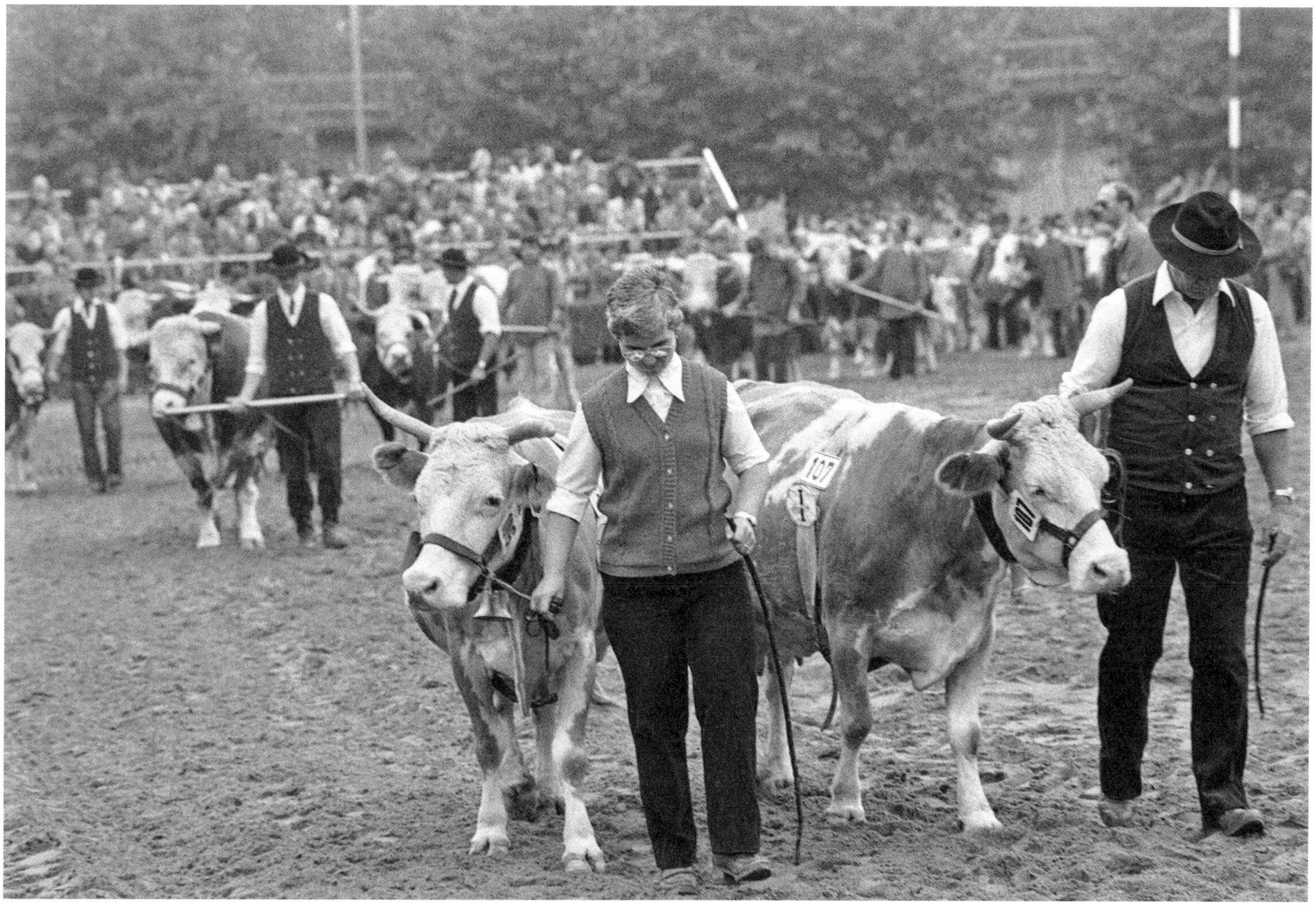

18 Weinlese.
November 1960

19 Vorführung von Rindern auf dem 88. Landwirtschaftlichen Hauptfest in Verbindung mit dem 135. Cannstatter Volksfest.
27. September bis 5. Oktober 1980

20 Getreideernte mit einem Mähdrescher der Firma Fahr aus dem Landkreis Konstanz.
23. August 1968

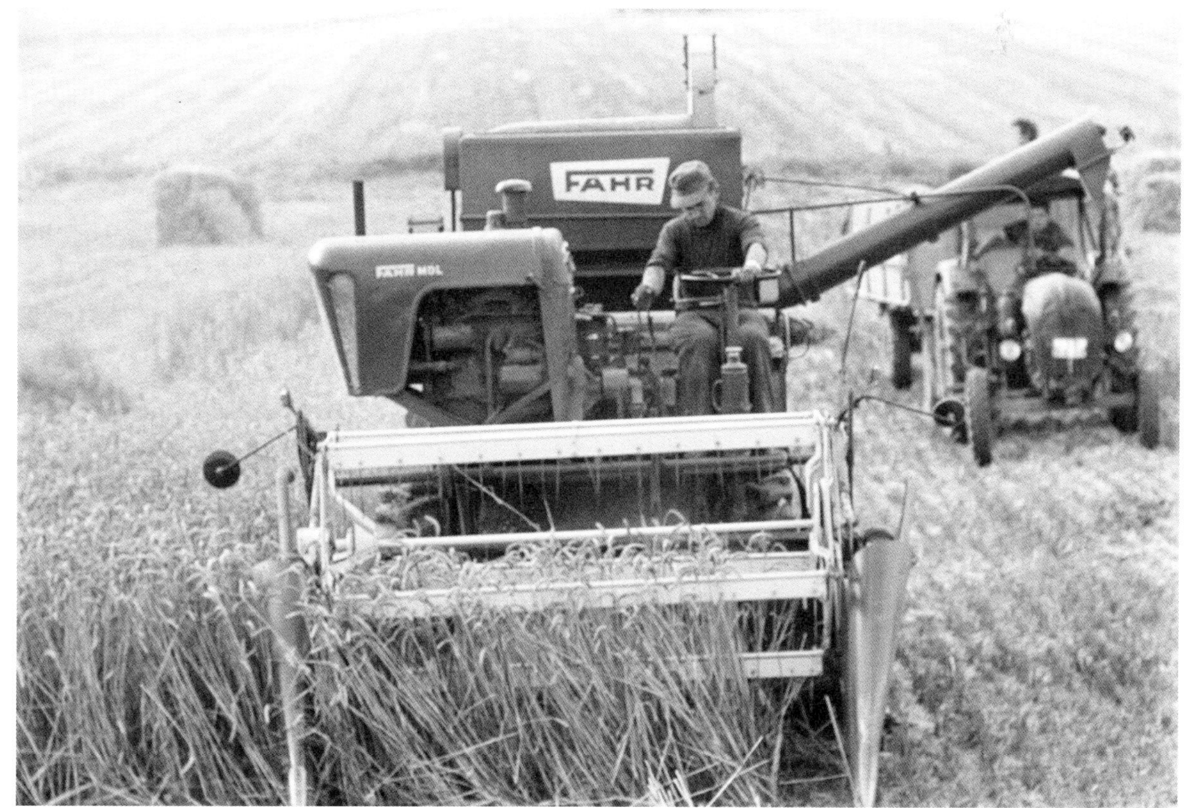

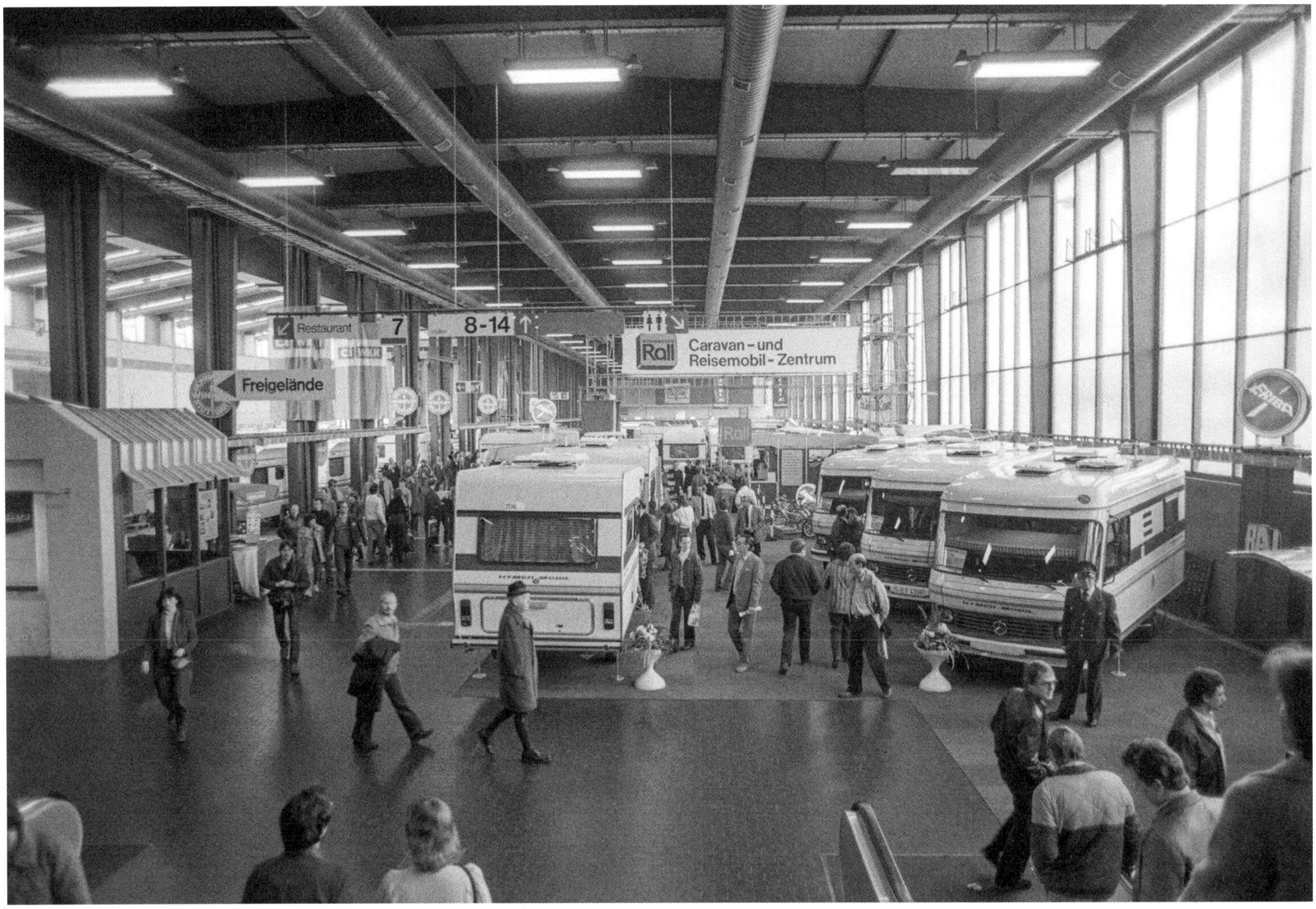

21 Tourismusmesse „CMT '83 - Internationale Ausstellung für Caravan, Motor, Touristik", 22.–30. Januar 1983, Messe Stuttgart-Killesberg

22 Messe „Hobby Elektronik '82 - Ausstellung für praktische Elektronik, Mikrocomputer und Modellbau". 12. Oktober 1982

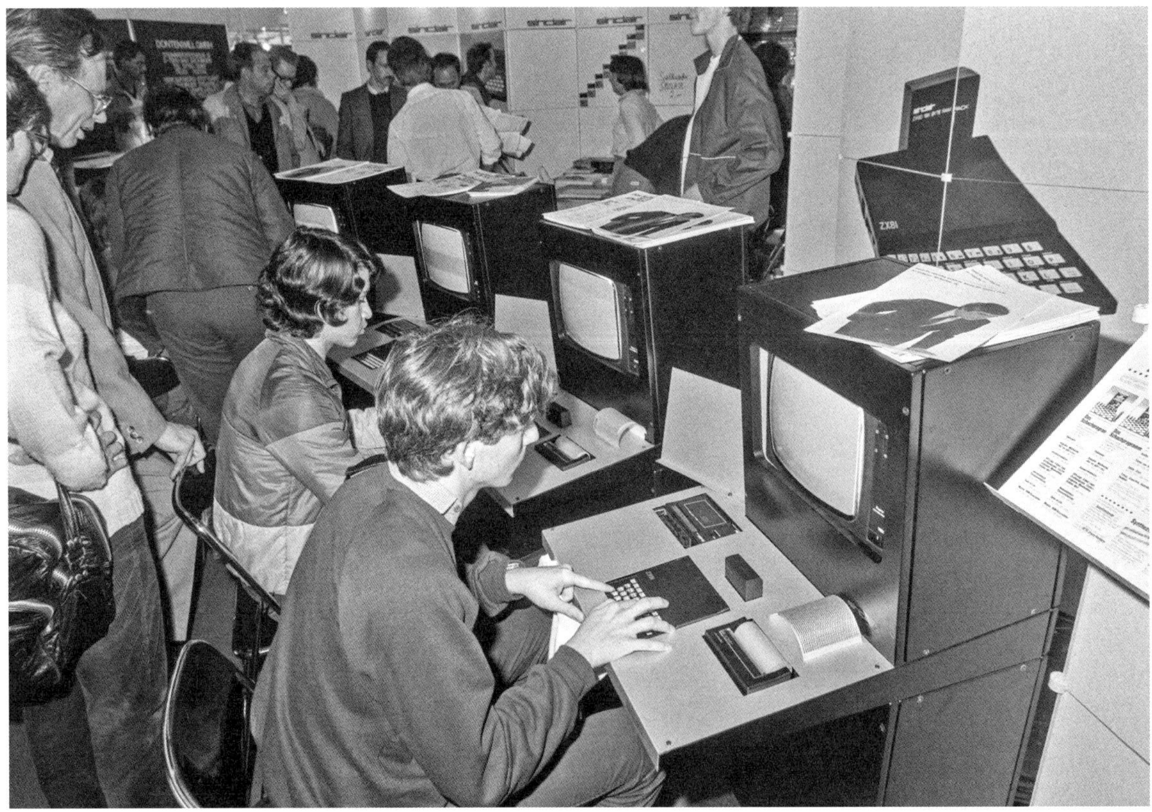

Auf Achse:
Mobilität in Baden-Württemberg

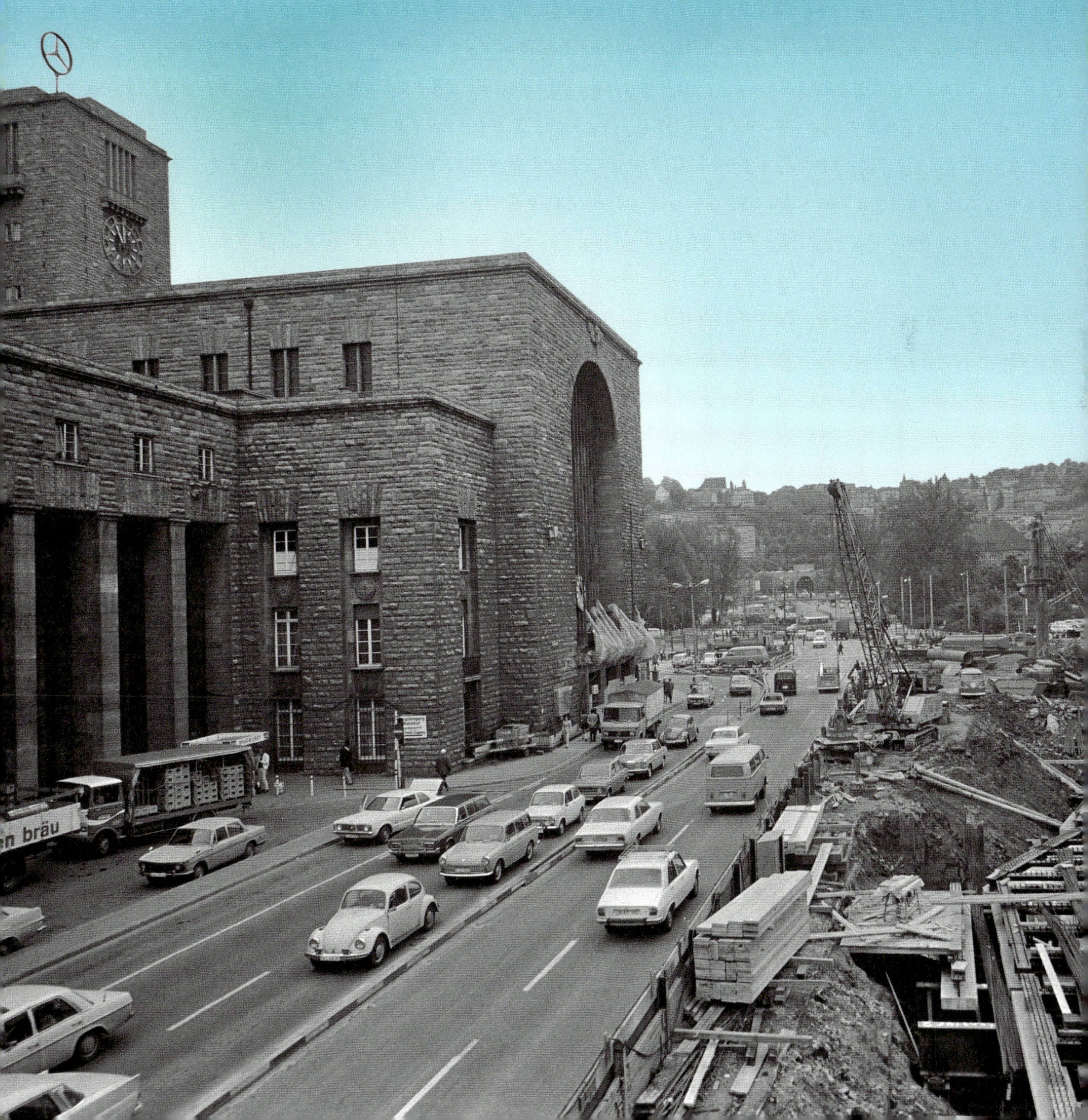

Baden-Württemberg und das Auto – welch eine Geschichte! Der Südwesten verkörpert mit den großen Firmen Audi, Mercedes-Benz, Porsche, Bosch, Mahle und ZF Friedrichshafen die Geschichte des Automobilverkehrs im 20. Jahrhundert wie kaum ein anderes Bundesland. Diese enge Verbindung wirkt sich auf beinahe alle Lebensbereiche der Menschen in Baden-Württemberg und ganz besonders im Großraum Stuttgart aus. Die Automobilindustrie war und ist der wirtschaftliche Motor der Region. Die Fahrzeugproduktion in der und um die Landeshauptstadt nahm nach dem Zweiten Weltkrieg schnell an Fahrt auf. Diese Entwicklung war sowohl politisch als auch wirtschaftlich gewollt. Ziel war eine Vollmotorisierung der Gesellschaft. Jede baden-württembergische Familie sollte ein eigenes Auto besitzen, idealerweise aus heimischer Produktion. Ein Mercedes oder Porsche galt lange Zeit als Statussymbol, ja geradezu als Lebensziel.

Die Fokussierung auf den motorisierten Individualverkehr veränderte Stuttgart tiefgreifend. Das heutige Stadtbild ist ganz wesentlich von den großen Verkehrsinfrastrukturprojekten der Nachkriegsjahrzehnte bestimmt. Heute wie damals durchziehen zwei große Verkehrsadern die Stadt. Entlang der Kulturmeile auf der Konrad-Adenauer-Straße und nördlich davon auf der Theodor-Heuss-Straße befördern die mehrspurigen Bundesstraßen 14 und 27 seit den späten 1960er Jahren täglich Abertausende Fahrzeuge durch die Stuttgarter Innenstadt.

Was heute nicht selten als Last wahrgenommen wird, galt vor einem halben Jahrhundert noch als Symbol für die moderne Stadt. Das eigene Fahrzeug stand für Freiheit und für einen wachsenden Wohlstand. Die Schattenseiten des stetig wachsenden Verkehrsstroms wurden jedoch bereits damals sichtbar. Fortwährend mussten Straßen erweitert und saniert werden, was wiederum zu Staus und entnervten Verkehrsteilnehmern führte. Die Anwohner wurden darüber hinaus durch Schmutz und Lärm gesundheitlich belastet. Im Zuge der Umweltbewegung seit den 1970er Jahren brach sich der Protest gegen den Automobil- und Schwerlast-

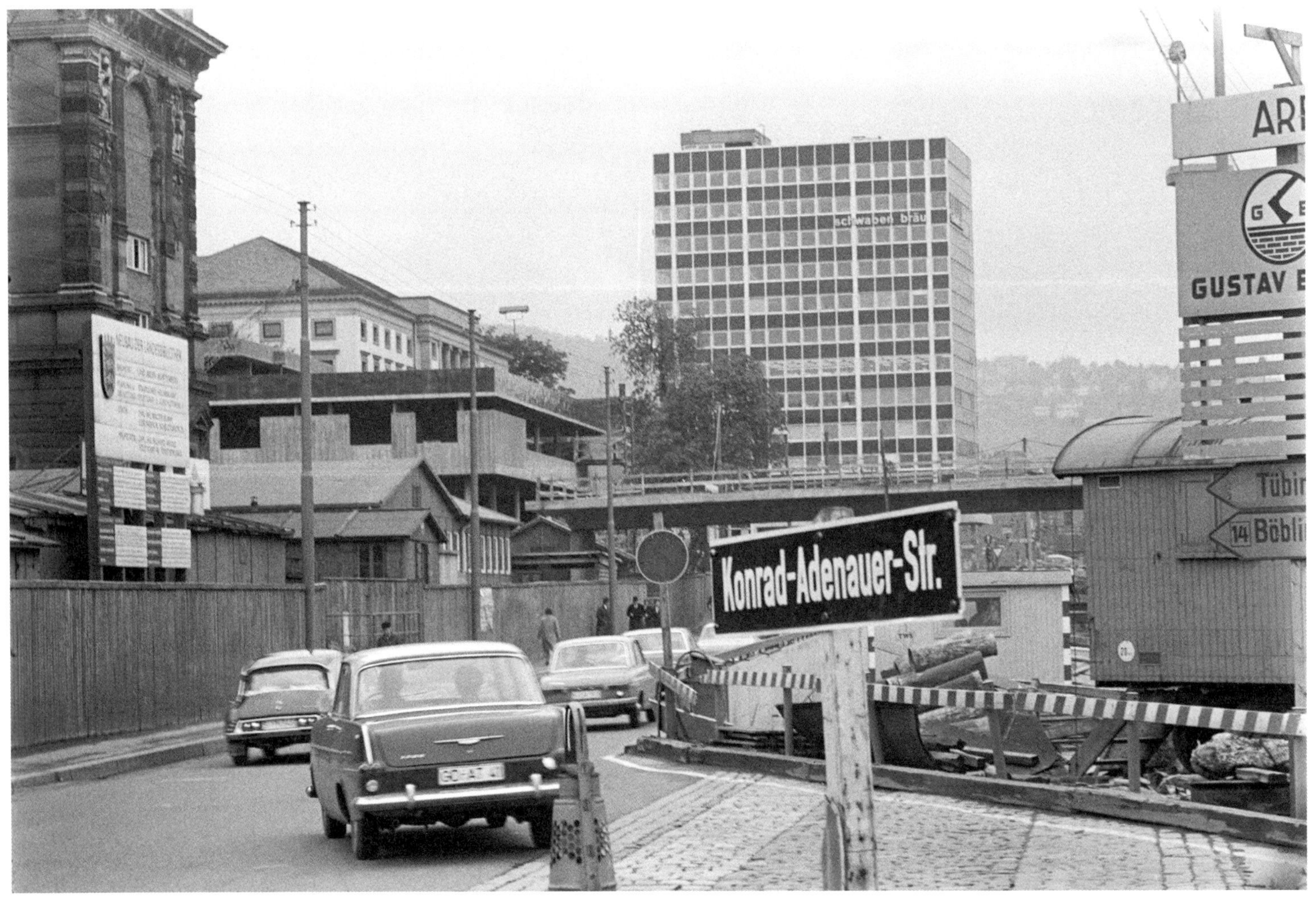

1 Bundestraße 14 (Konrad-Adenauer-Straße) mit Blick auf Landesbibliothek, Hauptstaatsarchiv, Wilhelmspalais und Hochhaus am Charlottenplatz. 2. Mai 1967

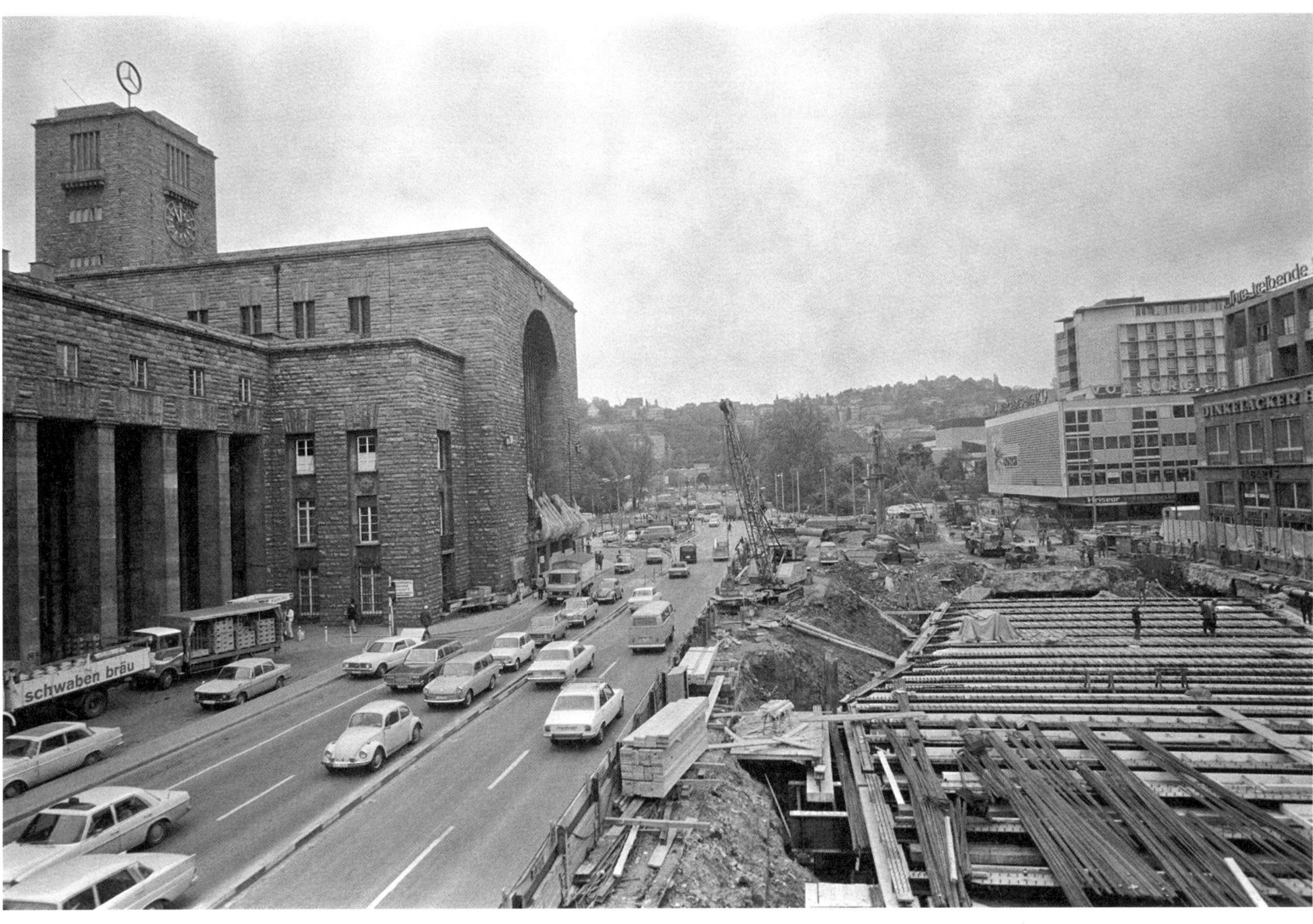

2 Baugrube der S- und U-Bahnhaltestelle auf der Schillerstraße (später Arnulf-Klett-Platz) vor dem Hauptbahnhof Stuttgart. 12. Mai 1972

verkehr Bahn. Der Liebe der Baden-Württemberger zu ihren Autos taten die Herausforderungen des Automobilverkehrs indes keinen Abbruch. Die Verlockungen der Reise mit dem eigenen Fahrzeug waren einfach zu groß. Seinen Urlaub wollte man in der Nachkriegszeit nicht mehr am Max-Eyth-See verbringen, sondern an den Gestaden des Gardasees oder am Strand von Rimini. Dank des eigenen Autos erreichte man nun in nur wenigen Stunden das Sehnsuchtsland Italien.

Obgleich Stuttgart zumeist mit dem Automobil in Verbindung gebracht wird, darf nicht außer Acht gelassen werden, dass die Stadt auch ein wichtiger Knotenpunkt des Eisenbahnverkehrs ist. Dafür steht ohne Zweifel der von Paul Bonatz (1877–1956) entworfene Hauptbahnhof – der *Nabel Schwabens* –, an dem nicht erst seit jüngster Zeit umfassend gebaut wird. Schon in den frühen 1970er Jahren klaffte vor dem Bonatzbau eine tiefe Grube. Wo seit einem halben Jahrhundert oberirdisch Straßenbahnen verkehrten, sollten nun S- und U-Bahnen den innerstädtischen wie regionalen Verkehr in die Tiefe führen. Das 600 Millionen DM schwere S-Bahn-Projekt war dazu gedacht, dem stark anwachsenden öffentlichen Personennahverkehr Herr zu werden. Außerdem sollten die Straßen durch die U-Stadtbahn von den Schienen befreit werden, um folglich den Autos und Lastkraftwagen freie Fahrt zu ermöglichen. Nach Fertigstellung der dreistöckigen Untergrund-Haltestelle am Hauptbahnhof im April 1976 wurde sie zu Ehren des kurz zuvor verstorbenen Stuttgarter Oberbürgermeisters Arnulf-Klett-Platz getauft. Klett (1905–1974) hatte den Ausbau des Nahverkehrs während seiner 30-jährigen Politikerkarriere in Stuttgart stark vorangetrieben, was von den Zeitgenossen durchaus kritisch gesehen wurde. Zwei Jahre nach Vollendung der unterirdischen Klett-Passage konnte im September 1978 auch die S-Bahn Stuttgart als eine der ersten ihrer Art in Westdeutschland feierlich eröffnet werden. Das Netz umfasst heute über 200 Streckenkilometer und befördert annähernd 70 Millionen Fahrgäste pro Jahr.

Grundlage des modernen Schienenverkehrs im Südwesten war die Elektrifizierung der Bahnstrecken. Zwischen 1945 und 1990 konnte nahezu die

Hälfte aller Bahntrassen des Landes elektrifiziert werden. Waren Dampfeisenbahnen in den 50er und 60er Jahren des 20. Jahrhunderts noch durchaus verbreitet, wurden sie durch den Bau von Oberleitungen schnell verdrängt. Einen großen Schritt ging man zu Beginn der 1990er Jahre mit der Eröffnung der Schnellfahrstrecke von Mannheim nach Stuttgart, die als eine der ersten deutschen Hochgeschwindigkeitsabschnitte im Fernverkehr die Reisezeit zwischen den beiden Großstädten nahezu halbierte. Dass es überhaupt möglich geworden war, so rasch zu reisen, war dem Intercity-Express (ICE) zu verdanken. Die erste Generation, die zeitgleich mit der Schnellfahrstrecke vorgestellt wurde, läutete eine neue Ära des Bahnreisens ein. Wird die Eröffnung des neuen Hauptbahnhofs sowie der Neu- und Ausbaubaustrecke von Stuttgart nach Augsburg in wenigen Jahren an diesen Erfolg der frühen 1990er Jahre anknüpfen können?

Die Mobilitätsgeschichte Baden-Württembergs ist nicht allein auf landgebundene Verkehrsmittel limitiert. Dank seiner Zeppeline aus Friedrichshafen ist das Land weit über den Südwesten hinaus bekannt. Zu Beginn des 20. Jahrhunderts waren Luftschiffe eine regelmäßige und zugleich luxuriöse Art des Reisens. Noch heute kreisen sie immer wieder über Baden-Württemberg, um ihre oft mit Werbebotschaften bedruckten Außenhüllen weithin sichtbar zu präsentieren. Für die Menschen im Südwesten ist jedoch das Flugzeug seit vielen Jahrzehnten das Transportmittel der Wahl für Fernreisen und der Stuttgarter Flughafen somit das Tor zur Welt. Fernziele stehen dabei nicht erst seit dem 21. Jahrhundert auf dem Flugplan. Durch die Kommerzialisierung düsengetriebener Passagierflugzeuge ab den 1960er Jahren konnte man, freilich zu einem vergleichsweise hohen Preis, über den Atlantik, nach Fernost oder auf die Südhalbkugel fliegen. Möglich wurden diese Transkontinentalflüge in Stuttgart erst durch die Verlängerung der Start- und Landebahn im Jahr 1961. Nunmehr war es großen Flugzeugen mit Strahlantrieb möglich, die Landeshauptstadt anzufliegen. Die neuen vierstrahligen Düsenflugzeuge stehen stellvertretend für eine zunehmend globalisierte Welt, in der auch Stuttgart seinen Platz fand, sei es durch weltweite Geschäftsbeziehungen südwestdeutscher Unternehmen, neue Produkte in den Regalen oder durch Urlaubsziele in aller Welt.

War die Erweiterung des Flughafens Stuttgart für die Reisenden ein Segen, war sie zugleich für viele Anwohner und Landwirte ein Fluch. Mehr Flugziele und häufigere Starts und Landungen bedeuteten eine höhere Lärmbelastung für die Anrainer. Hinzu kam, dass die Landwirte auf den Fildern den Flughafen häufig als Bedrohung ihrer

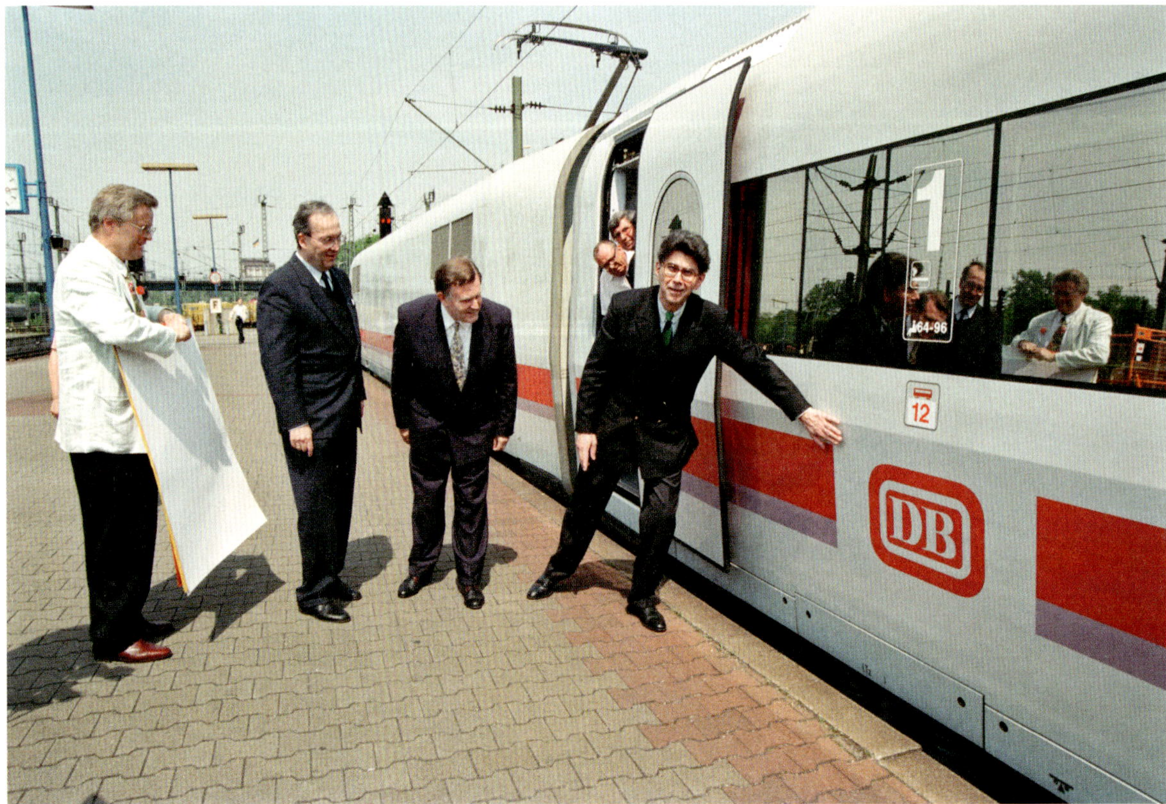

3 Ministerpräsident Erwin Teufel, Oberbürgermeister Manfred Rommel und der Erste Präsident der Deutschen Bundesbahn Heinz Dürr bei der Eröffnung der Schnellfahrstrecke von Mannheim nach Stuttgart vor dem neuen Intercity-Express (ICE). 31. Mai 1991

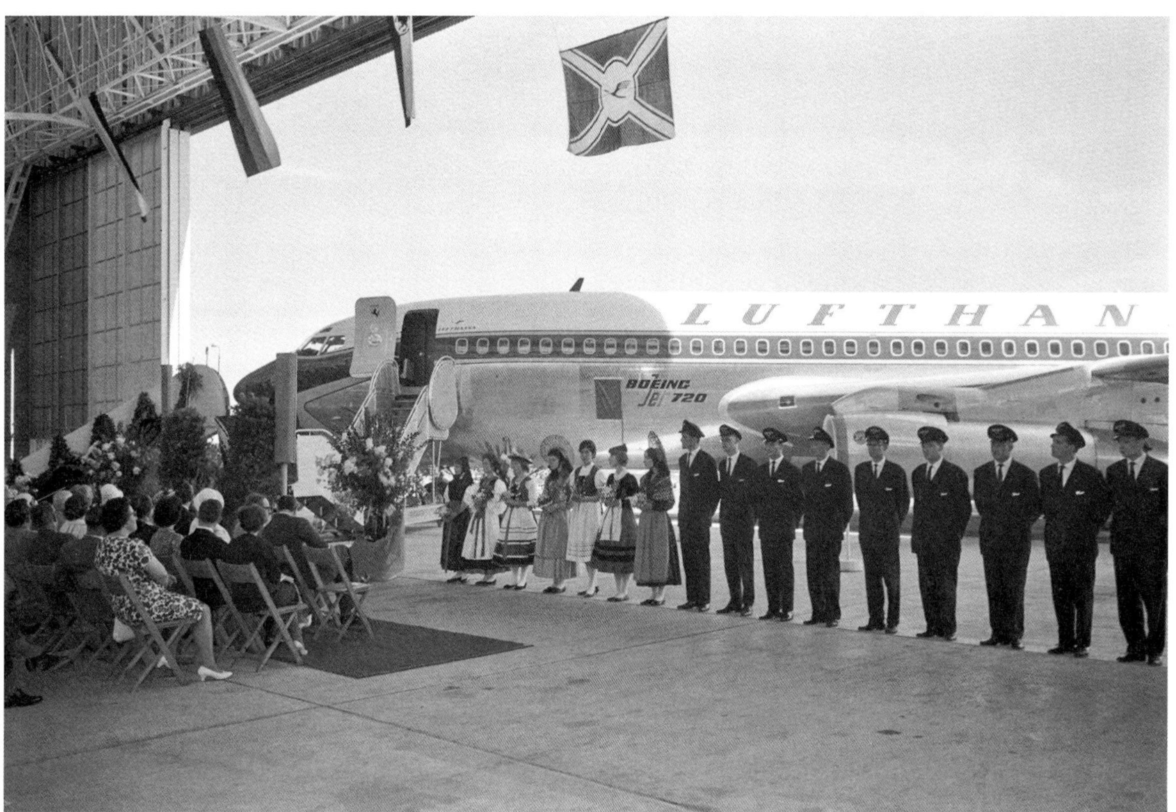

4 Taufe einer Boeing 720 der Lufthansa auf den Namen „Stuttgart" durch Yvonne Klett, Ehefrau des Oberbürgermeisters, auf dem Flughafen Stuttgart. 29. Juni 1961

wirtschaftlichen Existenz sahen. Viele Filderbauern kämpften schlussendlich vergeblich um ihre Felder. Doch den Bau einer zweiten Start- und Landebahn konnten sie bis heute erfolgreich verhindern. Ungeachtet der Proteste wurde der Flughafen Stuttgart stetig ausgebaut. Seine heutige Gestalt verdankt er hauptsächlich Baumaßnahmen, die zwischen 1986 und 2004 durchgeführt wurden. Herzstück ist dabei das Flughafenterminal 1, das im März 1991 für den Betrieb freigegeben wurde und mit dem unterirdischen S-Bahnhof eine direkte Anbindung an die Innenstadt bietet. Das Terminal ist aber nicht bloß verkehrstechnisch von großer Bedeutung. Es besticht darüber hinaus durch eine herausragende Architektur, die von Meinhard von Gerkan (1935–2022), einem der einflussreichsten und prägendsten deutschen Architekten der Gegenwart, entworfen wurde.

Große Bauten verwirklichte man nicht allein am Stuttgarter Flughafen. So waren gerade auch die Flüsse des Landes im 20. Jahrhundert starken Veränderungen unterworfen. Die baulichen Eingriffe in den Flusslauf und die flussnahe Infrastruktur dienten zuvorderst dem verbesserten Transport von Fertiggütern in alle Welt sowie dem Import von Rohstoffen, nicht zuletzt für den Automobilsektor. Schon während der 1920er und 1930er Jahre hatte man unter der Ägide von Otto Konz (1875–1965) und Paul Bonatz am Neckar Schleusen und Staustufen gebaut. Dem stark anwachsenden Güterverkehr der Nachkriegszeit genügten diese Schleusen indes nicht mehr. Deswegen ging man ab Mitte der 1950er Jahre daran, die Neckarstaustufen zu erweitern. Gegenwärtig plant man erneut eine Verlängerung der Schleusenkammern, um den Neckar auch für größere Binnenschiffe zu öffnen.

Mit dem Ausbau der Neckarschleusen in den 1950er Jahren erfolgten Baumaßnahmen an den Hafenanlagen. Nach dreieinhalbjähriger Bauzeit konnte man am 31. Mai 1958 die Einweihung des Stuttgarter Hafens feiern. Damit einher ging die Freigabe des insgesamt 188 Kilometer langen Neckarkanals von Plochingen nach Mannheim, der schon seit der Vormoderne immer wieder angedacht worden war, jedoch erst 1958 verwirklicht werden konnte. Die Bedeutung dieses Infrastrukturprojekts für Baden-Württemberg kann nicht groß genug eingeschätzt werden. Dank der Anbindung an das Schienen- und Straßennetz stellt der Stuttgarter Hafen, zweitgrößter seiner Art am Neckar, den wichtigsten Güterverkehrsschnittpunkt der Region Stuttgart dar.

Die Fotografien Burghard Hüdigs halten all diese Veränderungen zu Land, in der Luft und auf dem Wasser von den späten 1950ern bis in die frühen 2000er Jahre für Baden-Württemberg eindringlich fest. Die Bilder führen uns vor Augen, wie die Bewohner mit den Herausforderungen der wach-

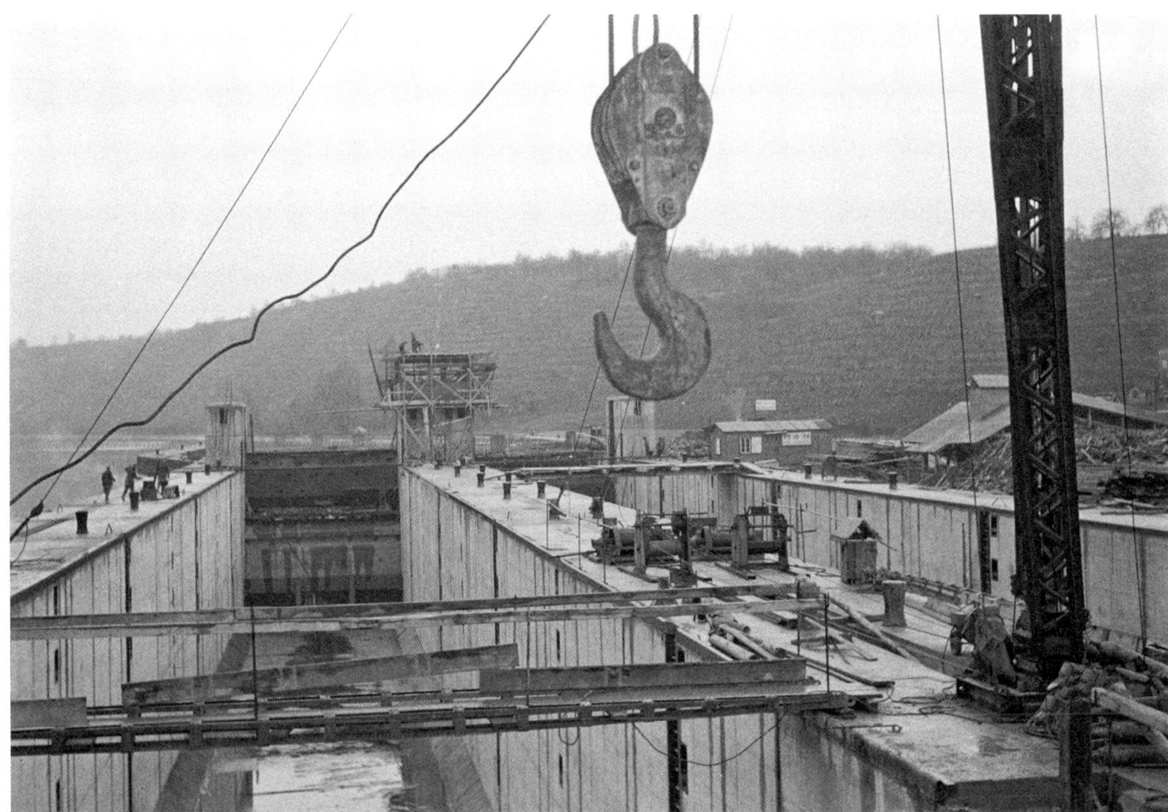

5 Bauarbeiten an der Neckarschleuse bei Stuttgart-Hofen. 30. November 1956

senden Mobilität in ihrem Land umgingen. Viele Aufnahmen zeugen dabei von einer regelrechten Aufbruchsstimmung, Begeisterung und Freude über die neuen Bahnlinien, die breiteren Straßen oder das erweiterte Flugangebot. Hüdigs fotografischer Nachlass dokumentiert dabei gleichzeitig die kritischen Stimmen, die mit den Infrastrukturprojekten einhergingen, allen voran im Zusammenhang mit Lärmbelastung, Verkehrseinschränkung und dem Verlust landwirtschaftlicher Flächen. Somit sind seine Fotografien eine äußerst wichtige Quelle für die südwestdeutsche Mobilitätsgeschichte des 20. Jahrhunderts.

Stefan G. Holz

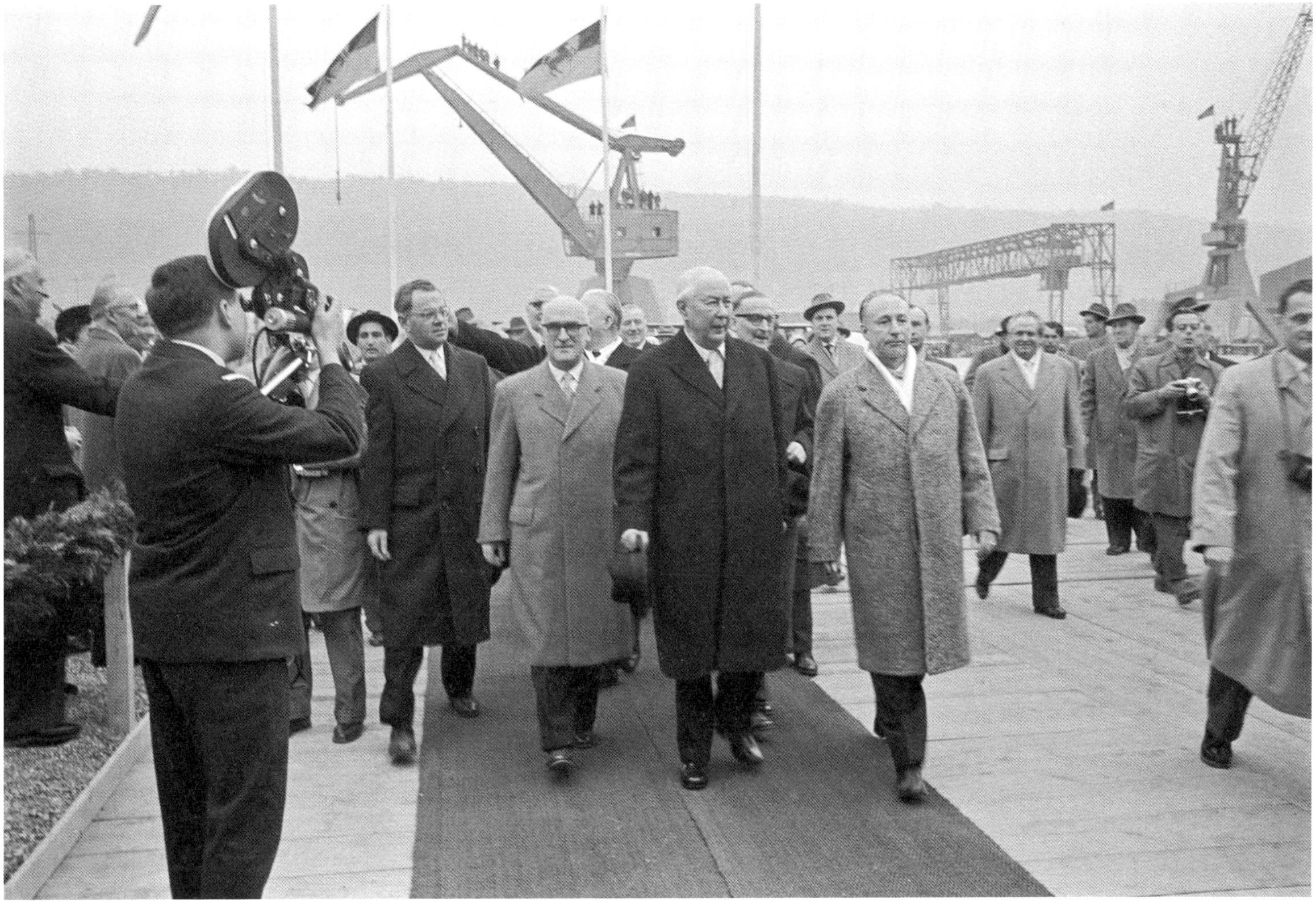

6 Einweihung des Stuttgarter Hafens durch Bundespräsident Theodor Heuss, Ministerpräsident Gebhard Müller und Oberbürgermeister Arnulf Klett. 31. März 1958

7 Demonstration des neuen ADAC-Straßenwachtwagens, Modell NSU Prinz 4. Mai 1963

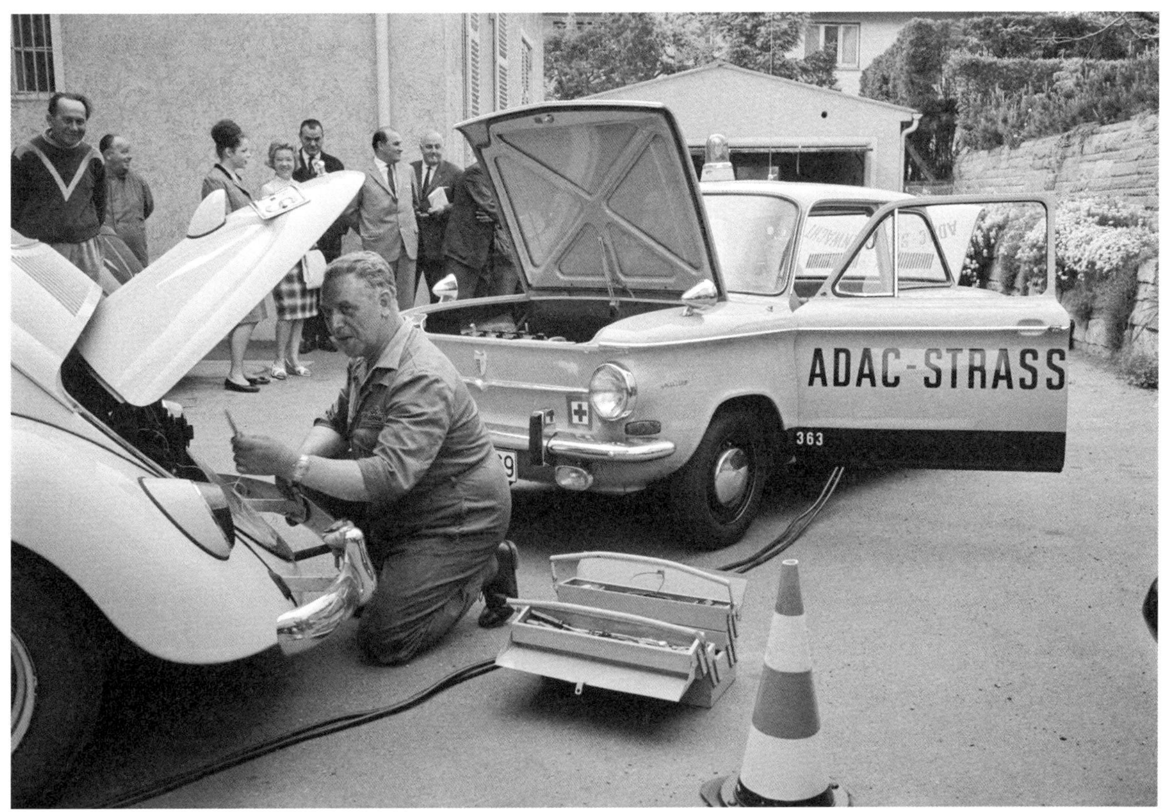

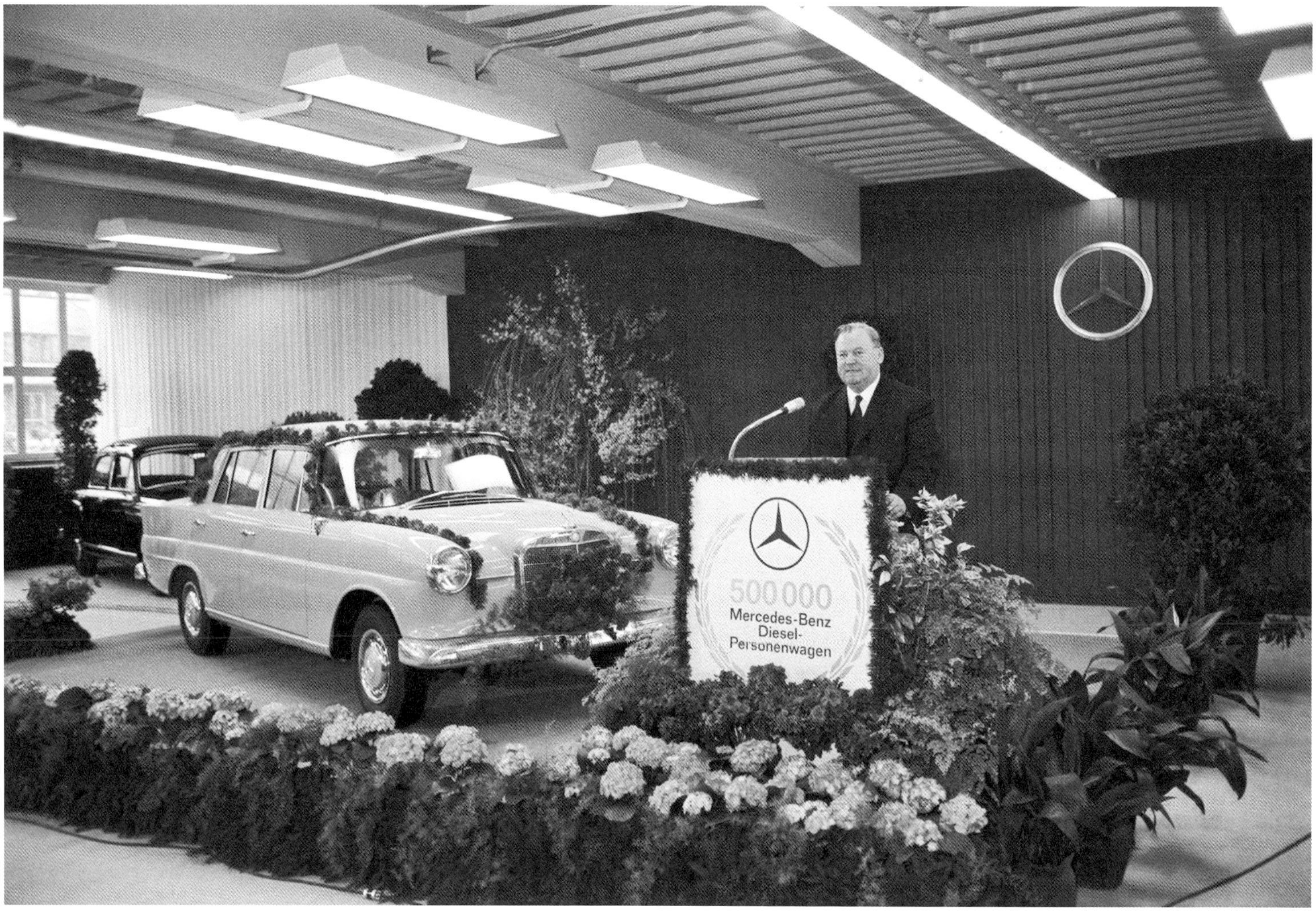

8 Vorstellung des 500.000. Mercedes-Benz Diesel-Personenwagens, Baureihe 110, durch den Vorstandsvorsitzenden Walter Hitzinger. 8. April 1965

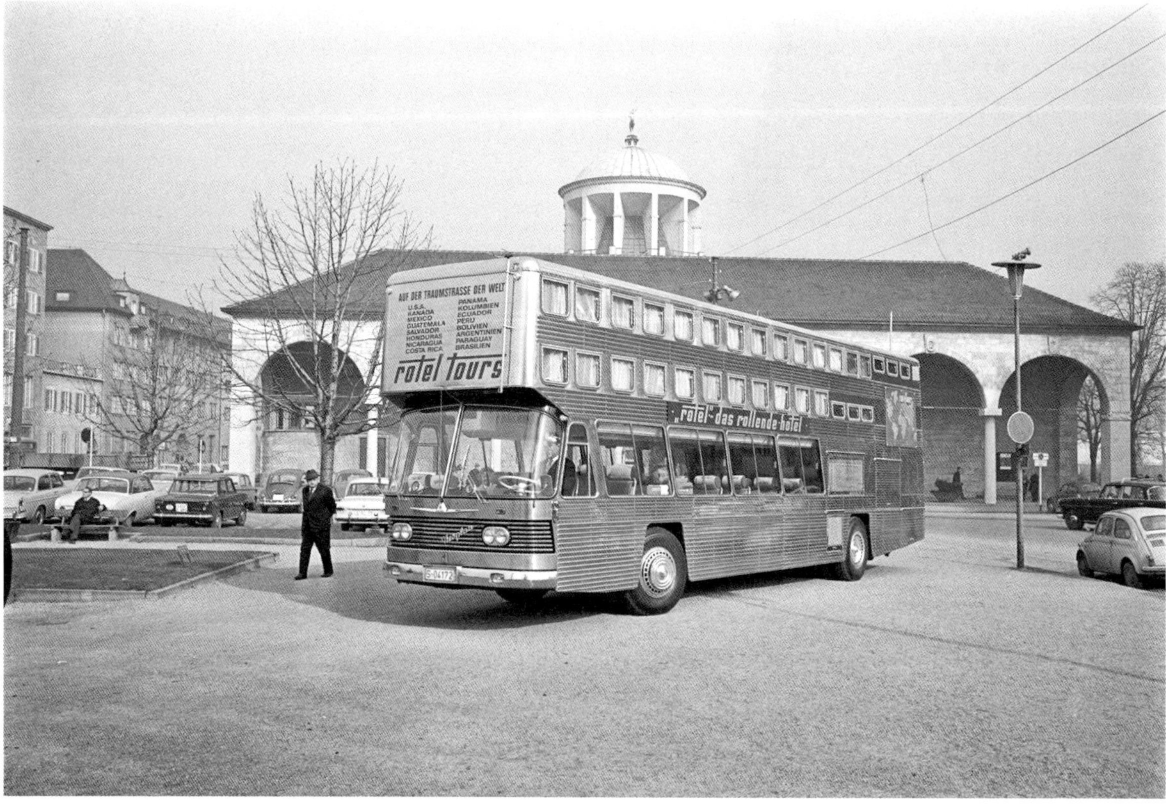

9 Präsentation des neuen Rotel-Tours-Autobusses vor dem Kunstgebäude am Stuttgarter Schlossplatz. 17. Februar 1966

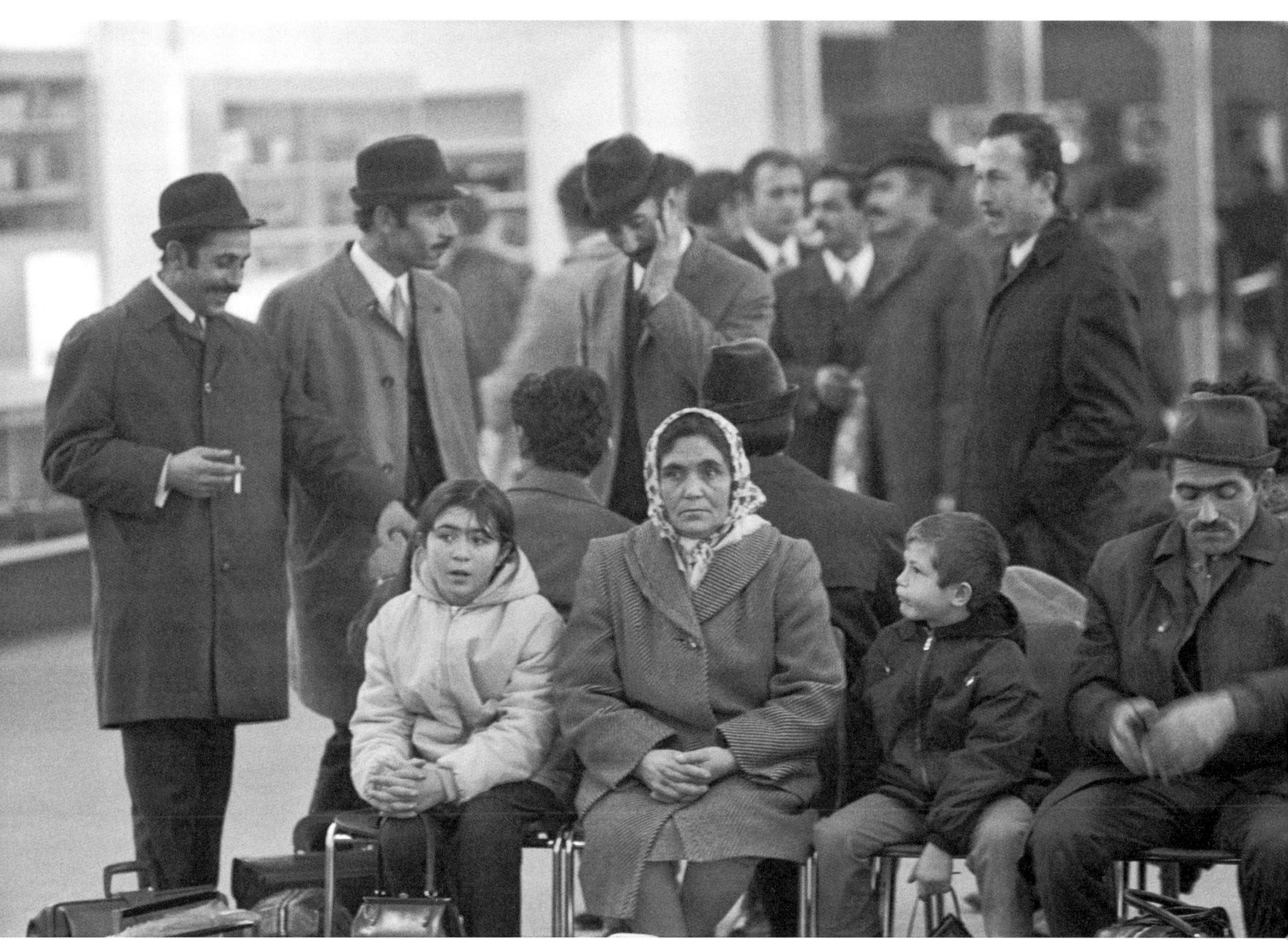

10 Türkische Gastarbeiterfamilien in der Abfertigungshalle des Flughafens Stuttgart.
22. Dezember 1970

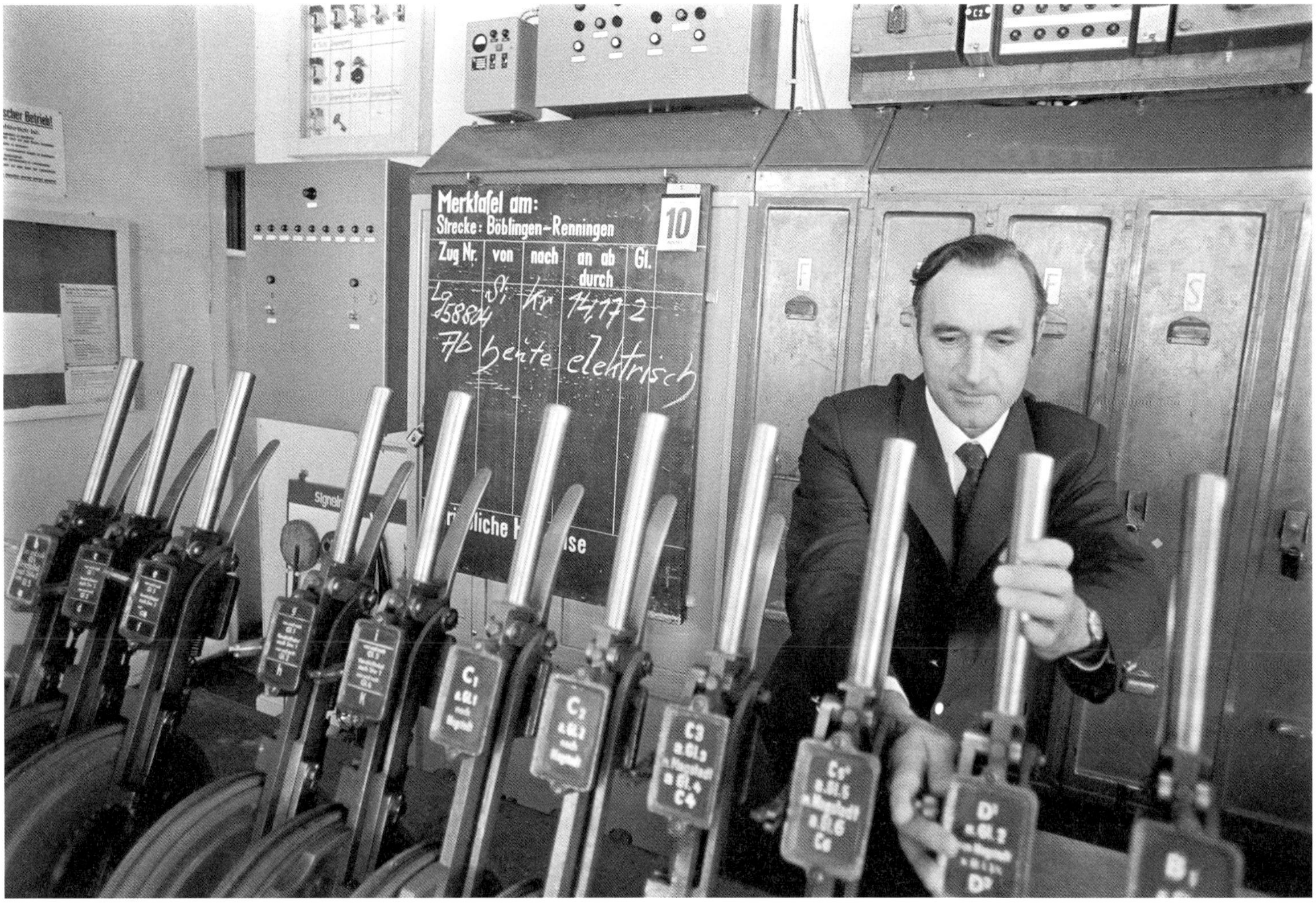

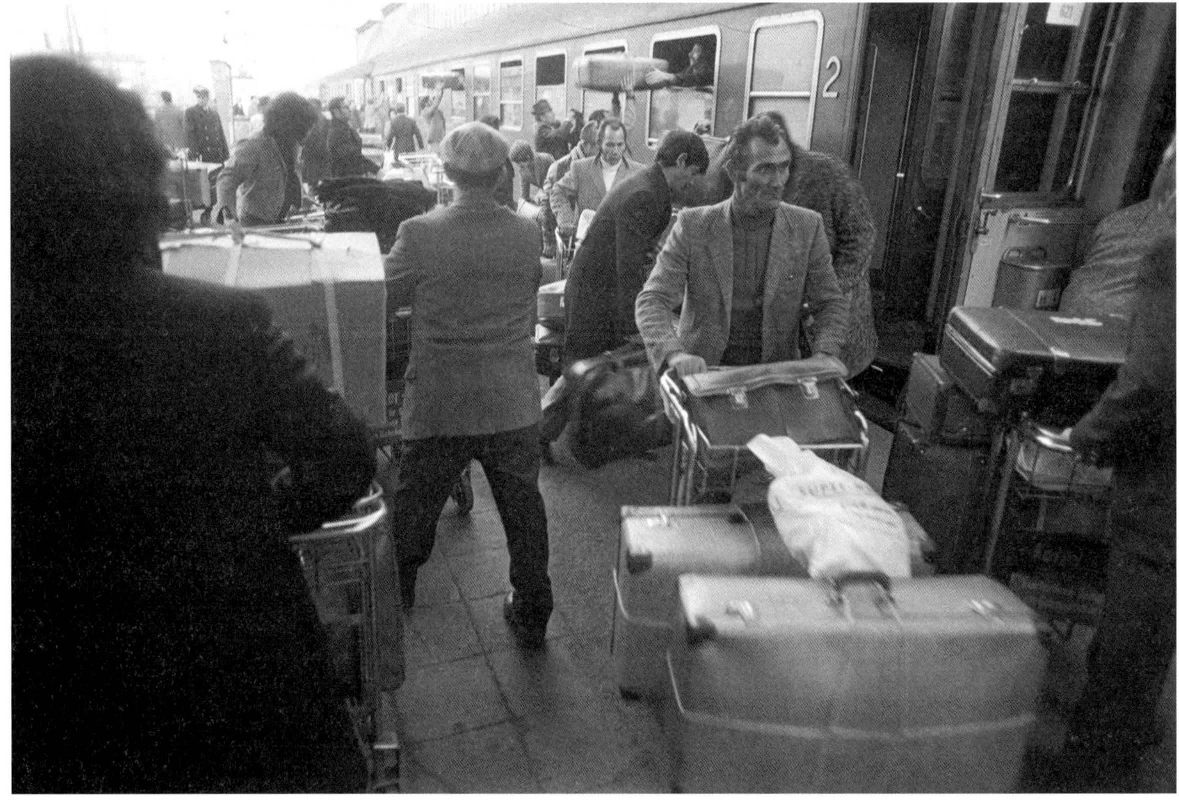

11 Stellwerk auf der elektrifizierten Rankbachbahn von Renningen nach Böblingen.
10. April 1972

12 Reisende vor dem Schnellzug D 385 von Stuttgart nach Rom am Stuttgarter Hauptbahnhof.
Dezember 1972

Herrenlose Koffer

Was hat es mit den Koffern auf sich, die Burghard Hüdig am 26. Juni 1973 vor dem Echterdinger Flughafen fotografierte? Den entscheidenden Hinweis geben die papiernen Anhänger, die den Besitzer der Koffer als *CRANKO, J.* ausweisen. Damit war kein geringerer als der Balletttänzer und Choreograf John Cranko gemeint, der in den 1960er und 1970er Jahren in Stuttgart mit *Romeo und Julia* oder *Der Widerspenstigen Zähmung* wirkmächtige Choreografien schuf und dadurch die baden-württembergische Landeshauptstadt auf die Weltkarte der darstellenden Künste hob. Der 1927 im südafrikanischen Rustenburg als Sohn eines Rechtsanwalts geborene Cranko kam im Jahr 1961 nach Baden-Wütttemberg. Weniger als ein Jahrzehnt nach Crankos Ankunft zählte die Stuttgart-Formation zu den international führenden Ensembles.

Dementsprechend erhielten Cranko und das Stuttgarter Ballett mehrere Einladungen zu Gastspielen in Nord- und Südamerika. Von der letzten US-Tournee im Jahr 1973 sollte der Meister allerdings nicht mehr zurückkehren. Auf dem Rückflug von Philadelphia nach Stuttgart musste das Flugzeug in Dublin außerplanmäßig landen. Während des Transatlantikflugs erlitt Cranko einen tödlichen Brechanfall, der von der Einnahme eines Schlafmittels herrührte. Der gebürtige Südafrikaner starb am 26. Juni 1973 im Alter von nur 45 Jahren. Zurück kam allein sein herrenloses Gepäck, das symbolisch für den tragischen Tod des großen Künstlers steht. Burghard Hüdig fing diesen ergreifenden Moment noch am Todestag mit seiner Kamera ein.

Obgleich die Koffer ohne ihren Besitzer zurückkamen, hinterließ John Cranko in Stuttgart zahlreiche Spuren. Neben seinem Grab auf dem Solitude-Friedhof wurde im Oberen Schlossgarten in unmittelbarer Nachbarschaft zu seiner langjährigen Wirkungsstätte ein Weg nach ihm benannt. Die wichtigste Errungenschaft Crankos ist jedoch sicher das sogenannte Stuttgarter Ballettwunder selbst. Das Ensemble gehört noch heute zu den weltweit führenden Formationen.

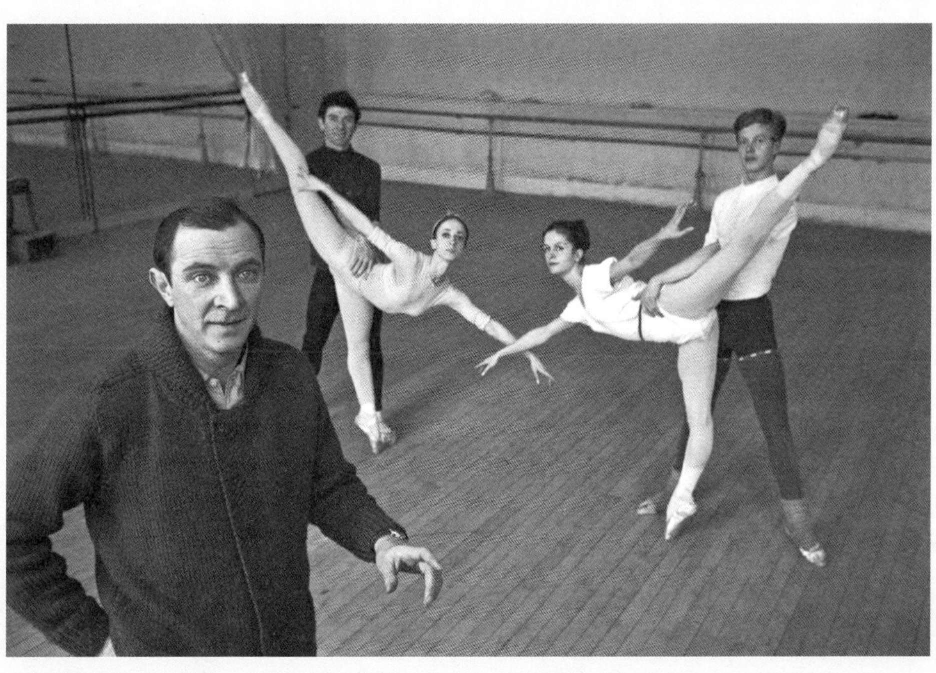

13 Balletttänzer und Choreograf John Cranko mit vier jungen Tänzerinnen und Tänzern im Übungsraum. März 1965

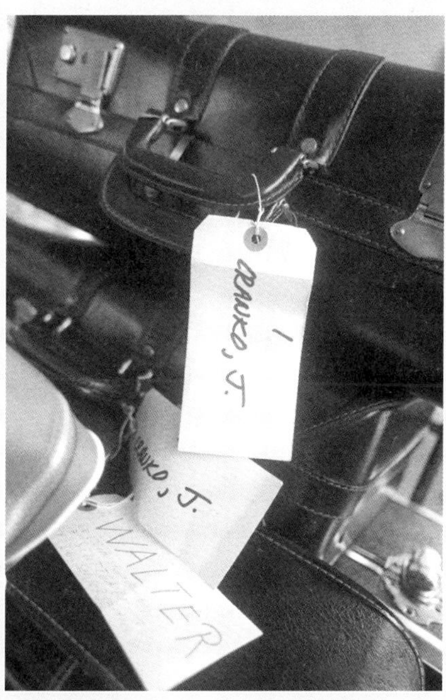

14 Koffer des verstorbenen Balletttänzers und Choreografen John Cranko am Flughafen Stuttgart. 26. Juni 1973

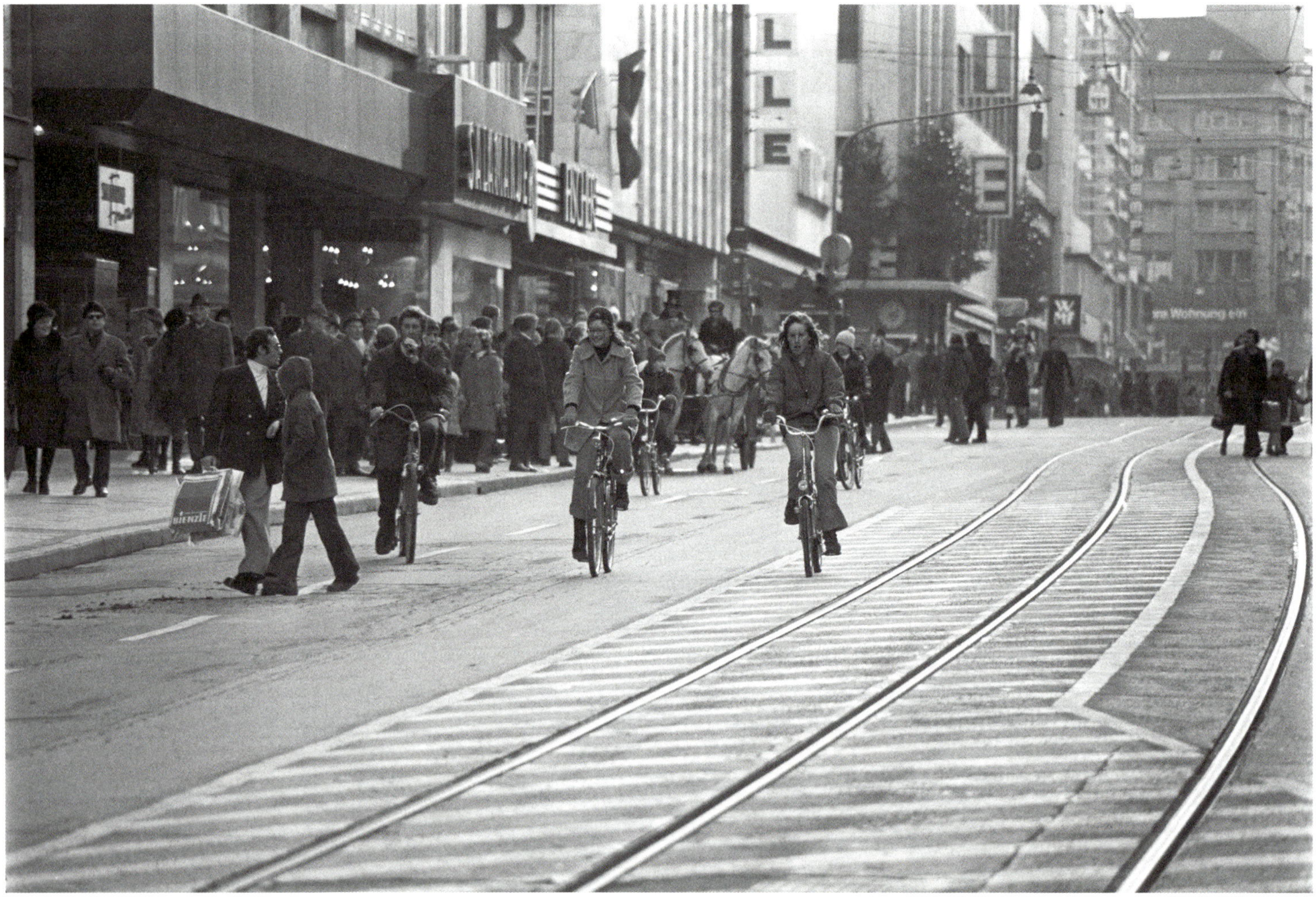

15 Dritter „Autofreier Sonntag“ im Zusammenhang mit der Ölpreiskrise des Jahres 1973 auf der Stuttgarter Königstraße. 9. Dezember 1973

16 Taufe des „Stuttgarter Hofbräu“-Zeppelins auf dem Flugplatz in Malmsheim in Anwesenheit des Stuttgarter Oberbürgermeisters Manfred Rommel. 20. August 1980

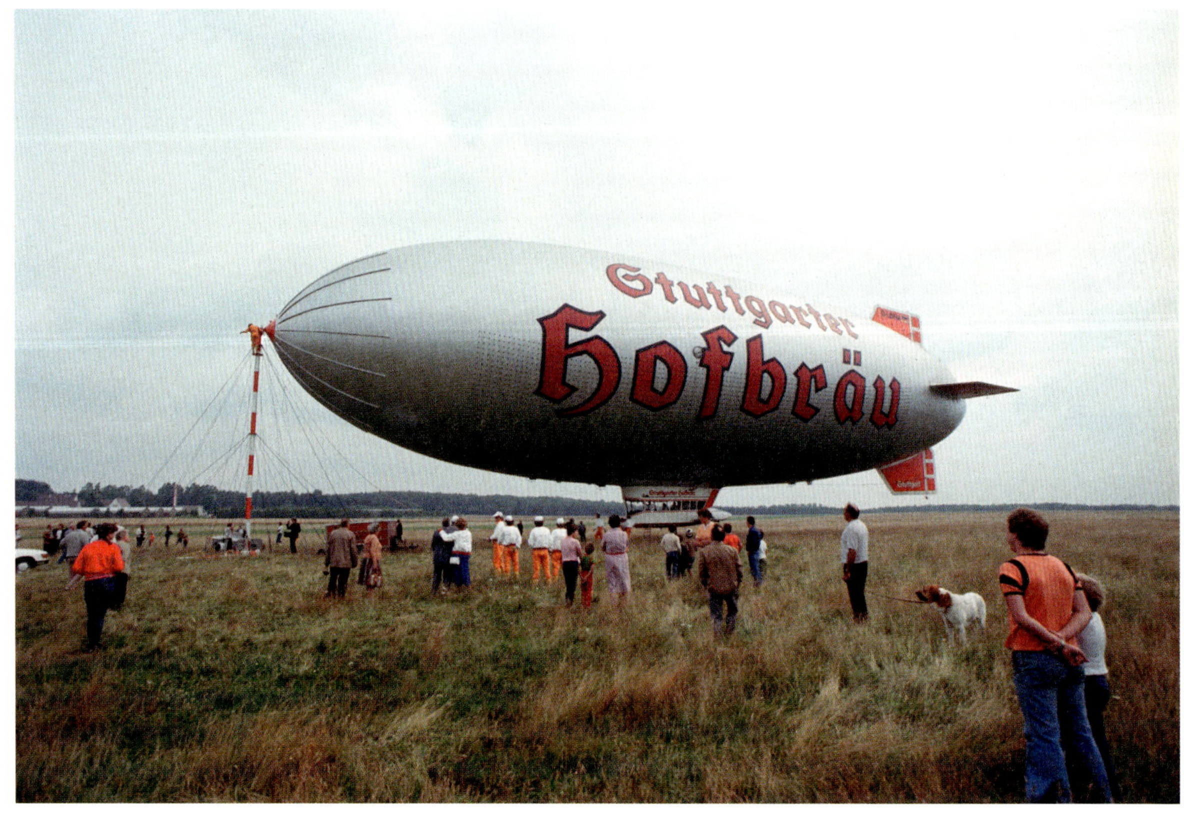

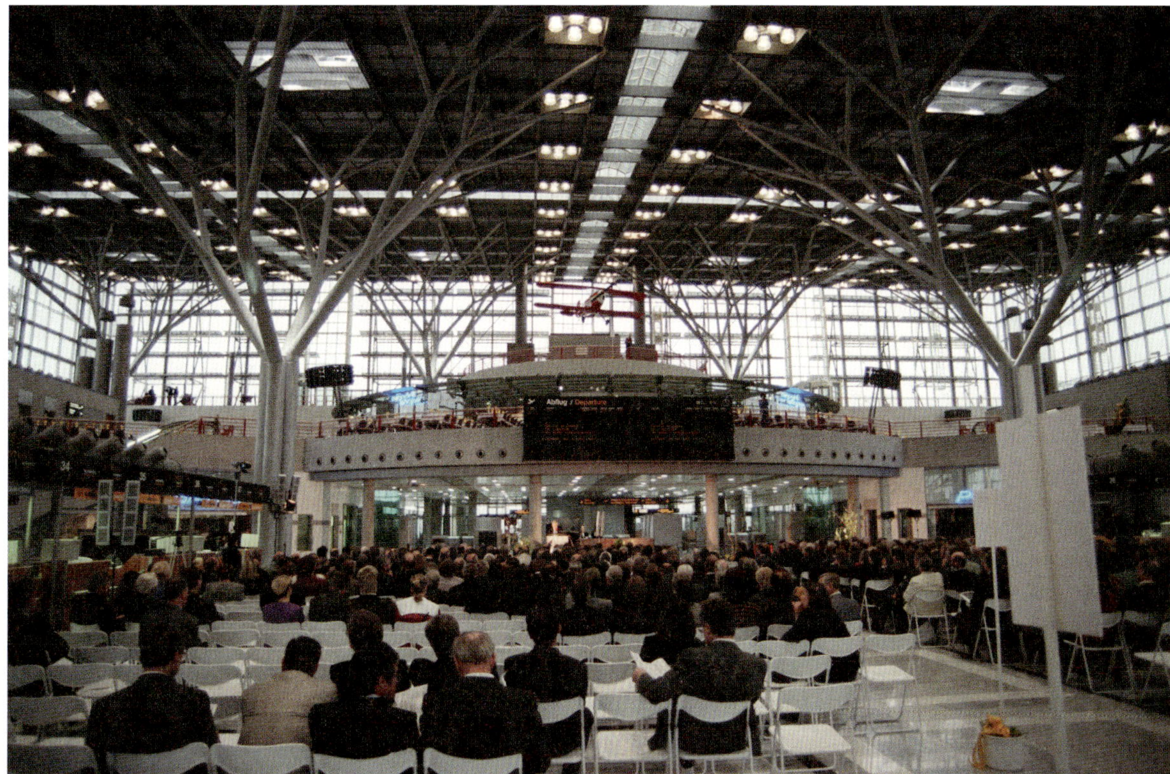

17 Einweihung der Abfertigungshalle (Terminal 1) am Flughafen Stuttgart. 25. März 1991

18 Einweihung der U-Bahnhaltestelle Killesberg/Messe und der Stadtbahnlinie U 7 vom Messegelände nach Stuttgart-Degerloch. 17. April 1993

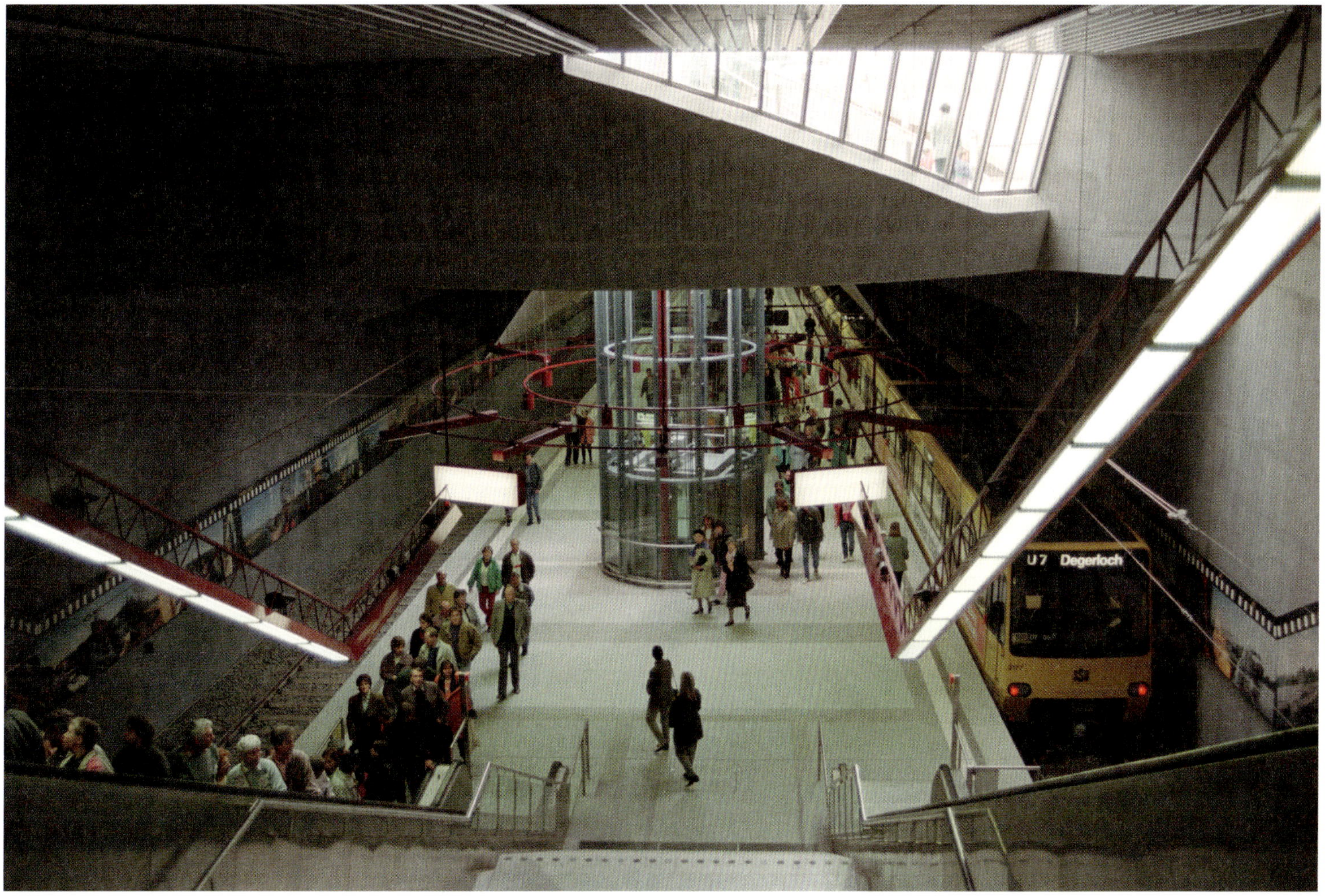

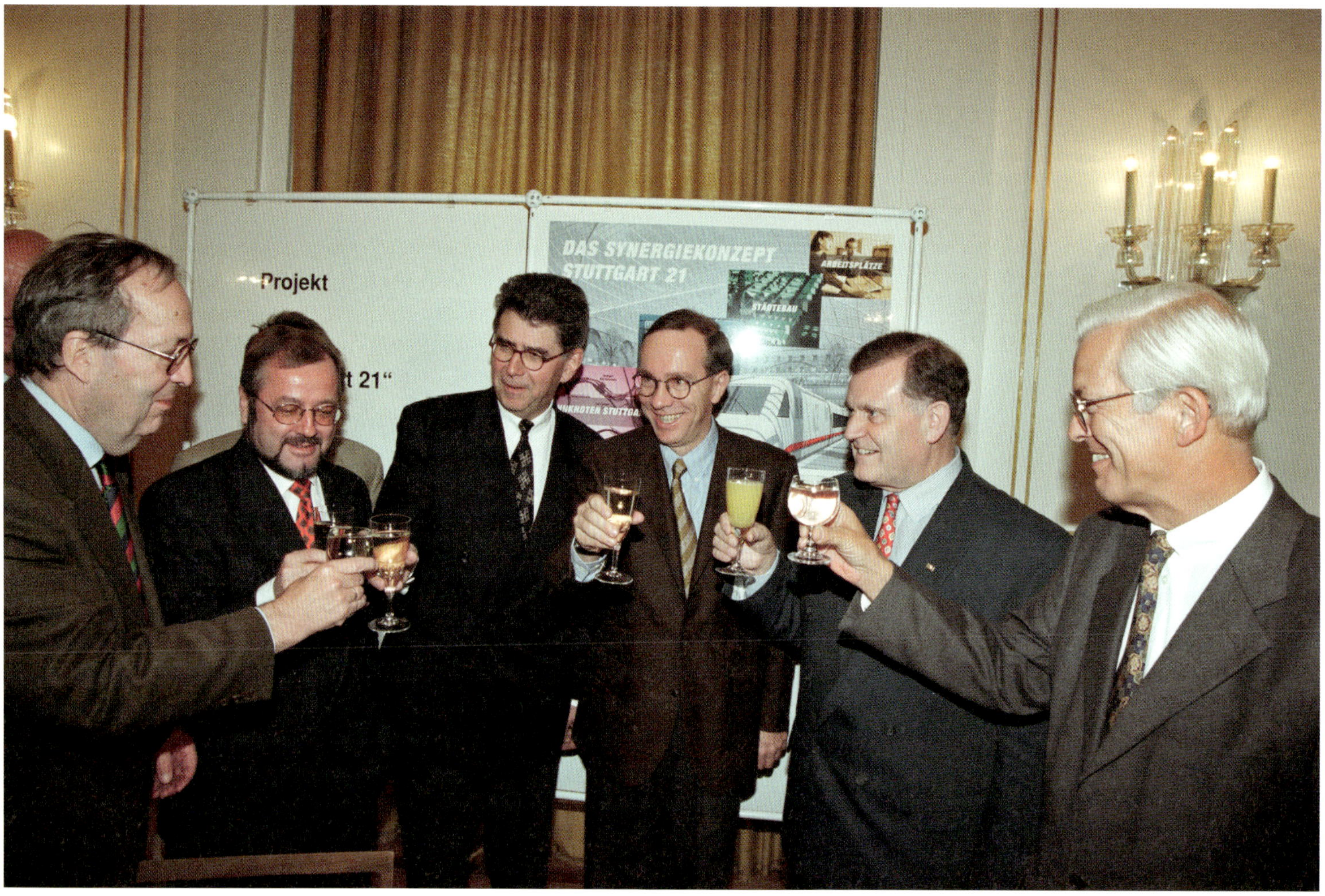

19 Vorstellung des Finanzierungsabkommens für „Stuttgart 21" u. a. durch Ministerpräsident Erwin Teufel, Bundesverkehrsminister Matthias Wissmann, Landesverkehrsminister Hermann Schaufler, Oberbürgermeister Manfred Rommel und den Vorstandsvorsitzenden der Deutschen Bahn Heinz Dürr. 7. November 1995

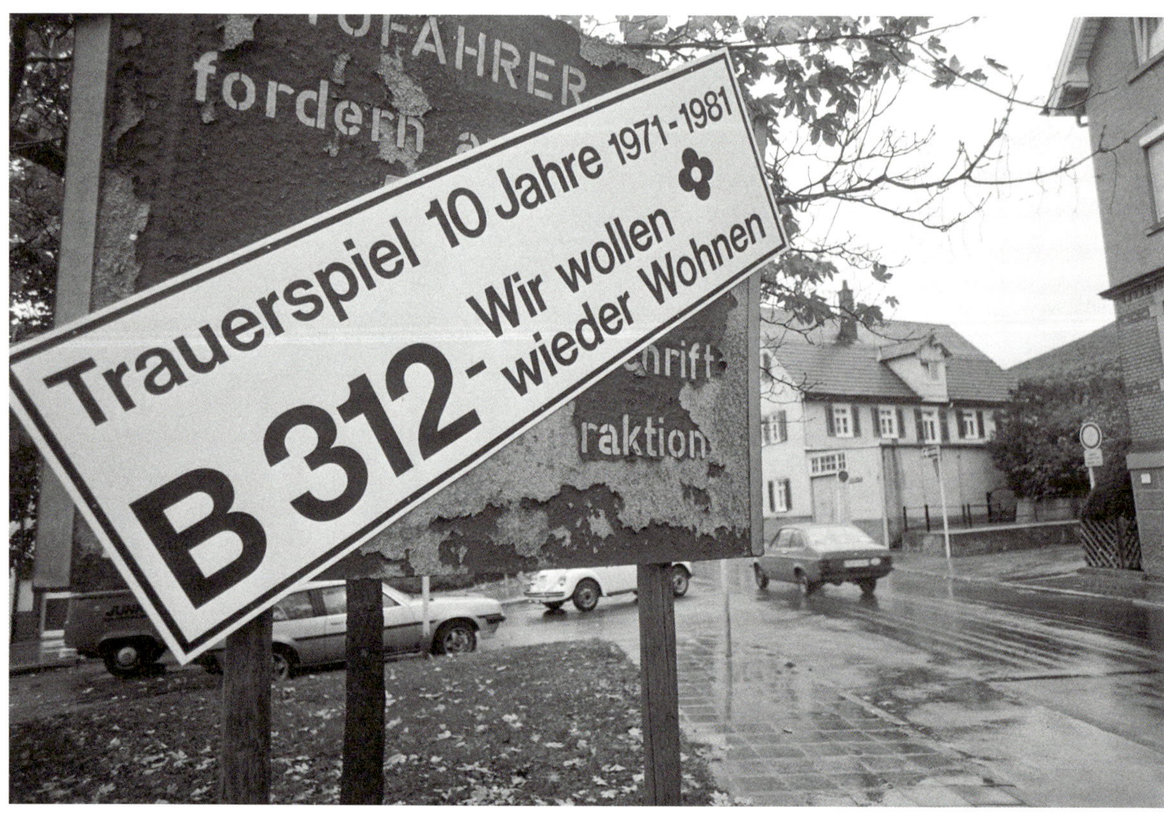

20 Protestschild „Trauerspiel 10 Jahre 1971–1981 Bundesstraße 312 – Wir wollen wieder wohnen" im Zusammenhang mit dem belastenden Autoverkehr. 20. Oktober 1981

Mehr als Autos und Häuslebauen: Kultur und Wissenschaft

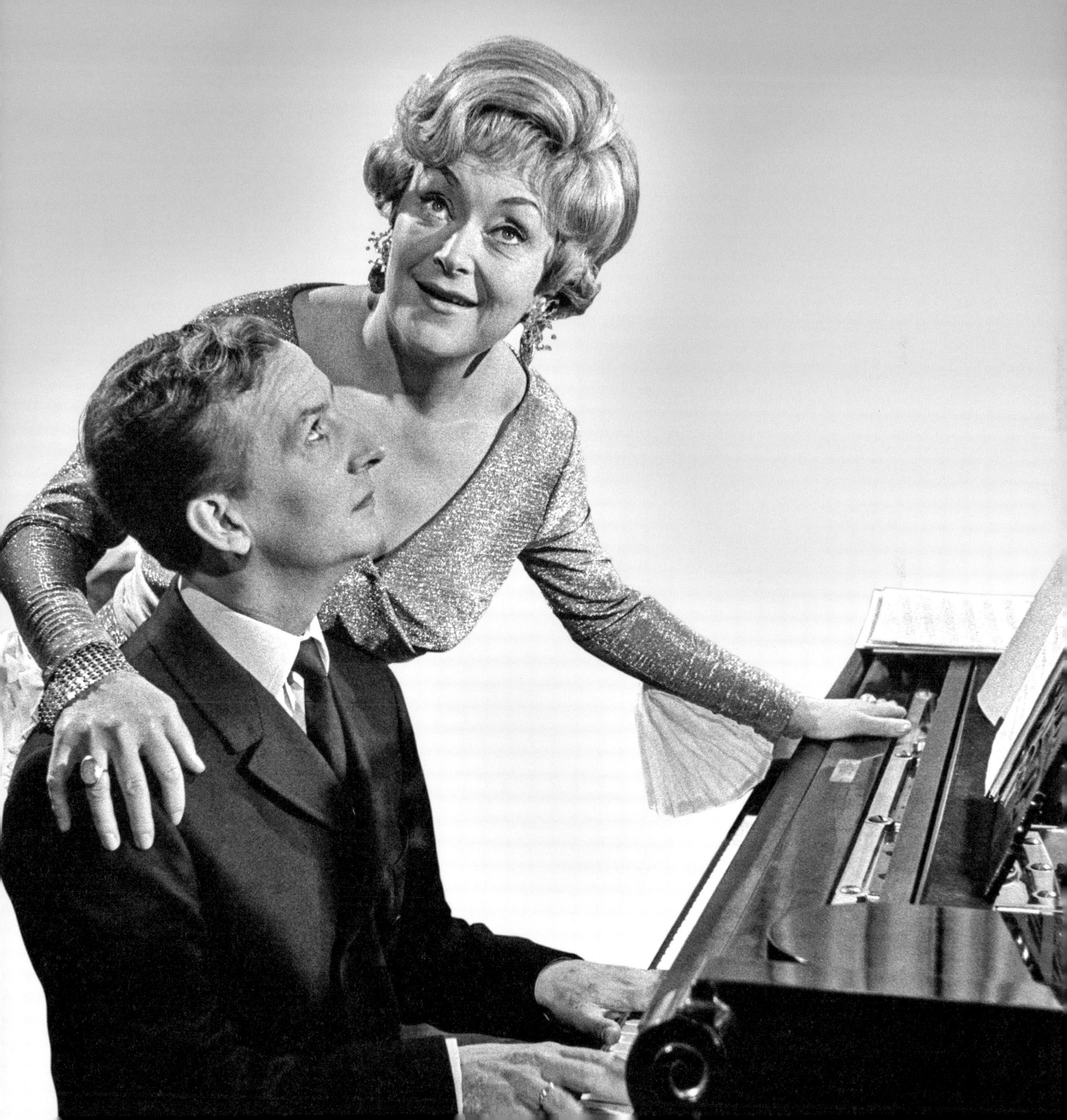

Die Kultur kann in ihrem weitesten Sinne als die Gesamtheit der einzigartigen geistigen, materiellen, intellektuellen und emotionalen Aspekte angesehen werden, die eine Gesellschaft oder eine soziale Gruppe kennzeichnen. So definiert die UNESCO den schillernden Begriff *Kultur*. Burghard Hüdig war in diesem Sinne ein Kulturvermittler par excellence. Seine Arbeit als Bildjournalist verlangte von ihm, überall präsent zu sein, *wo etwas los war*. Er dokumentierte damit – bewusst oder unbewusst – die kulturelle Entwicklung seiner Landsleute von den späten 1950er Jahren bis in die 90er Jahre hinein.

Wie wohl kaum ein anderes prägt das Cannstatter Volksfest die Vorstellung der Menschen im Schwäbischen, was ein richtiges *Feschd* ist. Gesellschaftliche Veränderung wie auch Beharrung werden hier besonders gut sichtbar. So wurde das 112. Cannstatter Volksfest am 22. September 1958 von einer Tanzgruppe im Trachtenkostüm eröffnet, unmittelbar gefolgt von einer völlig neuartigen Art des Tanzens, die vor allem die Jugend ansprach. Der Rock 'n' Roll hielt damals seinen publikumswirksamen Einzug. Eines aber änderte sich nie: Es war und ist ein Fest für Jung und Alt.

Die Fasnet genießt im Festkalender Baden-Württembergs ebenfalls einen hohen Stellenwert. Auch im evangelisch geprägten Landesteil hatte sich in vielen Städten im 19. und 20. Jh. eine Tradition ausgebildet. Ein bekanntes Beispiel ist der von der Cannstatter Narrengesellschaft der Kübler veranstaltete Kübelesmarkt. Einer der Höhepunkte ist der große Küblerball, zu dem die Narren traditionell in den Cannstatter Kursaal laden. Aber auch das Straßenfest am *Schmotziga Donnerschdag* mit dem Sturm aufs Rathaus erfreut sich großer Beliebtheit.

Ein Event der etwas anderen Art war für viele Jahrzehnte der Opernball der Stuttgarter Staatsoper. Wer im Ländle sehen und gesehen werden wollte, für den war der Opernball ein Muss. Zur Attraktivität des Opernballs trug zweifellos die gelungene Mischung aus hochklassigem Musikprogramm, internationalen Stargästen und natürlich dem ausgelassenen Tanzvergnügen bei. Auch das Ballett gab sich öfter die Ehre und bot den Fans die Möglichkeit, ihren Stars nahe zu kommen. 1992 war allerdings vorläufig Schluss, da das Defizit dem Verwaltungsrat nicht mehr tragbar schien; sehr zum

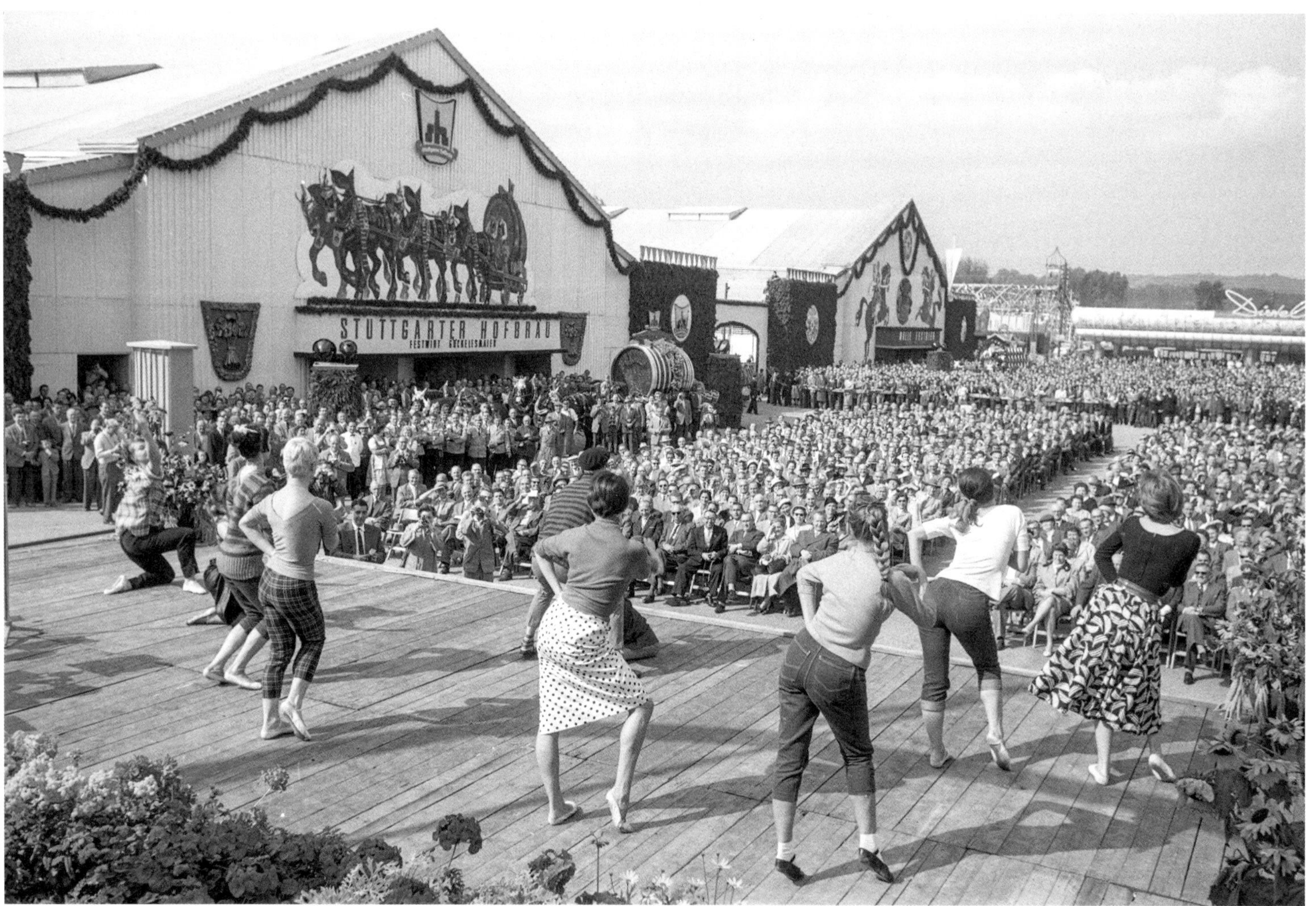

1 Eröffnung des Cannstatter Volksfestes 1958 mit einer Rock 'n' Roll-Tanzeinlage. 22. September 1958

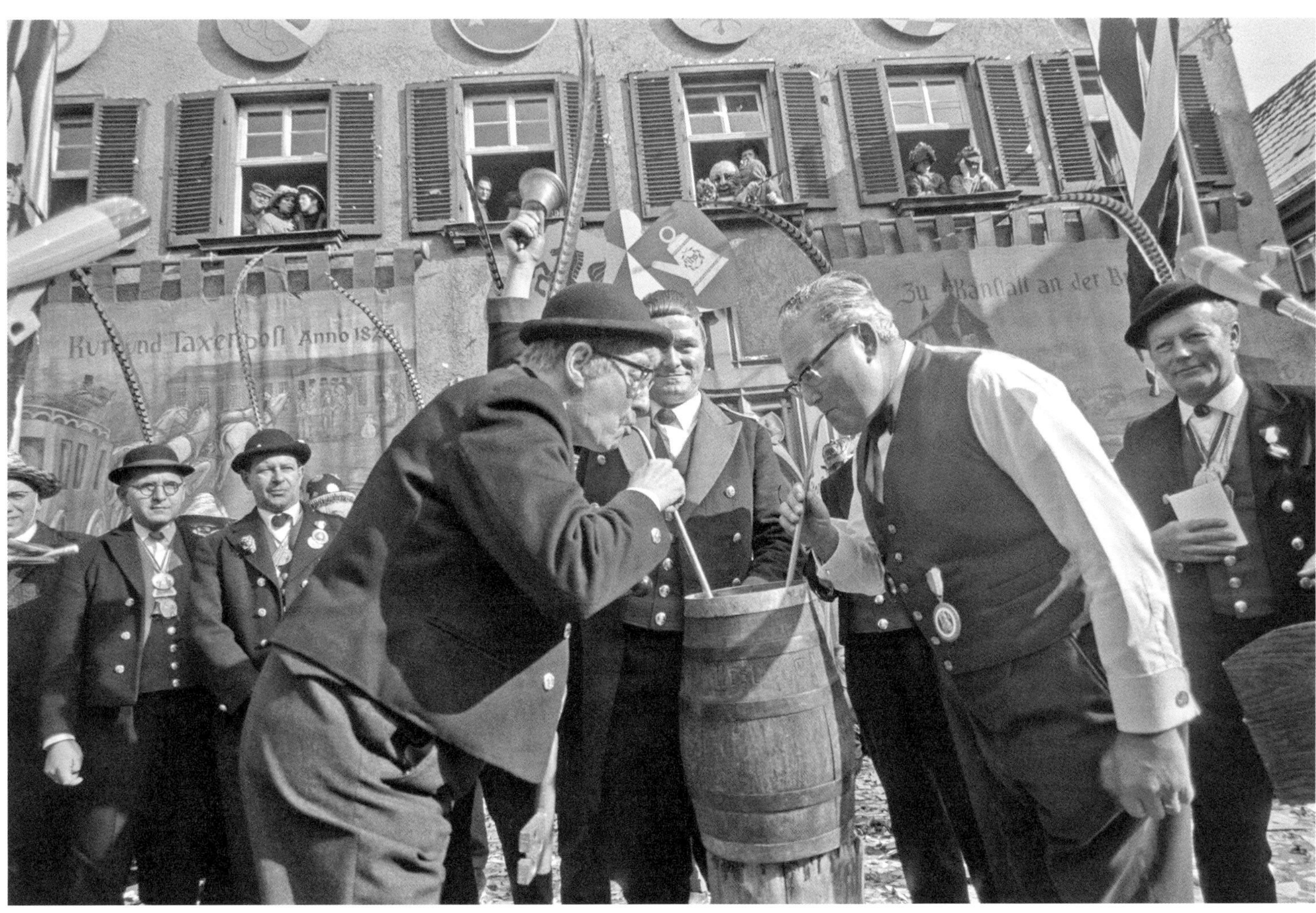

2 „Versöhnung" zwischen Bürgermeister und Narren beim Rohrtrunk am „Schmotziga Donnerschdag" auf der Cannstatter Fasnet.
18. Februar 1969

Bedauern vieler Stuttgarterinnen und Stuttgarter, die von den großen Zeiten schwärmen, als noch ein Placido Domingo sein *Granada* schmetterte.

Bis heute gehalten hat sich hingegen das Stuttgarter Weindorf. Seit 1976 wird das Fest vom Verein Pro Stuttgart auf dem Marktplatz ab Ende August veranstaltet. Rund 120 regionale *Wengerter* und Gastronomen bieten in ihren Lauben Wein und schwäbische Gerichte an. Es zieht jedes Jahr die Massen zu Hunderttausenden an. Selbst nach Hamburg und Berlin wurde das Weindorf bereits exportiert. Auch für internationales Publikum hat es sich zu einem attraktiven Besuchsziel entwickelt.

Aufmerksam beobachtete der Katholik Burghard Hüdig durch das Objektiv seiner Kamera die religiöse Kultur seiner Umgebung, besonders die seiner eigenen Konfession. Die christliche Tradition war in Baden-Württemberg in den 1950er und 60er Jahren noch fest verankert. Augenscheinlich wurde dies durch die zahlreichen Kirchenneubauten in dieser Zeit. Dies war sowohl dem durch den Zuzug von Vertriebenen verursachten Bevölkerungswachstum geschuldet, als auch der daraus resultierenden stärkeren Vermischung der Konfessionen. Auf zahlreichen Bildern hielt Hüdig Richtfeste und Kirchenweihen fest, wie z. B. am 22. Juli 1961, als die neuen Glocken der Mönchfelder Kirche St. Johannes Maria Vianney geweiht wurden. Die Bauten wurden dank der freiwilligen Mithilfe der Gläubigen oftmals in Rekordzeit hochgezogen. Viele Gemeindeglieder waren damals als Fremde neu zugezogen. Die neuen Kirchen vermittelten Zusammenhalt und leisteten einen nicht zu unterschätzenden Beitrag zur Integration der Neubürger.

Die rege Teilnahme an Wallfahrten und Prozessionen sind beredtes Zeugnis einer ungebrochenen Volksfrömmigkeit. Egal ob Pilgerfahrten oder lokale Kirchenfeste wie die prachtvollen Fronleichnamsprozessionen, stets war der Zuspruch groß, wie die Bilder Hüdigs sehr eindrucksvoll vermitteln.

Aber auch neue Phänomene der Religiosität zeigten sich. Ein neuer, oder eigentlich sehr alter Typus von Erweckungspredigern begann die Menschen seit den 1950er Jahren in seinen Bann zu ziehen. Diese neuen Formen des Glaubens sind

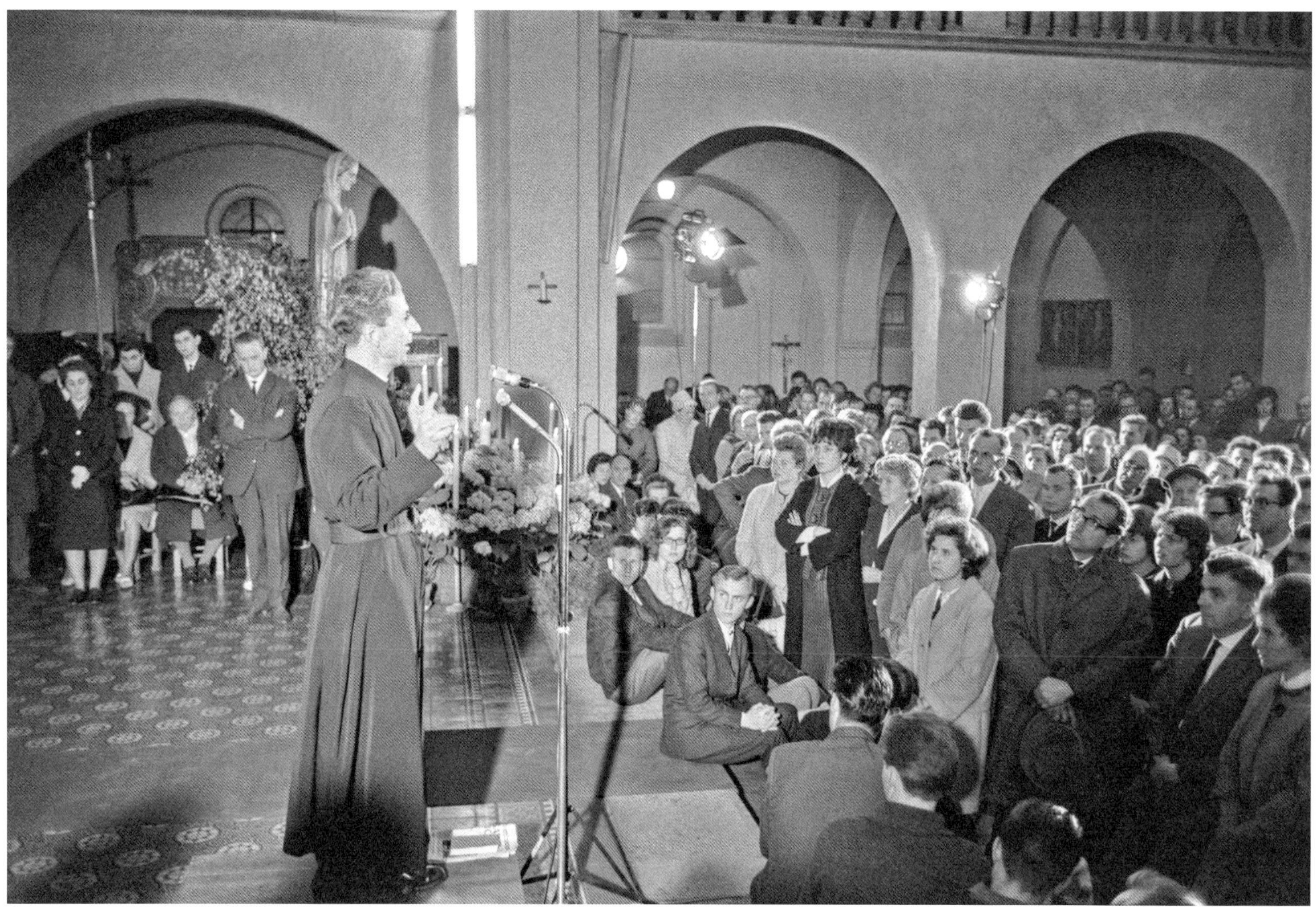

3 Der Jesuitenpater Johannes Leppich war bekannt für seine Massenpredigten, die er in ganz Deutschland veranstaltete. 2. März 1961

gewissermaßen die Gegenbewegung zur kirchlich gebundenen Religiosität der Nachkriegszeit und zeigen ein Bedürfnis nach inviduellem Glaubenserlebnis und einer spirituellen Lebensweise an. Sinnbildlich kann hierfür der Besuch des bekannten amerikanischen Erweckungspredigers Billy Graham in Stuttgart 1963 stehen. Aber auch aus Deutschland, ja selbst aus der Amtskirche kamen in dieser Zeit ähnliche Prediger. Ein bekannter katholischer Priester in den 50er Jahren war der Jesuitenpater Johannes Leppich. Heute mag er nahezu vergessen sein, damals strömten die Gläubigen zu Tausenden, wenn er wie im Jahr 1961 in Stuttgart predigte. Dass er dabei – ebenfalls wie Graham – einen strammen Antikommunismus vertrat, machte ihn allerdings auch zur politisch umstrittenen Figur, die vor allem im linken Spektrum heftigen Anfeindungen ausgesetzt war.

Die schönen Künste spielen in der Landeshauptstadt wie im ganzen Südwesten eine zentrale Rolle im kulturellen Leben. Sinnbildlich für den Neubeginn nach dem Krieg stehen die Wiedereröffnungen von Orten der Kunstvermittlung. Ein besonders herausragendes Ereignis war zweifellos die Einweihung des Kunstgebäudes durch Alt-Bundespräsident Heuss 1961. Das Gebäude des Württembergischen Kunstvereins wurde mit der Ausstellung *Hölzel und sein Kreis* eröffnet. Sicher nicht zufällig wurde mit Adolf Hölzel ein Wegbereiter der Moderne geehrt. Man versuchte durch Rückgriff auf die durch die Nazizeit verschütteten Wurzeln, Anschluss an die internationale Kunstszene zu gewinnen.

In diese Richtung zeigt auch der Erwerb der *Liegenden*, eine Bronzeplastik von Henry Moore, die 1967 kurzfristig ins Kunstgebäude für eine Moore-Retrospektive verlagert wurde. Sie wurde anlässlich der Bundesgartenschau im April 1961 vor dem baden-württembergischen Landtag aufgestellt. Damals ein durchaus umstrittenes Kunstwerk, gilt sie heute als ikonisches Meisterwerk, mit dem sich die Stuttgarter längst arrangiert haben.

Auch die Architektur stand in Stuttgart ganz im Banne der Moderne. Sehr zum Leidwesen vieler Bürgerinnen und Bürger wurde ihr aber oft rück-

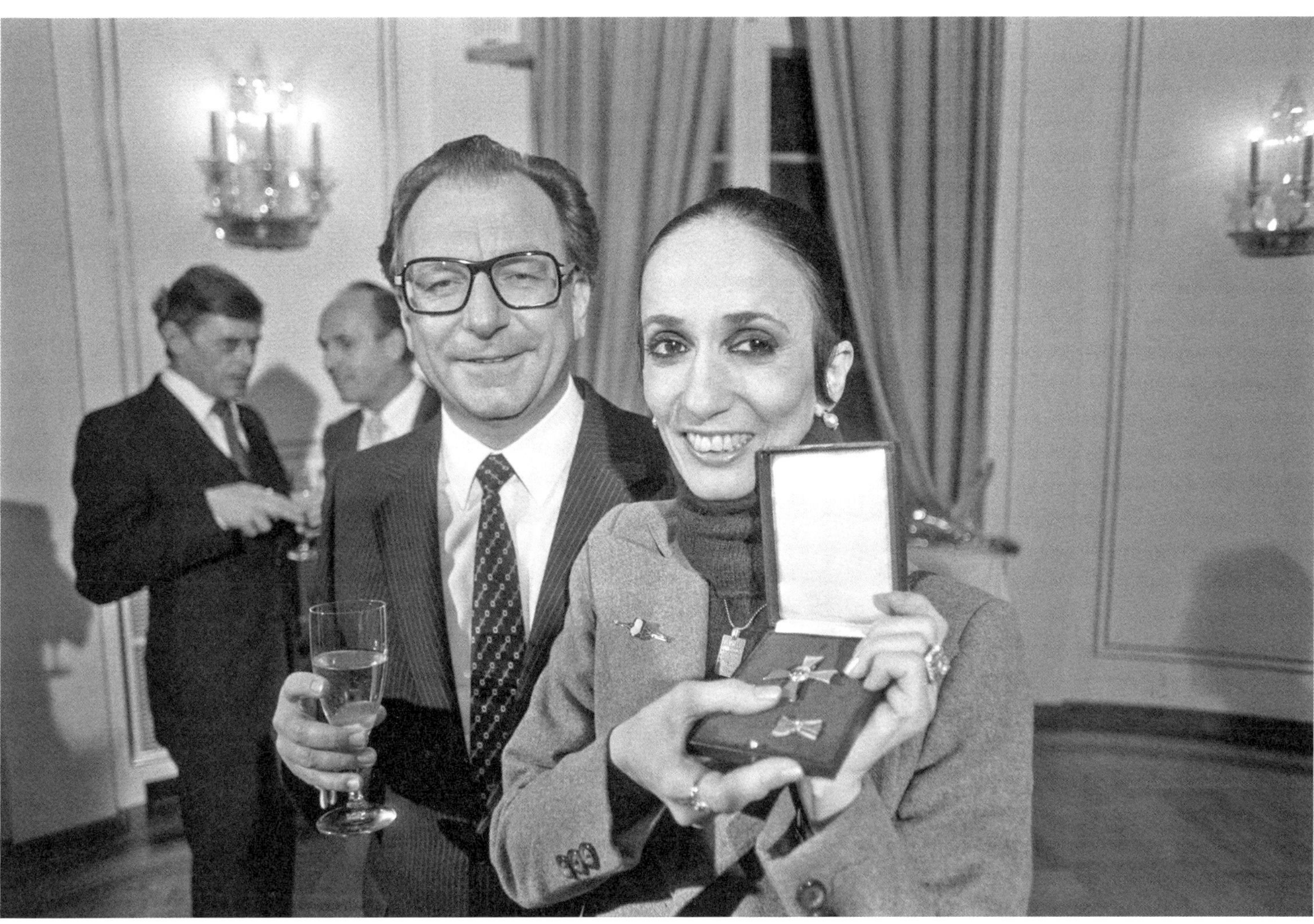

4 Marcia Haydée und Lothar Späth bei der Verleihung des Bundesverdienstkreuzes. 10. November 1981

sichtslos die historische Bausubstanz geopfert, welche den Krieg überlebt hatte. Ein architektonischer Meilenstein ist zweifellos die neue Staatsgalerie, die von dem Architekten James Stirling entworfen wurde. Die Einweihung 1984 lenkte die Aufmerksamkeit weltweit auf dieses Meisterwerk der Postmoderne und war eines der Kronjuwelen der ambitionierten Kunstpolitik des Ministerpräsidenten Lothar Späth.

Das Theater nahm in den ersten Jahren nach dem Krieg eine besondere Rolle ein. Nicht nur die professionellen Ensembles, sondern auch zahlreiche Laientruppen erprobten sich auf den Brettern, die die Welt bedeuten. Selbst die Kleinsten wuchsen mit dem Theater auf und verfolgten atemlos das Spiel auf der Miniaturbühne des Marionettentheaters.

Eine der großen internationalen Trumpfkarten des Kulturlebens Baden-Württembergs ist zweifellos das Stuttgarter Ballett. Unter der Führung von John Cranko und später Marcia Haydée erwarb es sich auf zahllosen Tourneen Weltruhm. Ein Ruhm, in dem sich auch die Landespolitik immer wieder gerne sonnte.

Das aufstrebende Fernsehen begann allerdings schon bald die Dominanz des Theaters in Frage zu stellen. Gefragt waren wie bis heute vor allem Unterhaltungsshows, die Multitalenten wie Ilse Werner oder Caterina Valente eine neue Bühne boten.

Auch das musikalische Leben erwachte zu neuer Blüte. Selbst internationale Topstars wie Louis Armstrong fanden seit den 1950er Jahren ihren Weg nach Stuttgart. Gerade der Jazz genießt hierzulande großen Stellenwert, wie das Jazzopen-Festival bis heute zeigt. Eine ganz andere Stilrichtung vertrat Ernst Mosch, den eine enge Partnerschaft mit dem Südfunk Stuttgart verband. Mit seinen Original Egerländer Musikanten machte er die böhmische Blasmusik international bekannt und feierte selbst in den USA große Erfolge, wo er der Polkamusik zu Popularität verhalf. Ein heute weitgehend vergessener Kulturbotschafter Deutschlands.

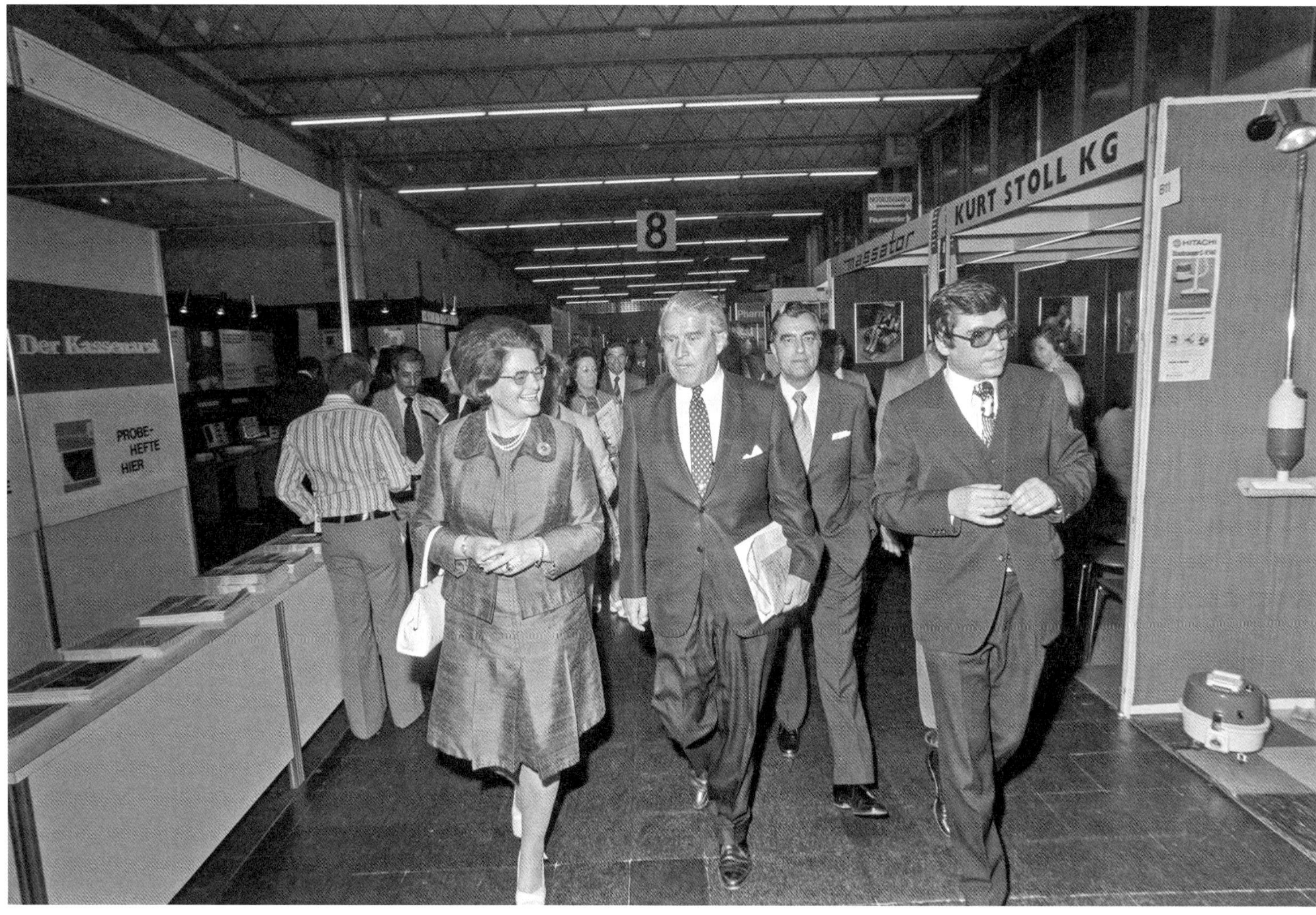

5 Wernher von Braun beim Besuch einer Ausstellung zur Medizintechnik auf dem Killesberg in Begleitung von Ministerin Annemarie Griesinger. 21. Mai 1975

Eine besondere Rolle nimmt in Baden-Württemberg der Dialekt ein. Dem Druck, der auf allen deutschen Dialekten spätestens seit dem Beginn des Medienzeitalters lastet, stellten sich immer wieder auch die Dichter entgegen. Besonders markante Bespiele sind Hans Bayer alias Thaddäus Troll und Josef Eberle alias Sebastian Blau. Insbesondere Ersterer erfuhr in den 70er Jahren großes mediales Interesse durch sein politisches Engagement.

Wichtige Impulsgeber für das Industrieland Baden-Württemberg sind Wissenschaft und Forschung. Besonders markant kam dies 1984 durch die Verleihung des Physik-Nobelpreises für Klaus von Klitzing zum Ausdruck. Klitzing war kurz zuvor zum Direktor des Max-Planck-Instituts für Festkörperforschung in Stuttgart berufen worden. Das renommierte Institut ist Teil einer der größten und erfolgreichsten Wissenschaftsorganisationen der Welt und hat bis dato 18 Nobelpreisträgern Forschungsmöglichkeiten geboten. Mit der Technischen Hochschule/Universität Stuttgart sind aber noch viele weitere bedeutende Namen verbunden wie Erwin Schrödinger, Hans Bethe oder jüngst Gerhard Ertl.

Dass die Technik- und Wissenschaftsbegeisterung hierzulande groß ist, wird am regen Zuspruch, den wissenschaftlich-technische Ausstellungen und Messen regelmäßig erfahren, erkennbar. So sorgte 1957 eine Ausstellung der amerikanischen NASA, in der unter anderem die neue Satellitentechnologie und Trägerraktensysteme gezeigt wurden, für Besucherstürme. Schon damals, als diese Technik noch in den Kinderschuhen steckte, ahnte das Publikum deren Bedeutung für die Zukunft. Auch international bekannte Wissenschaftler wie Wernher von Braun besuchten die Landeshauptstadt. Heute wird sein Andenken aufgrund seiner Rolle in der NS-Zeit zwar kritischer gesehen, aber zu seinen Lebzeiten war er ein angesehener Gast. Er hielt 1975 auf einer Medizintechnikmesse einen Vortrag über sein Lieblingsthema, die Nutzbarmachung von Raumfahrttechnologie für praktische Alltagsanwendungen. Seine Thesen über die Notwendigkeit technischer Lösungen für die Entgiftung von Autoabgasen oder die Verringerung des Energieverbrauchs klingen heute noch sehr vertraut.

Aber auch eher geisteswissenschaftliche Events wie die Ausstellung *Die Zeit der Staufer* 1977 ließen die Massen strömen. Die Ausstellung war nicht nur ein großer Publikumsmagnet, sie weckte auch in vielen jungen Besuchern die Lust an der Geschichte und initiierte so manche wissenschaftliche Karriere.

Thomas Fritz

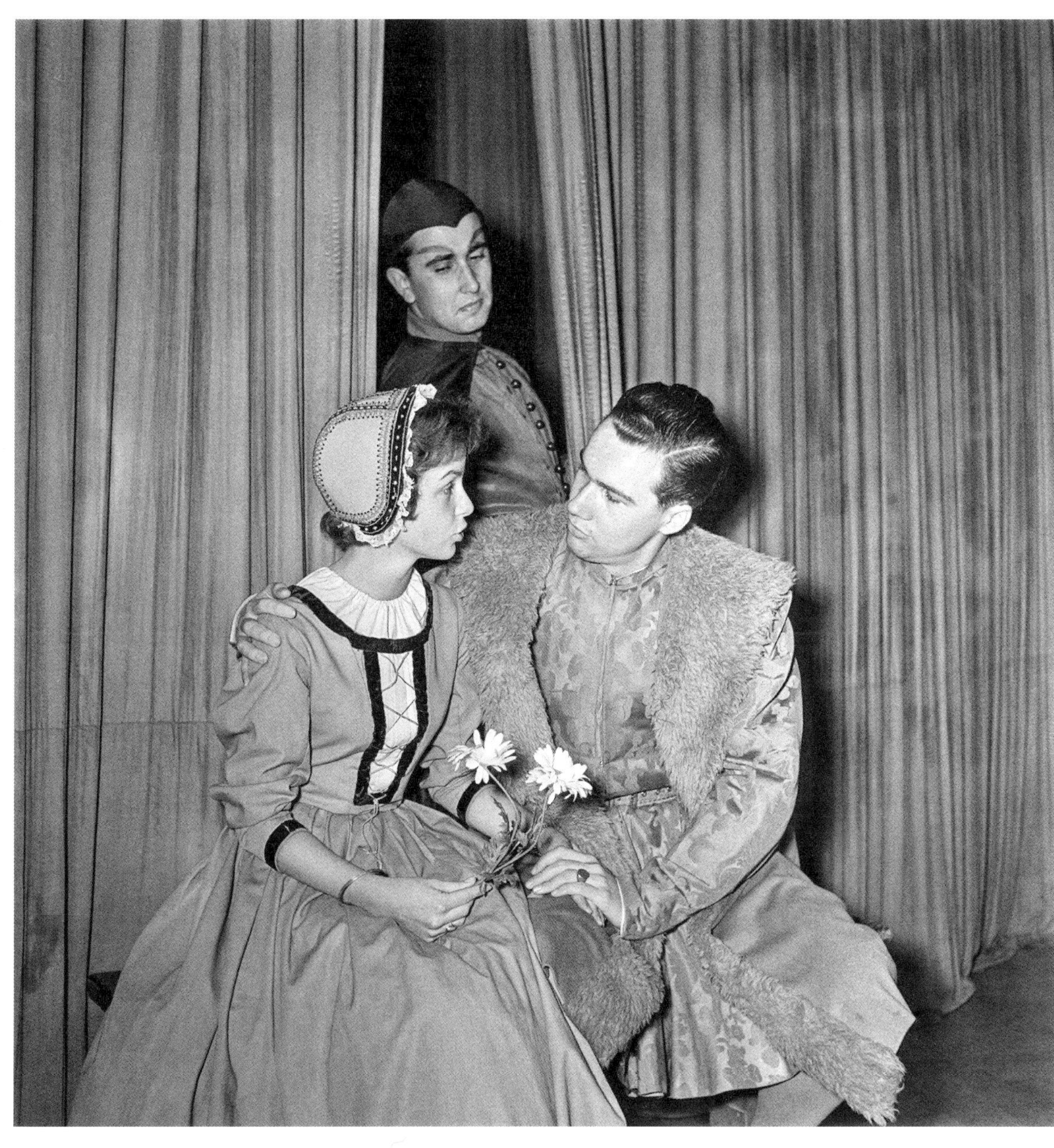

6 Laienaufführung von Goethes „Faust. Der Tragödie erster Teil“ durch die böhmische Handelsschule für Mädchen, heute Franz-von-Sales-Mädchenrealschule in Obermarchtal. 23. September 1956

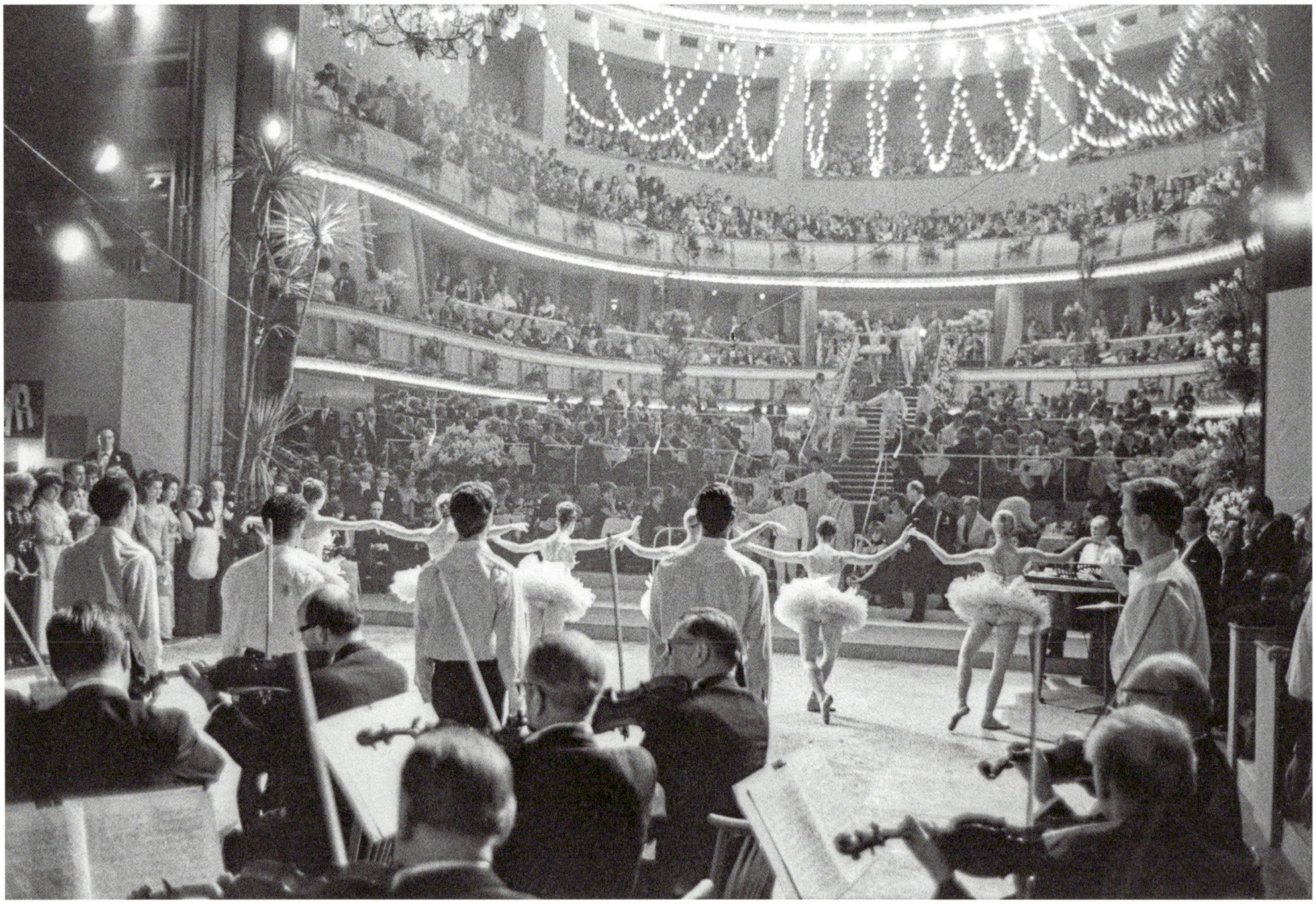

7 Zum Stuttgarter Opernball gehörte ein Auftritt des legendären Balletts zwingend dazu.
30. Januar 1965

8 Auch für ausländische Besucher Stuttgarts ist das Weindorf eine Attraktion, wie hier für Mitarbeiter einer brasilianischen Fluggesellschaft.
5. September 1991

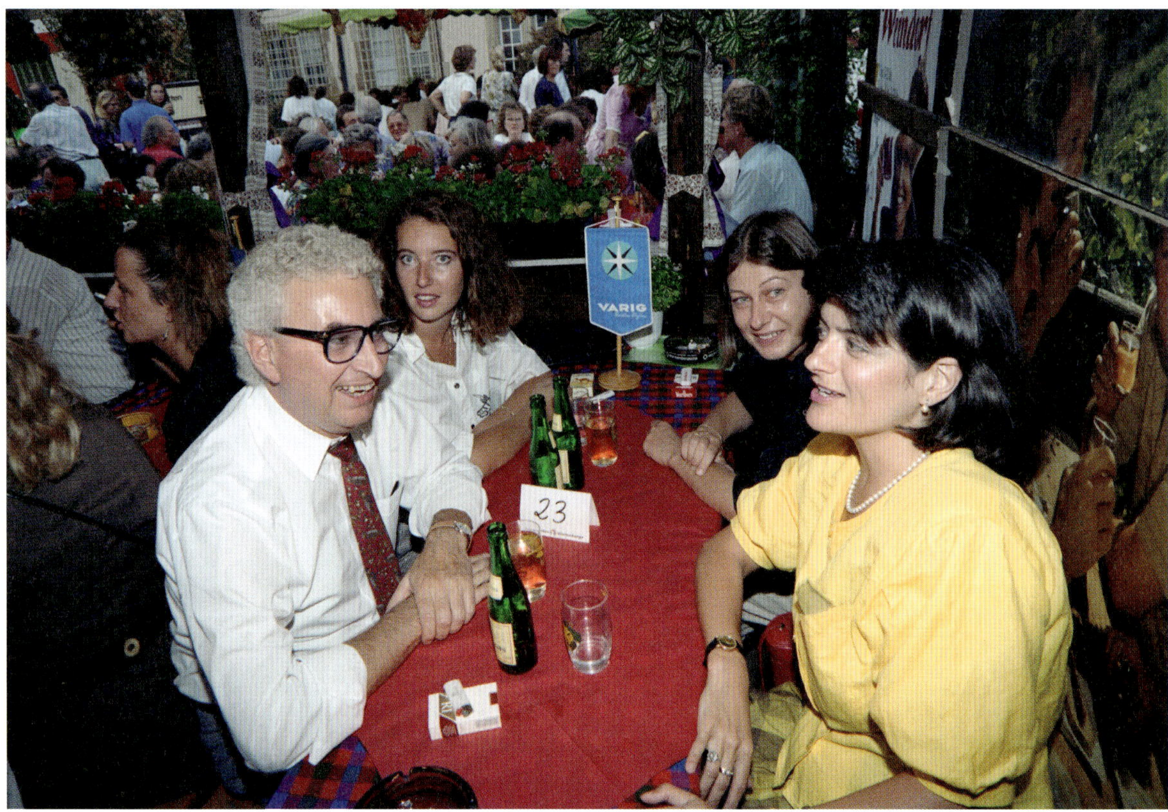

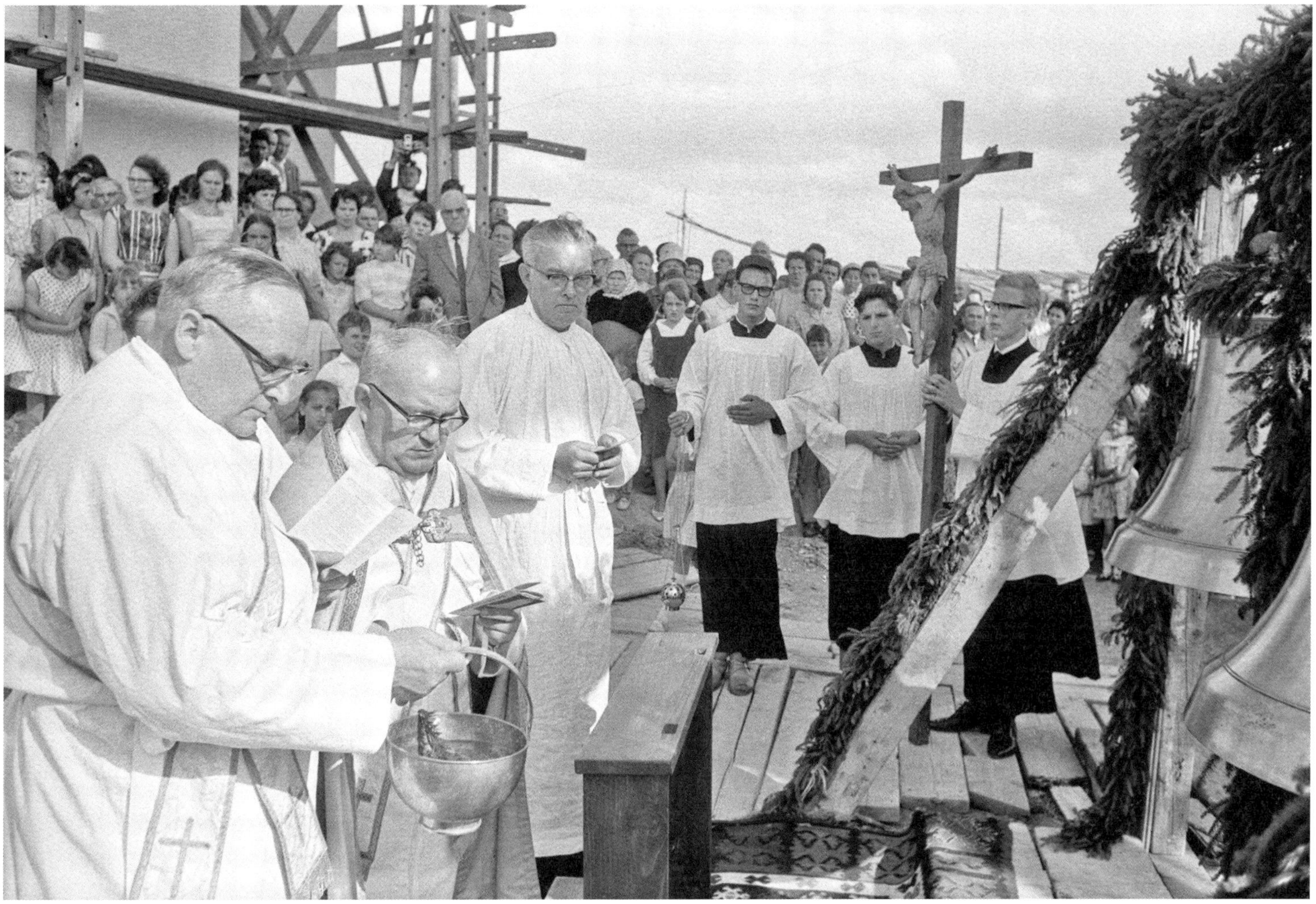

9 In den 1950er und 1960er Jahren ein gewohntes Bild: Die Weihe neuer Kirchen und Glocken. Hier St. Johannes Maria Vianney in Stuttgart-Mönchfeld. 24. Juli 1962

10 Fronleichnamsprozession in den Gärten des Schlosses Ludwigsburg. 1. Juni 1961

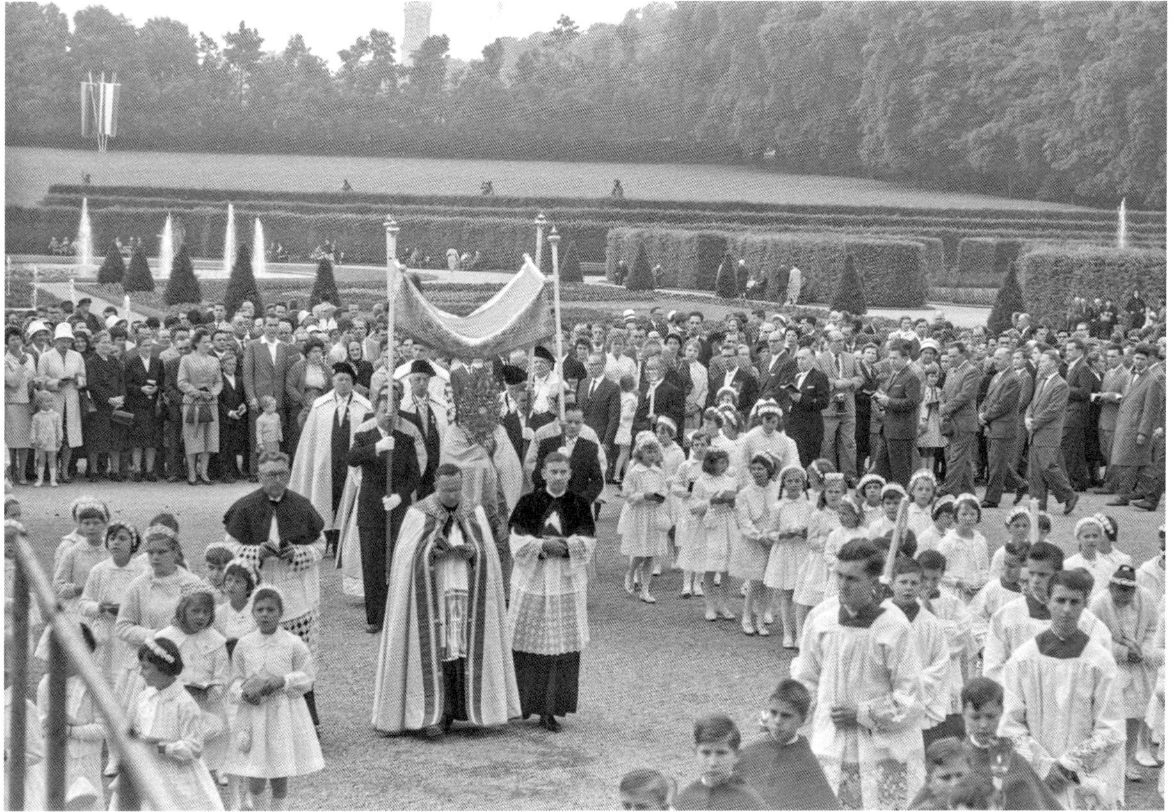

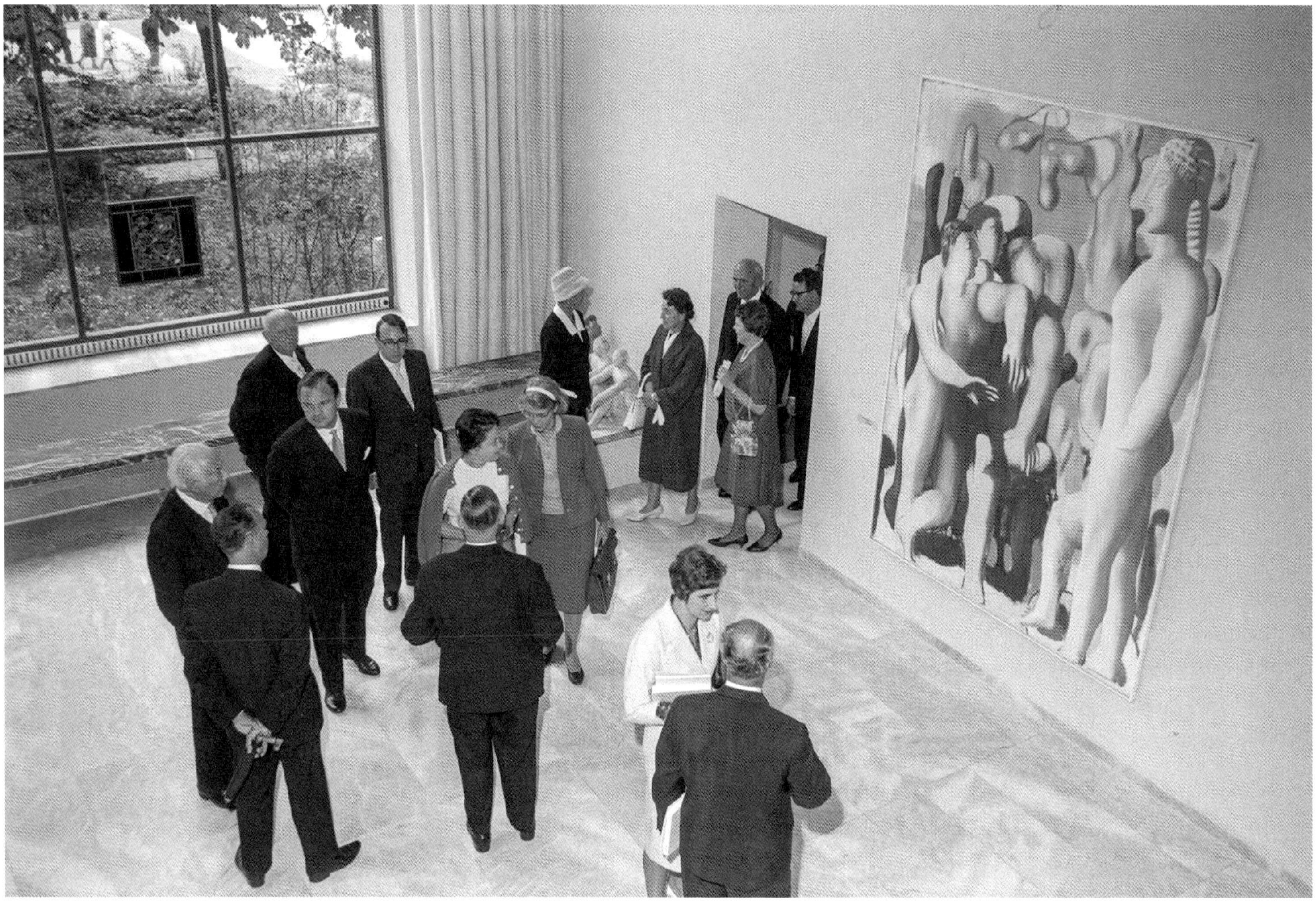

11 Wiedereröffnung des Württembergischen Kunstgebäudes durch Alt-Bundespräsident Theodor Heuss mit einer Ausstellung über den Maler Adolf Hölzel (1853–1934).
8. September 1961

12 Die Bronzefigur „Die Liegende" von Henry Moore wurde 1967 für eine Moore-Retrospektive ins Kunstgebäude transportiert. Die heute im Hof der Staatsgalerie aufgestellte Plastik gehört zu den ikonischen Kunstwerken Stuttgarts.
2. Mai 1967

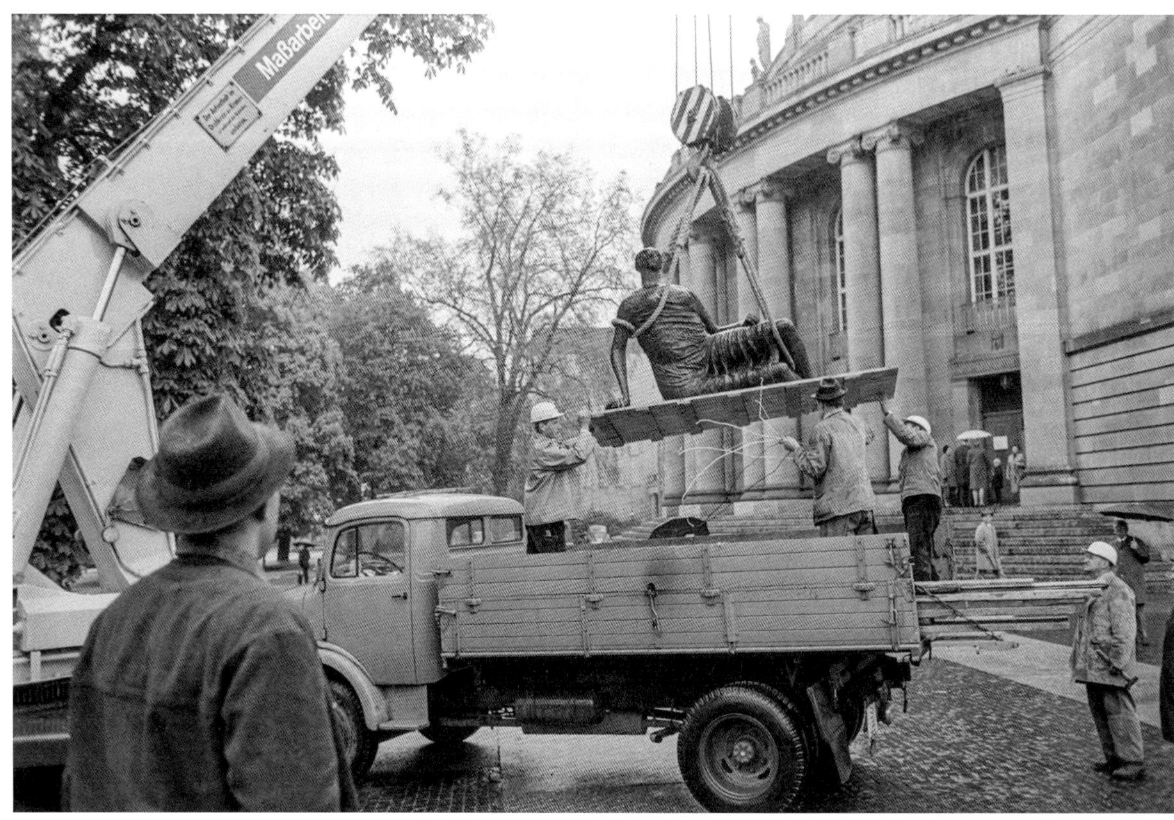

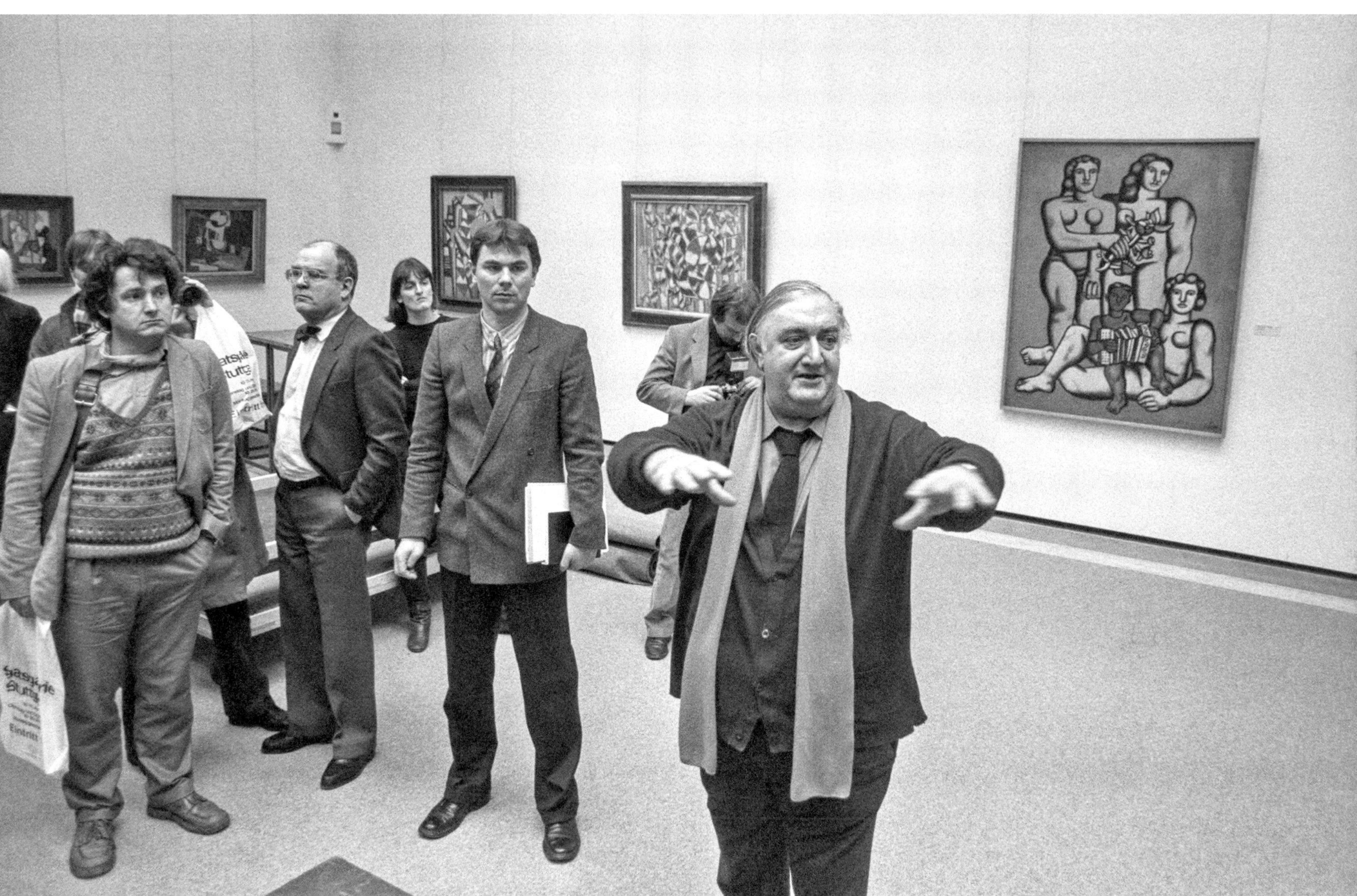

13 Die Einweihung des spektakulären Neubaus der Stuttgarter Staatsgalerie geriet zu einem weltweit beachteten Medienereignis. Dies war vor allem ihrem Architekt James Stirling zu verdanken. 8. März 1984

Einem geschenkten Gaul …

Am Morgen des 7. Februar 1973 erhielt der Ingenieur Ernst Knepper eher unerfreulichen Besuch. Der Gerichtsvollzieher stand vor der Tür seines Hauses in Plattenhardt. Ihm wurde eröffnet, dass er Prozesskosten in Höhe von rund 500 DM zu bezahlen habe. Da der Gerichtsvollzieher nichts Pfändbares vorfand, sollte Knepper von zwei Polizisten festgenommen werden. Doch er weigerte sich, den Polizisten *aus eigenem Antrieb* zu folgen und blieb einfach auf seinem Sofa sitzen. Nach kurzer Beratung zwischen Polizei und Gerichtsvollzieher wurde er in das bereitstehende Polizeiauto getragen. Die justizielle Maßnahme hatte Knepper allerdings nicht ganz unerwartet getroffen, war der Gerichtsvollzieher doch von einer Schar Pressevertreter und Fotografen, unter ihnen auch Burghard Hüdig, begleitet worden. Warum aber diese große mediale Aufmerksamkeit für eine relativ banal erscheinende Amtshandlung?

Vorausgegangen war eine jahrelange Fehde zwischen Knepper und der Leitung der ehrwürdigen Stuttgarter Kunstakademie. Knepper hatte der Kunstakademie im Jahr 1970 einen Großrechner aus einer veralteten Serie der Firma SEL als Geschenk angeboten, um ihn als Lehrmittel für Umweltplanung einzusetzen. Akademieleiter Herbert Hirche hatte das freundliche Angebot allerdings dankend abgelehnt. War ihm Knepper doch schon zuvor unangenehm aufgefallen, indem er ohne Lehrauftrag einen Kursus im Fachbereich Umweltplanung abgehalten und danach noch die Stirn besessen hatte, ein Honorar in Höhe von 6.000 DM einzufordern.

Knepper war freilich nicht der Mann, der sich von einem Nein abschrecken ließ. Am Sonntag, dem 14. November 1971, drang er mit Unterstützung einiger Studenten in die Ausstellungsräume der Akademie ein und deponierte dort in einer staunenswerten Nacht- und Nebelaktion Elektronikbauteile im Gesamtgewicht von rund 25 Tonnen! Rektor Hirche und das Land, vertreten durch das Kultusministerium, aber wollten das Danaergeschenk auch weiterhin nicht annehmen. Es fehle an Räumlichkeiten und Personal, um die Maschine zu bedienen. Außerdem argwöhnte man, dass Knepper versuche … *auf diese Weise, sich an der Akademie niederzulassen.* Trotz Beugehaft kam der „Schenker" der Aufforderung zum Abtransport der Rechenanlage nie nach und die Akademie musste sie später auf eigene Kosten entsorgen. So verpasste sie 1971 die Chance, als erste Kunsthochschule der Welt einen Computer in Forschung und Lehre einzusetzen. Dies geschah dann 1972 am Londoner University College.

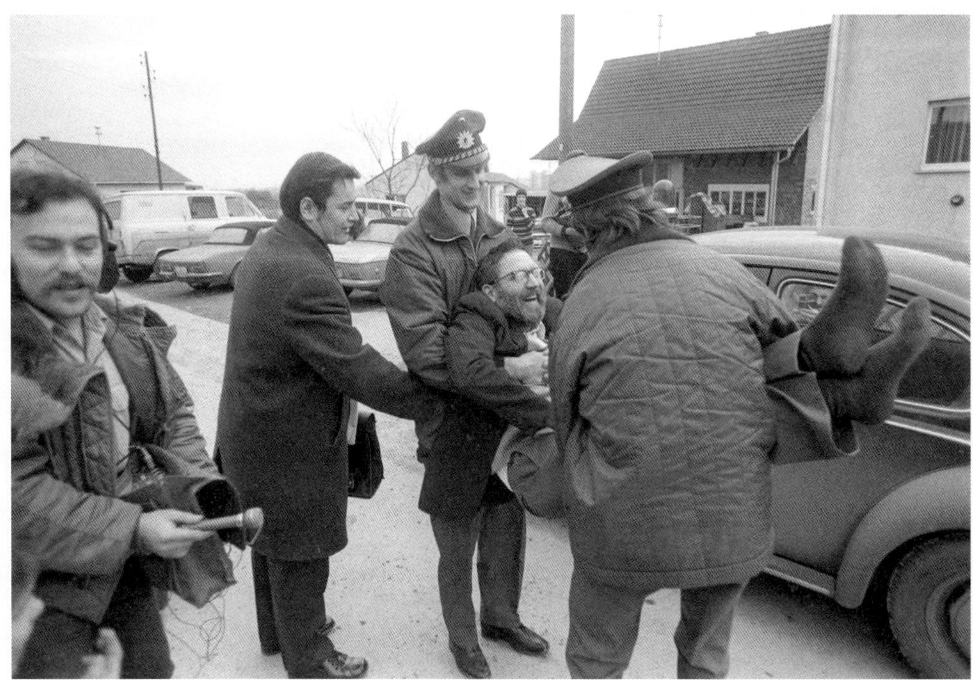

14 „Eulenspiegel" Ernst Knepper wird abgeführt. Die schmunzelnden Gesichter zeigen, dass die Zwangsmaßnahme in entspannter Atmosphäre ablief.
7. Februar 1973

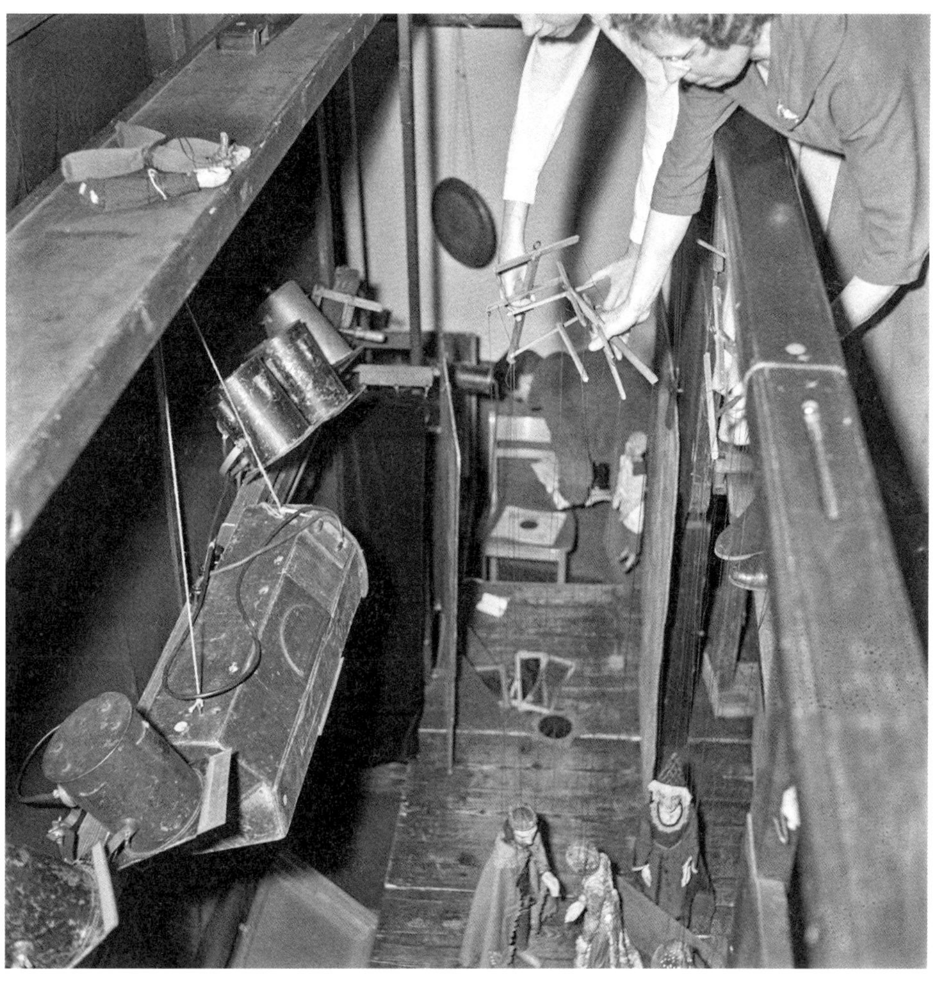

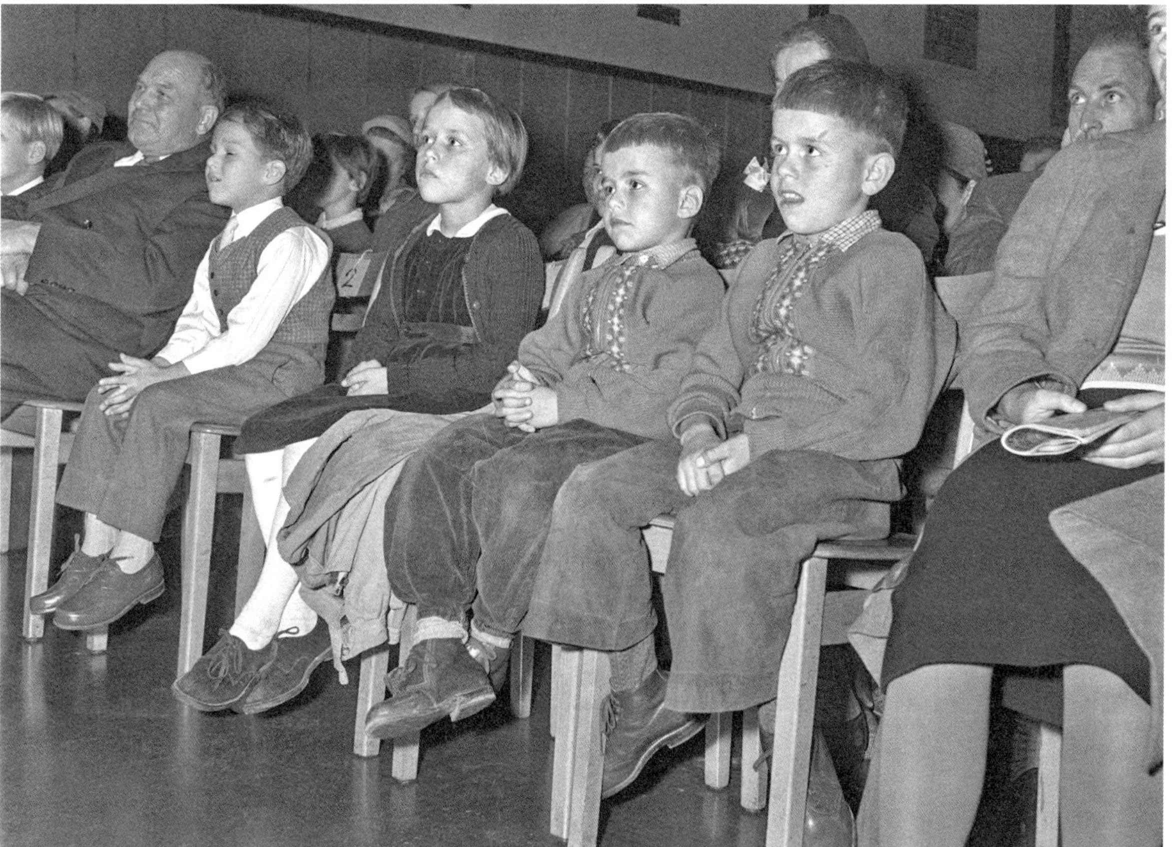

15 Die Aufführung des Marionettentheaters im Lindenmuseum Stuttgart sorgt für atemlose Spannung unter den großen und kleinen Zuschauern. 28. Oktober 1956

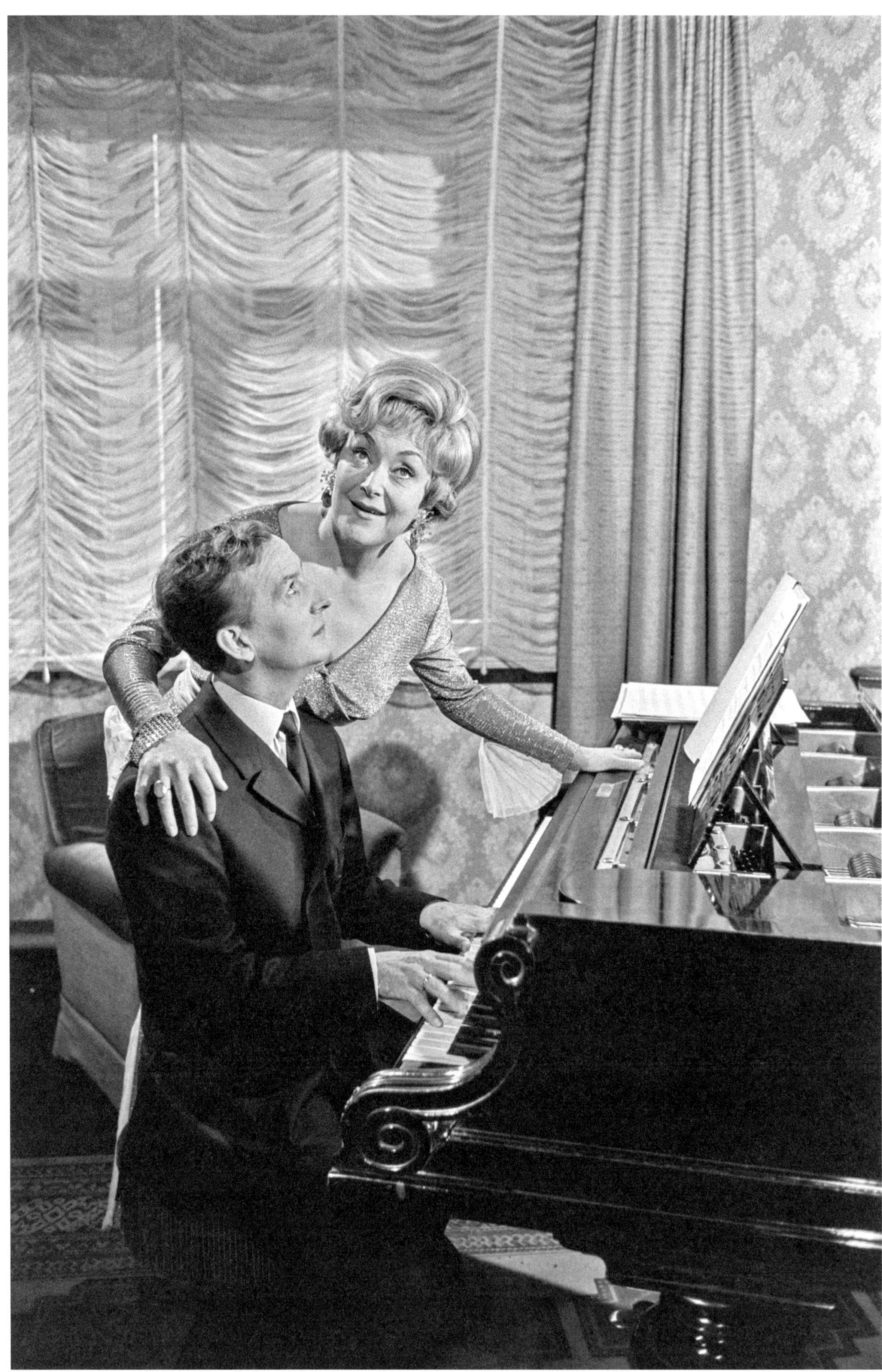

16 Die Schauspieler Ilse Werner und Hanns Lothar bei Studioaufnahmen zum Film „Wir machen Musik" des Süddeutschen Rundfunks. 3. Mai 1966

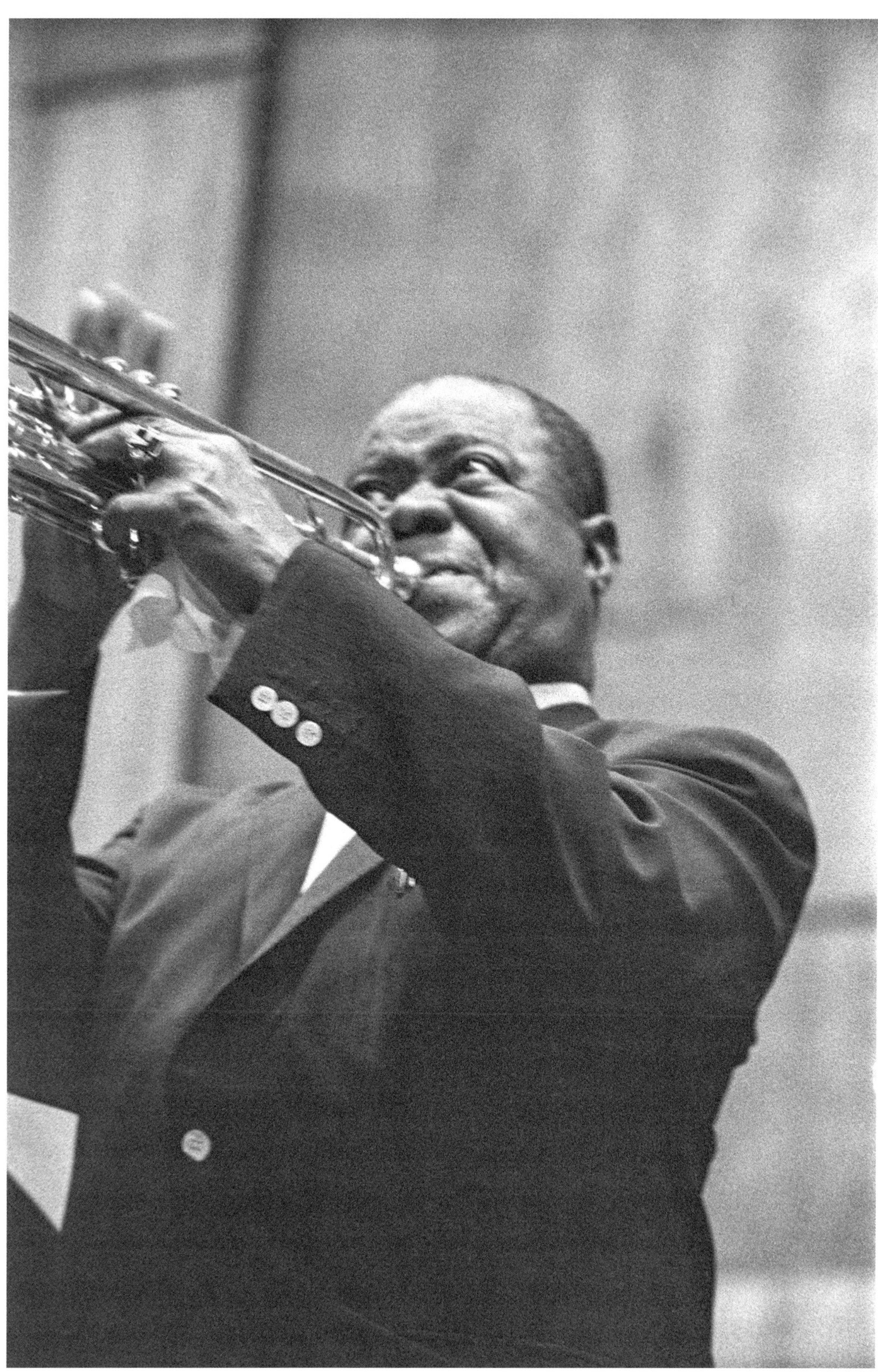

17 Louis Armstrong trat mit seiner legendären Band in der Stuttgarter Liederhalle auf. Die Kritiker übersahen zwar nicht, dass die „alten Herren" nicht mehr das Feuer früherer Jahre entfachen konnten; aber letztlich überwog der Respekt vor der lebenden Legende. 9. Februar 1961

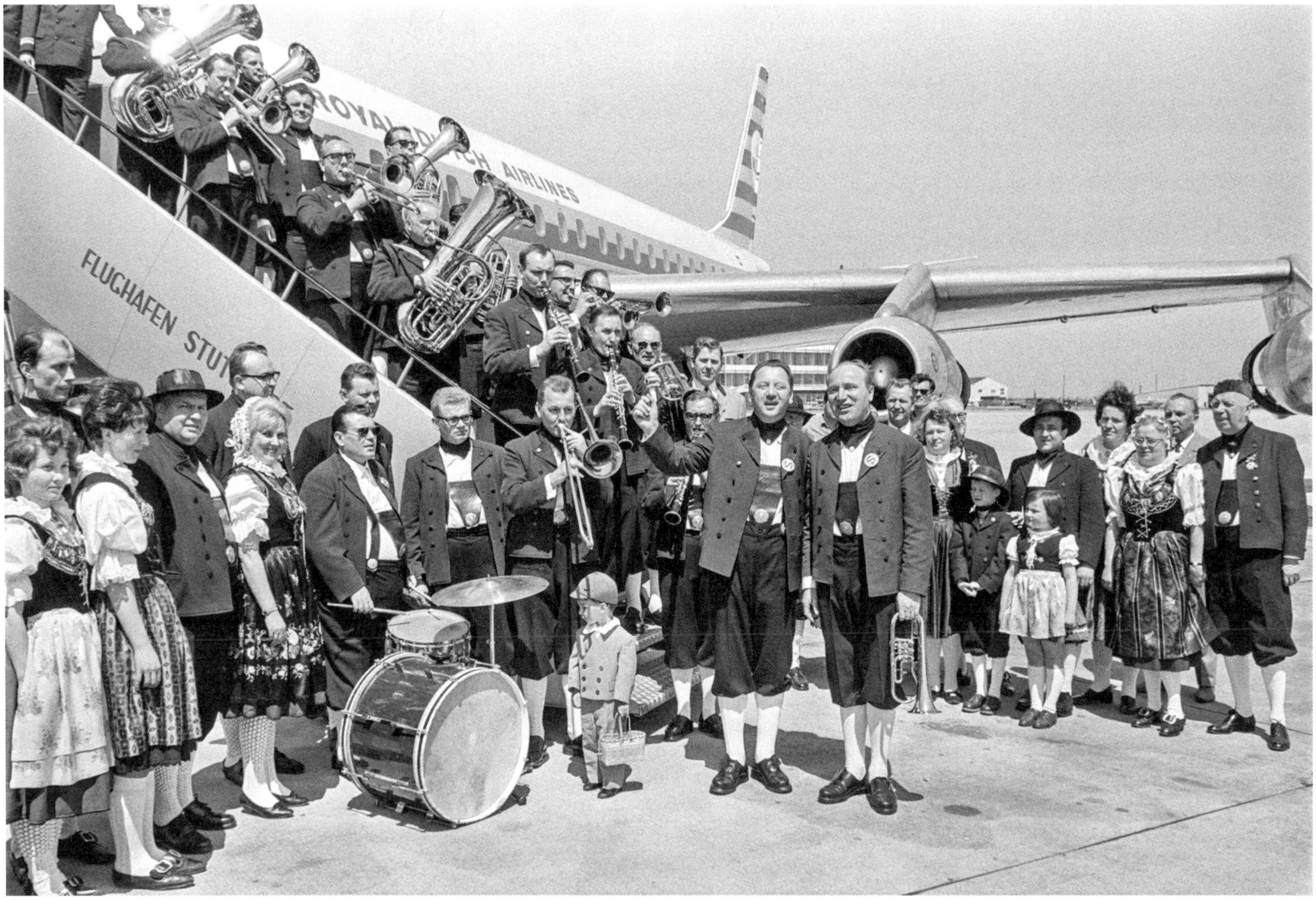

18 Ernst Mosch und seine Kapelle trugen den Ruf der böhmischen Blasmusik in alle Welt. Hier vor dem Abflug vom Stuttgarter Flughafen Richtung New York.
12. Mai 1966

19 Hans Bayer alias Thaddäus Troll beim Wandern. Er stand für den neuen Typus des Dialektdichters, der auch gesellschaftlich kritische Themen in seinen Werken ansprach.
14. Juli 1972

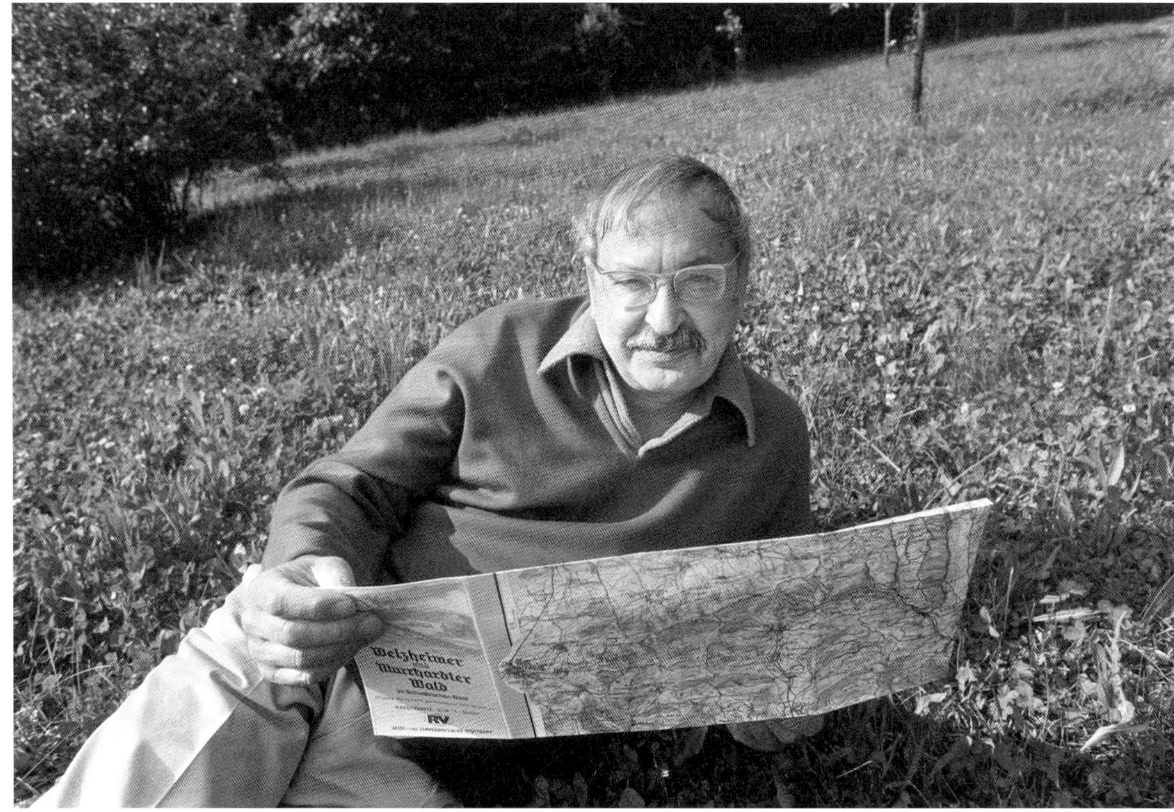

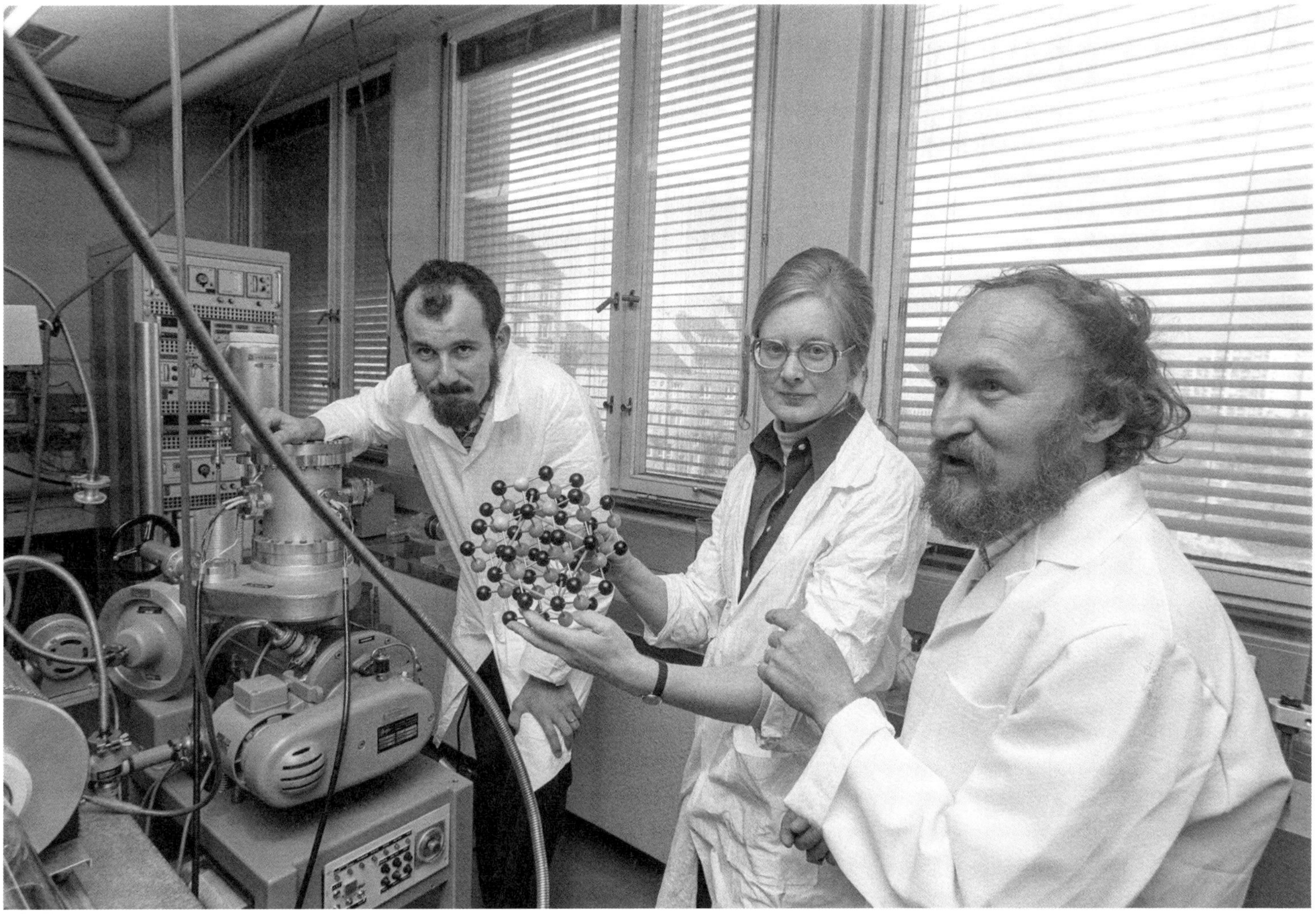

20 Das Stuttgarter Max-Planck-Institut für Festkörperforschung ist eine der führenden Forschungseinrichtungen in ihrem Bereich und schafft damit die Grundlagen für zahlreiche Zukunftstechnologien wie die Schaltkreisminiaturisierung.
Juni 1975

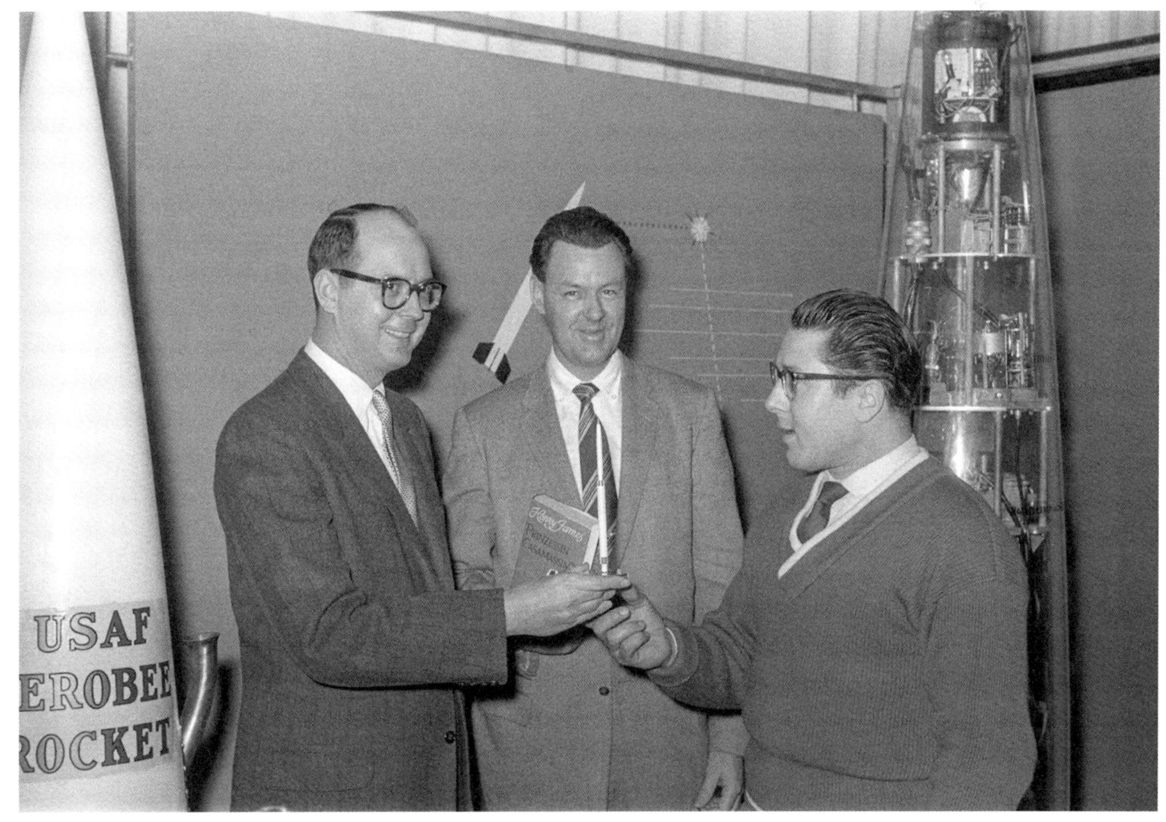

21 Die amerikanische Wanderausstellung „Unbegrenzter Raum" zeigte neueste Entwicklungen der Raketen- und Weltraumforschung. Obwohl diese Technik noch in den Kinderschuhen steckte, ahnten viele, dass hier die Zukunft begann.
März 1957

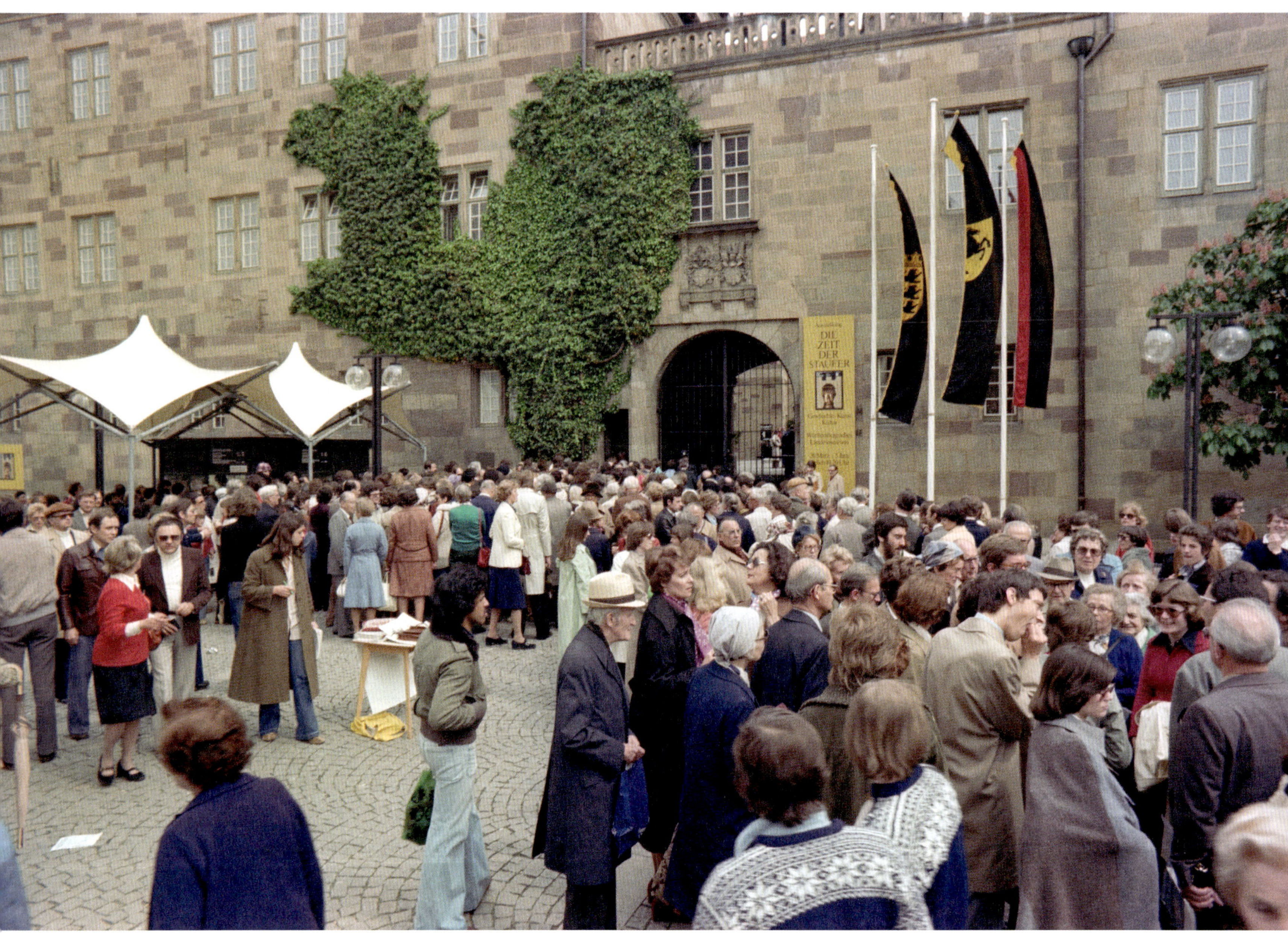

22 Die Ausstellung „Die Zeit der Staufer" im Württembergischen Landesmuseum weckte ein breites Interesse an Geschichte und stellte Besucherrekorde auf – lange Warteschlangen inklusive.
14. Mai 1977

Mit Muskeln und Motoren:
Stuttgarter Sportgeschichte(n)

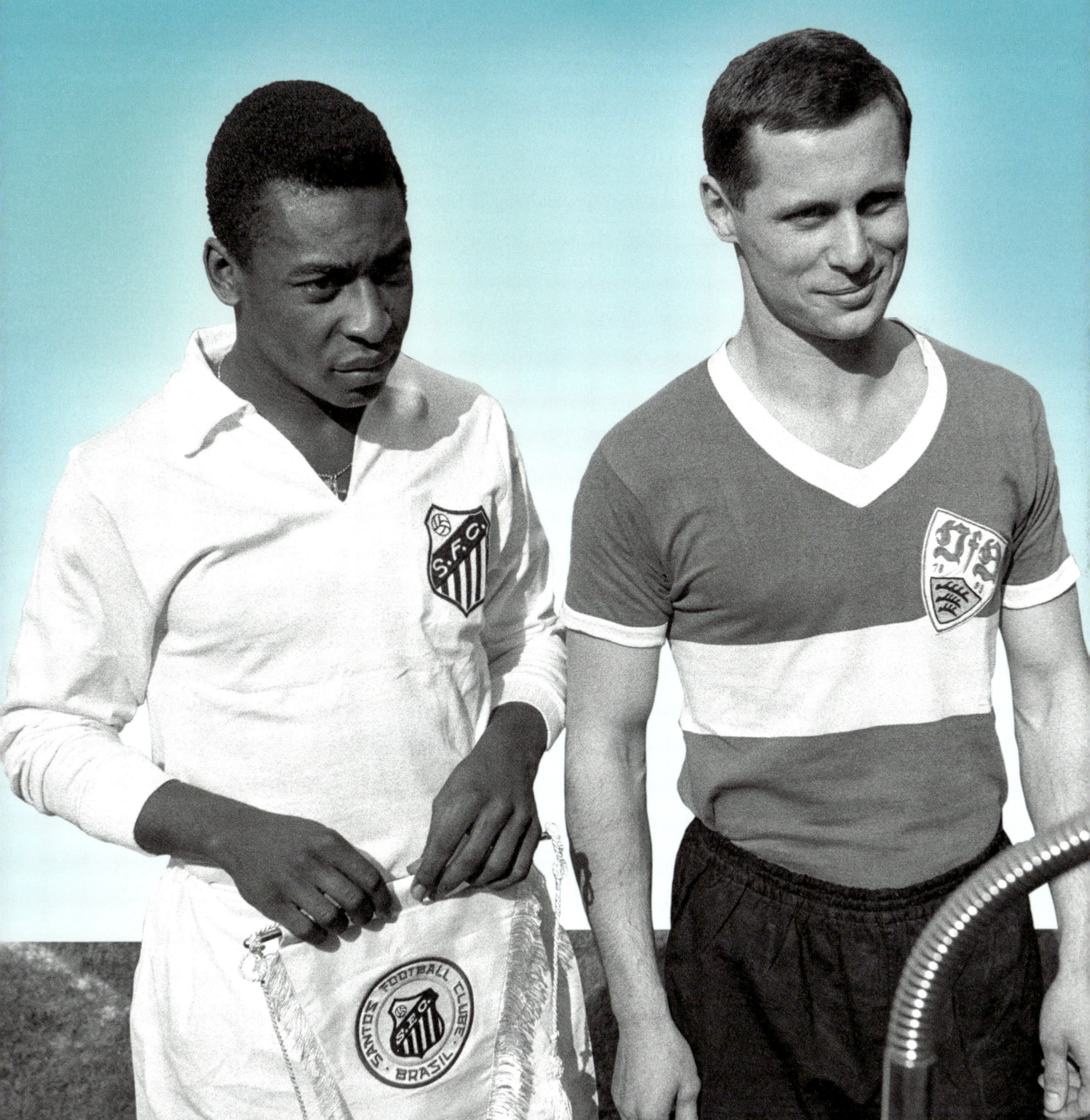

Der frühere Stuttgarter Oberbürgermeister Wolfgang Schuster bezeichnete die Landeshauptstadt als *Weltstadt des Sports*. Tatsächlich reichen die Traditionen von Turnen und Sport in Stuttgart bis ins 19. Jahrhundert zurück. Der 1843 gegründete *Männerturnverein Stuttgart* zählt bis heute zu den mitgliederstärksten Vereinen der Stadt. Es folgten Athletikvereine, Ruder- und Tennisclubs sowie die prominenten Fußballvereine, wie der spätere VfB Stuttgart (1893) und die Stuttgarter Kickers (1899).

Nach dem Zweiten Weltkrieg wurde der Sportbetrieb zunächst durch die amerikanische Militärregierung stark eingeschränkt, die meisten Sportstätten waren zerstört oder wurden zweckentfremdet. Erst nach dem Aufbau von neuen, demokratischen Sportstrukturen konnte der offizielle Sportbetrieb wieder langsam beginnen. So erfreute sich auch in Stuttgart der Boxsport großer Beliebtheit. Bereits Anfang 1946 fand ein Box-Städtekampf Stuttgart gegen Frankfurt statt.

Dass Stuttgart für die Entwicklung des deutschen Sports wichtige Impulse lieferte, zeigen zwei Ereignisse aus dem Jahr 1949: Das Neckarstadion wird zum Austragungsort für das Endspiel um die Deutsche Fußballmeisterschaft bestimmt. Die Partie zwischen dem VfR Mannheim und Borussia Dortmund wird als *Stuttgarter Hitzeschlacht* legendär. Zeitgleich tagen in Stuttgart die Gremien des *Deutschen Fußball-Ausschusses*, um am 10. Juli 1949 den Deutschen Fußball-Bund (DFB) wiederzugründen.

1951 fand auf dem Killesberg-Gelände parallel zur *Deutschen Turn- und Sportausstellung* ein viel-

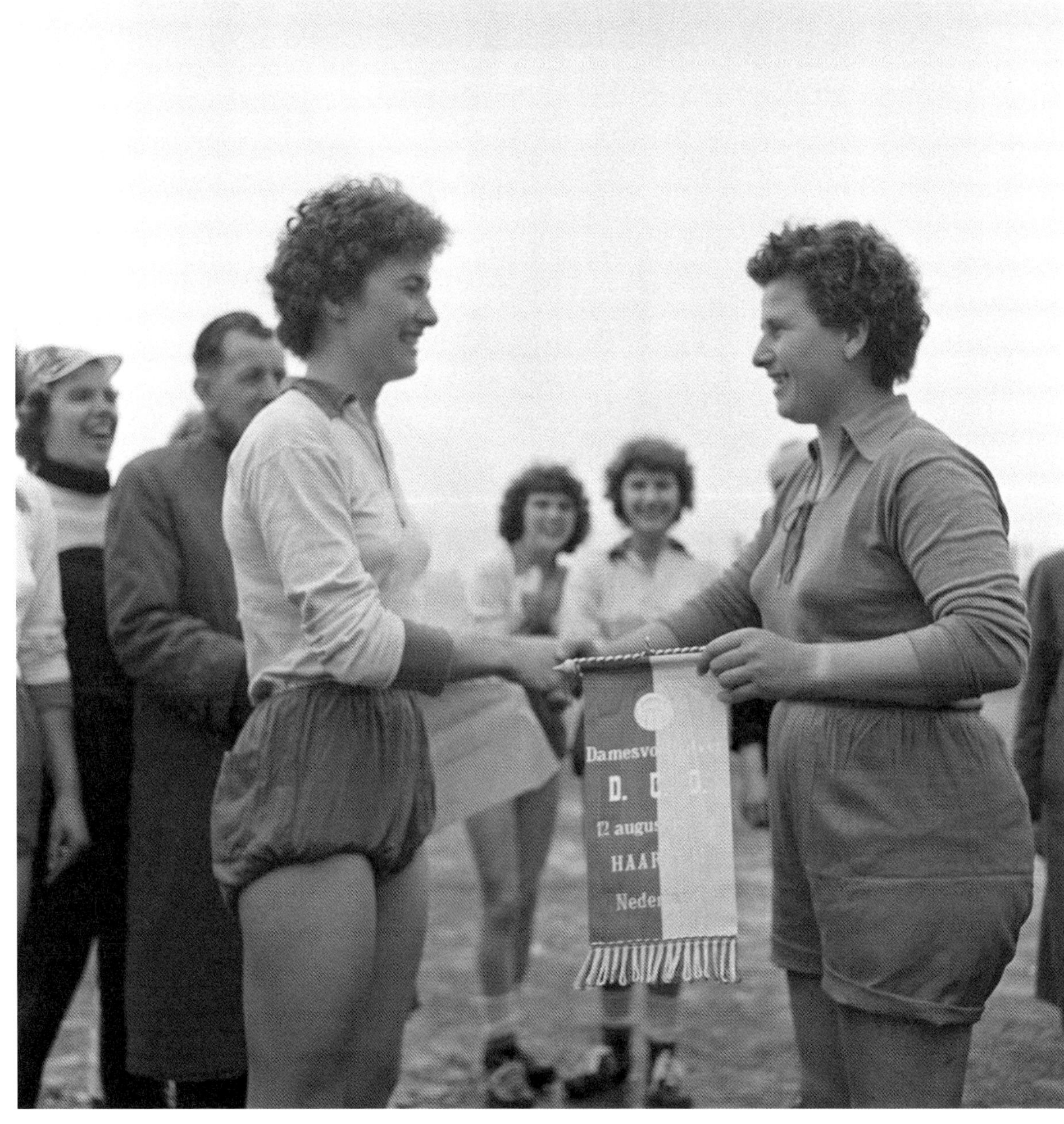

1 Trotz Verbots durch den Deutschen Fußball-Bund wird Frauenfußball gespielt, wie zwischen dem 1. Damen-Fußball-Club Essen und Door Combinatie Overwinning Haarlem aus den Niederlanden.
11. August 1956

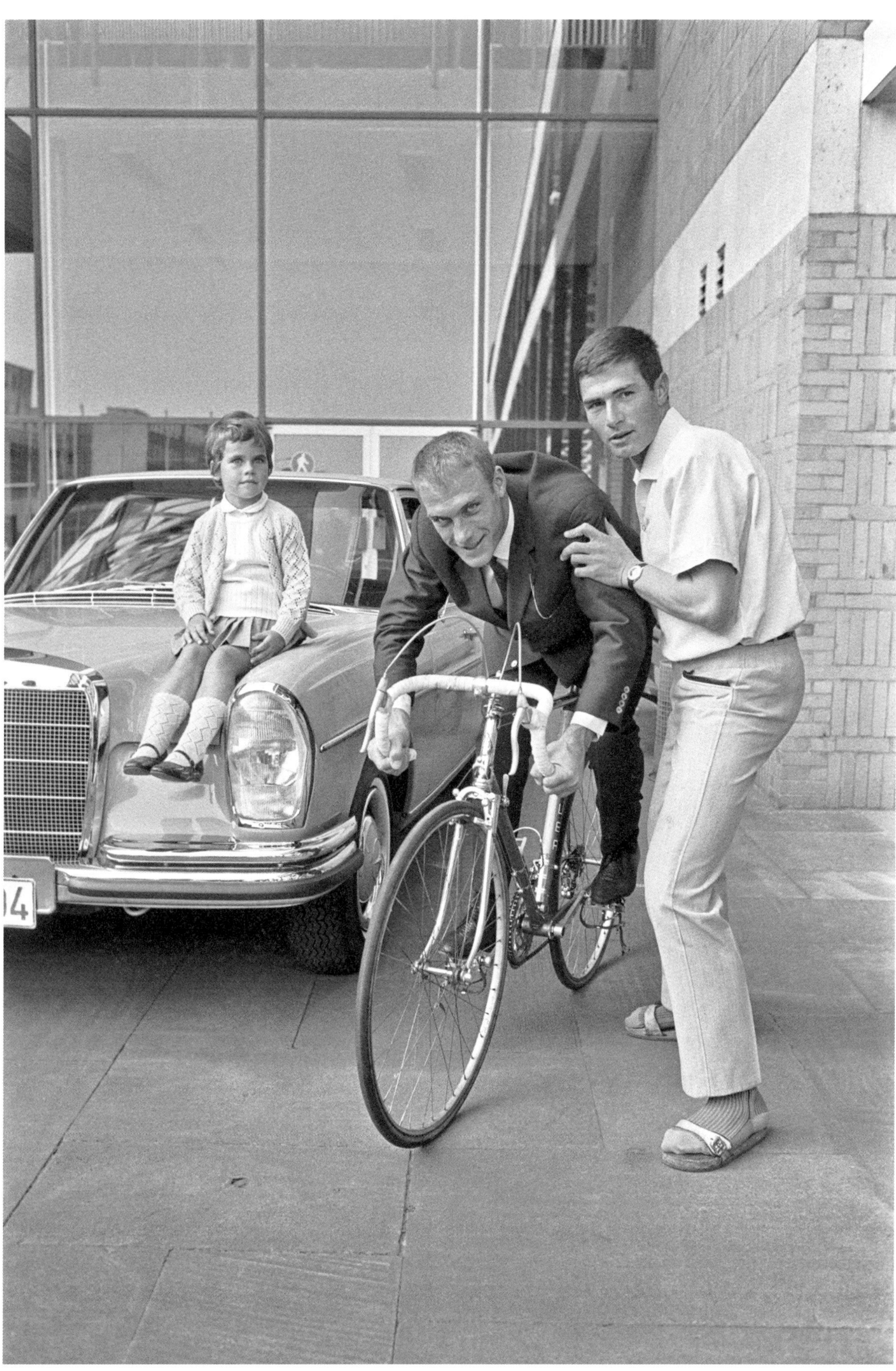

2 Radrennfahrer Rudi Altig nimmt nach dem WM-Sieg seinen Mercedes in Stuttgart in Empfang, begleitet von Tochter Iris und Olympiasieger Karl Link.
7. September 1966

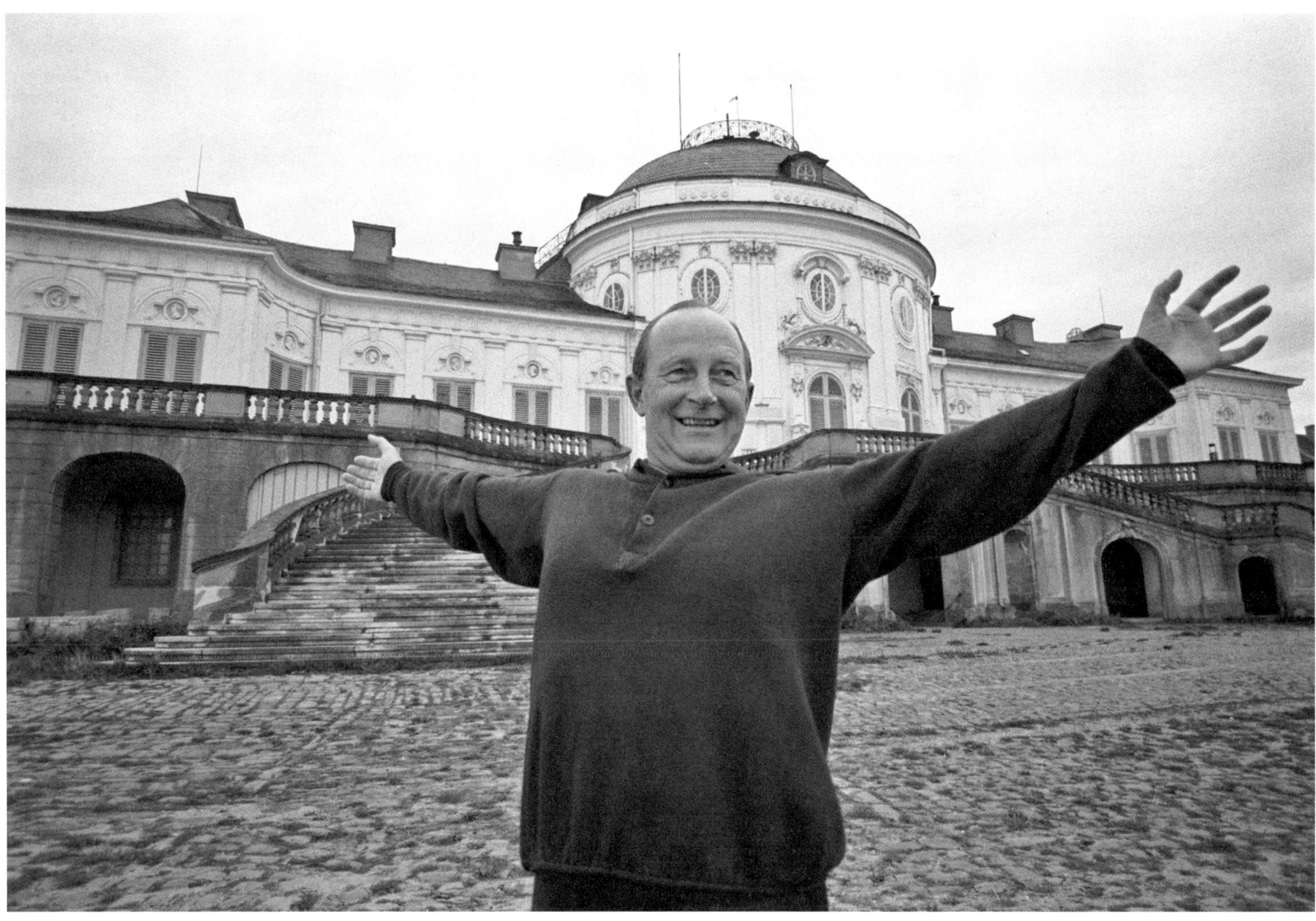

3 Der baden-württembergische Ministerpräsident Hans Filbinger beim Frühsport vor Schloss Solitude. 6. September 1967

beachteter Sportkongress statt, der sich nicht nur mit ethischen Fragen des Sports beschäftigte, sondern auch sportpolitische Leitlinien für die sich abzeichnende Ost-West-Spaltung verabschiedete.

Aus den 1950er Jahren sind die ersten Sportfotos von Burghard Hüdig überliefert. Diese Phase des Sports war durch eine starke Geschlechtertrennung geprägt. So hatte z. B. der DFB seinen Mitgliedsvereinen 1955 untersagt, Frauenfußball zu dulden. Dass sich fußballbegeisterte Frauen über dieses Verbot hinwegsetzten, belegen Hüdigs Fotos. Besonders das Ruhrgebiet wurde in den 1950er Jahren zu einem Zentrum des *Damenfußballs*. Jedoch fand erst 1982 das erste offizielle Fußball-Länderspiel der deutschen Frauen-Nationalmannschaft statt.

Die 1950er und 1960er Jahre stellen für den Sport in Stuttgart auch eine Phase der baulichen Konsolidierung dar. Es wurden zahlreiche Sportstättenprojekte realisiert. Hierzu zählen die Erweiterung des Neckarstadions, so der seit 1949 offizielle Name, der Ausbau der Solitude-Rennstrecke sowie für den Hallensport des Killesbergs und die Erweiterung der Waldau zu einem Eissportzentrum.

Das Neckarstadion war regelmäßig Schauplatz hochkarätiger internationaler Sportwettkämpfe, wie der 1961 durchgeführte Leichtathletik-Wettkampf zwischen der Bundesrepublik und den USA. Die US-amerikanische Leichtathletin Wilma Rudolph (1940–1994) hatte 1960 bei den Olympischen Sommerspielen in Rom drei Goldmedaillen errungen. Rudolph konnte am 19. Juli 1961 im Neckarstadion einen neuen Weltrekord im 100-Meter-Lauf der Frauen aufstellen.

Ebenfalls aus den USA stammten die bereits in den 1920er Jahren gegründeten Harlem Globetrotters. 1964 begeisterte das Team mit der Verbindung von Basketballsport und kommerzieller Unterhaltungsshow das Stuttgarter Publikum.

Auch der Mannheimer Radprofi Rudi Altig (1934–2016) konnte dank seiner sportlichen Erfolge, die er bei zahlreichen Straßen- und Bahnrennen errungen hatte, von der wirtschaftlichen Attrakti-

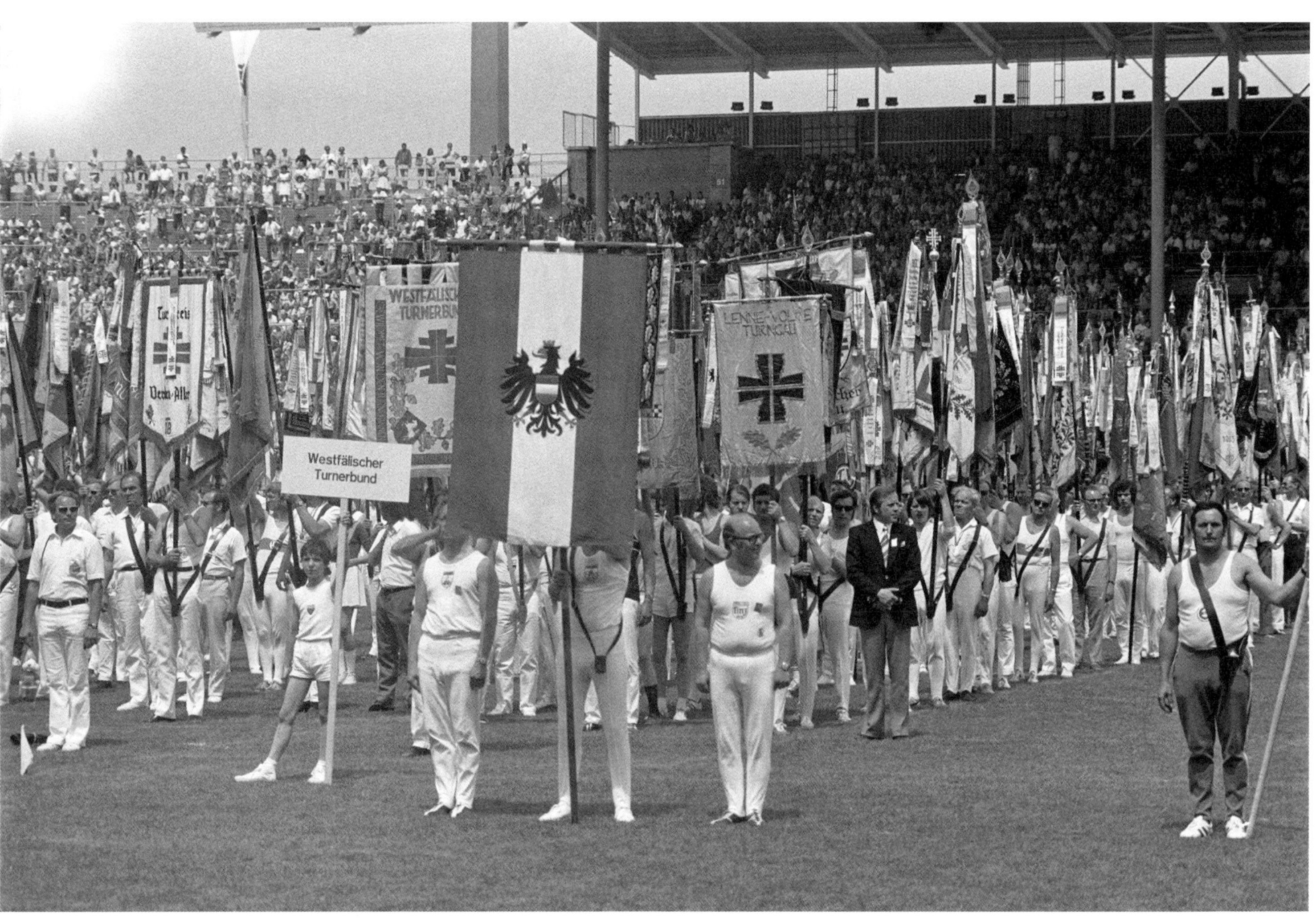

4 Festlich geschmückte Turner bei der Eröffnung des 29. Deutschen Turnfests im damaligen Neckarstadion. 17. Juni 1973

vität des Sports profitieren. Nach seiner Wahl zum Sportler des Jahres 1966 holte er persönlich seine neue Mercedes-Limousine in Untertürkheim ab. Begleitet wurde er vom Herrenberger Karl Link, der 1964 bei den Sommerspielen von Tokio eine Goldmedaille in der Mannschaftsverfolgung gewonnen hatte und später den Olympiastützpunkt Stuttgart leiten sollte.

Neben eher kuriosen Fußballpartien, wie der Begegnung zwischen einer US-amerikanischen und einer französischen Armeeauswahl im Rahmen der internationalen Militärsportmeisterschaften 1964, fanden im Neckarstadion auch echte Klassiker statt: wie am 16. Juni 1968, als der deutschen Nationalmannschaft der erste Sieg über die brasilianische Auswahl gelang. Ob deren Niederlage an der Abwesenheit von Superstar Pelé lag? Der befand sich mit seinem Verein FC Santos zeitgleich auf einer der lukrativen Werbespieltouren durch Europa.

Die gerade im Großraum Stuttgart vorhandene Begeisterung für Technik und Mobilität zeigte sich in der Popularität der Seifenkistenrennen. Bereits 1950 hatten nationale Meisterschaften in Stuttgart stattgefunden. Als 1959 der Qualifikationslauf für die Deutschen Meisterschaften durchgeführt wurde, verfolgten ca. 2.000 Zuschauer die rasante Fahrt der *Kinderautomobile*. 1965 ging mit dem letzten Motorrad- und Automobilrennen auf der legendären Solitude-Strecke eine bedeutende Motorsporttradition zu Ende. Das Schloss Solitude war schon 1903 Ziel eines Bergrennens für Motorräder gewesen, ab den 1920er Jahren fanden dort dann ebenso Autorennen statt.

Hüdig dokumentierte aber auch Ereignisse jenseits des etablierten Sports. So fotografierte er 1967 Arnold Schwarzenegger bei einem Auftritt in Stuttgart. Dieser trat zwischen 1966 und 1968 mehrmals in der Stadt auf. In diese Zeit fallen Schwarzeneggers erste großen Erfolge als *Mr. Europe* (1966, 1969), *Mr. Universum* (1967–1969) und *Mr. International* (1969).

In den 1960er Jahren begann betonte Sportlichkeit auch in der Politik zur Inszenierung als Macher dazuzugehören. So zeigt ein Foto den damaligen

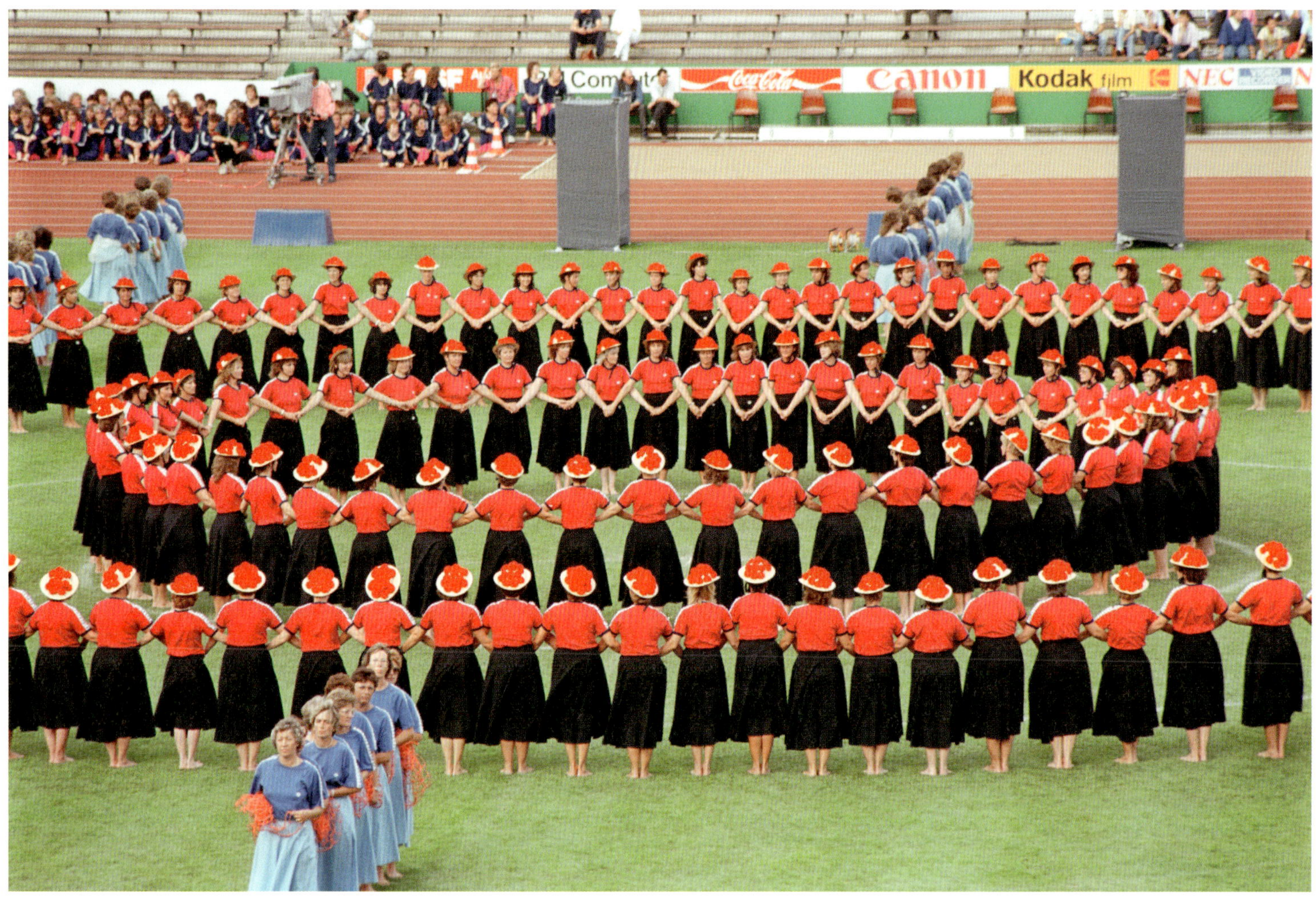

5 Eröffnungsfeier der Leichtathletik-Europameisterschaft im Neckarstadion. 26. August 1986

Ministerpräsidenten Hans Filbinger (1913–2007) bei Freiübungen vor Schloss Solitude. Die *Stuttgarter Nachrichten* kommentierten: *sportlich wie sein Regierungsstil.*

Nachdem im Januar 1970 in Fellbach ein Taxifahrer heimtückisch erschossen worden war, erhielt der Kampfsport öffentliche Aufmerksamkeit. Der Stuttgarter Karate-Großmeister Eduard Matuschek bot daraufhin Kurse zur Selbstverteidigung an. Bereits im Bundestagswahlkampf 1969 hatte die Stuttgarter CDU Matuschek gemeinsam mit weiteren Kampfsportlern als Ordner bei den umstrittenen Wahlkampfauftritten von Bundeskanzler Kiesinger gegen die protestierende APO eingesetzt.

In den 1970er Jahren wurden die Weichen für eine zunehmende internationale Ausrichtung der *Sportstadt Stuttgart* gestellt. Man erkannte, dass die Fähigkeit zur Planung und Durchführung von Sportgroßveranstaltungen zum positiven Image einer Metropole beiträgt. Die Vergabe der Olympischen Sommerspiele 1972 nach München und Kiel verlieh diesen Städten, dank eines überzeugenden Designkonzepts, ein neues, modernes Image. Im selben Jahr fanden in Heidelberg die *21. Weltspiele der Gelähmten* statt, an denen zahlreiche Sportlerinnen und Sportler aus Baden-Württemberg teilnahmen. Die Bundesrepublik führte den Medaillenspiegel an und der Ministerpräsident empfing die Landesteilnehmer im Neuen Schloss. Progressiver Zeitgeist prägte auch das *Deutsche Turnfest Stuttgart* 1973. Unter dem Motto *Breite und Leistung* sollte ein zeitgemäßes und offenes Turnverständnis präsentiert werden. Rund 80.000 Menschen nahmen an zahlreichen Turn- und Kulturveranstaltungen in und um Stuttgart teil. Das markante visuelle Erscheinungsbild mit dem offiziellen Maskottchen *Turni* wurde vom Stuttgarter Designer Theo-Günther Schiegl (1937–2018) entworfen. Wie die Fotos der Eröffnungsfeier zeigen, blieben auch traditionelle Elemente des Turnens, wie die Präsentation der historischen Vereinsfahnen und die weißen Turnanzüge, weiterhin präsent.

Bereits Ende der 1970er Jahre begannen die Planungen für eine moderne Mehrzweckhalle, in der auch große Sportwettkämpfe stattfinden konnten. Die 1983 eingeweihte Hanns-Martin-Schleyer-Halle, mit einer Leichtathletikanlage sowie einer Radrennbahn, setzte Maßstäbe.

Im Folgejahr wurde der VfB Stuttgart zum dritten Mal in der Vereinsgeschichte Deutscher Meister. Zwar verlor der VfB mit Trainer Helmut Benthaus am 26. Mai 1984 das letzte Saisonspiel 0:1 gegen den Hamburger SV, doch der anschließende Autokorso durch die Stadt und die Feier vor dem Stuttgarter Rathaus gingen in die Stadtgeschichte ein.

Ein Ereignis darf beim Blick in die Stuttgarter Sportgeschichte der 1980er Jahre nicht fehlen: die Leichtathletik-Europameisterschaft von 1986. Das Neckarstadion wurde damals unter anderem mit einer hochmodernen Video-Tafel ausgerüstet, die den Zuschauern ein neues Live-Erlebnis bot. Bei der farbenfrohen Eröffnungszeremonie setzten die Veranstalter auf bewährte regionale Symbole, wie den Schwarzwälder Bollenhut.

Die positive internationale Resonanz auf dieses Sportfest, besonders aufgrund der Fairness des Stuttgarter Publikums, führte dazu, dass Stuttgart mit dem *Olympic Cup* des Internationalen Olympischen Komitees ausgezeichnet wurde und erste Überlegungen über eine Stuttgarter Olympiabewerbung aufkamen. Die 1990er Jahre festigten Stuttgarts Ruf als Sportstadt mit internationalem Renommee. Dies zeigte sich in der Durchführung von zahlreichen Europa- und Weltmeisterschaften, wie der Leichtathletik-WM 1993 oder den Rad-Weltmeisterschaften 1991 und 2007. 2002 machte sich Stuttgart mit der Olympiabewerbung auf den Weg, auch offiziell eine *Weltstadt des Sports* zu werden. Diese Aufbruchstimmung und die Unterstützung durch die damalige Landesregierung unter Erwin Teufel dokumentierte Burghard Hüdig in seinen letzten Sportaufnahmen. Selbst wenn die Bewerbung für die Olympischen Sommerspiele 2012 aus sportpolitischen Gründen scheiterte und die Etablierung als internationale Sportmetropole letztlich nicht glückte, bleibt Stuttgart bis heute eine Stadt des Breiten- und Spitzensports.

Hüdigs Sportfotos zeigen, dass das Phänomen *Sport* dabei immer die zeittypischen gesellschaftlichen Rahmenbedingungen widerspiegelt. Sie dokumentieren daher nicht nur die Vielfalt der Lebenswelt Sport in einer Großstadt, sondern sind zugleich ergiebige Zeugnisse der bewegten Kulturgeschichte des Landes.

Markus Friedrich

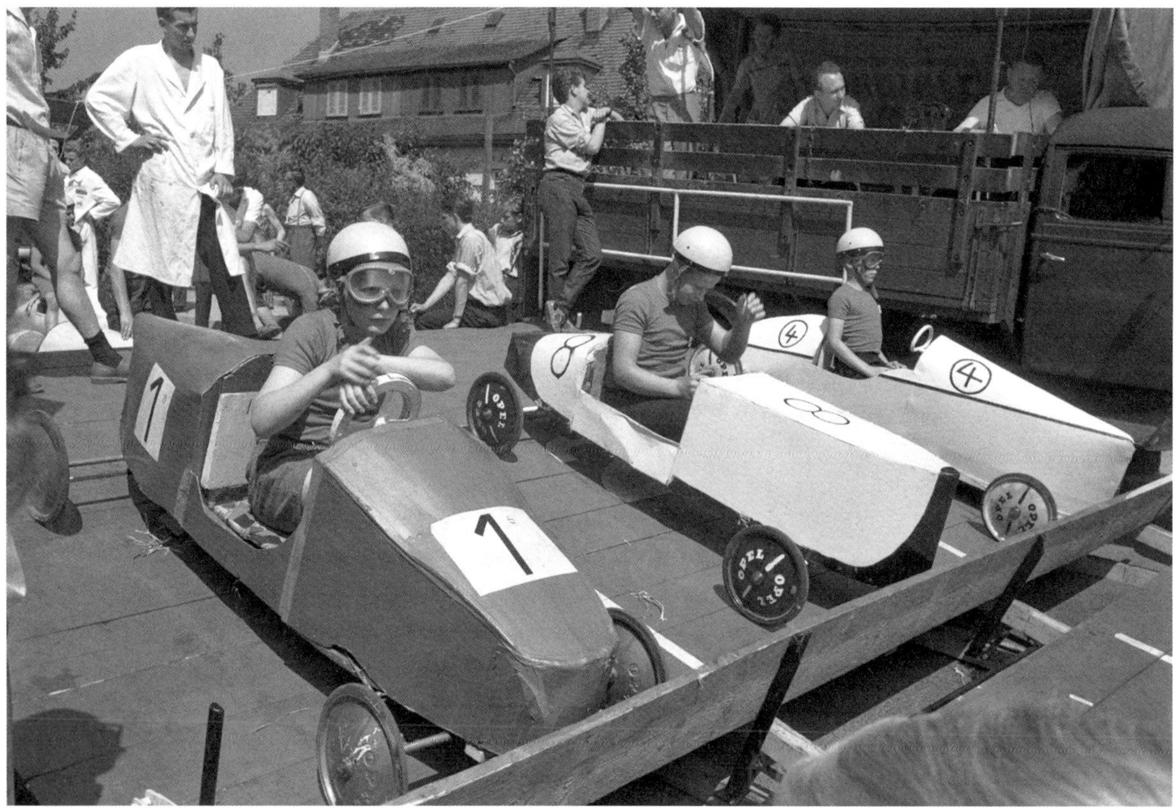

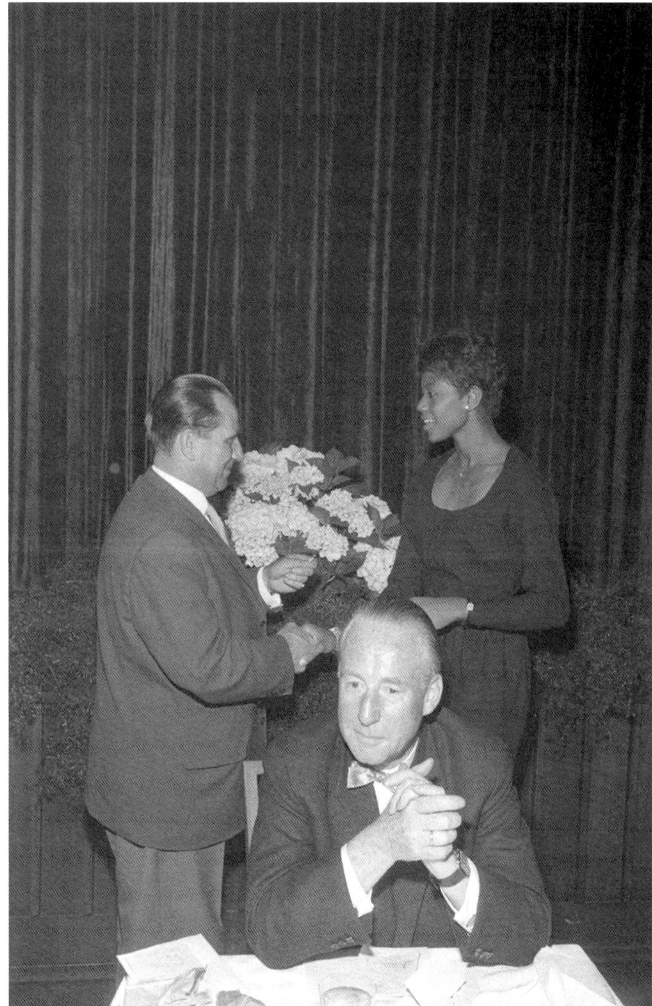

6 Qualifikationslauf für die Deutschen Meisterschaften im Seifenkistenrennen auf der Stuttgarter Robert-Mayer-Straße. Juli 1959

7 Die US-amerikanische Leichtathletin Wilma Rudolph beim Empfang der Stadt Stuttgart. Im Vordergrund Oberbürgermeister Arnulf Klett (1905–1974). Juli 1961

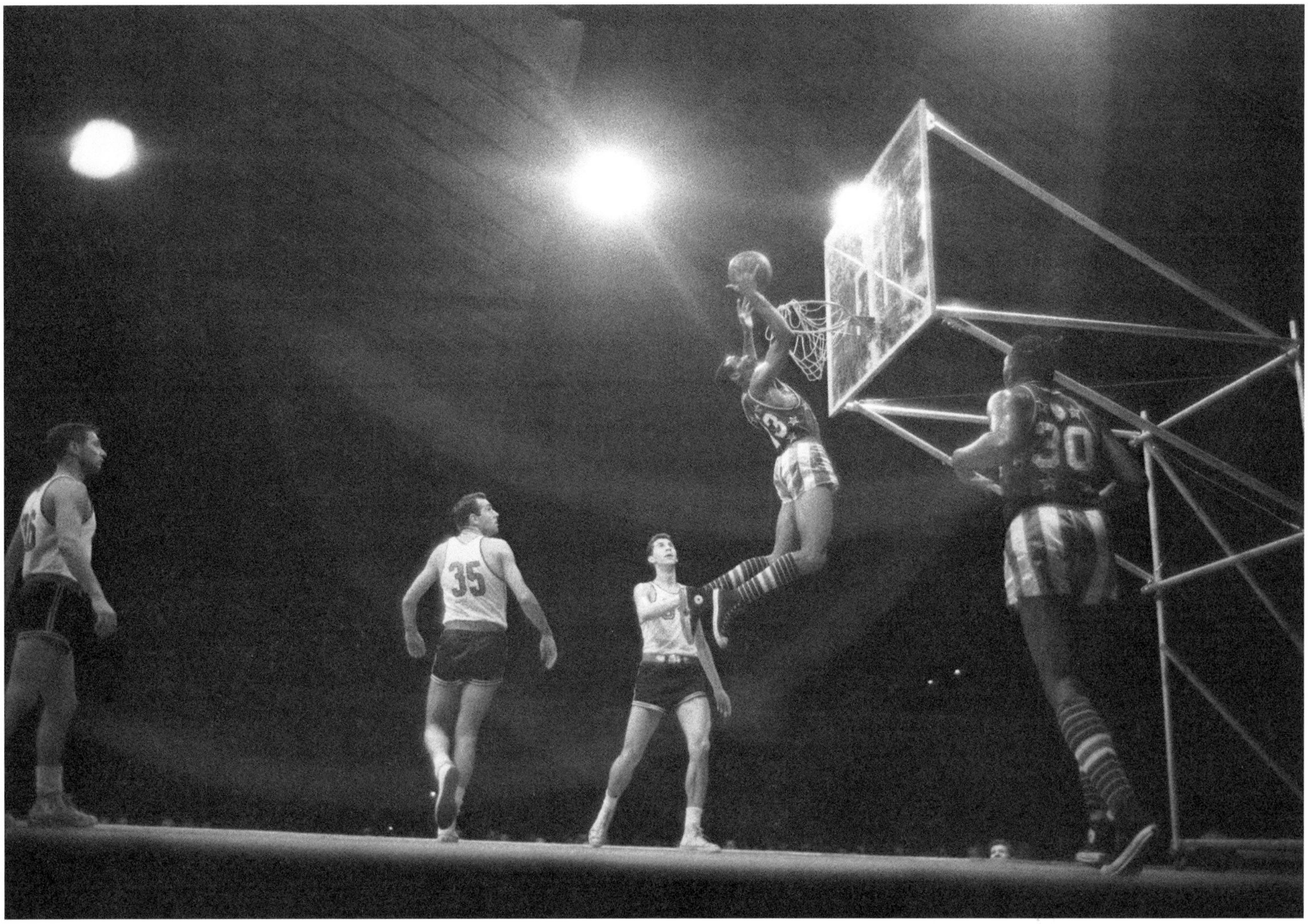

8 Die legendäre US-Basketballmannschaft „Harlem Globetrotters" spielt auf dem Killesberg gegen die „Canadian Dominions". 4. Juni 1964

9 Offizielle Vorstellung der Partie USA gegen Frankreich anlässlich der internationalen Militär-Fußball-Meisterschaft. Februar 1964

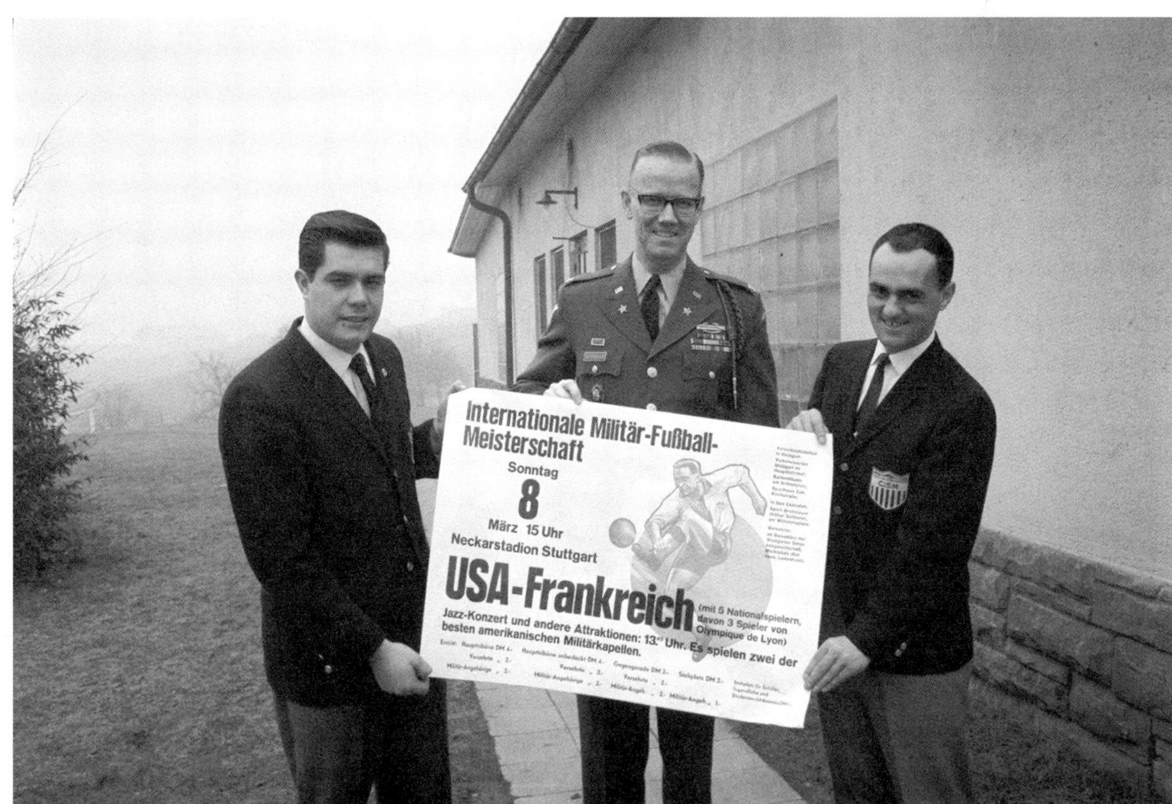

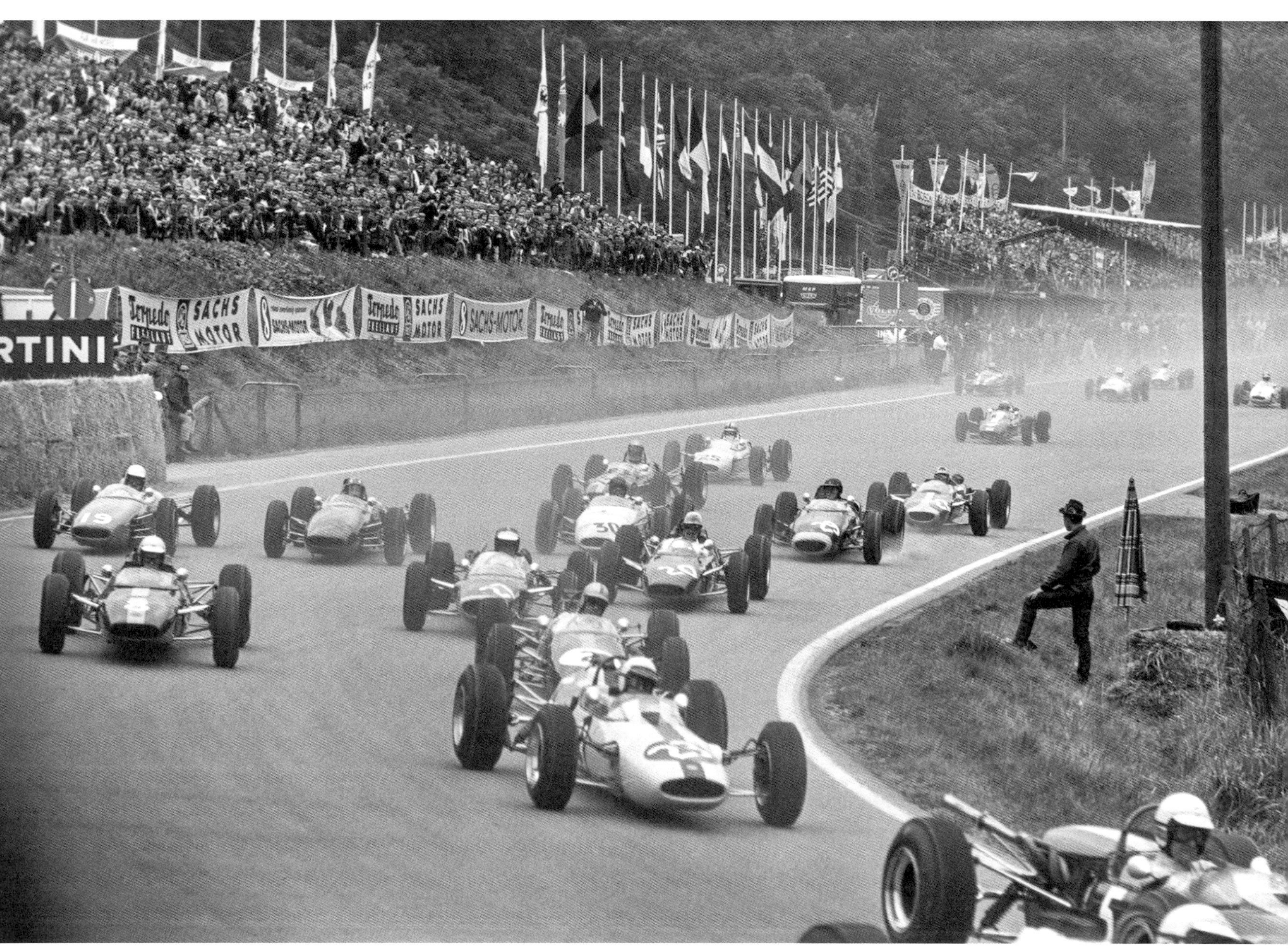

10 1965 verfolgen ca. 180.000 Zuschauer das letzte Solitude-Rennen. Mehrere tödliche Unfälle führten zum Ende der legendären Rennveranstaltung.
18. Juli 1965

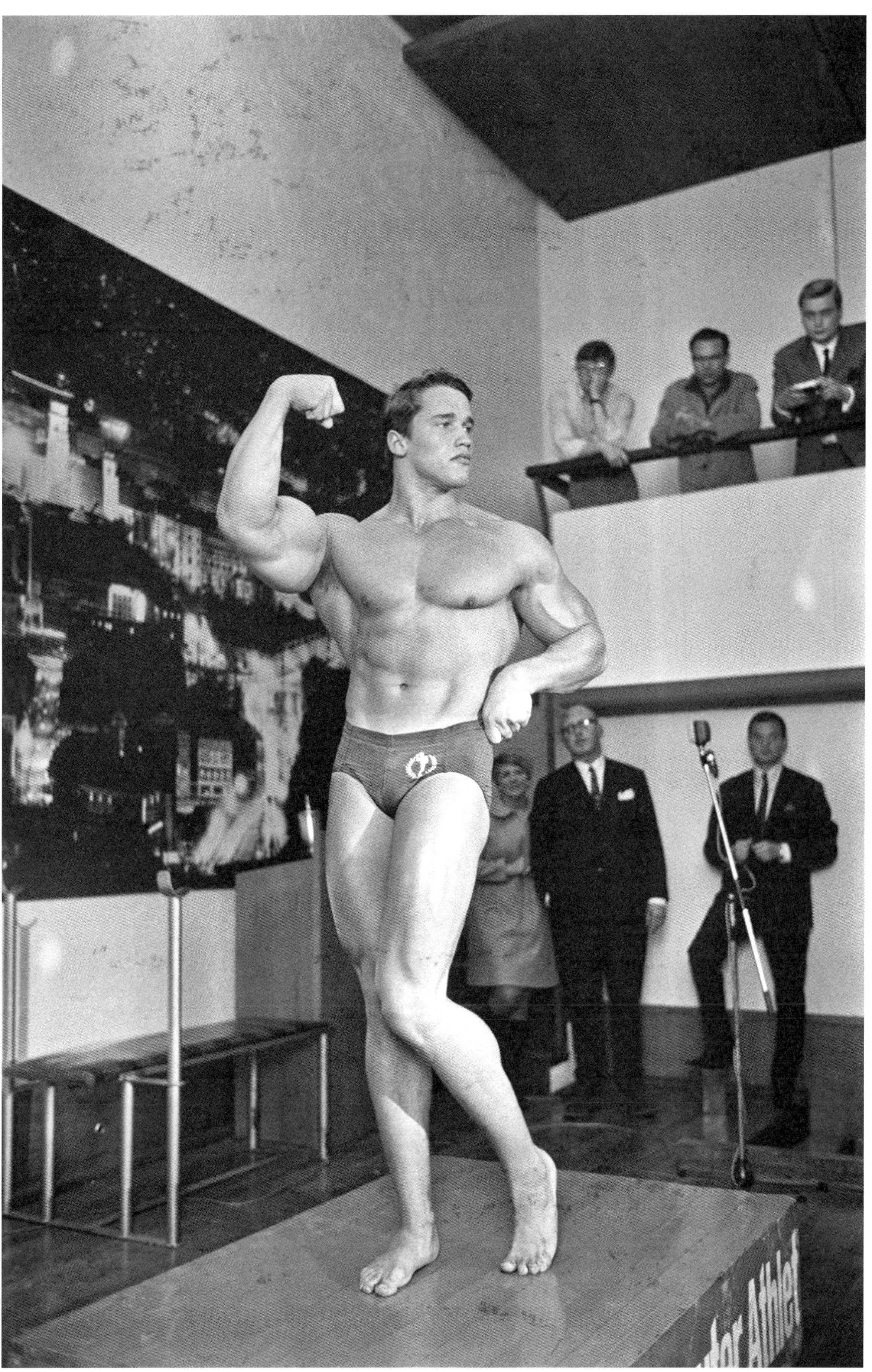

11 Auftritt von „Mr. Universum“ Arnold Schwarzenegger in Stuttgart. Der gebürtige Österreicher wurde zum Inbegriff des modernen Bodybuildings. 7. Oktober 1967

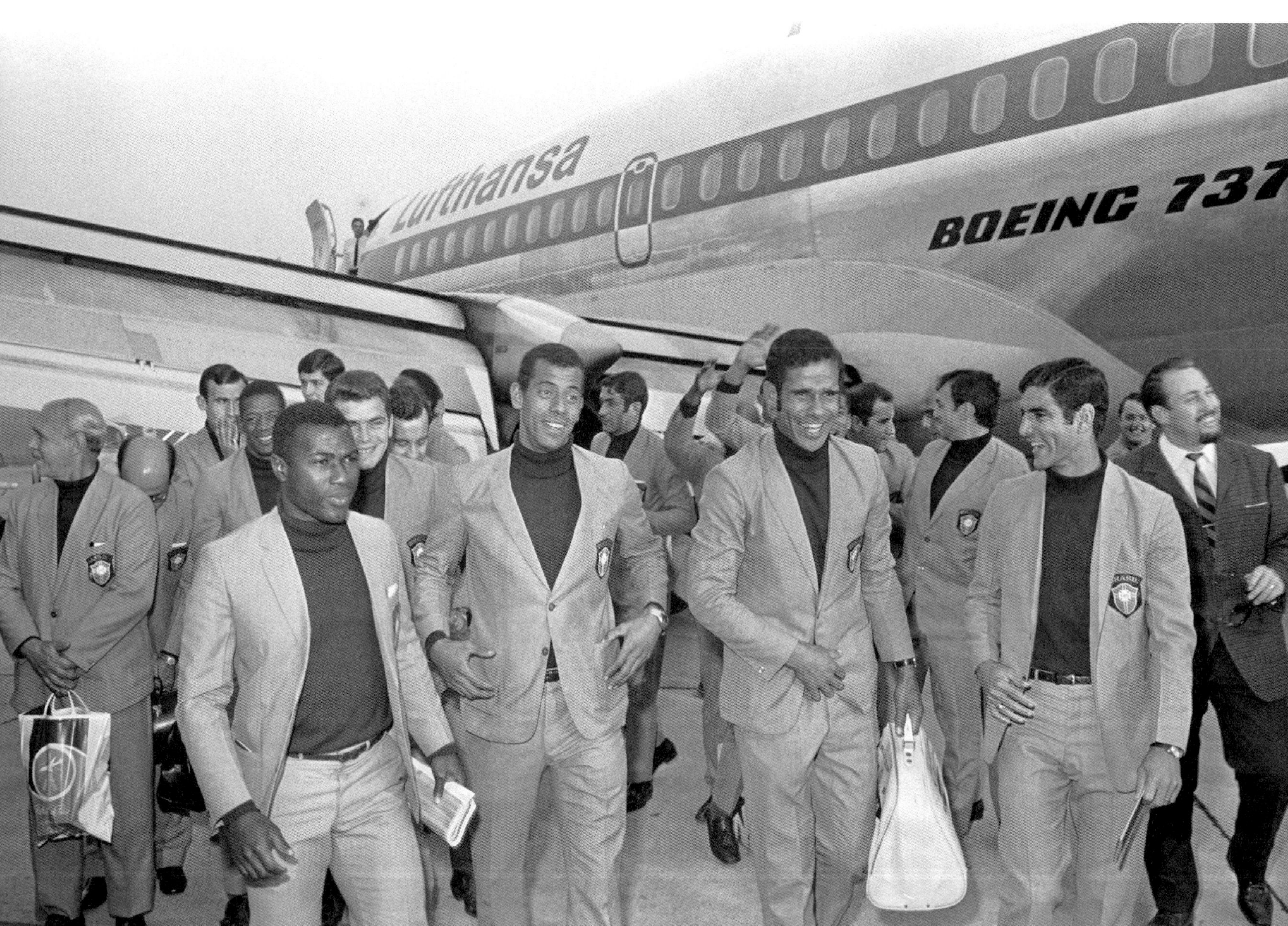

12 Ankunft der brasilianischen Fußball-Nationalmannschaft auf dem Stuttgarter Flughafen. Das Freundschaftsspiel gewann Deutschland 2:1. 14. Juni 1968

Brasilianischer Glanz im Neckarstadion

1963 stellt für den deutschen Fußball ein besonderes Jahr dar: Im August wurde die Bundesliga eingeführt. Zu den Gründungsvereinen gehörte auch der VfB Stuttgart, der im Juni 1963 den FC Santos zu einem Freundschaftsspiel empfing. Die Spieler des Weltpokalsiegers – von der Sportpresse als die *Zauberer vom Zuckerhut* bezeichnet – weckten beim Stuttgarter Publikum große Erwartungen. Im Mittelpunkt des öffentlichen Interesses stand der *Wunderstürmer* und Weltstar Edson Arantes do Nascimento – besser bekannt als Pelé (1940–2022).

Der durch eine Knieverletzung gehandicapte Pelé wurde immer wieder durch den Stuttgarter Mittelfeldspieler Rudi Entenmann erfolgreich am Spielaufbau gehindert. Zunächst ging der VfB in Führung und setzte dabei v. a. auf Defensivspiel mit körperlichem Einsatz. Die überlegene Ballbeherrschung der Brasilianer führte schließlich doch noch zum 1:3 Sieg der Gäste. Die 55.000 Zuschauer im Neckarstadion erlebten zwar kein Fußballfest, sondern ein *schmuckloses Arbeitsspiel* (Stuttgarter Zeitung). Der legendäre Stuttgarter Sportreporter Hans Blickensdörfer (1923–1997) nannte die Partie jedoch 1992 rückblickend *das bedeutendste internationale Freundschaftsspiel des VfB*.

13 V. l.: Pelé mit dem Verteidiger Günter Seibold, der gegen die Brasilianer sein 200. Spiel für den VfB bestritt.
8. Juni 1963

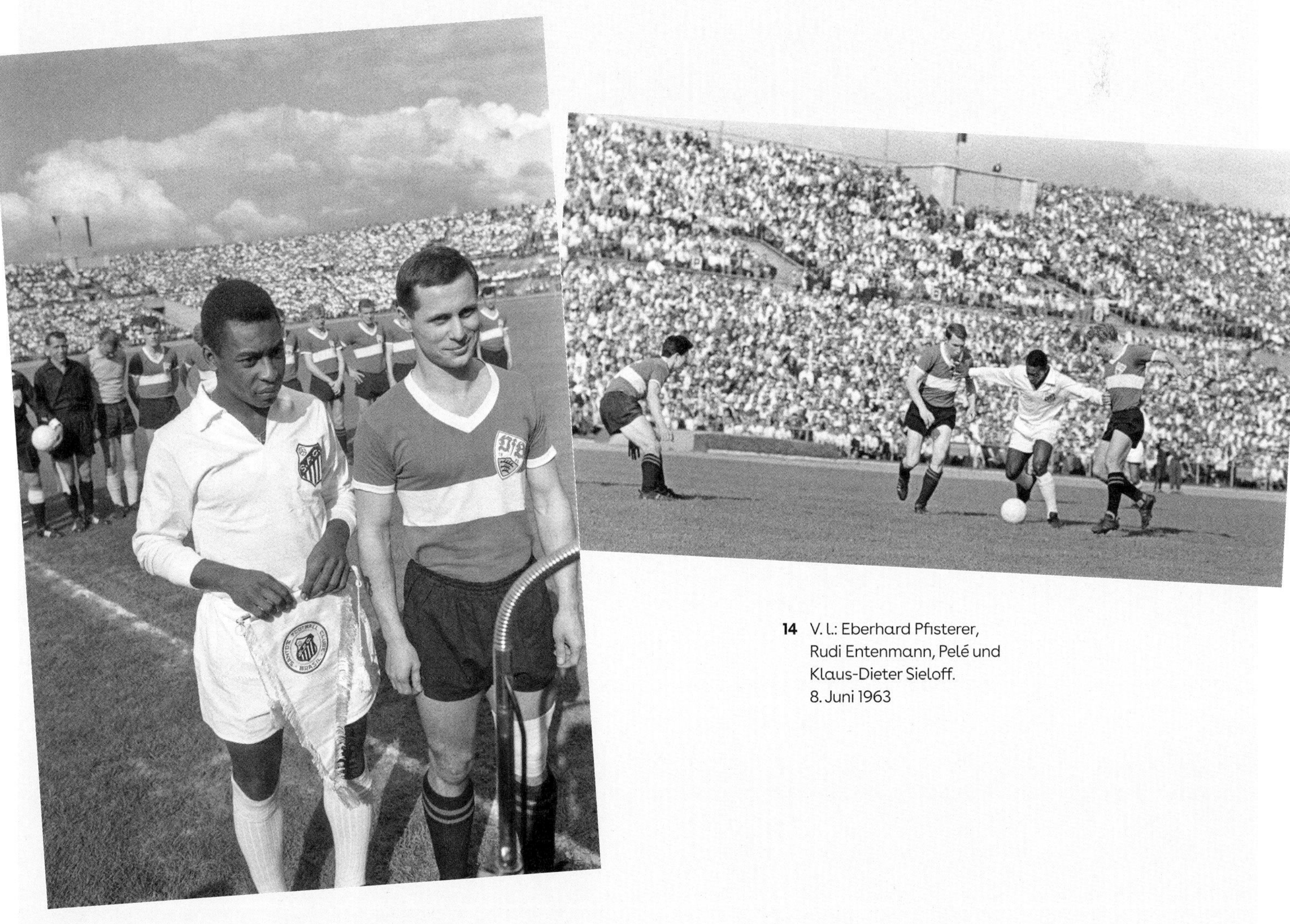

14 V. l.: Eberhard Pfisterer, Rudi Entenmann, Pelé und Klaus-Dieter Sieloff.
8. Juni 1963

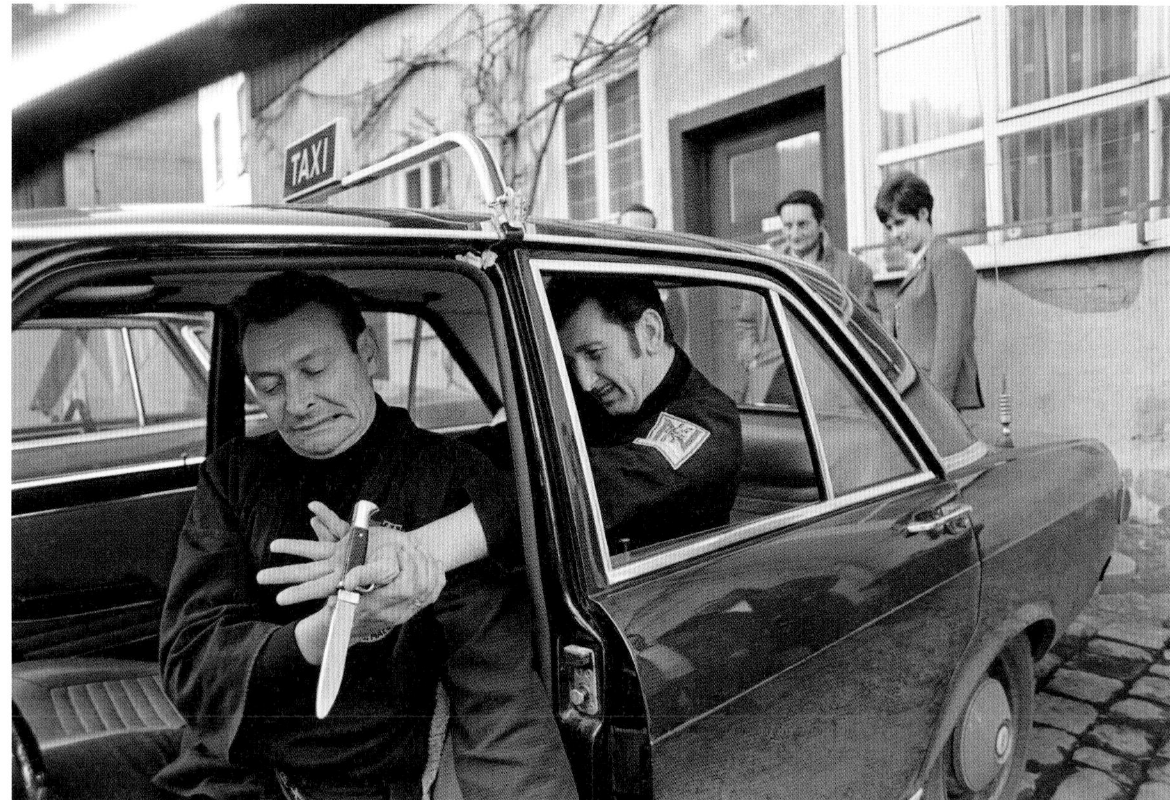

15 Im Januar 1970 erschüttert ein tödlicher Taxi-Überfall Stuttgart. Eduard Matuschek, Inhaber einer Stuttgarter „Sportschule", demonstriert Selbstverteidigungstechniken für Taxifahrer.
25. Januar 1970

16 Empfang im Neuen Schloss für die baden-württembergischen Teilnehmer an den „Weltspielen der Gelähmten".
12. Dezember 1972

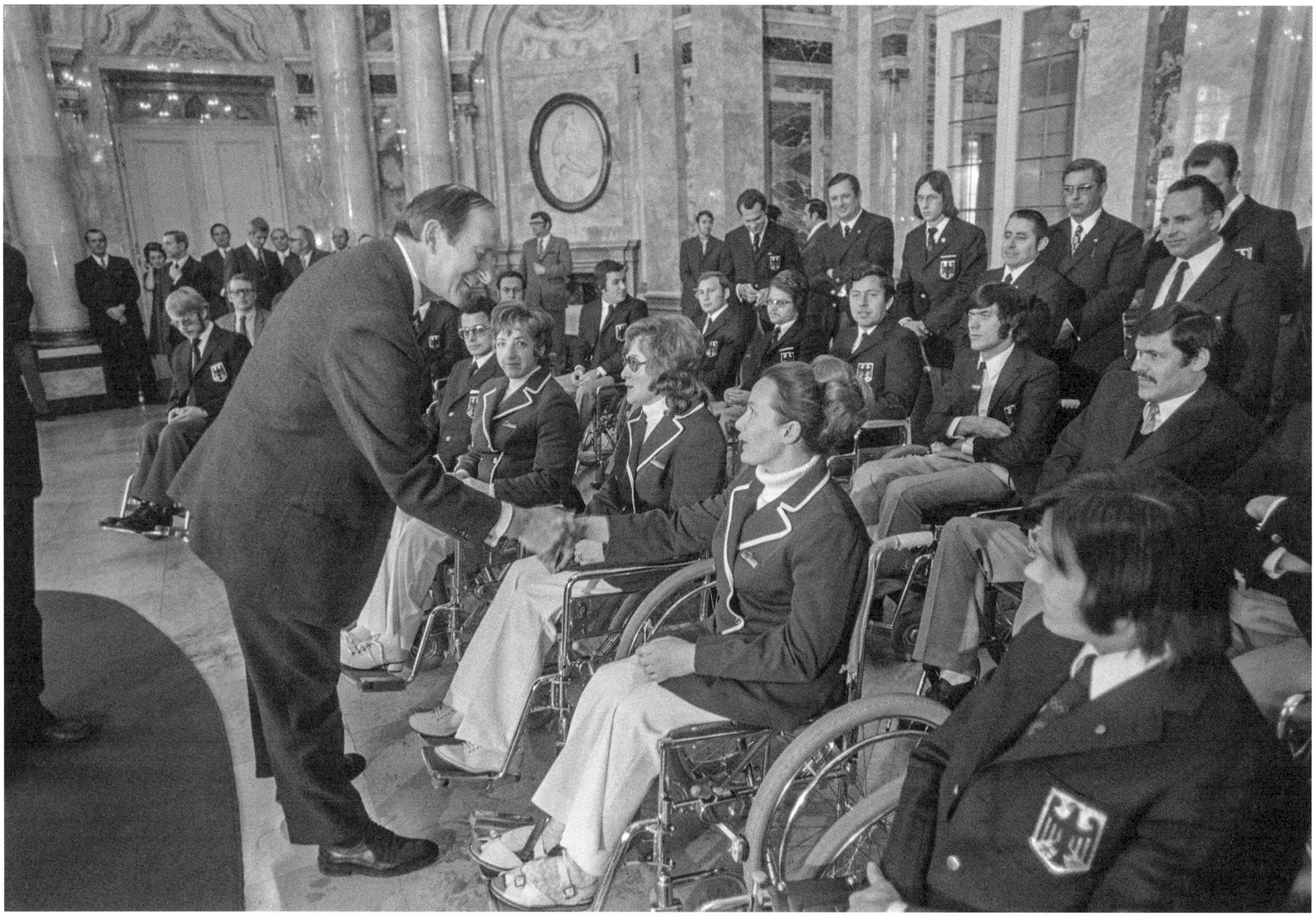

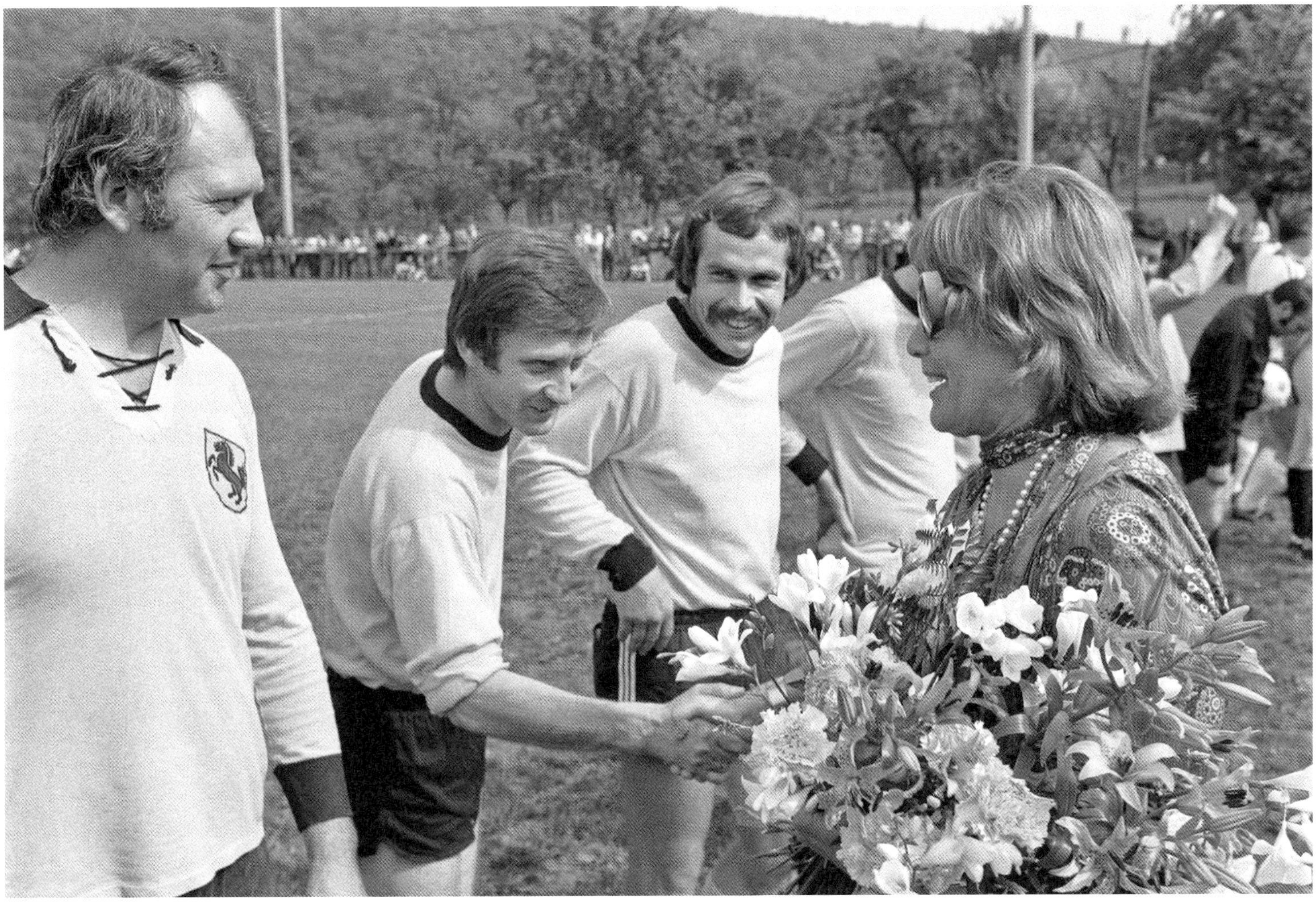

17 Schauspielerin Maria Schell (1926–2005) bei einem Fußballspiel der 1974 gegründeten „Stuttgarter Prominenten-Kicker“ anlässlich der Feier „900 Jahre Botnang“. Juni 1975

18 Teilnehmer des Kübelesrennens am „Schmotziga Donnerschdag“ auf dem Cannstatter Marktplatz. 19. Februar 1980

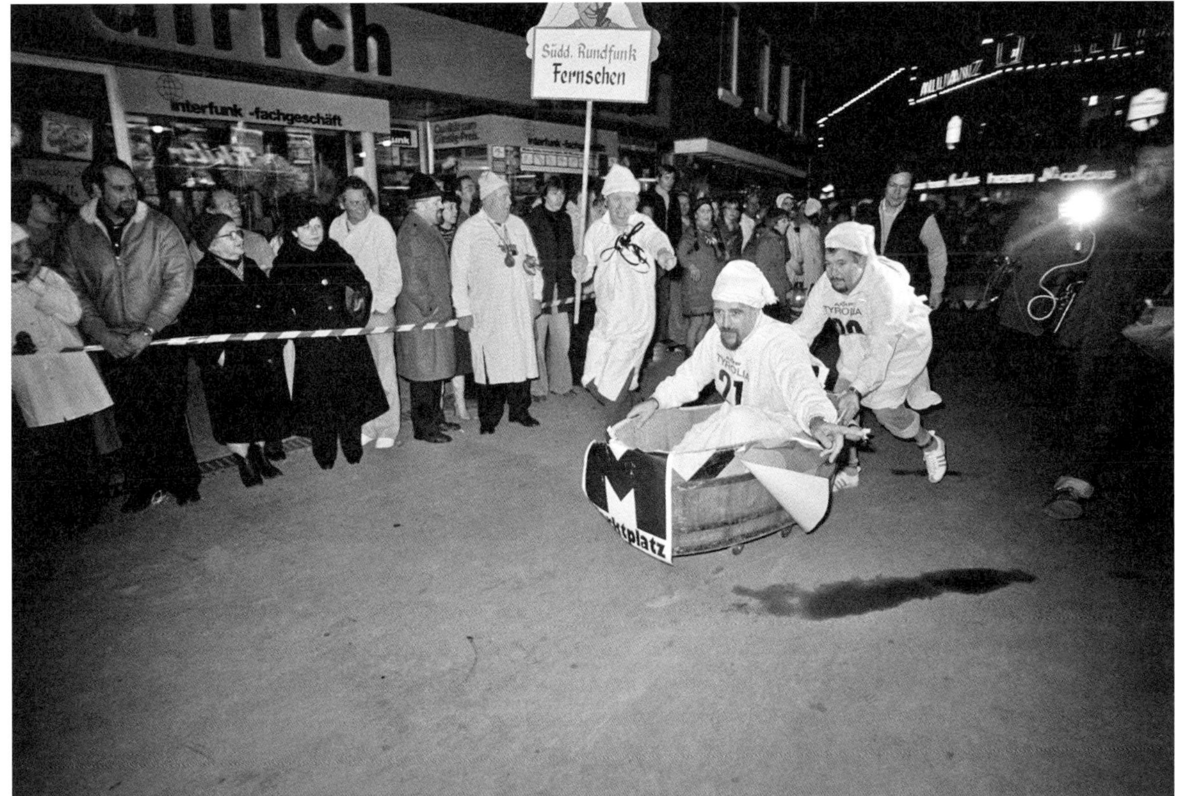

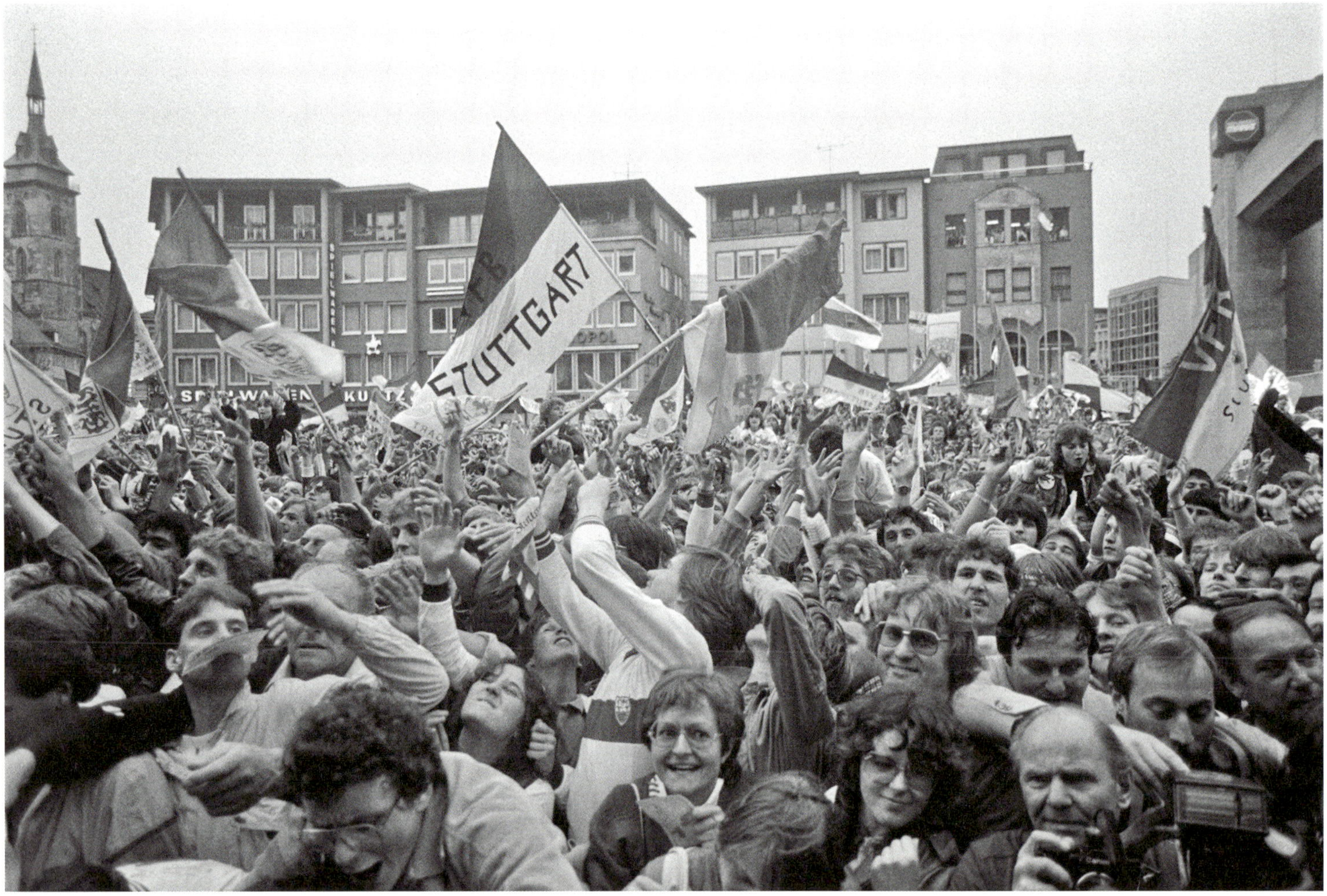

19 Deutscher Meister VfB Stuttgart! – Begeisterte Fans feiern auf dem Marktplatz vor dem Stuttgarter Rathaus. Mai 1984

20 Zur Fußball-WM in Mexiko veranstaltet der SDR ein „landespolitisches Elfmeter-Schießen“, v. l.: Sportjournalist Gerhard Meier-Rhön und CDU-Fraktionschef Erwin Teufel. Juni 1986

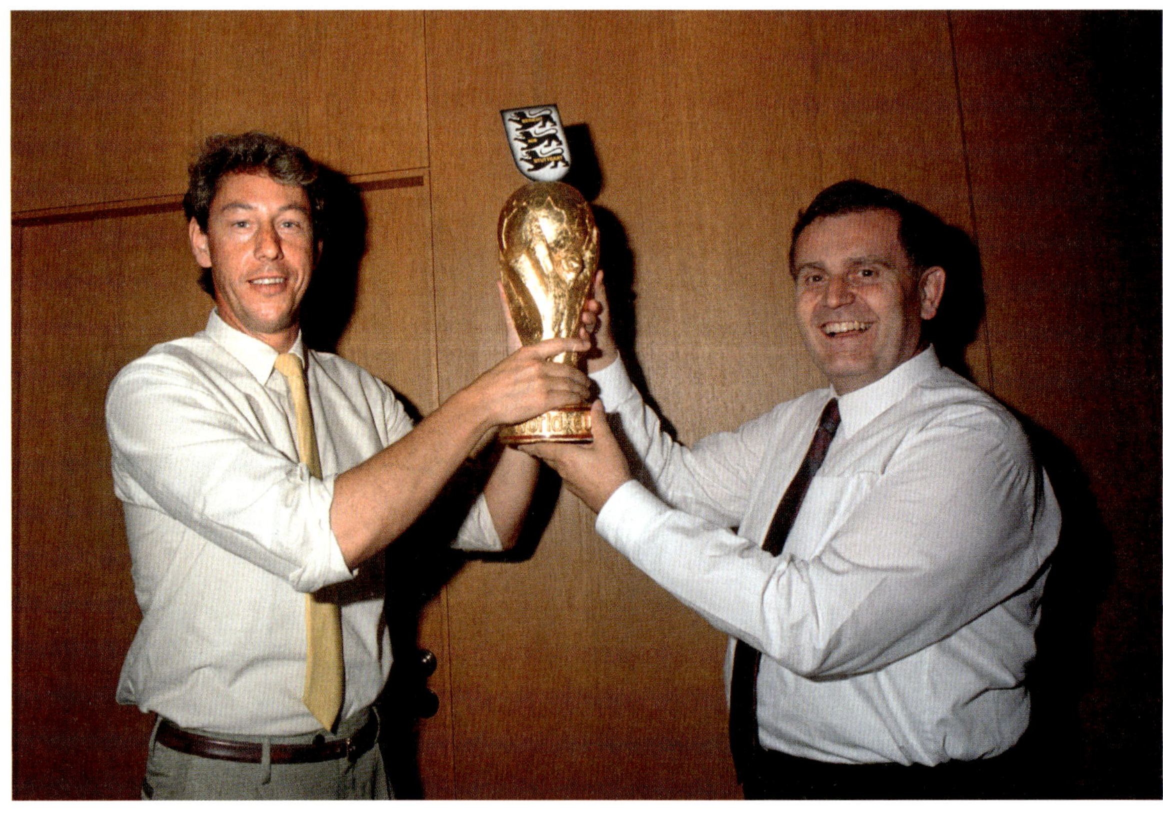

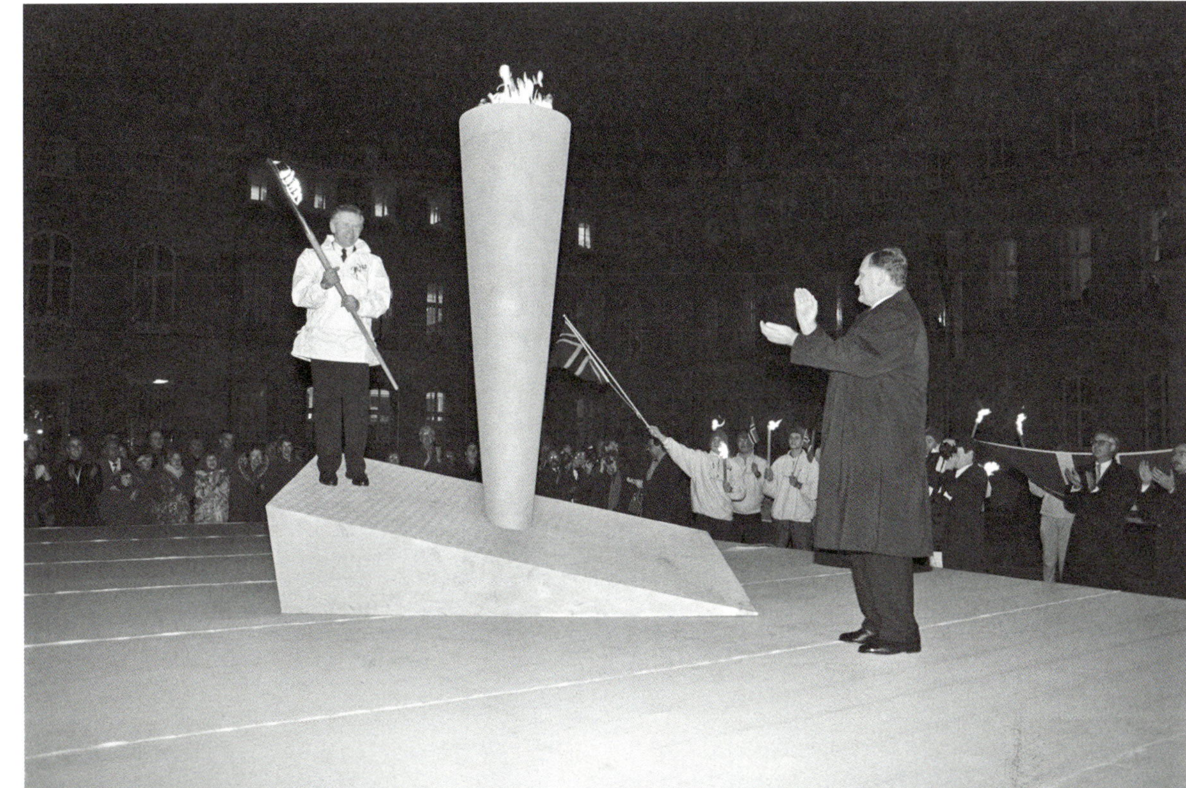

21 Auf dem Weg zu den Winterspielen im norwegischen Lillehammer macht das Olympische Feuer Station in Stuttgart: Olympiasieger Georg Thoma mit Fackel.
21. Januar 1994

22 Präsentation der Stuttgarter Olympia-Bewerbung im Neuen Schloss, v. l.: Jürgen Fritz, Erwin Teufel, Annette Schavan, Wolfgang Schuster und Raimund Gründler.
25. Januar 2002

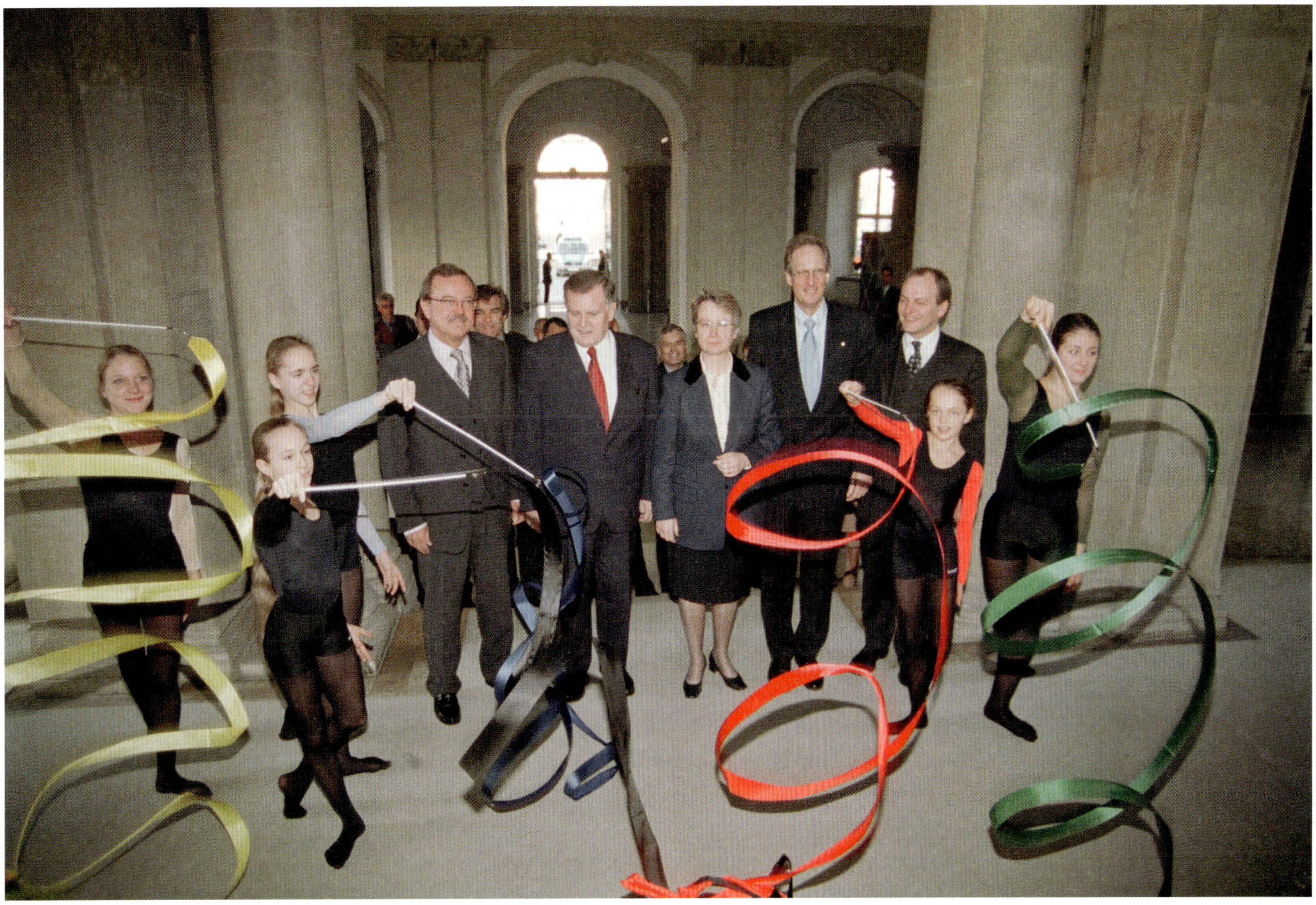

Dank

Für die Bearbeitung des Katalogs, für die Planung und Realisierung der Ausstellung bedurfte es vielfältiger Unterstützung. Allen Beteiligten sei an dieser Stelle herzlich gedankt!

Projektleitung

Dr. Albrecht Ernst, Dr. Thomas Fritz

Projektteam

Nina Fehrlen-Weiss, Markus Friedrich, Dr. Stefan G. Holz, Sophia Scholz, Anja Stefanidis, Dr. Felix Teuchert, Maren Volk

Ausstellungsorganisation und -technik

Martina Böhm, Boris Krpic, Gabriele Makowitsch, Marcella Müller, Kurt Pfeifer, Grzegorz Przytarski, Martin Ramsauer, Johannes Renz, Prof. Dr. Peter Rückert, Peter Stanczyk, Kati Stein, Alain Thiriet, Nadine Weingärtner

Ausstellungsgestaltung und Satz

Katharina Schmid, adposit-design, Kirchheim Teck
satzwerkstatt Manfred Luz, Neubulach

Leihgaben

Karin Hüdig, Stuttgart

Landtagsverwaltung

Klaus Kehl, Ulrich Kicherer, Frank Lauer, Ioanna Papadopoulou, Christine Werner

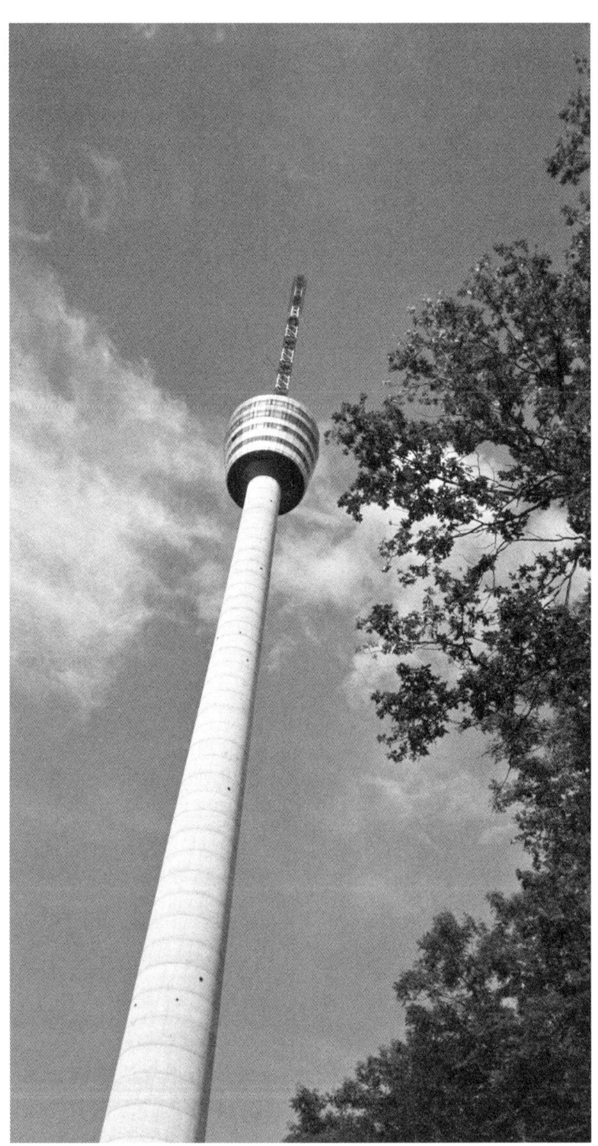

Stuttgarts Wahrzeichen:
Der Fernsehturm.
13. Juli 1959

Bildnachweis

Coverabbildung

Vordergrund: Q 2/50 Nr. 9535-18a (Ausschnitt); Hintergrund: Q 2/50 Nr. 9089-28, Bearbeitung: Katharina Schmid

Seite 2 Q 2/50 Nr. 1313-30

Seite 5 Landtag Baden-Württemberg
Foto: Jan Potente

Seite 6 Landesarchiv Baden-Württemberg
Foto: Marcella Müller

Burghard Hüdig (1933–2020): ein Leben mit der Kamera

1 Q 2/50 Nr. 309-7
2 Q 2/50 Nr. 13734-12; Nr. 13734-7
3 Q 2/50 Nr. 13627-34a
4 Q 2/50 Nr. 11895-30a
5 Q 2/50 Nr. 15233-12
6 Q 2/50 Nr. 18281-10,
Fotograf: Christof R. Sage
7 Q 2/50 Nr. 18281-27a
8 Q 2/50 Nr. 1598-53
9 Q 2/50 Nr. 3251-63
10 Q 2/50 Nr. 3383-26
11 Q 2/50 Nr. 4030-51
12 Q 2/50 Nr. 6706-24
13 Q 2/50 Nr. 6726-64
14 Q 2/50 Nr. 3190-57; Nr. 3190-11
15 Q 2/50 Nr. 13107-17
16 Q 2/50 Nr. 13175-4
17 Q 2/50 Nr. 14137-22a
18 Q 2/50 Nr. 18097-16a
19 Q 2/50 Nr. 136-10
20 Q 2/50 Nr. 327-9a
21 Q 2/50 Nr. 1107-74; Nr. 1107-73
22 Q 2/50 Nr. 392-23
23 Q 2/50 Nr. 531-15
24 Q 2/50 Nr. 4331-22
25 Q 2/50 Nr. 3796-35
26 Q 2/50 Nr. 3295-41
27 Q 2/50 Nr. 6386-31a
28 Q 2/50 Nr. 3607-71
29 Q 2/50 Nr. 3607-43
30 Q 2/50 Nr. 4026-64
31 Q 2/50 Nr. 4022-51
32 Q 2/50 Nr. 16215-28
33 Q 2/50 Nr. 18146-28

Seite 28/29
Q 2/50 Nr. 17047-2 (Arafat)
Q 2/50 Nr. 15023-9 (Kissinger)
Q 2/50 Nr. 1351-23 (Adenauer)
Q 2/50 Nr. 1077-52 (Kg. Bhumibol)
Q 2/50 Nr. 13382-34 (Hua Guofeng)
Q 2/50 Nr. 16246-4 (Jelzin)
Q 2/50 Nr. 3425-69 (Brandt)
Q 2/50 Nr. 13898-27 (Kgin. Beatrix)
Q 2/50 Nr. 10737-28 (Weizsäcker)
Q 2/50 Nr. 10875-35 (Gorbatschow)
Q 2/50 Nr. 15810-29 (Kohl)
Q 2/50 Nr. 6324-18 (Haile Selassie)
Q 2/50 Nr. 3755-10 (Dutschke)
Q 2/50 Nr. 10476-7 (Gandhi)
Q 2/50 Nr. 17945-16A (Gadamer)
Q 2/50 Nr. 13981-12A (Mutter Teresa)
EA 1/109 Schachtel 22 (Dalai Lama)
Q 2/50 Nr. 16599-13A (Jens)
Q 2/50 Nr. 9046-22 (Beuys)
Q 2/50 Nr. 5120-11A (Schön)
Q 2/50 Nr. 512-4 (Albers)
Q 2/50 Nr. 3425-7 (Fitzgerald)
Q 2/50 Nr. 5297-19A (Rühmann)
Q 2/50 Nr. 6371-37 (Carrell/Lavi)
Q 2/50 Nr. 3237-55 (Schwarzenegger)
Q 2/50 Nr. 2054-16 (Reichert)
Q 2/50 Nr. 2656-62 (Buchholz)
Q 2/50 Nr. 511-1 (Knef)
Q 2/50 Nr. 279-2 (Pulver)
Q 2/50 Nr. 4124-71 (Heintje)
34 Q 2/50 Nr. 185-13
35 Q 2/50 Nr. 166-14
36 Q 2/50 Nr. 12302-5
37 Q 2/50 Nr. 17071-24a

Ganz nah dran: Landespolitik im Blick

1 Q 2/50 Nr. 13639-34a
2 Q 2/50 Nr. 4911-3a
3 EA 1/117 Bü 102
4 Q 2/50 Nr. 6236-9
5 Q 2/50 Nr. 5859-14
6 Q 2/50 Nr. 762-29
7 Q 2/50 Nr. 1321-44
8 Q 2/50 Nr. 3061-28a
9 Q 2/50 Nr. 12508-27a
10 Q 2/50 Nr. 5589-11a
11 Q 2/50 Nr. 13943-19
12 Q 2/50 Nr. 4946-13a
13 Q 2/50 Nr. 16398-28a

Seite 44/45
Q 2/50 Nr. 12170-23A (A)
Q 2/50 Nr. 15604-36A (B)
Q 2/50 Nr. 16317-32 (C)
Q 2/50 Nr. 13107-27 (D)
Q 2/50 Nr. 15694-8 (E)
Q 2/50 Nr. 16167-2 (F)
Q 2/50 Nr. 14355-16A (G)
Q 2/50 Nr. 15604-33A (H)
Q 2/50 Nr. 15619-15 (I)
Q 2/50 Nr. 15619-5 (J)
Q 2/50 Nr. 16116-17 (K)
Q 2/50 Nr. 13551-20A (L)
Q 2/50 Nr. 16317-27 (M)
Q 2/50 Nr. 16323-9 (N)
Q 2/50 Nr. 15693-4A (O)
Q 2/50 Nr. 16319-20A (P)
Q 2/50 Nr. 16320-32 (Q)
Q 2/50 Nr. 14355-28A (R)
Q 2/50 Nr. 15696-18 (S)
Q 2/50 Nr. 16321-9A (T)
Q 2/50 Nr. 12190-17 (U)
Q 2/50 Nr. 13107-31 (V)
Q 2/50 Nr. 14355-35A (W)
Q 2/50 Nr. 15693-16A (X)
14 Q 2/50 Nr. 6056-30a
15 Q 2/50 Nr. 12184-30
16 Q 2/50 Nr. 9047-35
17 Q 2/50 Nr. 16146-18
18 Q 2/50 Nr. 2333-46
19 Q 2/50 Nr. 10880-26a
20 Q 2/50 Nr. 10878-10
21 Q 2/50 Nr. 16219-10

Auf Auslandsreisen: mit der Regierung in die weite Welt

1 Q 2/50 Nr. 13773-15
2 Q 2/50 Nr. 7810-23
3 Q 2/50 Nr. 9535-18a
4 Q 2/50 Nr. 13627-24a
5 Q 2/50 Nr. 13401-30
6 Q 2/50 Nr. 7860-15
7 Q 2/50 Nr. 7857-10

8 Q 2/50 Nr. 13625-18
9 Q 2/50 Nr. 13629-8a
10 Q 2/50 Nr. 13753-18a
11 Q 2/50 Nr. 13760-24a
12 Q 2/50 Nr. 12744-5
13 Q 2/50 Nr. 12749-26a
14 Q 2/50 Nr. 8338-28
15 Q 2/50 Nr. 8438-12
16 Q 2/50 Nr. 8434-24
17 Q 2/50 Nr. 14265-19a
18 Q 2/50 Nr. 14421-25
19 Q 2/50 Nr. 14421-30
20 Q 2/50 Nr. 14649-3
21 Q 2/50 Nr. 14655-23
22 Q 2/50 Nr. 14676-22a
23 Q 2/50 Nr. 9528-13
24 Q 2/50 Nr. 14852-27
25 Q 2/50 Nr. 15121-13
26 Q 2/50 Nr. 15120-6a

Bewegte Zeiten: politische Proteste im Südwesten

1 Q 2/50 Nr. 14167-42
2 Q 2/50 Nr. 3555-26
3 Q 2/50 Nr. 12479-22a; Nr. 4788-5
4 Q 2/50 Nr. 4788-5
5 Q 2/50 Nr. 11084-34
6 Q 2/50 Nr. 4293-9a
7 Q 2/50 Nr. 4631-29a
8 Q 2/50 Nr. 8180-14
9 Q 2/50 Nr. 16961-30a
10 Q 2/50 Nr. 3495-23; Nr. 3493-36
11 Q 2/50 Nr. 5111-36a
12 Q 2/50 Nr. 6147-11
13 Q 2/50 Nr. 7387-7a
14 Q 2/50 Nr. 7935-28
15 Q 2/50 Nr. 4525-16
16 Q 2/50 Nr. 4872-17a
17 Q 2/50 Nr. 4926-22a
18 Q 2/50 Nr. 5006-21a

Stuttgart: Landeshauptstadt im Wandel

1 Q 2/50 Nr. 3770-28a
2 Q 2/50 Nr. 1037-24
3 Q 2/50 Nr. 596-27
4 Q 2/50 Nr. 4344-19a
5 Q 2/50 Nr. 12879-8
6 Q 2/50 Nr. 243-17
7 Q 2/50 Nr. 347-33a
8 Q 2/50 Nr. 1205-59
9 Q 2/50 Nr. 1478-29
10 Q 2/50 Nr. 1478-29
11 Q 2/50 Nr. 1546-44]
12 Q 2/50 Nr. 1326-34; Nr. 1326-30
13 Q 2/50 Nr. 1612-73
14 Q 2/50 Nr. 1618-52
15 Q 2/50 Nr. 1765-31a
16 Q 2/50 Nr. 2959-16a
17 Q 2/50 Nr. 4658-4
18 Q 2/50 Nr. 12151-29
19 Q 2/50 Nr. 5718-31a
20 Q 2/50 Nr. 5757-18a
21 Q 2/50 Nr. 761-50

Das Ländle: ein wirtschaftliches Erfolgsmodell

1 Q 2/50 Nr. 3741-17
2 Q 2/50 Nr. 3890-30a
3 Q 2/50 Nr. 1572-59
4 Q 2/50 Nr. 15465-1
5 Q 2/50 Nr. 3465-35
6 Q 2/50 Nr. 4514-30a
7 Q 2/50 Nr. 4243-1a
8 Q 2/50 Nr. 2749-25
9 Q 2/50 Nr. 15657-31
10 Q 2/50 Nr. 6746-20
11 Q 2/50 Nr. 2753-28
12 Q 2/50 Nr. 9248-34
13 Q 2/50 Nr. 4070-19
14 Q 2/50 Nr. 4644-32
15 Q 2/50 Nr. 2794-50
16 Q 2/50 Nr. 3741-67
17 Q 2/50 Nr. 4967-16a
18 Q 2/50 Nr. 1145-10
19 Q 2/50 Nr. 8115-27a
20 Q 2/50 Nr. 3630-53
21 Q 2/50 Nr. 8659-24
22 Q 2/50 Nr. 8607-26a

Auf Achse: Mobilität in Baden-Württemberg

1 Q 2/50 Nr. 3073-23
2 Q 2/50 Nr. 5609-5
3 Q 2/50 Nr. 16187-11
4 Q 2/50 Nr. 1347-5
5 Q 2/50 Nr. 258-5
6 Q 2/50 Nr. 522-26
7 Q 2/50 Nr. 1815-3
8 Q 2/50 Nr. 2290-55
9 Q 2/50 Nr. 2607-26
10 Q 2/50 Nr. 4893-18
11 Q 2/50 Nr. 5564-9
12 Q 2/50 Nr. 5947-24
13 Q 2/50 Nr. 2283-3
14 Q 2/50 Nr. 6229-31a
15 Q 2/50 Nr. 6446-27
16 Q 2/50 Nr. 13576-10
17 Q 2/50 Nr. 16150-6
18 Q 2/50 Nr. 16468-5
19 Q 2/50 Nr. 17034-20a
20 Q 2/50 Nr. 8405-22

Mehr als Autos und Häuslebauen: Kultur und Wissenschaft

1 Q 2/50 Nr. 628-11
2 Q 2/50 Nr. 3841-74
3 Q 2/50 Nr. 1814-17
4 Q 2/50 Nr. 8412-15a
5 Q 2/50 Nr. 6861-27
6 Q 2/50 Nr. 173-5
7 Q 2/50 Nr. 2261-1a
8 Q 2/50 Nr. 16211-4
9 Q 2/50 Nr. 1631-51
10 Q 2/50 Nr. 1305-56
11 Q 2/50 Nr. 1406-41
12 Q 2/50 Nr. 3073-63
13 Q 2/50 Nr. 9044-7
14 Q 2/50 Nr. 6048-35
15 Q 2/50 Nr. 228-14; Nr. 229-6
16 Q 2/50 Nr. 2673-19
17 Q 2/50 Nr. 1223-5a
18 Q 2/50 Nr. 2687-53
19 Q 2/50 Nr. 5713-6a
20 Q 2/50 Nr. 6872-30
21 Q 2/50 Nr. 346-3a
22 Q 2/50 Nr. 12821-21

Mit Muskeln und Motoren: Stuttgarter Sportgeschichte(n)

1 Q 2/50 Nr. 130-10
2 Q 2/50 Nr. 2795-8
3 Q 2/50 Nr. 3193-49
4 Q 2/50 Nr. 6213-36
5 Q 2/50 Nr. 15107-26a
6 Q 2/50 Nr. 764-23
7 Q 2/50 Nr. 1369-5
8 Q 2/50 Nr. 2074-44a
9 Q 2/50 Nr. 1997-34
10 Q 2/50 Nr. 2390-33
11 Q 2/50 Nr. 3237-51
12 Q 2/50 Nr. 3579-31
13 Q 2/50 Nr. 1601-69
14 Q 2/50 Nr. 1601-21a
15 Q 2/50 Nr. 4372-36
16 Q 2/50 Nr. 5939-13a
17 Q 2/50 Nr. 6885-33
18 Q 2/50 Nr. 7925-4
19 Q 2/50 Nr. 9122-17a
20 Q 2/50 Nr. 15069-29
21 Q 2/50 Nr. 11996-32a
22 Q 2/50 Nr. 18159-8

Dank

Seite 166 Q 2/50 Nr. 768-18